幼学の会編

孝子伝注解

汲古書院

目次

細目次

細目次

凡例

〈解題〉

一、書誌的、一般的事項を中心とする「略解題」を始めに置き、末尾に孝子伝図と孝子伝をめぐる「解題」を置いた。

〈注解　本文〉

一、注解の底本には、陽明文庫蔵本（陽明本）、京都大学附属図書館清家文庫蔵旧船橋家本（船橋本）を用いた。

一、底本をそれぞれ上段に翻刻し、下段にその書き下し文を配した。

一、翻刻には原則として通行の字体を用い、適宜句読点を施した。反復記号は本文では「々」で表わし、書き下し文では本来の漢字に改めた。

一、書き下し文は、現代仮名遣いによった。助字の類は原則として平仮名に直して表記したが、必要に応じてもとの漢字をそのまま残したものもある。

一、個々の孝子の伝の冒頭に、「1舜」のごとく、見出しとして孝子名を置き、通し番号を付した。

〈校勘〉

一、底本の原文を改めた場合は、上段の本文にアラビア数字をつけて、【校勘】の項で言及した。

一、［無］の記号は、底本にその部分の文字が無いことを示す。

〈文献資料〉

一、個々の孝子の伝に関係する文献資料を、文献資料の項に掲げた。中国、朝鮮、日本の順番に、それぞれほぼ時代順に資料を掲げ、巻数などを示した。

一、敦煌資料の類書等については、原則として王三慶『敦煌類書』（麗文文化事業股份有限公司、一九九三年）に使用された書名を用いた。

一、『捜神記』については、二十巻本は、『捜神記』とのみ記し、八巻本、敦煌本は、それぞれ、八巻本『捜神記』、敦煌本『捜神記』と記した。

一、『千字文』『蒙求』注については、句の番号を記した。

一、二十四孝関連資料は、「二十四孝系」として一括し、括弧内にその三系統（詩選系〈全相二十四孝詩選、龍谷大学本に拠り、〈草子〉として御伽草子『二十四孝』を加える〉、日記故事系〈万暦三十九年版に拠る〉、孝行録系）の各番号を付して掲げた。

一、『東大寺諷誦文稿』については、原本の行数を示した。

一、『注好選』『今昔物語集』『発心集』『十訓抄』等については、巻数のあとに話数をアラビア数字で示した。

一、『三教指帰』覚明注は、「上本」以下の巻数表示を、一―五の数字により示した。

〈図像資料〉

一、個々の孝子の伝に関係する後漢、南北朝期の図像が存する場合には、図像資料の項に、次の図像資料の番号とともに資料名を掲げた（唐、陝西歴史博物館蔵三彩四孝塔式缶を加えた）。図像に榜題が存する場合には、資料名の下に（　）で括って「　」で榜題を示した。所蔵者等、各資料に関する詳細については、黒田彰『孝子伝の研究』（思文閣出版、二〇〇一年）Ⅱ一、二参照。なお個人蔵の東晋征虜将軍毛宝火葬墓石函（内藤乾吉「東晋征虜将軍毛宝火葬墓石函」〈『元興寺仏教民俗資料研究所年報一九七五』、一九七六年〉）は、偽作の疑いが濃いので除外した。

1後漢武氏祠画象石
2開封白沙鎮出土後漢画象石
3後漢楽浪彩篋
4後漢孝堂山下小石室画象石
5ボストン美術館蔵北魏石室
6ミネアポリス美術館蔵北魏石棺
7ネルソン・アトキンズ美術館蔵北魏石棺
8C. T. Loo 旧蔵北魏石床
9ネルソン・アトキンズ美術館蔵北斉石床
10鄧県彩色画象甎
11上海博物館蔵北魏石床
12和林格爾後漢壁画墓

13四川楽山麻浩一号崖墓等
　四川渠県沈氏闕、渠県蒲家湾無名闕
14泰安大汶口後漢画象石墓
　嘉祥南武山後漢画象石墓
　嘉祥宋山一号墓、二号墓
　山東肥城後漢画象石墓
15浙江海寧長安鎮画象石
16安徽馬鞍山呉朱然墓出土伯瑜図漆盤
17北魏司馬金竜墓出土木板漆画屏風
18洛陽北魏石棺
19寧夏固原北魏墓漆棺画
20後漢啓母闕
21村上英二氏蔵後漢孝子伝図画象鏡
22洛陽北魏石棺床
23和泉市久保惣記念美術館蔵北魏石床
（唐）陝西歴史博物館蔵三彩四孝塔式缶

〈注〉

一、本文に施注した箇所については、下段の書き下し文に漢数字をつけて【注】の項で言及した。

一、注の引用文中における〈　〉部分は、原文では小字注記であることを示す。

〈影印〉

一、陽明文庫蔵本（陽明本）、京都大学附属図書館清家文庫蔵旧船橋家本（船橋本）の影印を収めた。

〈図像資料　孝子伝図集成稿〉

一、注解篇における、図像資料の項に対する付篇として、影印篇の後に、「孝子伝図集成稿」を置いた。

一、「孝子伝図集成稿」は、目下蒐集中の孝子伝図の内、注解篇の図像資料の項に掲げるリストの中から、図版印刷に堪える、後漢、南北朝期の主要な図像を選び、孝子伝図の集成を試みたものである。

一、図版は、両孝子伝の孝子毎の集成とし、掲出順序も両孝子伝のそれに従った。

一、孝子毎の図像資料について簡単な解説を試み、それを各孝子毎の集成の前に付した。

一、各図版の下に、凡例の〈図像資料〉中に掲げた番号、資料名等を示した。

一、孝子伝図の伝わらない孝子の場合など、参考までに、後世の二十四孝図等を掲げたものがある（16陽威など）。

一、本篇末尾の「出典一覧」に、各図版の出典を一括して示した。

孝子伝注解

略解題

漢代以降、数多く作られた孝子伝は、その後尽く湮滅に帰し、中国本土においては現在、専ら逸文を通じてしか、その姿を窺う術がない。ところが、我が国においては、奇跡的に散逸を免れた完本の孝子伝が二本、今日に伝存する。陽明本『孝子伝』と船橋本『孝子伝』がそれである（以下、両書を一括して呼ぶ時には、両孝子伝と称する）。両孝子伝は、これまで一般に公刊されたことがない。船橋本のみは一九五九年、京都大学附属図書館開設六十周年記念事業の一環として、吉川幸次郎、一海知義両氏による「「孝子伝」解説并釈文」を付し、影印刊行されたことがあるが、限定二百部という小部数出版に留まり、目下極めて稀覯に属する。一方、日中文学史上、非常に高い価値をもつ陽明本は、遺憾なことに従来、一度も公刊を見ていない。そこで、私達幼学の会においてはこの度、両孝子伝を取り上げ、全文を翻刻、書下した上、本文校勘、注釈に影印などを添えて、両孝子伝を広く一般に紹介することにした。以下、略解題として、両孝子伝に関する書誌的事項を中心に、そのごく基礎的な事柄について、述べておきたい。

始めに、両孝子伝に関する書誌的事項を摘記しておく。

陽明本『孝子伝』は、陽明文庫蔵、外題に「孝子伝」（題簽剝落後に墨書書入れ。後補帙外題「孝子伝古抄本全」〈子持匡郭題簽に墨書〉）、内題に「孝子伝」（序題、目録題、尾題も同じ）とある、中世写本（書写時期不明）上下二巻一冊で、薄茶無地原表紙（裏文書あり。見返し本文共紙）、縦二四・七糎横一九・二糎、袋綴楮紙二十五丁（版心魚尾付き摺卦〈毎半葉十行〉の料紙、柱題「孝子序〈目、上、下〉」、下魚尾の下に一—二十五の丁付あり。序一丁、目録一丁、本文二十三丁〈上巻九丁、下巻十四丁〉）、墨（同筆）、朱の書入れがある。用字は漢字のみを用い、返り点、付訓等はない。見返しに「陽明蔵」、序題下に「英仲」（共に陽刻朱印）を捺す。奥書等は有しない。

船橋本は、京都大学附属図書館清家文庫蔵（重要文化財。清家本等とも呼ばれるのは、現蔵の形に従ったもの）、船橋家旧蔵、外題に「孝子伝」（無辺の藍染無地原題箋に墨書）、内題に「孝子伝」（序題、尾題も同じ）とある、天正八（一五八〇）年清原枝賢写本、上下二巻一冊で、薄茶無地原表紙（題箋下「青松」と墨書。青松は、枝賢の子国賢の自署。見返し本文共紙）、縦二三・六糎横二〇・三糎、袋綴鳥の子紙二十八丁（前遊紙一丁、序〇・五丁、本文二十五・五丁〈上巻十一丁、下巻十四・五丁〉奥書〇・五丁〈裏白〉、毎半葉八行。部分的な裏打補修あり）、同筆また、別筆の墨、朱書入れがある。用字は漢字を主とし、返り点、片仮名付訓等を有する。第二丁表序題右に「船橋蔵書」（陽刻朱印）、同右下に「東」（陽刻黒印。清原宣賢のもので、国賢が襲用。「東」印については、『図書寮叢刊書陵部蔵書印譜』上〈明治書院、一九九六〉六二頁参照）を捺す。船橋本には第二十八丁表に奥書があって、

右孝子伝上下、雖レ有二魚魯焉馬之誤繁多一、先令二書写一畢。引二勘本書一、令二改易之可一者乎。此書、毎二誦読一、涕泣如レ雨。嗚乎夫孝者、仁之本哉。

天正第八秦正二十又五　孔徒従三位清原朝臣枝賢

と言う。清原枝賢（一五二〇—一五九〇）は、宣賢の孫、業賢（良雄）の子で、国賢はその子に当たる。因みに、船橋家は国賢の子秀賢から起こっている。また、奥書左に、別筆による次のような識語がある。

此序、雖レ拾二四十五名一、此本有二卅九名一、漏脱歟。以二正本一可二補入一焉。又或人云、有二孝子四十八名一。世間流布二十四孝者、是半巻云々

さらに、第一丁遊紙裏右端に、右とはまた別筆の、次のような書入れがある。

孝子伝、前漢蕭広済所《カ》レ撰也。蕭之雉随之故事載レ之。義見二蒙求一。此本無二蕭之故事一、漏脱歟。此序、雖レ拾二四十五名一、此本所レ載四十三而已

さて、遊紙書入れの、「此本所レ載四十三而已」及び、識語の、「此本有二卅九名一」について、少し説明を加えておく（書入れの、「孝子伝、前漢蕭広済所《カ》レ撰」は、『蒙求』新注36「蕭芝雉随」注に、「前漢蕭広済孝子伝、蕭芝至孝……」〈文禄五年刊本〉とあるのを指すが、書入れの「前漢」は勿論誤りである。故に、「蕭之雉随之故事載レ之」は、『蒙求』36「蕭芝雉随」注に引かれた、蕭広済『孝子伝』に載る蕭芝故事のことを言う）。まず識語及び、書入れに、「此序、雖レ拾二四十五名一」と言うのは、船橋本『孝子伝』序に、「今拾二四十五名者《ヲ》一」とあることを指している。後述のように、船橋本（また、陽明本）は、四十五人の伝を収載するにも拘わらず、それが何故、「此本有二卅九名一、漏脱歟」（識語）、或いは、「此本所レ載四十三而已」（書入れ）とされるのだろうか。実は識語の「卅九名」、書入れの「四十三」という数え方は、船橋本の本文に首書された墨並びに、朱の数字と密接に関係している。船橋本（また、陽明本）は、原則的に一話一話の切れ目が改行によって示される。船橋本の墨の数字は、一話一話の本文の始めに、舜の「一」から眉間尺の「卅九」までを、首書したものである。朱の数字は、まず第二話董永の末行、つまり第三話刑渠の前行が下まで目一杯に書かれ、墨数字筆者の見落とした、「三」刑渠を立て、墨の「三」以下を右また、下に、一つずつ多く訂してゆき、さらに改行があるにも拘わらず墨の筆者の見落とした、「廿六」王祥を立て、次の「廿五」姜詩を二つ多く訂し、また、行末僅か半字分の改行となっているため、墨筆者の見落とした、「廿八」叔先雄を立て、「廿六」以下を左また、下に、三つずつ多く訂してゆき、またもや前行が目一杯に書かれ、墨の筆者の見落とした、「卅二」閔子騫を立て、「廿九」以下を左、下また、右に、四つずつ多く訂していって、「四十三」眉間尺に至る。と

ところが、朱の数字も、二箇所を見落としている。一箇所は、〔21〕劉敬宣の途中の文章が（〔 〕は船橋本等の条数）、前条〔21〕仲由末尾に竄入した上、〔22〕謝弘微を〔21〕に続け書きしたため、見落とされてしまった〔22〕謝弘微である。もう一箇所は、同様に〔43〕東帰節女に続け書きしてあるため、見落とされた〔44〕慈烏である。結局、墨の数字は六箇所の見落としがあり（〔3〕邢渠、〔22〕謝弘微、〔27〕王祥、〔29〕叔先雄、〔33〕閔子騫、〔44〕慈烏）、朱の数字にも二箇所の見落としがあって（〔22〕謝弘微、〔44〕慈烏）、共に、墨は〔3〕以下、朱は〔22〕以下の数字が間違っていることになる。そして、序に記す「四十五名」に対し、識語は、墨の最後の数字「卅九」に基づいて、「此本有卅九名、漏脱歟」として、六人の不足を疑い、書入れは、墨の数字を訂正していった、朱の最後の数字「四十三」に基づいて、「此本所載四十三而已」として、なお二人の不足を疑った訳である。このように、識語と書入れとは、船橋本の本文における、墨、朱二種類で首書された数字と深く関連しており、いずれ他の書入れ共々、枝賢書写後における、本書読解の跡を示すものと見られる。12王巨尉の、「後漢列伝廿九趙孝伝之内有レ之。小異」、18毛義の、「後漢列伝廿九載レ之。但目録ニハ不レ載也」（いずれも冒頭名前右書入れ。墨書）等、6原谷の、「元覚」、18毛義の、「漢人」（いずれも頭書。朱書）等がそれである。

陽明本『孝子伝』、船橋本『孝子伝』は、共に作者の名を記さず、逸名『孝子伝』と考えるべきテキストである。

両本共に序を置き、「孝子伝一巻」（陽明本）、「孝子伝并序」（船橋本）と題する。序文に、「分以二二巻一」（陽明本）、「分以為二両巻一」（船橋本）と言うにも拘わらず、陽明本序題に「孝子伝一巻」とするのは不審である（陽明本目録題「孝子伝目録上〈下〉」、内題「孝子伝上〈下〉」、尾題「孝子伝上〈巻下〉」、船橋本内題「孝子伝上巻〈下巻〉」、尾題「孝子伝終」。なお法金剛院蔵『大小乗経律論疏記目録』巻下〈平安前期写。七寺古逸経典研究叢書6『中国・日本経典章疏目録』、大東出版社、一九九八年所収〉576に、「孝子伝一巻　廿九」と見え、また、『日本国見在書目録』に、「孝子伝図一巻」ともある）。序文の文言は異なる。陽明本には序の次に目録があって（船橋本は目録を置かない）、

「目録上」には、「帝舜」から「朱百年」までを「已上廿三人」とし、「目録下」には、「高柴」から「眉間尺」までを「以上廿一人」とするので、一見収められるのは四十四人のように見えるが、本文を閲すると、下巻本文末、〔44〕眉間尺の終わりが改行され、さらに五行分の慈烏一条を存しているので、〔45〕慈烏が「目録下」書写時に落とされたものと思われ（西野貞治氏は、慈烏は「陽明本では人間でないので巻尾にのせ目録から省いている」〈後掲論文〉と言われる）、実質上、陽明本は、四十五人を収める孝子伝となっている。そして、そのことは、船橋本の序に言う、「今拾㆓四十五名者《ヲ》㆒」とも合致している（金沢文庫に、孝子伝抜書と思しい零帖が存する〈納冨常天氏「湛睿の唱導資料について㈡」、『鶴見大学紀要』第4部人文・社会・自然科学編30、一九九三年に、翻刻を収める〉）。内容は5郭巨、9丁蘭、11蔡順、28姜詩、16陽威、19欧尚、23朱百年、13老萊之の八条から成り、本文は陽明本系である）。一方、船橋本も、序の言う如く四十五人を収め、内容、順序、巻の分け方も陽明本と一致するが（但し、文章等は異なる）、ただ末尾二条の陽明本の順序〔44〕眉間尺、〔45〕慈烏を、船橋本は逆にしている。今、陽明本の目録を参考に、両孝子伝の内容を示せば、次の通りである。

序

1舜　2董永　3刑渠　4伯瑜　5郭巨　6原谷　7魏陽　8三州義士
9丁蘭　10朱明　11蔡順　12王巨尉　13老萊之　14宗勝之　15陳寔　16陽威
17曹娥　18毛義　19欧尚　20仲由　21劉敬宣　22謝弘微　23朱百年（以上、上巻）
24高柴　25張敷　26孟仁　27王祥　28姜詩　29叔先雄　30顔烏　31許孜
32魯義士　33閔子騫　34蔣詡　35伯奇　36曾参　37董黯　38申生　39申明

40禽　堅　41李　善　42羊　公　43東帰節女　44眉間尺船45　45慈　烏船44（以上、下巻）

陽明本『孝子伝』、船橋本『孝子伝』の二書について、西野貞治氏はかつて、「中国本土で古く佚したと見える……孝子伝の、亜流とも見做されるもの」と位置付けたことがある（「陽明本孝子伝の性格並に清家本との関係について」、『人文研究』7―6、一九五六年）。加えて、互いに相似る二本の関係は、二本は「元来同一の系統に属し、陽明本がより古い型を存する」もので、船橋本は、陽明本と「同一系統のものながら後の改修を経たと思われる一本」であろうと言う。そして、陽明本『孝子伝』の成立時期に関し、「その成立を六朝末期」即ち、「梁陳隋の間の成立か」と措定し、陽明本の「編者は村夫子程度の教養の人物」で、「この孝子伝には六朝末期に北朝に成立した孝子伝の形態が承襲されている」と同時に、「編者が、書物の上の記載乃至は民間の伝説を、単に忠実に記録して組合すに止らず、かなりの空想を働かした興味を目ざして変改を試みた形跡が見られる」として、例えば両孝子伝、特に陽明本、42羊公の改変部分に、仏教における福田思想の影響などを指摘する。一方、船橋本『孝子伝』の成立については、その改修時期は、船橋本に特徴的な「俗語的語彙」の一つ、「阿孃」という言葉が、「中唐以前の鈔本の見られぬ敦煌出土の変文の中に多く見られるのが最も早い用例のようで、八巻本捜神記巻四太祖七児の条の……用例は更に時代が降」ろうことを根拠として、「改修の時期は中唐以降と考えられ」ると言い、また、その成立時期は、「十二世紀初頭の成立と考えられる我が今昔物語集は清家本〔即ち、船橋本〕によっている」ことを根拠として、「北宋末頃迄に成立していたと推定される」と言われる。船橋本は、陽明本系統の一本から枝分かれしたことが確かで、両書の親密な関係は啻ならぬものがある。陽明本の成立時期については、劉宋の孝子二、三が含まれるから（21劉敬宣、22謝弘微、23朱百年、25張敷。26孟仁、27王祥、31許孜は三国、晋時代）、六朝宋以降の改編を蒙っていることは間違いないが（上記六人は、いずれも下巻冒頭に固まっており、或る時期に増補されたか）、そのことと各話の古さとは、また、別の問題とすべきである。例えば陽明本42羊公に、六朝仏教の福田思想の影響を見ることに関しては一考の余地があり、むしろ陽明本のそれは、漢代孝子伝の面影を伝えていると考えられようことについては、解題を参照されたい（但し、船橋本に関しては、西野氏の言われる通り、仏教の色濃い影響下にあるものと見ることが出来る）。また、氏の指摘された船橋本の「阿嬢」についても、その用例が例えば『隋書』四十五列伝十文四子の勇の発言中にあり（東野治之「那須国造碑と律令制―孝子説話の受容に関連して―」〈『日本律令制の諸相』、東方書店、二〇〇二年〉参照）、船橋本成立の上限を見る指標とはならず、隋以降の改修、おそらく唐初の成立と見るべきである（黒田彰『孝子伝の研究』〈思文閣出版、二〇〇一年〉I四「船橋本孝子伝の成立―その改修時期をめぐって―」参照）。

さらにまた、西野氏は、船橋本の特徴として、「改修の際に、仏典の用語が多く用いられたこと」、「奇数字句に助字を入れて」「偶数字の句に引伸し、音調を調えようとする傾向が」顕著で、「聴衆を予想した改修」「用途」の考えられること、「俗語的語彙が少なからず見られる」ことなどを上げ、また、船橋本には、「陽明本よりも古い型を存するかと思われる部分」が残され、「陽明本と全く同じでない更に古い形の本によつたことを偲ばせる」箇所があって、「陽明本の祖本の孝子伝を手にした俗講僧らが、それを庶民階級への布教の具として、一層平俗なものに改編したものが清家本（即ち、船橋本）の前身であるかと思う」と述べられている。両孝子伝に対する文学史的位置付けとして、従うべき説と言えよう。両孝子伝の我が国に齎された時期は、可成り早い。陽明本は天平五年（七三三）以前、船橋本は文武四年（七〇〇）頃には将来されていたらしい（前掲黒田、東野論文参照）。

陽明本『孝子伝』、船橋本『孝子伝』は、我が国にのみ伝存する完本の孝子伝として、文学史的に計り知れぬ価値をもつ。それは、例えば後漢武氏祠画象石、武梁石室第二石の朱明図（榜題「朱明」「朱明弟」「朱明妻」、「朱明児」

に関して、西野氏が、瞿仲溶、シャヴァンヌ、陳培寿、容庚各氏の研究を批判し、「この〔陽明本〕孝子伝〔10朱明条〕……によってはじめて……画題の説明が可能にな」り、中国にあって「朱明の説話は何時か転訛し、遂にその伝承を失つたものであるが、幸にこの孝子伝〔10朱明条〕によって後漢の伝説が明らかにされ、武氏祠画像の未解決の画題を解明し得たのである」（前掲論文）とされる以下を見ると、その価値はもはや文学史の枠を遥かに越え、むしろ世界的な文化財としての側面をもつと言える。後漢武氏祠画象石における、例えば、武梁祠第一石－三石の2、3層に描かれた孝子伝図二十の内、陽明本『孝子伝』と関わるものはその約九割、十七図に及び、前述朱明図のように、陽明本にしかそのテキスト本文の伝わらないものも、決して一、二に留まらない。同じことは、例えばボストン美術館蔵北魏石室右石下に描かれた董黯（晏）図（黒田彰「董黯贅語―孝子伝図と孝子伝―」〈『日本文学』51－7、二〇〇二年〉参照）を始めとする六朝期の孝子伝図についても指摘出来る（図版解説、及び、解題参照）。中国に完本孝子伝の残らぬ今、両孝子伝は、後漢六朝期の孝子伝図の解明に不可欠の位置を占める、資料的価値を有することを、重ねて強調しておくべきであろう。

　孝子伝原本の失われた中国では、孝子伝の研究は、専ら逸文の蒐集と、その結果としての輯本を通じて行われてきた。清、茆泮林『古孝子伝』（『十種古逸書』所収。劉向『孝子伝』以下の十孝子伝一一五条を収める）、王仁俊『玉函山房輯佚書続編』（劉向『孝子伝』以下五孝子伝十七条を収める）、陶方琦『蕭広済孝子伝輯本』（『漢孳室遺著』所収。二十九条）などは、それを代表する重要な業績で、なお今日にあって必見の資料となっている（古孝子伝逸文、また、成り立ちの複雑な「敦煌本孝子伝」〈『敦煌変文集』下集巻八所収〉に関しては、黒田彰『孝子伝の研究』Ⅰ－1「古孝子伝について」、Ⅰ－3「敦煌本孝子伝について」参照）。それらを含め、目下知られる古孝子伝逸文と両孝子伝との関係はどうなっているのであろうか。古孝子伝と両孝子伝との関係を、孝子名により簡単に纏めてみると、両孝子伝四十五条において、逸名『孝子伝』逸文として知られるもの二十三条（茆泮林等により知られていたもの十五条、以降に知られ得たもの八条。また、劉向『孝子伝』以下に見えるもの十二条）、これまで逸名『孝子伝』として知られなかったもの二十二条（蕭広済『孝子伝』に見えるもの二条）となる。つまり両孝子伝四十五条のおよそ半数が、従来逸名『孝子伝』として未知のものであり、さらに蕭広済『孝子伝』所見の二条を引いた二十条が、全く新出の孝子伝資料に当たることになる。この一事をもってしても、両孝子伝の文学史的価値を、改めて認識するに足るものがある（二十二条という数字は、仮りに孝子名によったもので、話柄によれば〈例えば陽明本『孝子伝』36曾参は、八条の説話から成る〉、その数値はもっと増える）。

ところで、両孝子伝には、一定の編纂意図があるように思われる。例えばその第一条が舜であることは、五孝（天子、諸侯、卿大夫、士、庶人）を構成の原則とする、陶潜『孝伝』の第一条に虞舜の配されていることを見ても、単なる偶然とは考えられない（後世の二十四孝系も、大舜を第一条目に置く）。そして、例えば陽明本第二条、董永以下四条の孝行の対象が、

2董　永――父　3刑　渠――父
4伯　瑜――母　5郭　巨――母

となっていることも、この四条に賛が付されること共々、偶然でないことは、続く6原谷以下、五条のそれが、

6原　谷――祖　父　7魏　陽――父　8三州義士――義　父
9丁　蘭――木　母　10朱　明――弟

と、整然と区別されていることから、想像が付く（因みに、『言泉集』は亡父帖、亡母帖、兄弟姉妹帖等、『普通唱導集』は孝父篇、孝母篇等に、「孝子伝」〈概ね陽明本系〉を引き分けていることが思い併される。我が国の唱導資料と

孝子伝との関係については、高橋伸幸「宗教と説話―安居院流表白に関して―」〈『説話・伝承学'92』、一九九二年〉参照)。さらに6原谷以下の五条中には、7魏陽、9丁蘭に復讐譚のモチーフが現われることや、血の繋がりのない父(8三州義士)、木で作った母(9丁蘭)等、尋常でない親の設定されていること、10朱明に兄弟譚のモチーフが現われることなども、注意を惹く。また、第十九条以下では、喪礼の対象が、はっきりと区別される。

19欧　尚――父　20仲　由――姉
21劉敬宣――母　22謝弘微――兄

24高柴、25張敷も亡き父を恋うか、母を恋うかの区別がある。

24高　柴――亡　父　25張　敷――亡　母

26孟仁以下四条は、「至孝」の表われとして、親のために何かを求めるという、モチーフが共通している。

26孟　仁――求　筝　27王　祥――求　魚
28姜　詩――求江水　29叔先雄――求　屍

第三十、三十一の二条は、親の墓を築くため、「躬自《みずから》土を負う」(陽明本)というモチーフを共有する。

30顔　烏――負　土　31許　孜――負　土

前述21劉敬宣、22謝弘微以下の六朝孝子は、これらのモチーフ整備に際して補われた可能性がある。さて、32魯義士、33閔子騫、34蔣詡、35伯奇の四条に、後母が集中して扱われているのも、意図的なものと思われ、特に33閔子騫以下、所謂継子いじめのモチーフに関心が注がれていることに、注目すべきであろう(継子いじめのモチーフは既に、1舜において顕著であった)。或いは、42羊公、43東帰節女がそれぞれ、洛陽、長安関連の話であることも、非常に気に掛る。右は、両孝子伝を通読して気の付いたものを上げたに過ぎず、完本として残される両孝子伝の編纂意図の問題は、なお後考を俟ちたい。

我が国の古代、中世文学史、殊に説話文学史において、陽明本、船橋本『孝子伝』の果たした役割は、非常に大きい。『万葉集』『日本霊異記』に始まり、『注好選』、『今昔物語集』において本格化する両孝子伝享受の営みは、言わば孝子説話史の一流を形成しつつ、後代へと至るが、一面、孝子伝、二十四孝は幼学なのであって、その影響の及ぶ範囲は、ジャンル、或いは、文学という枠をも越えて広く且つ、深い。文学面について言えば、当面陽明本、船橋本の享受を軸とする孝子説話史の肉付け、精緻化（例えば、孝子伝、二十四孝は、昔話にも深甚な影響を与えていること等）、そして、その根源に横たわる中国文化との関わりを見極めることが、目下の文学史研究に課されたテーマであるように思われる。

付記　陽明本、船橋本の披閲に際し、御高配を賜った名和修先生、木田章義先生、並びに、影印、翻刻を許可された陽明文庫、京都大学附属図書館に対して、心から御礼申し上げたい。

注解

序

【陽明本】

孝子伝一巻

蓋聞、天生万物、人最為尊。立身之道、先知孝順深、識尊卑別。於父母、孝悌之揚名、後生可不修慕。夫為人子者、二親在堂、勤於供養。和顔悦色、不避艱辛。孝心之至、通於神明。是以、孟仁泣竹而笋生、王祥扣氷而魚躍、郭巨埋子而養親、三州義士而感天。況於真親、可不供養乎。父母愛子、天性自然。出入懐愁、憂心如割。故詩云、無父何怙、無母何恃。

孝子伝[一]一巻

蓋し聞く、[二]天万物を生じて、人最も尊しと為《な》す。[三]身を立つる道は、先ず孝順の深きを知り、尊卑の別を識る。[四]父母に於《お》いて、孝悌の名を揚ぐるは、後生修め慕《ねが》わざるべけんや。夫れ人の子為《た》る者、[五]二親堂に在れば、供養に勤む。[六]和顔悦色して、[七]艱辛《かんしん》を避けず。[八]孝心の至れるは、神明に通ず。是《ここ》を以って、[九]孟仁竹に泣きて笋《たけのこ》生じ、[一〇]王祥氷を扣《たた》きて魚躍る。[一一]郭巨《かくきょ》子を埋めて親を養い、[一二]三州義士にして天を感ぜしむ。況《いわ》んや[一三]真親に於いて、供養せざるべけんや。[一四]父母の子を愛するは、天性自然なり。出入に愁いを懐きて、[一五]憂心割くが如し。故に詩に云う、[一六]父無ければ何をか怙《たの》まん、母無ければ何をか恃《たの》まん。

欲報之徳、昊天罔極。父母之恩、非身可報。如其孝養、豈得替乎。烏知返哺、鴈識銜餐。禽鳥尚爾、況於人哉。故蔣詡徒廬以顕名、子騫規言而布徳。帝舜孝行以全身、丁蘭木母以感瑞。此皆賢士聖[1]□之孝心、将来君子之所慕也。余不揆凡庸。今録衆孝、分為二巻。訓示後生、知於孝義。通人達士、幸不哂焉。

【船橋本】

孝子伝幷序

原夫、孝之至重者、則神明応響而感得也。信之至深者、則嘉声無翼而軽飛也。以是、重華忍怨至孝、而遂膺

[一七]之《これ》が徳に報いんと欲すれば、昊天《こうてん》極り罔《な》しと。[一八]父母の恩は、身の報ゆべきに非ず。其《そ》れ孝養の如きは、豈《あに》替うるを得んや。[一九]烏は返哺《へんぽ》を知り、鴈《がん》は銜餐《かんさん》を識る。[二〇]禽鳥《きんちょう》すら尚爾《なおしか》り、況んや人に於いてをや。故に[二一]蔣詡《しょうく》は徒《いたず》らに廬《いおり》して以って名を顕わし、[二二]子騫《しけん》は言に規《のっと》りて徳を布く。[二三]帝舜《ていしゅん》は孝行して以って身を全くし、[二四]丁蘭《ていらん》の木母は以って感瑞す。此れ皆賢士聖□の孝心、将来の君子の慕う所なり。[二五]余は不揆凡庸《ふきぼんよう》なり。今衆孝を録して、分かちて二巻と為す。後生に訓示して、孝義を知らしめん。通人達士、[二六]幸《ねが》わくは焉《これ》を哂《わら》わざらんことを。

孝子伝幷《なら》びに序

[二七]原《たずね》れば夫れ、[二八]孝の至りて重きは、則ち神明[二九]響きに応じて感得するなり。信の至りて深きは、則ち[三〇]嘉声翼無くして軽飛するなり。是を以って、[三一]重華は怨《うら》みを忍んで孝を至し、遂に尭の

尭譲得践帝位也。董[2]永売身送終、而天女践忽贖奴役也。加之、奇類不可勝計。今拾四十五名者、編孝子碑銘也。号曰孝子伝。分以為両巻。慕也有志之士、披見無倦。永伝不朽云爾。

譲りに膺《あ》たりて帝位を践《ふ》むを得たり。[三二]董永《とうえい》は身を売りて終りを送り、天女[三三]践みて忽《たちま》ち奴役を贖《あがな》うなり。しかのみならず奇類勝《あ》げて計《かぞ》うべからず。今、四十五名の者を拾いて、孝子の碑銘を編むなり。号《なづ》けて孝子伝と曰《い》う。分かちて以って両巻と為す。慕《ねが》わくは志有る士、披見して倦《う》むこと無かれ。[三四]永く不朽に伝わらんと[三五]爾《しか》云う。

【校勘】 1聖□、「賢士」との対で一字の誤脱と見る。　2董、底本「薫」、本文により改める。

【注】

一　目録、本文では上下巻に分かれていて、くい違っている。

二　『孔子家語』四、六本に、「天生㆓万物㆒、唯人為㆑貴。吾既得㆑為㆑人。是一楽也」、また、『孝経』聖治章に、「子曰、天地之性、人為㆑貴」とある。

三　『孝経』開宗明義章に、「立㆑身行㆑道、揚㆓名於後世㆒、以顕㆓父母㆒、孝之終也。夫孝始㆓於事㆒㆑親、中㆓於事㆒㆑君、終㆓於立㆒㆑身」とある。

四　よく父母に仕えて、名声をあらわすことは、年の若い者が見習うべきことである。

五　両親が健在であれば。「二親」は父母、両親。仏教文献に多く見える語。小島憲之「同類語単一ならず―「二親」

をめぐって」（『文学史研究』34、一九九三年）参照。在堂は、親が生存していること。潘岳「閑居賦」（『文選』十六）に、「太夫人在レ堂」とある。

六　穏やかな顔つきで嬉しさを表して。

七　困難をいとわない。

八　『孝経』応感章に、「孝悌之至、通二於神明一」とある。

九　下巻、26孟仁参照。『白氏六帖』に、「孟宗泣而冬笋出」とある。孝子の人名とその故事を要句にして、これを対偶とする形は『蒙求』の「郭巨将坑—董永自売」、「丁蘭木母—伯瑜泣杖」などに類似する。これは後文にも見える。

一〇　下巻、27王祥参照。『白氏六帖』に、「又（王祥）剖レ氷而双鯉躍出」とある。

一一　上巻、5郭巨参照。

一二　上巻、8三州義士参照。

一三　養父母、後母などに対して言う。ここに真親の語を用いるのは、三州義士（三人が出会い、年長者を父とする）に、「遂為二父子一。慈孝之志、倍二於真親一也」とあることに拠る。

一四　『孝経』聖治章に、「父子之道、天性也」とある。

一五　『毛詩』小雅、節南山に、「憂心如レ惔、不二敢戯談一」の例がある。

一六　『毛詩』小雅、蓼莪（父母を亡くした若者が、行役のために孝養する暇のなかったことを嘆く詩）の第三章の一聯。

一七　蓼莪の第四章の一聯。父母の恩徳に報いようとすれば、天は広大で限りがない。親の恩の大きさを天の広大さにたとえる。

一八　父母の恩は報いようとしても報いきれない。

一九　下巻、45慈烏参照。返哺は、成長して恩返しに、親に食物を口移しにして与えること。銜餐も、口に含んだ食物を口移しに与えること。45慈烏本文には「銜食」とある。

二〇　45慈烏の表現をそのまま用いる。

二一　下巻、34蔣詡参照。盧は廬に同じ。喪に服するために墓の側に仮小屋を造って住む。

二二　下巻、33閔子騫参照。規言は父の言葉を忠実に守ること。

二三　上巻、1舜参照。

二四　上巻、9丁蘭参照。

二五　編者としての自謙の句。不揆凡庸は、思慮が浅く才能も人並なこと。『爾雅』の郭璞の序に、「璞不揆檮昧」、『諸経要集』序に、「不揆庸識」とある。

二六　『大慈恩寺三蔵法師伝』序に、「庶後之覧者、無二或嗤一レ焉」、『日本霊異記』上巻序に、「後生賢者、幸勿二嗤嗤一焉」とある。

二七　文の書出しに置かれる語。『文鏡秘府論』北巻、句端に、「観夫、惟夫、原夫、若夫……、右並発端置レ辞、汎叙二事物一」とある。

二八　大きな孝を行えば、神は響きが声に応ずるようにすばやくこれを知り答える。注八の『孝経』応感章の文に拠る。両孝子伝において、「神明の感」「神明感あり」の形でしばしば用いられる。

二九　『易』繋辞上伝に、「其受レ命也如レ嚮」とあり、疏に、「如レ嚮者、……如二響之応一レ声也」とある。

三〇　「嘉声」は名声。『管子』十、戒に、「管仲復二於桓公一曰、無レ翼而飛者声也」とあり、房玄齢の注に、「出レ言、門庭千里必応。故曰二無レ翼而飛一」とある。また唐高宗の「大唐三蔵聖教序記」に、これを踏まえて「名無レ翼而長飛」とある。

三一　上巻、1舜参照。但し、尭の譲りを受けたことは船橋本には見えない（陽明本には見える）。

三二　上巻、2董永参照。但し、「売レ身」「贖」は陽明本の語。

三三　機を踏んで絹を織ったこと。

三四　『文選』十一、「魯霊光殿賦」に、「神之営レ之、瑞二我漢室一、永不朽兮」とある。

三五　多く序文の末尾に置かれる語。『孟子』公孫丑章句下に、「是何足三与言二仁義一也云爾」とあり、趙岐の注に、「云爾、絶語辞也」という。『文選』二十七「王明君辞序」の末尾に、「故叙二之於紙一云レ爾」とある。

【陽明本】

孝子伝目録上

帝舜　董永[1]　刑渠　伯瑜　郭巨　原谷　魏陽　三州義士　丁蘭　朱明
蔡順　王巨尉　老莱之　宗勝之　陳寔　陽威　曹娥　毛義　欧尚　仲由
劉敬宣[2]　謝弘　朱百年

以上廿三人

孝子伝目録下

高柴　張敷　孟仁　王祥　姜詩　孝女叔先[3]雄　顔烏　許牧　魯国義士

閔子騫　蔣詡　伯奇　曾参　董[4]黯　申生　申明　禽堅　李善　羊公

東帰節女　眉間尺

以上廿一人

【校勘】1董、底本「薫」、船橋本本文により改める。　2宣、底本「寅」、船橋本本文により改める。　3先、底本「光」、船橋本本文により改める。　4董、底本「薫」、船橋本本文により改める。

1 舜

【陽明本】

帝舜重花、至孝也。其父瞽瞍、頑愚不別聖賢。用後婦之言、而欲殺舜。便使上屋、於下焼之。乃飛下、供養如故。又使治井没井、又欲殺舜。々乃密知、便作傍穴。父畢以大石塡之。舜乃泣東家井出。因投歴山、以躬耕種穀。天下大旱、民無収者、唯舜種者大豊。其[1]父塡井之後、両目清盲。至市就舜糴米、舜乃以銭還置米中。如是非一。父疑是重花。借人看朽井、子无所見。後又糴米、対在舜前。論

帝舜《ていしゅん》は重花[一]、至孝なり。其《そ》の父瞽瞍《こそう》、頑愚[二]にして聖賢を別かたず。後婦[三]の言を用いて、舜を殺さんと欲す。便《すなわ》ち屋[四]に上らしめ、下より之《これ》を焼く。乃《すなわ》ち飛び下り、供養すること故《もと》の如し。又井[五]を治めしめて井を没《うず》め、又舜を殺さんと欲す。舜乃ち密かに知り、便ち傍穴を作る。父畢《つい》に大石を以って之を塡《うず》む。舜乃ち泣きて東家[六]の井より出ず。因りて歴山[七]に投じ、以って躬《みずか》ら耕し穀を種《う》う。天下大いに旱《ひでり》し、民収むる者無く、唯《た》だ舜の種うる者のみ大いに豊かなり。其の父井を塡むるの後、両目清盲[八]なり。市に至り舜に就き糴米《てきべい》[九]するに、舜乃ち銭を以って還《かえ》し米の中に置く。是《か》くの如くすること一に非ず。父是《こ》れ重花たるかと疑う。人を借りて朽井を看せしむるに、

賈未畢、父曰、君是何人、而見給鄙。将非我子重花耶。舜曰、是也。即来父前、相抱号泣。舜以衣拭父両眼、即開明。所謂為孝之至。尭聞之、妻以二女、授之天子。故孝経曰、事父母孝、天地明察、感動乾霊也。

子の見らるる无《な》し。後に又羅米し、対して舜の前に在り。賈《あたい》を論じて未だ畢《おわ》らざるに、父曰《い》わく、君は是れ何人にして、是《ぜ》鄙《ひ》[一〇]に給せらる。将《は》[一一]た我が子の重花に非ずやと。舜曰わく、是なりと。即ち父の前に来たり、相抱き号泣す。舜衣[一二]を以って父の両眼を拭《ぬぐ》うに、即ち開明なり。所謂《いわゆる》孝の至りと為《な》す。尭[一三]之を聞き、妻《めあ》わすに二女を以ってし、之に天子を授く。故に孝経[一四]に曰わく、父母に事《つか》えて孝ならば、天地明察し、乾霊[一五]を感動せしむるなりと。

【船橋本】

舜字重華、至孝也。其父瞽叟、愚頑不知凡聖。爰用後婦言、欲殺聖子。舜或上屋、叟[2]取橋、舜直而落如鳥飛。或使堀深井出。舜知其心、先掘傍穴、通之隣家。父以大石塡井。舜出傍穴、

舜字《あざな》は重華、至孝なり。其の父瞽叟《こそう》、愚頑にして凡聖を知らず。爰《ここ》に後婦の言を用い、聖子を殺さんと欲す。舜或《あ》るとき屋に上り、叟橋[一六]を取るに、舜直くして落つること鳥の飛ぶが如し。或いは深井を堀りて出ださしむ。舜其の心を知り、先に傍穴を掘り、之を隣家に通ず。父大石を以って井を塡む。

入遊歴山。時父塡石之後、両目精盲也。舜自耕為事。于時天下大旱。黎庶飢饉、舜稼独茂。於是糴米之者如市。舜後母来買。然而不知舜。々不取其直、毎度返也。父奇而所引後婦、来至舜所問曰、君降恩再三、未知有故旧耶。舜答云、是子舜也。時父伏地、流涕如雨。高声悔叫、且奇且恥。爰舜以袖拭父涕。而両目即開明也。舜起拝賀。父執子手、千哀千謝。孝養如故、終無変心。天下聞之、莫不嗟嘆。聖徳無匿、遂践帝位也。

舜傍穴より出で、入りて歴山に遊ぶ。時に父石を塡むるの後、両目精盲なり。舜自ら耕するを事と為す。時に天下大いに旱す。[一七]黎庶飢饉《れいしょききん》するに、舜の稼[一八]のみ独り茂る。是《ここ》に於《お》いて糴米するの者市[一九]の如し。舜の後[二〇]母来たり買う。然れども舜を知らず。舜其の直《あたい》を取らず、度《たび》毎に返すなり。父奇《あや》しみて後婦に引かれ、来たりて舜の所に至り問いて曰わく、君、恩を降《くだ》すこと再三、未だ知らず故[二一]旧有りやと。舜答えて云わく、是れ子の舜なりと。時に父地に伏し、流涕《りゅうてい》すること雨の如し。高声に悔叫し、且つ奇しみ且つ恥ず。爰に舜袖を以って父の涕《なみだ》を拭う。而《しこう》して両目即ち開明なり。舜起《た》ちて拝賀す。父子の手を執り、千哀し千謝す。孝養すること故の如く、終に変心無し。天[二二]下之を聞き嗟嘆《さたん》せざる莫《な》し。聖徳匿《かく》れ無く、遂に帝位を践《ふ》むなり。

【校勘】　1其、底本虫損、『普通唱導集』による。　2叟、底本「聖」、意により改める。

文献資料『孟子』万章、『史記』五帝本紀、『列女伝』一母儀伝「有虞二妃」、『越絶書』三越絶呉内伝、『論衡』二吉験、二十六知実、『琴操』下「思親操」、曹植「霊芝篇」(『宋書』二十二)、纂図附音本『注千字文』23 24句注、『鏡中釈霊実集』(聖武天皇『雑集』99)、陶潜『孝伝』、劉向『孝子伝』(『法苑珠林』四十九等)、敦煌本『孝子伝』〈P二六二一、S三八九等。敦煌本『孝子伝』は仮題で、『敦煌変文集』にP二六二一を原巻とし、甲巻〈S五七七六〉、乙巻〈S三八九〉、丙巻〈P三五三六〉、丁巻〈P三六八〇〉の五本を蒐集するが、内、P二六二一とS五七七六は、前者の尾題により近時、「事森」と呼ばれる〈王三慶『敦煌類書』、麗文文化事業股份有限公司、一九九三年など〉。黒田彰『孝子伝の研究』〈佛教大学鷹陵文化叢書5、思文閣出版、二〇〇〇年〉Ⅰ一3参照)、『舜子変』(S四六五四、P二七二一等)、『越絶書』(『文選』呉都賦李善注所引。今本『越絶書』八越絶外伝記地伝に類文)、『論衡』三偶会、四書虚、皇甫謐『帝王世紀』(『太平御覧』八九〇)、『拾遺記』一、陸亀蒙「象耕鳥耘弁」(『笠沢叢書』三)、二十四孝系(象耕鳥芸譚。詩選1〈草子1〉、日記故事1、孝行録1。注七参照)等。

『東大寺諷誦文稿』89行、『日本感霊録』11、『三教指帰』成安注下(注二三参照)、覚明注五等、『注好選』上46、『宝物集』六、『唐鏡』一、『五常内義抄』礼19、『澄憲作文集』33、『言泉集』亡父帖(「史記第一云」)、真如蔵本『言泉集』亡父帖(『報恩伝云』。陽明本系)、『普通唱導集』下末、『内外因縁集』、『金玉要集』一、二、『太平記』三十二、『三国伝記』七・五、『壒嚢鈔』四・四、『合譬集』上54、『慈元抄』上、西教寺正教蔵本『因縁抄』7、日光天海蔵本『直談因縁集』二25、謡曲『尭舜』、『尭舜絵巻』、東大本『孝行伝』一、『童子教諺解』末等、昔話「継子の井戸掘り」(『日本昔話名彙』。注五参照)。

本話について論じたものに、青木正児「尭舜伝説の構成」(全集2〈春秋社、一九七〇年〉所収。同『支那文学芸術考』〈弘文堂、一九四二年〉にも。初出一九二六年)、金岡照光「舜子至孝変文の諸問題」(『大倉山学院紀要』

2、一九五六年)、早川光三郎「変文に繋がる日本所伝中国説話」(『東京支那学報』6、一九六〇年)、西野貞治「陽明本孝子伝の性格並に清家本との関係について」(『人文研究』7-6、一九六一年)、徳田進「舜の孝子説話の発展と拡大」(『高崎経済大学論集』10-1 2 3合併号、一九六七年)、金岡照光「敦煌本舜子変再論補正—附斯坦因四六五四本校勘訳註—」(『東洋大学文学部紀要』27、一九八九年。同『敦煌文献と中国文学』〈五曜書房、二〇〇〇年〉一部二章に再録)、川口久雄「敦煌本舜子変文・董永変文と我が国説話文学」(『東方学』40、一九七〇年。同『敦煌と日本の説話』〈『敦煌よりの風』2、明治書院、一九九九年〉I二に再録)、増田欣『『太平記』の比較文学的研究』(角川書店、一九七六年。初出一九六一年)一章二節、金岡照光「孝行譚—「舜子変」と「董永伝」—」(講座敦煌9『敦煌の文学文献』、大東出版社、一九九〇年)高橋伸幸「宗教と説話—安居院流表白に関して—」(『説話・伝承学'92』、一九九二年)、金文京「敦煌本「舜子至孝変文」と広西壮族師公戯「舜児」」(『慶応義塾大学言語文化研究所紀要』26、一九九四年)、程毅中「《舜子変》与舜子故事的演化」(『潘石禅先生九秩華誕敦煌学特刊』、文津出版社、一九九六年)、細田季男「舜孝子説話をめぐって—本邦残存二種古孝子伝を中心に—」(『史料と研究』26、一九九七年)、佐藤長「尭舜禹伝説の成立について」(同『中国古代史論考』〈朋友書店、二〇〇〇年〉)、黒田彰『孝子伝の研究』Ⅲ二「重華外伝—注好選と孝子伝—」、坪井直子「舜子変文と『二十四孝』—「二十四孝」の誕生—」(『佛教大学大学院論集』29、二〇〇一年)などが、また、昔話「継子の井戸掘り」について論じたものに、澤田瑞穂「厄井の話」(『中国の伝承と説話』〈研文選書38、研文出版、一九八八年〉Ⅲ「口碑拾遺」)、伊藤清司「継子の井戸掘り」(『昔話 伝説の系譜—東アジアの比較説話学—』〈第一書房、一九九一年〉Ⅲ章Ⅲ)がある。

図像資料 **1**後漢武氏祠画象石(「帝舜名重華、耕於歴山、外養三年」。注七参照。また、左石室七石に登廩図あり、

14嘉祥南武山後漢画象石二石3層、嘉祥宋山一号墓四石中層、八石2層にも。注四参照）、5ボストン美術館蔵北魏石室（「舜従東家井中出去時」）、6ミネアポリス美術館蔵北魏石棺（「母欲殺舜々即得活」）、7ネルソン・アトキンズ美術館蔵北魏石棺（「子舜」）、8C. T. Loo 旧蔵北魏石床（「舜子入井時」「舜子謝父母不在」。注一三参照）、12和林格爾後漢壁画墓（「舜」）、17北魏司馬金竜墓出土木板漆画屛風（「虞帝舜」「帝舜二妃娥皇女英」「舜父瞽叟」、「与象敖塡井」「舜後母焼廩」）、19寧夏固原北魏墓漆棺画（「舜後母将火焼屋欲殺舜時」、「使舜逃井灌徳（得）金銭一枚銭賜□石田（塡）時」、「舜徳急従東家井里（裏）出去」、「舜父開萌（盲）去」、「舜後母負菩互易市上売」、「舜来売菩」「応直米一斗倍徳二十」、「舜母父欲徳見舜」「市上相見」、「舜父共舜語」「父明即聞時」）。また、二十四孝図としての舜図は、洛陽出土北宋画象石棺以下、数多くのものに見える。

【注】

一　船橋本「重華」。『史記』に、「虞舜者、名曰重華。重華父曰瞽叟」等と見え、虞舜は王朝の名（有虞氏）、瞽叟の字義については、『史記正義』に、「孔安国云、無目曰瞽。舜父有目不能分別好悪。故時人謂之瞽。配字曰叟、叟無目之称也」と言う。叟は、瞍とも書く。さて、本話の源泉となった、重華譚の成立について、青木正児「尭舜伝説の構成」は、「舜に就いては斉か魯あたりの一地方で民間に行はれてゐた伝説を拉し来つたものかも知れぬと思はれる……舜の伝説はなか〳〵活躍してゐる。其中には民間伝説的分子も可なり多量に含まれてゐるやうである。既に述べて置いた「墨子」「孟子」に見ゆる舜が諸馮の生れで、歴山に耕し、河浜に土器を造り、雷沢に漁し、具さに辛酸を甜めたと云ふ如き物語は、恐らく民間伝説のまゝであらう。又「孟子」（万章上）に見ゆる舜の父母が弟の象を愛して舜を虐待し、之に倉廩を治めしめて梯子を取り除き、井を浚へしめて弟が上から蓋をして之を殺さんと謀つたと云ふ一条の如きは、「楚辞」（天問）にも『舜厥の弟に服す、終に然れども害を為す』と詠じてあつて、如何にも民間伝説らしき面影が存してゐる。「孟子」の此段の文体は他の文に比して古色あり、或は「舜典」の逸文で無いかとさへ疑はしめる。此話の前章にある舜が田に往き旻天に号泣したと云ふ事も民間の伝説で、是も「書」に見えて居た事柄かも知れない。遂に舜が出世して帝に用ひられ、帝の厚遇を受けて其の二女を降嫁さるゝに至つたと云ふ話も、民間伝説の旧であらう。但其の仕へた帝が尭であると云ふ事は「書」の作者の創作であらう。舜が帝に用ひらるゝ以前に関する説話は略ぼ民間伝説と認められるが、其れ以後の事になると段々怪しくなつて来る」とする。

二　『尚書』尭典に、「父頑、母嚚、象傲」とされ（嚚《ぎん》は、愚かなこと。象は、舜の義弟の名）、以後当句が定型化している。船橋本の凡聖は、凡人と聖人で、仏教語。船橋本のこの語については、矢作武氏「『日本霊異記』雑考―中国説話と関連して―」（『宇治拾遺物語』〈説話文学の世界2集、笠間選書120、笠間書院、一九七九年〉所収）、「日本霊異記と漢文学―孝子伝を中心に・再考―」（『記紀と漢文学』〈和漢比較文学叢書10、一九九三年〉所収）に、『日本霊異記』との関連をめぐる論がある（同氏「『日本霊異記』と陽明文庫本『孝子伝』―朱明・帝舜・三州義士―」〈『相模国文』14、一九八七年〉にも、本話についての言及がある）。

三　後婦は、後妻。『越絶書』越絶呉内伝に、「言舜父瞽瞍、用二其後妻一、常欲レ殺レ舜」とあるのは、本話の如き所伝に基づくか。注一三参照。

四　焚廩譚である。図像資料1後漢武氏祠画象石左石室七石、14嘉祥南武山後漢画象石二石3層、嘉祥宋山一号墓四石中層、八石2層などに描かれる。『史記』に、「瞽叟尚復欲レ殺レ之、使二舜上塗一レ廩。瞽叟従レ下縦レ火焚レ廩。舜乃以二両笠一自扞而下去、得二不死一」などとある。笠は、纂図附音本『注千字文』に、「席」とする。船橋本「舜直」

は、意味が通じ難い。「供養」は、食事の面倒をみて親を養うこと。仏教語でもあるが、仏や死者に物を供えるそれとはやや意味が異なる。重華が焚廩を免れるについて、船橋本に、「落如二鳥飛一」と言い、図像資料1後漢武氏祠画象石左石室七石や14嘉祥宋山一号墓八石2層等に、階梯を登る重華の上に、鳥が描かれているのは、或いは、『列女伝』における、娥皇、女英二女の助言、「鵲二如汝裳衣一、鳥工往」（『楚辞補注』三所引『列女伝』、今本欠。梁武帝『通史』〈『史記正義』所引〉等にも。衣裳を鵲の形とし、鳥の技を使え、の意）と関わるか。呪術であり、民間伝承より起こるものであろう。下見隆雄『劉向『列女伝』の研究』（東海大学出版会、一九八九年）研究篇一・一注（5）、山崎純一『列女伝』上（新編漢文選、明治書院、一九九六年）一章巻一・一校異4、中鉢雅量『中国の祭祀と文学』（東洋学叢書、創文社、一九八九年）Ⅰ部6章四参照。

五　掩井譚である。舜が井戸への生き埋めを逃れるについては、『楚辞補注』三所引等『列女伝』に、「去二汝裳衣一、龍工往」（衣を脱ぎ、地下水脈を熟知した龍の技を使え、の意。今本欠）と言う、二女の助言が見え、また、舜の時間稼ぎの手段として、天が銀銭を降した（敦煌本『孝子伝』）とか、帝釈天が銀銭五百文を降した（『舜子変』。帝釈天は黄竜に変身して舜を救う）とか、親友が銀銭五百文を与えた（纂図附音本『注千字文』）などとするものがあり、かねてから注目されてきたが（増田欣『『太平記』の比較文学的研究』一章二節）、図像資料19寧夏固原北魏墓漆棺画の榜題に、「徳（得）金銭一枚」と見えることに注意すべきである。実はそのようなモチーフを備える孝子伝が、わが国にも伝えられていた（『三教指帰』成安注所引。注二二及び、黒田彰『孝子伝の研究』Ⅲ二「重華外伝―注好選と孝子伝―」参照）。現陽明本はこのモチーフを欠くが、明らかに陽明本系の『普通唱導集』に、「々〔舜〕已密知、帯二銀銭五百文一、作二傍穴一」とそれが備わるのは、陽明本にもこの要素の存した可能性を示唆する。なお昔話「継子の井戸掘り」は、「井戸に入れられた継子が、下から上げる畚《ふご》の土に、近所の爺から教えられた通り金を一つずつのせて上げ、そのひまに横穴を掘って逃げる話」（『日本昔話名彙』完形昔話、まま子話）という昔話の型の一で、本話に基づく。那覇市に伝わるそれなど、掩井　焚廩から父の開眼まで、ほぼ完全に本話の形を保存する（『日本昔話通観』二十六沖縄、71）。また、銭百文などのモチーフをもつものが多く（岩手県遠野市）、さらに、しゃいんが盲いた父の眼を吸う（広島県深安郡）とか、逃れたしゅんが「土地を拓き田をつくると鳥が援助し、たくさんの米をと」る（鹿児島県沖永良部島）など（『日本昔話大成』五、本格昔話四、二二〇A）、舜子変と一致することが多いのは、驚くべきことと言えよう。加えて、両孝子伝26孟仁譚に続く（『日本昔話通観』二十六沖縄、139類話1、4）他、33閔子騫譚を挿入する（『城辺町の昔話』上〈南島昔話叢書七、同朋舎、一九九一年〉本格昔話18「継子の泰信」）、35伯奇譚を戴く（同、19「継子と蜻蛉」）などの例があることに注意すべきである。

六　船橋本「先堀二傍穴一、通二之隣家一……舜出二傍穴一」。敦煌本『孝子伝』その他、陽明本の如く「東家井出」とするものが多く、図像資料5ボストン美術館蔵北魏石室の榜題に、「舜従東家井中出去時」、19寧夏固原北魏墓漆棺画の榜題に、「舜徳《得》急従東家井里《裏》出去」と見える（さらに『舜子変』では、黄竜に助けられて「東家井」に出た舜は、東家の老婆から、歴山へ行くよう助言を受けている）。唐、封演の『封氏聞見記』八「歴山」に、「斉州城東有二孤石一。平地聳出、俗謂二之歴山一。以二北有レ泉号二舜井一。東隔二小街一、又有二石井一。汲レ之不レ絶、云二是舜東家之井一」とあり、また、魏炎の詩を引いて、「斉州城東舜子郡、邑人雖レ移レ井不レ改、時聞二洶洶動二淥波一、猶謂二重華井中在一……西家今為二定戒寺一、東家今為二練戒寺一、一辺井中投二一瓶一、両井相揺響泙濞……炎雖二文士一、其意如レ是。則誠以為二舜所居一也」と言う（斉州は、山東省歴城県）。

七　歴山は、舜の耕した伝説的な山だが、各地にあって、場所は不明。或いは、山東省歴城県のそれか。この話は、早く『墨子』二尚賢中、『幹非子』十五難一等に見え、『越絶書』越絶呉内伝に、「舜去耕二歴山一、三年大熟、身自外養、父母皆饑」とある（注一三参照）。図像資料1後漢武氏祠画象石の榜題、「帝舜名重華、耕於歴山、外養三年」は、この所伝に基づく。二十四孝系では、舜の歴山耕作に際する奇跡が、「有㆑象為㆑之耕、鳥為㆑之耘」（『全相二十四孝詩選』）等と語られ、主題化していることが注目される。このことは、『舜子変』にも、「天知至孝、自有群猪与觜耕地開壟、百鳥銜子抛田、天雨澆漑」と見えるが（昔話「継子の井戸掘り」にも、このことを伝えるものがある。注五参照）、古くは、『越絶書』（『文選』「呉都賦」李善注）に、「舜葬㆓蒼梧㆒、象為㆑之耕」（晋、左思「呉都賦」に、「象耕鳥耘、此之自与」とある）、『論衡』偶会に、「伝曰、舜葬㆓蒼梧㆒、象為㆑之耕」、書虚に、「伝書曰、舜葬㆓於蒼梧㆒、象為㆑耕」、皇甫謐の『帝王世紀』に、「舜葬㆓蒼梧㆒、下有㆓群象㆒、常為㆑之耕」とあり（『拾遺記』にはまた、その時の、「在㆑木則為㆑禽、行㆑地則為㆑獣、変化無㆑常」という、憑霄雀《ひょうしょうじゃく》の話や、冀州の西にある「孝養之国」の鳥獣の話が載る）、元来舜の葬時の奇蹟であった話が、『尚書』大禹謨の、「帝初于㆓歴山㆒、往㆓于田㆒、日号㆓泣于旻天于父母㆒。負㆑罪引㆑慝、祗㆑載見㆓瞽瞍㆒、夔夔斉慄。瞽亦允若」や（但し、偽古文とされる）、『孟子』万章の、「舜往㆓于田㆒……号㆓泣于旻天于父母㆒……我竭㆑力耕㆑田、共㆓為㆑子職㆒而已矣」（「舜耕㆓歴山㆒、思慕㆓父母㆒。見㆓鳩与㆑母倶飛鳴相㆓哺食㆒、益以感思、乃作㆑歌曰」と歌われる、『琴操』の「思親操」は、この折のものとされる）、さらに子貢、袁康などの作とされる、上掲『越絶書』越絶呉内伝の、「母常殺㆑舜、舜去耕㆓歴山㆒、三年大熟、身自外養、父母皆饑」という話に転訛され、民間伝承として成立したものであろう。現に唐代、そのような伝承の行われていたことが、陸亀蒙の『象耕鳥耘弁』に、「世謂舜之在㆑下也、田㆓於歴山㆒、象為㆑之耕、鳥為㆑之耘」等と見えることから確認出来る。二十四孝系は、それに取材したものと考えられる。なお『東大寺諷誦文稿』に、「重華担《ハオヒモテ》㆓盲父㆒、而耕《タカヘ》㆓歴山㆒、而作養㆓盲父㆒」なる奇怪な文言が見えるが、上掲『尚書』大禹謨や、『孟子』尽心上の、「瞽瞍殺㆑人……舜……窃負而逃」等の誤解によるか。

八　清盲、精盲（船橋本）共に古来、あきしい、あきじいと訓じられ、明盲の意。舜を殺そうとした報いについて、『三教指帰』成安注所引『孝子伝』等、「其父両目即盲、母便耳聾、弟遂口瘂」と記す。

九　糴は、米を買うことで、糶《ちょう》（米を売ること）の対。

一〇　鄙は、自分の謙称。

一一　「将非」は、「将不」「将無」などと共に、六朝期特有の表現で、断定を避ける意。もしや……か。

一二　舌で舐めて、失明を癒やしたとするものもある（劉向『孝子伝』、敦煌本『孝子伝』、『舜子変』）。

一三　後述『越絶書』越絶呉内伝に、「尭聞二其賢一、遂以二天下一伝レ之」と見える。船橋本は以下につき、話末で簡単に、「遂践二帝位一也」と記すのみ。以下のことは、『史記』に、「尭乃以二二女一妻レ舜」とある、尭が、娥皇、女英の二女を舜に妻わせたこと（『列女伝』）をいう。『尚書』尭典には、「釐二降二女于嬀汭一、嬪二于虞一」、『楚辞』天問には、「舜閔在レ家、父（夫）何以鰥、尭不二姚告一、二女何親……舜服二厥弟一、終然為レ害、何肆二犬豕一、而厥身不二危敗一」とある。『孝子伝』では、舜が最後に尭の二女を娶り、帝位に即くことになっているのに対し、『尚書』、『孟子』、『史記』、『列女伝』などの先行文献においては、尭が最初に二女を妻わせ、舜を試みたなどとされ、話柄上、その順序が『孝子伝』と先行文献とでは逆転している。そのことに関して、西野貞治「陽明本孝子伝の性格並に清家本との関係について」は、「此の孝子伝の説話の中に、既存の他の諸書と著しく異る記載を持つものが見られる。そしてそれは俗文学の発達を考える上に、重要な意義をもつものである。先ず儒家の理想像とされる舜の伝に就いて見ると……尚書・孟子・史記などの正確な古典の記載と著しい対照をなす。即ち比較をなし得る共通点について考察をすると、史記（五帝本紀）では先ずその徳行を認められて尭の二女を娶り、尭の試をうけて歴山に耕し、次いで焚廩揜井の厄を経た後で帝位を譲られるのであり、孟子（万章上）は歴山に耕するの記載を欠く外は史記に等しい。即ち、尭の譲位を受けることの外は悉く孝子伝とは順序が逆であることが注意される。そしてこの孝子伝と前述の順序のほぼ一致するものに論衡（吉験篇）の記述があるが、ここに見える如き舜が歴山に於ける豊作を得たこと、瞽叟がその悪業の為に盲目になること、また舜の孝心によつて盲眼が開かれること等の記述は見られない。ところで、以上に述べた諸点が悉く此の孝子伝と符合し、一層詳細な記述を持つものに敦煌出土の舜子至孝変文が存する……然しこの孝子伝とこの変文との酷似する部分について更に先行するものがないわけではない。例えば漢志にも隋唐志にも著録されず、六朝の仮託かと思われる劉向孝子伝（法苑珠林四九）にも……説話がある。この説話は父瞽叟の道徳性の欠除をその名に附会し、舜の高徳を名重華から重瞳子に附会した事等から発生したものであつて、その開眼のことは……六朝説話の中にその類話が見られ、その成立の経過も推定し得る。また変文には舜が掩井の厄に遭うた時東家の井から脱れたという部分があるが、それはこの孝子伝にもあり、北朝頃に発生した民間伝説であつたかと思われる……ボストン美術館の北魏石室左外側壁面の下段の画像に「舜従東家井中出去時」と題するものがある（瓜茄鶯字第一、二九〇頁挿絵十二）。これも二面からなる。その構図は左半面には左端に家があり、その右、樹下の井の縁に一組の男女が立ち、男が石を手にしている。これが舜の父母を表すのであろう。樹下にある少年は弟象であろう。右半面には右端に家がある。これが東家であろう。その中に坐するのは変文の東家の老母であろう。その左、家の前の井戸から出る若者が舜を表すと思われる。そして東家の井より逃れた事が舜の郷里で伝つたことは唐の封演の記録によつても伺われる（封氏聞見記巻八）……しかし、孟子・史記に見える相異点こそ、洪邁も孟子の無稽の言と指斥した所であり（容斎三筆、巻五、舜事瞽叟）、元来実に不自然な叙述であり、変容を加えられる要素を内に含んでいる訳である。斯る見地からすると、この孝子伝の舜の伝は、孟子・史記等の記載がいつか変容を加えられた、例えば論衡に見える如きものに劉向孝子伝に見える説話を加え、更に舜が東家の井から脱れたというような当時の民間伝承をも参照しつつ構成したもので、舜至孝変文はこの孝子伝を一層発展させたものであろうかと思う」と指摘する。ところが、氏も指摘される『論衡』吉験に、「舜未レ逢レ尭、鰥在二側陋一。瞽瞍与レ象、謀欲レ殺レ之、使二之完一レ廩、火燔二其下一、令二之浚一レ井、土掩二其上一。舜得レ下レ廩、不レ被二火焚一、穿レ井旁出、不レ触二土害一。尭聞徴用……卒受二帝命一、践二天子祚一」とある他、『越絶書』越絶呉内伝に、舜の孝行をめぐる、実に興味深い議論が記され、「舜有二不孝之行一。舜親父仮母、母常殺レ舜、舜去耕二歴山一、三年大熟、身自外養、父母皆饑。舜父頑、母嚚、兄狂、弟敖、舜求レ為二変心易志一。舜為二瞽瞍子一也、瞽瞍欲レ殺レ舜、未二嘗可一レ得。呼而使レ之、未二嘗不一レ在レ側。此舜有二不孝之行一。舜用二其仇一而王二天下一者、言舜父瞽瞍、用二其後妻一、常欲レ殺レ舜。舜不レ為レ失二孝行一、天下称レ之。尭聞二其賢一、遂以二天下一伝レ之。此為レ王二天下一。仇者舜後母也」と見える（この議論は、図像資料8C. T. Loo旧蔵北魏石床の榜題、「舜子謝父母不在」と密接に関わる）。これらは明らかに、舜の焚廩、掩井、歴山に耕することの後に、尭の二女降嫁、譲位がくる点、両孝子伝と一致している。加えて、『越絶書』に、「言舜父瞽瞍、用二其後妻一、常欲レ殺レ舜」と、陽明本に酷似する所伝を踏まえた文辞があり（注三参照）、また、舜が歴山に去って、耕作は大いなる実りを迎え（「三年大熟」）、結果、「父母皆饑」とされることは後、瞽叟、後妻達が舜の豊作により救われたことが、その前提となっていようことなど、陽明本の本話は後漢以前、既に成立していたものと思われる。従って、本話は、氏の言われるように、「例えば論衡に見える如きものに劉向孝子伝に見える説話を加え、更に……当時の民間伝承をも参照しつつ構成したもの」なのではなくて、逆に劉向『孝子伝』や『論衡』、『越絶書』等の方が、陽明本孝子伝の源流に拠ったものであろう。故に、尭が舜に二女を妻わせた時期をめぐる、『孟子』、『史記』と両孝子伝との二つの伝の並立は、漢代以前に溯る可能性が極めて高い。また、金文京「「舜子至孝変文」と広西壮族師公戯「舜児」」は、儺劇《なぎ》（宗教色の強い仮面舞踊、仮面劇）の一種として、現在に伝わる広西壮（チュアン）族自治区の師公戯「舜児」が、『舜子変』（即ち『孝子伝』）と同じ内容をもつという、驚くべき報告を伝え、我が国における昔話「継子の井戸掘り」に見える、同様の現象（注五参照）共々、注目すべきものと言えよう。

一四 『古文孝経』応感章に、「事レ父孝……事レ母孝……天地明察、神明彰矣」とある。『普通唱導集』には、『孝経』の引用がなく、「史記弟（第）一云、虞舜名重花。舜父瞽瞍頑、母嚚、弟象敖。皆欲レ殺レ舜。々順適不レ失二子道一。兄弟孝道。欲レ殺不レ可レ得。即求常在レ測（側）」と『史記』が引かれる。

一五 乾霊は、天神の意。

一六 橋は、梯子《はしご》。『孟子』に、「損レ階」等とある。

一七 黎庶は、人民のこと。

一八 稼は、実りの意。

一九 賑わう意。

二〇 後母は、父の後妻で、継母。

二一 故旧は、古くからのなじみの意。

二二 『越絶書』越絶呉内伝に、「天下称レ之。尭聞二其賢一、遂以二天下一伝レ之」とある。「莫レ不二嗟嘆一」は、「感嘆しない者はいなかった」の意。さて、以下、参考までに、『三教指帰』成安注（寛治二年〈一〇八八〉序）に引かれた「孝子伝」を掲げておく（覚明注にも引く）。校勘では処理し得ない程、両孝子伝と大きな異同があり、内容に富む。且つ、西野氏が、「この孝子伝（即ち、陽明本）を手もとにして書かれた事を信じ得る殆んど同一の句が頻出している」（前掲論文）と言われた舜子変や、『注好選』ともより密接な関わりを示す、注意すべきものである（大谷大学本に拠り、天理本、尊経閣本を参照した。返り点を改め、送り仮名等を省く）。

孝子伝云、虞舜字重花。父名二鼓叟一。々更娶二後妻一生レ象。々敖。舜有二孝行一。後母疾レ之、語レ叟曰、与レ我殺レ舜。叟用二後妻之言一、遣二舜登一レ倉。舜知二其心一、手持二両笠一而登。叟等従レ下放レ火焼レ倉。舜開レ笠飛下。又使二舜濤一レ井。舜帯二銀銭五百文一、入二井中一穿レ泥、取レ銭上レ之。父母共拾レ之。舜於二井底一鑿二匿孔一、遂通二東家井一。便仰告二父母一云、井底銭已尽。願得レ出。爰父下レ土塡レ井、以二一盤石一覆レ之。駆レ牛践二平之一。舜従二東井一出。父坐レ塡レ井、以両眼失明。亦母頑愚、弟復失レ音。如レ此経二十余年一。家弥貧窮無レ極。後母負レ薪、〔詣レ〕市易レ米。値二舜糴一米於市一。舜見レ之、便以レ米与レ之、以レ銭納二母帒米中一而去。叟怪レ之曰、非二我子舜一乎。妻曰、百《文歟》大井底、大石覆至、以レ土塡レ之。豈有レ活乎。叟曰、卿将レ我至二市中一。妻牽二叟手一詣レ市、見二糴レ米年少一。叟曰、君是何賢人、数見二饒益一。舜曰、翁年老故、以相饒耳。父識二其声一曰、此正似二吾子重花声一。舜曰、是也。即前攬二父頭一、失レ声悲号。以レ手拭二父眼一、両眼即開。母亦聡レ耳、弟復能言。市人見レ之、莫レ不二悲歎一也

2 董永

【陽明本】

楚人董永[1]至孝也。少失母、独与父居。貧窮困苦、傭賃供養其父。常以鹿車載父、自随着陰涼樹下。一鋤一廻、顧望父顔色。供養蒸々、夙夜不懈。父後寿終、无銭不葬送。乃詣主人、自売[2]為奴、取銭十千。葬送礼已畢。還売主家、道逢一女人[3]。求為永妻。永問之曰、何所能為。女答曰、吾一日能織絹十疋。於是、共到売主家。十日便得織絹百疋。用之自贖。々畢、共辞主人去。女出門語永曰、吾是天

[一]楚《そ》人《ひと》董永《とうえい》は至孝なり。少《わか》くして母を失い、[二]独り父と居り。貧窮困苦して、[三]傭賃《ようちん》して其《そ》の父を供養す。常に[四]鹿車を以って父を載せ、自ら陰涼の樹下[五]に随着す。一たび鋤しては一たび廻《めぐ》らし、父の顔色を顧み望む。供養すること[六]蒸々として、[七]夙夜《しゅくや》も懈《おこた》らず。父後に寿《いのち》終り、銭无《な》くして葬送せず。乃《すなわ》ち主人に詣《いた》り、自ら売りて奴と為《な》り、[八]銭十千を取る。葬送の礼已《すで》に畢《おわ》る。売主の家に還《かえ》るに、道に一の女人に逢《あ》う。永が妻と為らんことを求む。永之《これ》に問いて曰《い》わく、何をか能《よ》く為す所ぞと。女答えて曰わく、吾一日に能く[九]絹十疋《じゅっぴき》を織ると。是《ここ》に於《お》いて、共に売主の家に到る。十日にして便《すなわ》ち絹百疋を織ることを得たり。之を用《も》って自ら贖《あがな》う。贖い畢りて、共に主人に辞

神之女。感子至孝、助還売身。不得久為君妻也。便隠不見。故孝経曰、孝悌之志、通於神明。此之謂也。賛曰、董永至孝。売身葬父。事畢无銭。天神妻女。織絹還売。不得久処。至孝通霊、信哉斯語也。

して去る。女門を出でて永に語りて曰わく、吾は是《こ》れ[一〇]天神の女なり。子《なんじ》の至孝に感じ、[一一]売身を還すを助く。久しく君が妻たることを得ざるなりと。便ち隠れて見えず。故に[一二]孝経に曰わく、孝悌の志、神明に通ずと。此の謂《いい》なり。[一三]賛に曰わく、董永至孝なり。身を売り父を葬る。事畢りて銭无し。天神女を妻《めあ》わす。絹を織りて[一四]売るを還す。久しく処《お》ることを得ず。至孝霊に通ず、信《まこと》なるかな斯《こ》の語と。

【船橋本】

董永楚人也。性至孝也。少而母没、与父居也。貧窮困苦、僕賃養父。爰永常鹿車載父、着樹木蔭涼之下。一鋤一顧、見父顔色、数進餚饌。少選不緩。時父老命終、無物葬斂。永詣富公家、頓首云、父没無物葬送、我

董永は楚人なり。性至孝なり。少くして母没し、父と居るなり。貧窮困苦して、僕賃して父を養う。爰《ここ》に永常に鹿車に父を載せ、樹木蔭涼の下に着く。一たび鋤しては一たび顧み、父の顔色を見て数《しばしば》[一五]餚饌《こうせん》を進む。[一六]少選《しばらく》も緩《ゆるが》せにせず。時に父老いて命終し、[一七]葬斂《そうれん》するに物無し。永[一八]富公の家に詣り、頓首して云わく、父没して葬送するに物無し、我君が為めに奴

為君作奴婢。得直欲已礼。富公歎与銭十千枚[4]。永獲之斉事。爾乃永行主人家。路逢一女。語永云、吾為君作婦。永云、吾是奴也。何有然也。女云、吾亦知之。而慕然耳。永諾。共詣主人家。主人問云、汝所為何也。女答云、吾踏機、日織十疋之絹。主人云、若塡百疋、免汝奴役。一旬之内、織塡百疋。主人如言、良放免之。於時夫婦出門。婦語夫云、吾是天神女也。感汝至孝、来而助救奴役。天地区異、神人不同[5]。豈久為汝婦。語已不見也。

婢と作《な》らん。直《あたい》を得て礼を已《お》えんと欲すと。富公歎《たん》じて銭十千枚を与う。永之を獲て事を斉《ととの》う。[一九]爾乃《しかるのち》永主人の家に行く。路《みち》に一女に逢う。永に語って云わく、吾君が為めに婦と作らんと。永云わく、吾は是れ奴なり。何ぞ然ること有らんやと。女云わく、吾亦《また》之を知る。而《しか》れども然らんことを慕《ねが》うのみと。永諾す。共に主人の家に詣る。主人問いて云わく、汝《なんじ》為す所何ぞやと。女答えて云わく、吾機《はた》を踏みて、日に十疋の絹を織ると。主人云わく、若し百疋に塡《み》たば、汝が奴役を免ぜんと。一旬の内に、織りて百疋に塡つ。主人言の如く、良《まこと》に之を放免す。時に夫婦門より出づ。婦夫に語りて云わく、吾は是れ天神の女なり。汝が至孝に感じて、来りて奴役を助け救う。天地区《まちまち》に異なり、神、人同じからず。豈《あに》久しく汝が婦たらんやと。語り已《お》わりて見えざるなり。

【校勘】1董、底本「薫」、船橋本により改める。　2売、底本「買」、『言泉集』により改める。　3人、底本頭書により補う。　4枚、底本「牧」、意により改める。　5久、底本「人」、意により改める。

文献資料『孝子伝』（『太平御覧』八一七、八二六）、『劉向孝子図』（『太平御覧』四一一）、『劉向孝子伝』（『法苑珠林』四十九）、曹植「霊芝篇」（『宋書』二十二）、『捜神記』一、『典言』（『三教指帰』成安注下）、『孝子伝』（『三教指帰』成安注下）、『蒙求』272古注、敦煌本『類林』、敦煌本『捜神記』、敦煌本『語対』二十六8、敦煌本『事森』、敦煌本『董永変文』、『類林雑説』一。二十四孝系（詩選13、草子12）、日記故事6、孝行録4）等。『三綱行実』一。

『東大寺諷誦文稿』88行、『言泉集』亡父帖、『普通唱導集』、『私聚百因縁集』六7、『十訓抄』六、『内外因縁集』、『三国伝記』四26、『直談因縁集』、『父母孝養鈔』、昔話「星女房」（『日本昔話通観』二十八、むかし語り222）。

本話について論じたものに、西野貞治「董永伝説について」（『人文研究』6-6、一九五五年）、金田純一郎「董永遇仙伝覚書」（『女子大国文』9、一九五八年）、川口久雄「敦煌本舜子変文・董永変文と我が国説話文学」（『東方学』40、一九七〇年。同『敦煌と日本の説話』〈『敦煌よりの風』2、明治書院、一九九九年〉に再録）、金岡照光「敦煌本「董永伝」試探」（『東洋大学紀要　文学部篇』20、一九六六年）、同「董永伝について」（『敦煌の文学文献』、大東出版社、一九九〇年。同『敦煌文献と中国文学』〈五曜書房、二〇〇〇年〉に再録）、王建偉「漢画董永故事源流考」（『四川文物』63、一九九五年五期）、三浦俊介「『二十四孝』―董永譚を中心に―」（『国文学解釈と鑑賞』61-5、一九九六年）などがある。西野論文は、注一で紹介するように、董永伝説の古態とその変容について、更には図像や俗文学、民間伝承についても、重要な指摘をしている。王氏の論文は、最近の考古学の成果を取り入れた示唆に富む論文であるが、両孝子伝についての言及はない。この他、明代の演劇や民間伝承、地方志に残る董永の「古跡」について論じたものに、飯倉照平「董永型説話の伝承と沖縄の昔話」（『人文学報』213、一九九〇年）があり、昔話「星女房」について論じたものに、福田晃『南島昔話の研究 日本昔話の原風景』（法政大学出版局、一九九二年）四篇三章がある。

図像資料 1後漢武氏祠画象石（「董永千乗人也」）、5ボストン美術館蔵北魏石室（「董永看父助時」）、7ネルソン・アトキンズ美術館蔵北魏石棺（「子董永」）、8 C. T. Loo 旧蔵北魏石床（「孝子董永与父□居」）、9ネルソン・アトキンズ美術館北斉石床、11上海博物館蔵北魏石床（「董永看父助時」）、13四川楽山麻浩一号涯墓、四川渠県沈氏闕、渠県蒲家湾無銘闕、14泰安大汶口後漢画象石墓（榜題は趙荀と丁蘭とが入れ替わり、しかも丁蘭図は董永の誤り）、陝西歴史博物館蔵三彩四孝塔式缶（「董永自売身、葬父母訖、便向郎主去行、次逢一天女、求与作縁、永曰、未敢遂到富公家、欲問女人曰、解織絹否、即放夫妻去之也」）。

後漢、六朝の図像では、生前の父に孝養する董永が描かれ、唐代の陝西歴史博物館蔵塔式缶及び、後の二十四孝図では、天女との離別の場面が描かれる。

【注】

一 陽明本では「薫永」に作るが、これも我が国では古く由緒のある本文である。降って、『直談因縁集』になると「君栄」の字が宛てられているのも、このことに起因する。両孝子伝では、董永を「楚人」とするが、敦煌本『孝子伝』では、「河内人」としている。古く山東の千乗郡（山東省高青県）の人とする、『捜神記』などの一群の資料がある。図像資料1の武氏祠画像石は、董永を千乗人とする最古例である。さて、董永譚は、『捜神記』に見られるように、父の死後売身して父を葬り、天帝がその孝行に感じて織女を下し、債務を助けたとする、売身説話が一般的であり、a鹿車供養譚、b天人降下譚、c売身葬父譚、d天女帰天譚の四つの話柄より構成される。しかし、西野貞治氏によれば、後漢武氏祠画象石などの図像から見て、a鹿車供養とb天人降下が古層の伝承であり、c売身葬父とd天女帰天は後代に附加されたものであろうという（図像と並んで、より古い成立の説話に基づくものと思われる、曹植「霊芝篇」にも、「董永遭二家貧一、父老財無レ遺、挙仮以二供養一、傭作致二甘肥一、責家塡レ門至、不レ知何用帰、天霊感二至徳一、神女為乗レ機」とあって、売身葬父のことは見えない）。董永譚は、漢代の孝道を宣伝する説話から、孝行による感天や、神女との別離悲話などへと、時代を追うに従って、テーマを移行させたものであろうと考えられる。また、敦煌本『董永変文』では、神女との間に生まれた董仲（又は董仲舒）なる人物が登場し、民間伝承との関連が注目される（前掲の金岡論文や飯倉論文を参照）。なお、我が国の談義本『父母孝養鈔』では、「千乗人也」という文言を、地名であるにも拘わらず、天子の意と誤解して、「董永ハ一身ヲウリテ母ノ孝養ニソナヘシカハ後ニハテイ王ニソナハリ」という創作がなされたとの指摘がある（佐竹昭広「董永と江革」『文学』49-12、一九八一年）。

二　両孝子伝のように、父を亡くしてその葬を行うため売身する話が一般的であるが、唐代において『董永変文』のように、二親を葬むるために売身する話が生まれる（黒田彰『孝子伝の研究』Ⅱ二「唐代の孝子伝図」）。

三　傭賃は、3刑渠にも用例のある、『法華経』信解品に見える語。船橋本では、僕賃に作る。共に、人に雇われ、僕となって給金を貰うこと。これに対し、後出の売身は、奴隷となることである。

四　図像資料1によれば、一輪車で、轆車が正しい（5、7、9の如く、一輪車でない図像も描かれる）。前漢時代に一輪車が発明されたことを、この董永の故事及び、図像を傍証として、劉仙洲「我国独輪車的創始時期応上推到西漢晩年」（『文物』64-6）が指摘している。

五　宋代の話本を伝えたとされる、『雨窓集』所収の『董永遇仙伝』では、董永は、槐樹を仲人として仙女と夫婦となり、長者のもとに赴く話となっている。前掲金田論文は、槐樹が縁結びの樹であることの民俗誌を列挙している。

六　蒸蒸は、『文選』「東京賦」に、「蒸蒸之心、感レ物増レ思」とあり、その薛綜注に、「広雅曰、蒸蒸、孝也」とあって、孝行を尽くすさまを言う。『白氏六帖』八に、「蒸蒸、舜也」とあるように、舜の説話と関係する言葉と認識され、孝子譚に関わり深い語であり、この両孝子伝に頻出する。「丞丞」「蒸烝」「苤苤」等と表記される。

七　夙夜は、早朝から夜遅くまでの意で、『孝経』卿大夫章の、「詩云、夙夜匪レ懈、以事二一人一」を踏まえる。

八　銭十千枚は、一万銭。銭千枚が一貫であるから、銭十貫に相当する。漢代の奴隷の値段は、成人男子の場合は一万五千乃至二万銭であったとされ、時代を反映している（宇都宮清吉『漢代社会経済史研究』〈弘文堂、一九五五年〉八章及び、九章参照）。

九　十疋は、帛四丈、即ち、二端の称。漢代の度量衡では、一丈は約二・三米である。従って、一日十疋は、約九米を織る能力があることになる。これに対して、『三教指帰』成安注の引く『孝子伝』では、「主人令レ織レ縑、三日内、織二三百疋一了」とある。敦煌本『事森』でも、「織経二一旬一、得二絹三百疋一」とあって、三百疋を贖いとする系統の資料がある。主人から要求される織物についても、絹とするもの、綃（綾絹）、縑（細絹の織物）とするものがある。このような相違のみならず、敦煌本『事森』、『類林雑説』、『太平御覧』所引『孝子伝』などでは、主人のもとに夫婦で還ったことについて、主人と董永の間で、「主人曰、汝本言二一身一、今二人同至、何也、永曰、買レ一得レ二、何怪也」（『事森』）という問答が交わされる。このやりとりも、両孝子伝にはない。

一〇　天神女は、『三教指帰』成安注所引の『孝子伝』では、「天之織女」とする。

一一　売った身を取り返すのを手助けする、の意か。後出の「売るを還す」も同義。

一二　『孝経』感応章の、「宗廟致㆑敬、鬼神著矣、孝悌之至、通㆓於神明㆒、光㆓于四海㆒、無㆑所㆑不㆑通」に拠る。陽明本の序文に、「孝心之至、通㆓於神明㆒」、船橋本の序文に、「孝之至重者、則神明応㆑響而感得也」とある。こうした考え方が、両孝子伝では、「神明感有り」「神明の感」などの形でしばしば用いられており、孝子伝の特徴的な語の一つとなっている。

一三　賛は、陽明本にのみ見える。父—女—処—語と押韻、父は、上声九麌韻、他は、上声八語韻。

一四　注一一参照。

一五　餚饌は、御馳走。

一六　少選は、六朝以来の口語的な表現であるとの指摘がある（西野貞治「陽明本孝子伝の性格並に清家本との関係について」『人文研究』7-6、一九五六年）。『色葉字類抄』に、「シバラク」の訓がある。

一七　葬斂は、ほうむりおさめる意。

一八　陝西歴史博物館蔵三彩四孝塔式缶の榜題にも、富公とある。

一九　爾乃は、そして、それからの意。『漢語大詞典』に、現代漢語の「这才、于是」に当たるとする。『文語解』にも、「東漢以後ノ文法ニテ爾乃ヲ然後ノ如ニ用ユ」とある。

3 邢渠

【陽明本】

宜春人刑渠、至孝也。貧窮无母、唯与父及妻共居。傭賃養父。々年老、不能食。渠常哺之。見父年老、夙夜憂懼、如履氷霜。精誠有感、天乃令其髪白更黒、歯落更生也。賛曰、刑渠養父、単独居貧、常作傭賃、以養其親、躬自哺父、孝謹恭懃、父老更壮、感此明神。

[一]宜春の人刑渠《けいきょ》[二]、至孝なり。貧窮にして母无《な》く、唯《た》だ父[三]及び妻[四]と共に居り。[五]傭賃《ようちん》して父を養う。父年老いて、食すること能《あた》わず。渠、常に之《これ》に[六]哺《ほ》す。父の年老いたるを見て、[七]夙夜憂懼《しゅくやゆうく》し、氷霜を履《ふ》むが如し。[八]精誠感有りて、天乃《すなわ》ち[九]其《そ》の髪の白きをして更に黒くし、[一〇]歯の落ちたるをして更に生ぜしむるなり。[一一]賛に曰《い》わく、刑渠父を養い、[一二]単独にして貧に居り。常に傭賃を作《な》し、以って其の親を養う。[一三]躬自《みずから》父に哺し、孝謹恭懃《きょうきん》す。父老いるも更に壮《さかん》なり。[一四]此れ明神を感ぜしむと。

【船橋本】

邢渠者宜春人也。貧家無母、与父居

邢渠は宜春の人なり。貧家にして母無く、父と居るなり。[一五]償《つぐな》

也。償養父。々老無歯、不能敢食。渠常嚼哺。定省之間、見其衰弊、悲傷爛肝、頃[1]莫忘。時蒼天有感、令父白髪変黒、落歯更生。丞々之孝、奇徳如之也。

いて父を養う。父老いて歯無く、敢えて食すること能わず。渠、常に[一六]嚼哺《しゃくほ》す。[一七]定省の間、其の衰弊を見て、悲しみ傷《いた》みて[一八]肝《きも》を爛《くだ》き、頃《しばらく》も忘るること莫《な》し。時に蒼天《そうてん》感有りて、父の白髪をして黒に変じ、落歯をして更に生ぜしむ。[一九]丞々の孝、[二〇]奇《くす》しき徳之《かく》の如きなり。

【校勘】 1頃、底本「項」、意により改める。

文献資料 蕭広済『孝子伝』(『太平御覧』四一一)、梁武帝「孝思賦」、『鏡中釈霊実集』(聖武天皇『雑集』99)、楽史『孝悌録』(『童子教諺解』)。『童子教』、『言泉集』亡父孝養因縁帖、『普通唱導集』下末(以上、陽明本系)、『内外因縁集』、『孝行集』1。

図像資料 1後漢武氏祠画象石(「渠父」「邢渠哺父」。また、前石室第七石「刑渠」「孝子刑□」)、2開封白沙鎮出土後漢画象石(「偃師邢渠至孝其父」「邢渠父身」)、3後漢楽浪彩篋(「渠孝子」)、12和林格爾後漢壁画墓(「刑渠父」「刑渠」)。邢渠図は「趙狗哺父」の図と紛れ易い。

【注】

一　宜春の地名は、前漢時代には二箇所に存在し、一つは、現在の江西省宜春市で、漢代には豫章郡に属し、晋代に宜陽と改名され、隋代に宜春に復した。もう一つは、今の河南省汝南県西南に存したが、これは、後漢になって北宜春と改められた。邢渠が前漢以前の人であれば、この二箇所のどちらの宜春かは定めがたいが、44眉間尺では、彼の墓が「汝南宜春県」にあるとされており、『孝子伝』と関わりを持つ『汝南先賢伝』の存在等を考慮すれば、ここも汝南の宜春の可能性が高い。蕭広済『孝子伝』には、邢渠の出身地は記されない。また、『童子教諺解』所引の『孝悌録』では、「刑渠は会稽の人なり」と記す。また開封白沙鎮出土画象石には、偃師（河南省偃師県）の人と記す。『漢代画象の研究』に、「清の陶方琦は巴郡すなわち四川省巴県の人だという」（79頁、小川環樹文）指摘があるが、陶方琦の説については、容庚『漢武梁祠画像考釈』に、「陶方琦漢孳室文鈔三・一有二孝子邢渠考一、考為二巴郡人一、誤」と言う。

二　刑渠は、蕭広済『孝子伝』には、「邢渠」とあり、船橋本の用字が本来のものと思われる。但し、後漢武氏祠画象石の榜題には、「邢渠」と記されるものの、前石室第七石の銘には、「刑渠」「孝子刑□」とあり、中国でも古くから陽明本と同様の「刑渠」の用字も用いられていたことが窺える。『童子教』、『言泉集』所引『孝子伝』にも、「刑渠」と見え、『普通唱導集』所引『孝子伝』、『孝行集』には、「形渠」とする表記も見える。

三　蕭広済『孝子伝』では、父の名を「仲」とするが、陽明本、船橋本には、父の名は記されない。また、孝子伝では、母が既に亡くなっていたとするが、『童子教』には、「刑渠養二老母一、嚙レ食成二齢若一」とあり、父ではなく母を養ったとする。『童子教諺解』所引『孝悌録』にも、「幼少にして父を喪す。ひとりの母をやしなひていたりて孝行なり。つねに母に食をたてまつるごとに、まづみづからくふてのちにはゝにあたふ」と見え、母に食を哺したとしている。

四　蕭広済『孝子伝』、船橋本では、妻の存在は記されていない。武氏祠画象石前石室第十三石には、邢渠の父と、跪いて父に食を食べさせる邢渠の他に、邢渠の後で食器を捧げ持つ人物が描かれているが、或いは、これが邢渠の妻か。

五　傭賃は、2董永、注三参照。船橋本の償に対応する。

六　哺は、本来食事を食べ易くかみ砕き、流動食状にして与えること。邢渠の「哺」は、烏が成長した後で餌を嚙み砕いて逆に親を養うことを言う反哺（45慈烏参照）を踏まえるか。図象資料では、自分が嚙んだものを、烏のように口移しで与えようとしている図（後漢武氏祠画象石）や、匙状のもので飲ませている図（武氏祠前石室第十三石画像、後漢楽浪彩篋）などが見られる。また、和林格爾後漢壁画墓などでは、邢渠の図と慈烏の図とが対になることも、注意される。

七　この箇所は、『孝経』卿大夫章の、「詩云、夙夜匪ㇾ懈、以事二一人一」、同諸侯章の、「詩云、戦々兢々、如ㇾ臨二深淵一、如ㇾ履二薄氷一」を踏まえる。「氷霜」を、『言泉集』『普通唱導集』所引本文には、『孝経』と同じく「薄氷」に作る。

八　精誠は、誠の心。精誠が感応して天に通じて感応させるというのは、孝子伝において、孝心の至りが奇瑞を生むときの慣用的な言い回しとなっている。劉炫『孝経述議』五に、「明王孝弟之道、至極精誠、所ㇾ感通二于神明一、故天地宗廟神、皆章著也」と、孝子伝に通じる表現が見える。

九　蕭広済『孝子伝』には、父の白髪が黒くなった記事は見えないが、『鏡中釈霊実集』には、「邢渠養ㇾ父髪白而更玄」とある。

一〇　蕭広済『孝子伝』に、「歯落更生」、梁武帝「孝思賦」に、「邢渠之生二父歯一」とある。

一一　賛は、貧―親―懃―神と押韻。上平声十一真韻である。

一二　単独を、ただ一人での意と取れば、陽明本では前段に、「妻と共に居り」と記されており、賛と伝とで食い違いを見せる。また、孤立無援での意として、兄弟、親族の助けもない様をいうとも考えられる。

一三　躬自は、自身で、みずから、の意。俗語的な表現。

一四　本来は、「此感明神」などとある所か。明神は、全てを明察する神。

一五　償は、借金をして、働いてそれを返済すること。『西京雑記』に、「与㆓其傭作㆒、而不㆑求㆑償」の例を見る。『日本霊異記』の訓注に、「ツクナフ」とある。但し、蕭広済『孝子伝』や、陽明本に見える傭字を誤った可能性もある。

一六　嚼哺は、食べやすいようにかみくだいて、飲み込ませてやること。陽明本の哺に対応。

一七　定省は、子が日夜親のそばにいて気配りし、その安否を気遣うこと。『礼記』曲礼上の、「凡為㆓人子之礼㆒、冬温而夏凊、昏定而晨省」より出た語。その鄭玄注には、「定、安㆓其牀衽㆒也、省、問㆓其安否如何㆒」とある。

一八　爛肝は、心が痛み苦しむ様。

一九　2董永、注六参照。

二〇　奇徳は、神通による奇跡を指す。

4 韓伯瑜

【陽明本】

韓伯瑜[1]者宋都人也。少失父、与母共居。孝敬烝々。若有少過、母常打之。和顔忍痛。又得杖、忽然悲泣。母怪問之曰、汝常得杖不啼。今日何故啼怨耶。瑜答曰、阿母常賜杖、其甚痛。今日得杖不痛。憂阿母年老力衰。是以悲泣耳。非敢奉怨也。故論語曰、父母之年、不可不知。一則以喜、一則以懼。讃曰、惟此伯瑜、事親不違、恭懃孝養、進致甘肥、母賜笞杖、感念力衰、悲之不痛、泣啼湿衣。

[一]韓伯瑜《かんはくゆ》は[二]宋都の人なり。少《わか》くして父を失い、母と共に居り。孝敬[三]烝々《じょうじょう》たり。若し[四]少過有れば、母常に之《これ》を打つ。[五]和顔して痛きを忍ぶ。又杖を加う、忽然《こつぜん》として悲泣す。母怪しんで之に問いて曰《い》わく、汝《なんじ》常に杖を得るも啼《な》かず、今日何故に啼き怨《うら》むやと。瑜答えて曰わく、[六]阿母常に杖を賜う。其《そ》れ甚だ痛し。今日杖を得るも痛からず、阿母の年老い力衰えたるを憂う。是《ここ》を以って悲泣するのみ。敢えて怨みを奉ずるに非ざるなりと。故に[七]論語に曰わく、父母の年、知らざるべからず。一つには則ち以って喜び、一つには則ち以って懼《おそ》ると。[八]讃に曰わく、惟此《これ》の伯瑜、親に事《つか》えて違わず、恭懃《きょうきん》孝養して、[九]甘肥を進め致す。母笞杖《ちじょう》を賜う、力の衰えたるを感念し、

痛からざるを悲しみ、泣啼《きゆうてい》して衣を湿すと。

【船橋本】

韓伯瑜者宋[2]人也。少而父没、与母共居。養母蒸々。瑜有少過、母常加杖。痛而不啼。母年老衰、時不罰痛、而瑜啼之。母奇問云、我常打汝。然不啼。今何故泣。瑜諾云、昔被杖、雖痛能忍。今日何不痛。爰知、母年衰弱力。以是悲啼。不敢有怨。母知子孝心之厚、還自共哀痛之也。

韓伯瑜は宋の人なり。少くして父没し、母と共に居り。母を養うこと蒸々たり。瑜少過有れば、母常に杖を加う。痛けれども啼かず。母年[一〇]老い衰えて、時に罰して痛からず、而《しか》れども瑜啼く。母奇《あや》しんで問いて云わく、我常に汝を打つ、然れども啼かず。今何故に泣くやと。瑜諾《こた》[一一]えて云わく、昔は杖を被るに、痛しと雖も能《よ》く忍ぶ。今日は何ぞ痛からざる。爰《ここ》に母の年衰え力弱りたるを知る。是を以って悲啼す。敢えて怨み有らずと。母、子の孝心の厚きを知り、還《ま》た自ら共に悲しみ痛む。

【校勘】 1宋、底本「字」、『言泉集』により改める。　2宋、底本「宗」（注一一参照）。

文献資料『説苑』三（『芸文類聚』二十、『法苑珠林』四十九、敦煌本『語対』二十五4、『籯金』二十九13、『励忠節鈔』三十四17、『太平御覧』四一三、六四九、『蒙求』416注〈古注本は『韓詩外伝』〉等）、『君臣故事』二、『純正蒙求』上、二十四孝系（詩選系龍谷大学本甲本末尾「或本」、孝行録22）。『注好選』上56、『今昔物語集』九11、『宝物集』一、『蒙求和歌』三、『澄憲作文集』33、『言泉集』亡母帖、『普通唱導集』下末、『聖徳太子平氏伝雑勘文』上一、『内外因縁集』、『孝行集』2、『金玉要集』三。

図像資料 1後漢武氏祠画象石（「柏楡傷親年老気力稍衰、笞之不痛、心懐楚悲」「楡母」。また、前石室七石「伯游也」「伯游母」）、2開封白沙鎮出土後漢画象石（「伯臾母」「伯臾身」）、6ミネアポリス美術館蔵北魏石棺（「韓伯余母与丈知弱」）、12和林格爾漢壁画墓（「伯禽」「伯禽母」）、16安徽馬鞍山呉朱然墓出土伯瑜図漆盤（「楡母、伯楡、孝婦、楡子、孝孫」）。

【注】

一　両孝子伝以外は、伯瑜とするものが多い。「瑜」を「兪」（『全相二十四孝詩選』）「楡」（『注好選』）、「諭」（『籯金』）とするものもある。

二　船橋本は宋（「宗」とあるが、宋を宗と書く例は古写本に散見する）。春秋時代の宋は、今の河南省商邱県。

三　2董永、注六参照。

四　少は小に通用し、小さな過《あやま》ちの意。

五　穏やかな顔つき。

六　阿母は、母の呼称。阿は、口語に頻用される、人に付く接頭語。本書では、23朱百年、25張敷に阿母、9丁蘭、37董黯に、阿嬢の例がある（いずれも船橋本）。

七　『論語』里仁に、「父母之年、不レ可レ不レ知也。一則以喜、一則以懼」とあるものを引く。父母の年を知って、その長生きを喜び、また、行末の長くないことを恐れる。

八　違―肥―衰―衣と押韻。広韻では「衰」は脂韻で、他は微韻であるが、古詩では通押する。なお讃は、他の条では、賛と表記されている。

九　うまくて肥えた肉。肉を母に進めることは、本文には見えない。曹植の「霊芝篇」（『宋書』二十二）に、董永のことを詠じて、「傭作致二甘肥一」とある。

一〇　『注好選』には、「其母七十打二其子一」と年齢を明示するが、他には見えない。『注好選』は、「老」を七十と解したか。『礼記』曲礼に、「七十曰レ老」とある。

一一　『類聚名義抄』に、「コタフ」の訓がある。

5 郭巨

【陽明本】

郭巨[1]者、河内人也。時年荒。夫妻昼夜懃作、以供養母。其婦忽然生一男子。便共議言、今養此児、則廃母供事。仍掘[2]地埋之。忽得金一釜。々上題云、黄金一釜、天賜郭巨。於是遂致富貴、転孝蒸々。賛曰、孝子郭巨、純孝至真。夫妻同心、殺子養親。天賜黄金、遂感明神。善哉孝子、富貴栄身。

郭巨[一]は、河内[二]の人なり。時に年荒[三]る。夫妻昼夜懃作《きんさく》[四]し、以って母に供養す。其《そ》の婦、忽然《こつぜん》として一男子を生む。便《すなわ》ち共に議して言わく、今此の児[五]を養わば、則ち母に供うる事を廃せむと。仍《よ》りて地を掘りて之《これ》を埋む。忽《たちま》ちに金[六]一釜を得たり。釜[七]の上に題して云わく、黄金一釜、天、郭巨に賜うと。是《ここ》に於《お》いて遂に富貴を致し、孝[八]に転じて蒸々[九]たり。賛[一〇]に曰《い》わく、孝子郭巨、純孝至真なり。夫妻心を同じくして、子を殺し親を養わんとす。天、黄金を賜い、遂に明神を感ぜしむ。善[一一]き哉《かな》、孝子、富貴にして身を栄えしむと。

【船橋本】

郭巨者、河内人也。父無母存。供養懃々。於年不登、而人庶飢困。爰婦生一男。巨云、若養之者、恐有老養之妨。使母抱児、共行山中、掘[3]地将埋児。底金一釜、々上題云、黄金一釜、天賜孝子郭巨。於是因児獲金、不埋其児。忽然得富貴、養母又不乏。天下聞之、倶誉孝道之至也。

郭巨は、河内の人なり。父無く母存す。供養すること懃々《きんきん》[三]たり。年に於いて登《みの》らず、而《しこう》して人庶飢困せり。爰《ここ》に婦、一男を生む。巨云わく、若し之を養わば、恐らくは老養の妨げ有らむと。母をして児を抱かしめ、共に山中に行き、地を掘りて将《まさ》に児を埋めんとす。底に金一釜あり、釜の上に題して云わく、黄金一釜、天、孝子郭巨に賜うと。是に於いて児に因りて金を獲、其の児を埋めず。忽然として富貴を得、母を養うこと又乏しからず。天下之を聞き、倶に孝道の至れるを誉むるなり。

【校勘】 1者、底本右傍記「家貧養母」あり。 2・3掘、底本「堀」、意により改める。

文献資料 劉向『孝子図（伝）』（『令集解』賦役令17条、『法苑珠林』四十九、敦煌本北堂書鈔体甲、『太平御覧』四一一）、宗炳「答何衡陽書」（『弘明集』三）、宗躬『孝子伝』（『太平御覧』八一一、『初学記』二十七、『事類賦』九、『幼学指南鈔』二十三）、『孝子伝』（敦煌本『新集文詞九経抄』、『蒙求』271注〈準古注、新注〉）、『孝子伝』（『三教指帰』成安注上末)、『後漢書』(『三教指帰』覚明注二)、『捜神記』十一、『晋書』八十八、『法苑珠林』六十二、釈彦琮「通極論」(『広弘明集』四)、『白氏六帖』八、敦煌本『籯金』二十九17、『事森』三15、『古賢集』、『語対』二十六9、『蒙求』271古注(古注のみ出典不記。準古注、新注「孝子伝」)、『故円鑒大師二十四孝押座文』(スタイン木刻一)、『太平御覧』四十二巫山、『太平寰宇記』十三河南道鄆州平陰県、同上五十三河北道懐州河内県、『司馬温公家範』五、『孝詩』、『君臣故事』中、二十四孝系(詩選16〈草子15〉、日記故事12、孝行録3)。

『三綱行実』一。

『日本感霊録』十一、『仲文章』孝養篇、『澄憲作文集』33、東大寺北林院本『言泉集』亡母帖、龍谷大学本『言泉集』亡母帖、『注好選』上48、『宝物集』一、『今昔物語集』九1、『普通唱導集』下、『孝行集』3、『金玉要集』二、『類雑集』五、中山法華経寺本『三教指帰注』、昔話「孫の生き肝・三夫婦型」(『日本昔話大成』七、本格昔話、新話型11A。『日本昔話通観』二十八、むかし語り423)。

なお、本話について論じたものに、中島和歌子「四系統の孝子伝・郭巨説話をめぐって―中古・中世の受容も含めて―」(北海道教育大学『語学文学』39、二〇〇一年)がある。また、昔話「孫の生き肝」について論じたものに、福田晃『南島説話の研究　日本昔話の原風景』(法政大学出版局、一九九二年)三篇四、五章がある。

図像資料　6ミネアポリス美術館蔵北魏石棺(「孝子郭巨賜金釜」)、7ネルソン・アトキンズ美術館蔵北魏石棺(「□子郭巨」)、8C. T. Loo旧蔵北魏石床(「孝子郭巨」「孝子郭巨天賜皇(黄)金」)、9ネルソン・アトキンズ美術館蔵北斉石床、10鄧県彩色画象甎(「郭巨」「妻子」「金壹釜」)、10寧夏固原北魏墓漆棺画(「孝子郭距(巨)供養老母」「以食不足敬□□(曹カ)母」「相将夫土塚天賜皇今(黄金)一父(釜)」「官不徳(得奪)脱私不徳(得)与」)、22洛陽北魏石棺床、23和泉市久保物記念美術館蔵北魏石床（右側三面、個人蔵）、陝西歴史博物館蔵三彩四孝塔式缶（「郭巨為母生埋児、共妻抱児、将向田中、穿得深三尺、妻更交深一尺、敢得天賜黄金贈之、是為孝也」）。なお、山東省孝堂山の祠堂は、郭巨の墓上の享堂といわれ、その伝承は、この祠堂に付刻された北斉胡長仁の「感孝頌」（『金石録』二十二）に溯る。祠堂の壁上には種々の画象が彫られているが、郭巨の故事に直接結びつくものはなく、他の孝子の故事に基づくものもない。

【注】

一　郭巨の字を、「文挙」（敦煌本『事森』）、「文通」（敦煌本『語対』）、「文気」（敦煌本『捜神記』）とするものがある。『仲文章』の「文挙郭巨」（孝養篇）は、『事森』系の所伝を受けたもの。なお当会編『仲文章注解』（勉誠社、一九九三年）二六頁及び、11蔡順注一〇参照。

二　漢の河内郡（現在の河南省）。劉向『孝子図（伝）』、宗躬『孝子伝』では、河内の温（温県）の人とする。

三　年は、稔に通じ、実りの意。船橋本では、「於レ年不レ登」とあるが、11蔡順では、「於レ時年不レ登」とあり、或いは「於」の下に「時」を脱したか。

四　懃は、勤に通じる。

五　この児は新生児でなく、三才とする伝えも多い（敦煌本『事森』、同『語対』、『孝行録』等）。なお孝のため、子を生き埋めにした人物として、他に郭世道がある。蕭広済『孝子伝』に、「郭世道、会稽永興人。年十四、喪レ父事二後母一。勤レ身供養。婦生レ男。夫婦共議、養二此児一、所レ廃者大。乃瘞レ之。母亡服竟、追思未二嘗釈一レ衣」（『太平御覧』四一三）とある。裴子野『志略』（『初学記』十七）では、唐太宗の諱を避けて、郭道に作る。

六　釜は、容器の他、容量の単位を指す場合がある。『春秋左氏伝』昭公三年条の「豆区為レ釜」注に、「四区為レ釜。

釜、六斗四升」とあり、『論語集解』三（雍也）に、「馬融曰（中略）、六斗四升、曰レ釜也」とある。従って、船橋本の場合を含め、「金一釜」は六斗四升の黄金とも解せられる（母利司朗「黄金の釜―郭巨考―」、『東海近世』5、一九九二年）。ただ、史料の博捜を以って名高い、加藤繁『唐宋時代に於ける金銀の研究』（分冊第二、東洋文庫、一九二六年）を見ても、漢―唐の文献では、黄金は、斤、両など重量単位で所見し、釜を以って数えた実例は見当たらない。図像資料においても、6、9、19などのように、早くから容器を掘り出す情景が表現されていることを考え併せると、一釜は、「釜（足のない鼎。『名義抄』マロガナヘ）一杯の金」を意味すると見るのが穏当であろう。『今昔物語集』や『普通唱導集』では、金製の釜に転訛している。

七　付属の文字については、所伝により大別して二種の表現が見られる。「上題云」（船橋本、陽明本）、「上云」（敦煌本『籯金』）、「銘曰」（敦煌本『語対』）などとある一類に対し、「鉄券」（劉向『孝子伝』、宗躬『孝子伝』、敦煌本『事森』、『法苑珠林』四十九）、「丹書」（『捜神記』）とする一類である。中国では、契約文書などに、「鉄券丹書」の例が多く（仁井田陞『唐宋法律文書の研究』、東方文化学院東京研究所、一九三七年）、「丹書」は「鉄券」と同類と見做してよいであろう。このように鉄券が添えられていたとする後者の所伝に対し、前者の一類は、釜（ないし、その蓋など）に直接記されていた意ではないかと考えられる。なお図像資料19の榜題に見える「□（官カ）不徳脱、私不徳与」は、「官、奪うことを得ず、私に与うることを得ず」で、釜に付属していた文の末尾の文言である。この種の文言は、敦煌系の資料や二十四孝系資料にしばしば見える。黒田彰『孝子伝の研究』（思文閣出版、二〇〇一年）Ⅲ四「二十四孝原編、趙子固二十四孝書画合璧について」参照。

八　「孝に転じ」とは、得た富や地位を孝行のために使うこと。

九　2董永、注六参照。

一〇　賛の押韻は、真―親―神―身で、上平声十一真韻。
一一　善哉は、仏典でよく用いられる語。
一二　ねんごろな様子。或いは、懃は勤に通じ、勤める様子。

6 原谷

【陽明本】

楚人、孝孫原谷者至孝也。其父不孝之甚、乃[1]祖父年老厭患之。使原谷作輦[2]扛祖父送於[3]山中。原谷復将轝還。父大怒曰、何故将此凶物還。[4]答曰、阿父[5]後老復棄之、不能更作也。[6]頑父悔悞、更[7]往山中、迎父率還。朝夕供養、更為孝子。此乃孝孫之礼也。於是閨門孝養、上下无怨也。

[一]楚《そ》人《ひと》、[二]孝孫[三]原谷は至孝なり。其《そ》の[四]父不孝の甚だしき、乃《すなわ》ち祖父の年老ゆる[五]之《これ》を厭《いと》い患う。原谷をして[六]輦《れん》を作り祖父を扛《かつ》ぎ山中に送らしむ。原谷また轝《よ》を将《も》て還《かえ》る。父大いに怒りて曰《い》わく、何故に此の[七]凶なる物を将て還ると。答えて曰わく、[八]阿父後に老い復《また》之を棄てんとするに、更に作ること能《あた》わざればなりと。頑《かたくな》なる父悞《あやま》ちを悔い、更に山中に往き、父を迎え率《い》て還る。朝夕に供養し、更に孝子と為《な》る。此れ乃ち[九]孝孫の礼なり。是《ここ》に於《お》いて閨門《けいもん》に孝養し、上下怨《うら》み无《な》きなり。

【船橋本】

[8]孝孫原谷者楚人也。其父不孝、常厭

孝孫原谷は楚人なり。其の父不孝にして、常に父の死なざる

父之不死。時父作輦入父、与原谷共担、棄置山中還家。原谷走還、賷来載祖父輦。呵嘖云、何故其持来耶。原谷答云、人子老父棄山者也。我父老時、入之将棄。不能更作。爰父思惟之更還、将祖父帰家。還為孝子。惟孝孫原谷之方便也。挙世聞之。善哉原谷、救祖父之命、又救父之二世罪苦。可謂賢人而已。

を厭う。時[一]に父輦を作り父を入れ、原谷と共に担い、山中に棄て置きて家に還る。原谷走り還り、祖父を載する輦を賷《も》ち来たる。呵嘖《かせき》して云わく、何故に其れ持ち来たるやと。原谷答えて云わく、人の子は老父を山に棄つる者なり。我が父老ゆる時、之に入れて将《まさ》に棄てんとす。更に作ることあたわずと。爰《ここ》に父之を思惟して更に還り、祖父を将《い》て家に帰る。また孝子と為る。惟《これ》孝孫原谷の方便[二]なり。世を挙《こぞ》り之を聞く。善き哉《かな》原谷、祖父の命を救い、又父の二世[三]の罪苦を救う。賢人と謂《い》うべきのみ。

【校勘】 1祖父年老、底本無、紅葉山文庫本『令義解』裏書により補う。 2扛、底本無、『令集解』「古記」所引『孝子伝』、紅葉山本『令義解』により補う。 3山、紅葉山本『令義解』「山林」。 4答、『令義解』「谷」。 5後、紅葉山本『令義解』「依」。 6頑、底本「顔」、『令集解』等により改める。 7往、紅葉山本『令義解』等「往於」。 8底本「元覚」と朱で頭書。

文献資料 『先賢伝』(『令集解』賦役令17条「釈」に対する書入れ)、敦煌本句道興『捜神記』(「史記曰」)、『孝子伝』

（『太平御覧』五一九、『事文類聚後集』四、『天中記』十七、『万葉代匠記』十六竹取翁歌等）、『孝子伝』（『古今図書集成』明倫彙編家範典九）、『稗史』（『淵鑑類函』二七二）、二十四孝系（孝行録系のみ〈『孝行録』17、『群書拾唾』24〉）等。

『三綱行実』一。

『孝子伝』（『令集解』賦役令17条「古記」、『令抄』賦役令17条）、紅葉山文庫本『令義解』賦役令17条裏書、『注好選』上57、『今昔物語集』九45、『孝子伝』（龍谷大学本、東大寺北林院本『言泉集』下祖父帖）、『普通唱導集』下末、『私聚百因縁集』六10、『沙石集』三6、『内外因縁集』・『注好選』『今昔物語集』は船橋本系、他は陽明本系）、『孝行集』5、『金玉要集』一、『類雑集』五38（「廿四孝録」。孝行録系）、東大本『孝行伝』六（目録「元覚」、本文欠）等、昔話「姥棄山」（『日本昔話名彙』）。

原谷譚について論じたものに、西野貞治「竹取翁歌と孝子伝原穀説話」（『万葉』14、一九五五年）、今野達「古代・中世文学の形成に参与した古孝子伝二種について―今昔物語集以下諸書所収の中国孝養説話典拠考―」（『国語国文』27-7、一九五八年）、高橋文治「原穀・元覚考」（追手門学院大学『東洋文化学科年報』10、一九九五年）、黒田彰『孝子伝の研究』（思文閣出版、二〇〇一年）Ⅰ三「令集解の引く孝子伝について」、三木雅博「「竹取翁歌」臆解―現存の作品形態にもとづく主題の考察―」（『井手至先生古稀記念論文集国語国文学藻』、和泉書院、一九九九年）などがある。なお紅葉山文庫本『令義解』に関しては、東野治之「律令と孝子伝―漢籍の直接引用と間接引用―」（『万葉集研究』24、二〇〇〇年）参照。

図像資料　**1**後漢武氏祠画象石（「孝孫」「孝孫祖父」、「孝孫父」）、**2**開封白沙鎮出土後漢画象石（「原穀親父」「孝

孫原穀」「原穀泰父」）3後漢楽浪彩篋（「孝孫」）、6ミネアポリス美術館蔵北魏石棺（「孝孫棄父深山」）、7ネルソン・アトキンズ美術館蔵北魏石棺（「孝孫原穀」）、8 C. T. Loo旧蔵北魏石床（「孝孫父不孝」「孝孫父轝還家」）、9ネルソン・アトキンズ美術館蔵北斉石床、11上海博物館蔵北魏石床、12和林格爾後漢壁画墓（「孝孫父」）、13四川楽山麻口一号崖墓、18洛陽北魏石棺、22洛陽北魏石棺床、23和泉市久保惣記念美術館蔵北魏石床。また、二十四孝図としての原谷図は、洛陽出土北宋画象石棺以下、多くのものに見える（注三参照）。

【注】

一　楚は、春秋戦国時代の国名で、郢《えい》（湖北省江陵県）に都した。原谷は、幽州（河北、遼寧省の辺）の出身（『令集解』「釈」に対する書入所引『先賢伝』）とも、陳留（河南省陳留県）の人（敦煌本句道興『捜神記』）とも、「不レ知二何許人一」（『太平御覧』所引『孝子伝』）とも言う。なお現陽明本の「楚人、孝孫原谷者至孝也」の書出しは、孝子名の前に出身地を置く、異例の形となっているが、船橋本に「孝孫原谷者楚人也」とあり、陽明本系の『普通唱導集』も「孝孫原谷、楚人也」とし、『令集解』「古記」所引『孝子伝』にも「孝孫原谷者楚人也」と見えるので（紅葉山文庫本『令義解』裏書にも）、船橋本の方が元の形を留めるものと思しい。高橋文治「原穀・元覚考」は、本話が雑宝蔵経二に近い所から、「元来、外来の物語だった可能性を示唆する」とし、「北魏の訳経以後、仏典故事が漢化する中で成立したものであろう」と言うが、後漢武氏祠画象石以下の図像資料から考えて、本話は、さらに早く中国において成立していたものと考えられる。

二　孝孫は、孝行な孫で、順孫とも言う。父母に孝行な孝子に対する。

三　原谷は、原穀（『太平御覧』所引『孝子伝』等）とも記される。谷は、穀に通じる。また、元覚（敦煌本句道興

『捜神記』〈P五五四五には、元穀〉、船橋本頭書〈校勘8参照〉等）、元啓（『沙石集』〈米沢本「源谷元啓《ケンコクケンケイ》」〉とも記され、宋、遼・金墓における二十四孝図としてのそれにあっては、概ね元覚（洛陽出土北宋画象石棺等）と表記される他、孫悟元覚（洛陽北宋張君墓画象石棺）、元角（河南洛寧北宋楽重進画象石棺等）、袁覚（河南宜陽北宋画象石棺等）などとも表記される。中で、「孫悟元覚」は、敦煌本句道興『捜神記』に「孫元覚」とも言うことや、元覚の父を元悟とする説（二十四孝系の『孝行録』に、「元覚之父悟、性行不肖……元悟悖戻……有レ子名覚」とある）等との関わりが興味深い。西野貞治氏は、「敦煌本〔元覚〕は音の誤による誤字かと思ふ」（「敦煌本捜神記について」〈『神田博士還暦記念書誌学論集』、平凡社、一九五七年〉とされる。なお、松尾芳樹氏が「元覚は朝鮮本の表記」であり「元覚という名称」は「朝鮮本にのみ見られる」（「二十四孝図考―画中説話の採択について―」（『京都市立芸術大学美術学部研究紀要』34、一九九〇年）と言われるのは、当たらない。

四　父は、原孝才（『令集解』「釈」に対する書入れ所引『先賢伝』）とも、元悟（『孝行録』。注三参照）とも伝える。

五　船橋本に、「常厭二父之不レ死」とある。

六　輦は、手車だが、陽明本等、後に「轝（輿）」とするように、人が手で舁《か》く輿《こし》（手輿《たごし》、腰輿）のことであろう。図像資料には、担架が描かれる。日本においても、古くは輦と輿が厳密に区別されていた（橋本義則「古代御輿考―天皇・太上天皇・皇后の御輿―」、『古代・中世の政治と文化』、思文閣出版、一九九四年）。敦煌本句道興『捜神記』に、「筐轝」（「轝」）、『孝行録』に、「輿簣」（「簣」）とある。

七　禍々《まがまが》しい物、縁起でもない物。

八　父の親称。阿については、4韓伯瑜、注五参照。

九　『古文孝経』閨門章に、「閨門之内、具レ礼矣乎」、『塩鉄論』五に、「閨門之内、尽レ孝焉」、また、『古文孝経』開宗明義章に、「上下無レ怨」、『春秋左氏伝』昭公二十年に、「上下無レ怨」などとある。閨門は、家庭の意。

一〇　この時の原谷の年齢を十歳、十五歳等と記すものがある。「穀、歳初十歳」（『令集解』「釈」に対する書入れ所引『先賢伝』）、「年始十五」（敦煌本句道興『捜神記』）、「穀年十五」（『太平御覧』所引『孝子伝』）。或いは、「年十一」（梵舜本『沙石集』。諸本は「十三」）とも。

一一　方便は、正しい道に導くための仮の手段の意で、仏教語。陽明本には見えない。前の「呵責」、「思惟」も仏教でよく用いられる語。

一二　二世は、現在と未来。二世の罪苦は、現世来世に亘る、父を殺した罪及び、その報いとして受ける苦しみのこと。共に仏教的表現。陽明本には見えない。

7　魏陽

【陽明本】

沛郡人魏陽至孝也。少失母。独与父居。孝養蒸々。其父有利戟。市南少年欲得之、於路打奪其父。陽乃叩頭。[1]県令召問曰、人打汝父。何故不報。為力不禁耶。答曰、今吾若即報父怨、正有飢[2]渇之憂。[3]県令大諾之。阿父終没。即斬得彼人頭、以祭父墓。州郡上表、称其孝徳、官不問其罪、加其禄位也。

一沛郡《はいぐん》の人二魏陽《ぎよう》は至孝なり。少《わか》くして母を失う。独り父と居り。孝養すること蒸々《じようじよう》たり。其《そ》の父に利き戟《ほこ》有り。市の南の少年、之《これ》を得んと欲し、路《みち》に其の父を打て奪う。陽乃《すなわ》ち三叩頭《こうとう》す。四県令召して問いて曰《い》わく、人汝《なんじ》が父を打つ。何故に報ぜざるや。五為《これ》力禁《た》えざるやと。答えて曰わく、今吾れ若し即ち父の怨《あだ》に報ぜば、正に飢渇の憂え有らんと。県令大に之を諾す。六阿父終に没す。即ち彼の人の頭を斬得して、以って父の墓に祭る。七八州郡上表して、其の孝徳を称え、官其の罪を問わず、其の禄位を加うるなり。

【船橋本】

魏[4]陽者沛郡人也。少而母亡。与父居也。養父茨々。其父有利戟。時壮[5]士、相市南路、打奪戟矣。其父叩頭。於時県令聞之、召陽問云、何故不報父仇。陽答云、如今報父敵者、令父致飢渇之憂。父没之後、遂斬敵頭、以祭父墓。州県聞之、不推其罪、称其孝徳、加以禄位也。

魏陽は沛郡の人なり。少くして母亡ず。父と居るなり。父を養うこと茨々たり。其の父に利き戟有り。時に壮士[九]、市の南路に相《あ》い、打ちて戟を奪う。其の父叩頭す。時に県令之を聞き、陽を召し問いて云わく、何《いか》なる故に父の仇《あだ》を報ぜざるやと。陽答えて云わく、如今《いま》父の敵《あだ》を報ぜば、父をして飢渇の憂えを致さしめんと。父没して後、遂に敵の頭を斬り、以って父の墓に祭る。州県之を聞きて、其の罪を推《と》わず、其の孝徳を称え、加うるに禄位を以ってするなり。

【校勘】 1・3県、底本「懸」、欄外訂正による。 2渇、底本「湯」、船橋本により改める。 4魏、底本「槐」、陽明本により改める。 5壮、底本「牡」、意により改める。

文献資料 蕭広済『孝子伝』(『太平御覧』三五二等)、逸名『孝子伝』(『太平御覧』四八二)。『経国集』二十、大谷本『言泉集』、『孝行集』4、『金玉要集』二。

図像資料 1後漢武氏祠画象石（「魏湯」「湯父」）、3後漢楽浪彩篋（「侍郎」「魏湯」「湯父」「令君《（老）》」「令妻」「令女」「青《（書）》郎」）、12和林格爾後漢壁画墓（「魏昌」「魏昌父」）。

後漢楽浪彩篋の図様に関して、画面右側の三人（「魏湯」「湯父」「侍郎」）の人物に向き合う形で、左側に四人の人物が描かれ、「令君《（老）》」「令妻」「令女」「青《（書）》郎」と榜題が判読されることから、魏陽が県令に召問されている場面が描かれているとの指摘がある（東野治之「律令と孝子伝—漢籍の直接引用と間接引用—」『万葉集研究』24、二〇〇〇年）。

【注】

一　沛郡は、安徽省宿県の西北に位置する。『漢書』地理志に「沛郡、戸四十万九千七十九、口二百三万四百八十、県三十七云々」とある。

二　魏陽については、蕭広済『孝子伝』及び、逸名『孝子伝』にも見えるが、関連資料に乏しい。図像資料1、3、12から見て、漢代の人であろうが、『金石索』（石索三）の後漢武氏祠画象石の考証には、古く魏姓はなく、嵬氏のことであろうかとしている。逸名『孝子伝』及び、後漢の図像資料の榜題に、「魏湯」に作る例が見られ、字体の混用によるものかとも疑われるが、なお魏湯が古く正しい名前か。我が国の文献資料では、『経国集』二十の大神虫麻呂の対策文（天平五〈七三三〉年七月二十九日）に、「阿劉」「桓温」「魏陽」「趙娥」の名を対句として列挙している。この魏陽を、『孝子伝』に拠ったものとする指摘が既にある（小島憲之『万葉以前—上代びとの表現—』六章、岩波書店、一九八六年）。本話は孝子伝の中では、9丁蘭、32魯義士、37董黯などと同じ、復讐譚の系譜に立ち、親の仇討ち、復讐殺人を主題にしている。即ち、父の生前には孝養のために父を辱めた敵を討つことを断念し、死後は一転して殺人という手段により孝を完遂するのである。この孝のための復讐と殺人の問題を、歴史的に解明したものに、桑原隲蔵『中国の孝道』（講談社学術文庫、一九七七年）や、牧野巽「漢代の復讐」（著作集2『中国家族研究』下、お茶の水書房、一九八八年）がある。桑原氏によれば、「儒教は復讐を是認するのみならず、さらに進んで復讐は至親に対する一種の義務とさえ見做」されるとし、牧野氏は、「厳格にいえば、復讐とは殺人に対する復讐である」が、「しかし、既に周礼調人の調停すべきものの中にも、殺人と並んで傷害や闘怒があり、（略）復讐の概念は一層広義に解される場合が多かった」とされる。魏陽の場合も殺人に起因する復讐ではなく、父の浴びた恥辱に対する復讐である。魏陽を中心とした孝子伝における復讐譚については、黒田彰『孝子伝の研究』（思文閣出版、二〇〇一年）Ⅰ四「船橋本孝子伝の成立―その改修時期をめぐって―」に考察がある。両漢以後、復讐による殺人の処置に関して、常に両論決着のつかない状態であって、処分は法律に明記されない。即時に復讐を行った場合は、罪を問われない条文が明文化されるのは、明律以後である。魏陽の場合も、むしろ即座に復讐しなかったことが、問題にされているのである。

三　この箇所は、蕭広済『孝子伝』には、「少年怒、道逢㆓陽父㆒打、陽叩頭、請㆑罪」とある。一方、逸名『孝子伝』では、「少年殴㆓撾湯父㆒、湯叩頭拝謝㆑之、不㆑止。行路書生牽止㆑之、僅而得㆑免」とあり（「殴撾」は、なぐるの意）、魏陽が叩頭して許しを乞い謝るも許されず、行き会った書生の取りなしで辛うじて免れることになっている。この書生が、図像資料に述べたように、後漢楽浪彩篋の漆画には「青郎」として描かれている。

四　県令は、県の長官。郡の下にあって、治民、賦役、獄訟、会計報告など民政全般を掌った。県令は、漢代において、復讐殺人の量刑について管轄したとされるが（牧野巽前掲論文参照）、17曹娥や29叔先雄の説話では、孝子を顕彰する主体でもある。秦漢時代に行われた所謂郡県制の概要は全国を十三郡に分け、州牧（後の刺史に当たる）

を置き、郡の下に県を置いた。秦の始皇帝は天下を三十六郡としたと『史記』に見え、万戸以上に県令を、万戸以下に県長を置いたと言う。なお、『注千字文』154「百郡秦幷」注に、郡県や県令についての説明がある。

五　「為……耶」の「為」は、軽い発語で、「これ……や」と訓む。どうして敵を捕まえないのか、の意。

六　6原谷、注八参照。

七　蕭広済『孝子伝』及び、逸名『孝子伝』には、父の冢前または父の墓に「謝」したとある。大神虫麻呂の対策文に、「魏陽斬ㇾ首、存二薦祭心一」とあるのは、両孝子伝の「祭」を承けたものである。

八　州郡は、古代の地方行政区域である州と郡。前述の如く漢は秦の立てた郡県制を基本的に継承し、武帝の時代に郡県に対して刺史を派遣し、行政の査察を行わせた。刺史の査察範囲が州と呼ばれたが、後漢時代には、京畿を司州とし、京畿以外の十二部を州として、州が郡の上級官庁化した。この制度は、魏晋南北朝時代も引き継がれた。ここの州郡は、具体的には州の長官（刺史）と郡の長官（太守）を指すか。なお、ここで注目すべきことは、陽明本で「州郡」とする用例（7魏陽、18毛義、31許孜）全てを、船橋本では「州県」に作る。「州県」という言い方は、隋における地方制度の変革を反映したもので、これは船橋本の改修時期を推定する上で重要な手掛かりである（黒田彰前掲注二論文参照）。

九　壮士は、血気盛んな者。陽明本「少年」とある。

8 三州義士

【陽明本】

三州義士者、各一州人也。征伐徒行、並失郷土、会宿道辺樹下。老者言、将不共結断金耶。二少者敬諾、遂為父子。慈孝之志、倍於真親也。父欲試意、勅二子於河中立舎。二子便昼夜輦土、塡河中。経三年、波流飄蕩、都不得立。精誠有感、天神乃化作一夜叉、持一丸土投河中。明忽見河中、土高数十丈、瓦宇数十間。父子仍共居之。子孫生長、位至二千石。家口卅余人、今三州之氏是也。後以三州

[一]三州義士は、各《おのおの》一州の人なり。征伐に徒行し、[二]並びに郷土を失い、道辺の樹下に[三]会宿す。老者言わく、[四]将《は》た共に断[五]金を結ばざらんやと。二少者敬いて諾し、遂に父子と為《な》る。慈孝の志、真の親に倍するなり。父意を試みんと欲し、二子に河中に舎を立つることを勅[六]す。二子便《すなわ》ち昼夜土を[七]輦《はこ》び、河中に塡《うず》む。三年を経るも、[八]波流飄蕩《ひょうとう》して、都《かつ》て立つることを得ず。[九]精誠感有りて、天神乃《すなわ》ち化して[一〇]一夜《いちや》叉《しゃ》と作《な》り、一丸土を持ちて河中に投ず。明けて忽《たちま》ち河中を見るに、[一一]土高数十丈、瓦《が》宇《う》数十間たり。父子仍《よ》りて共に之《これ》に居す。子孫生長し、位[一二]二千石に至る。家口三十余人、[一三]今の三州の氏是《こ》れなり。[一四]後に三州を以って姓と為すなり。

為姓也。

【船橋本】

三州義士者、各一州人也。各棄郷土、至会一樹之下、相共同宿也。於時一人問云、汝何勿所来、何勿所去。皆互問。答曰、為求生活離家東西耳。今吾三人必有因縁。故結断金、其畏老一人為父、少人一人為子。各唯諾已。爾後桂蘭之心、倍於真親。求得之財、彼此不別。孝養之美、猶踰骨肉。爰父欲試子等心、仰二子云、河中建舎、以為居処。奉教運土塡河。毎入漂流、経三箇年不得塡作。爰二子歎云、我等不孝。不協父命。海中

三州義士は、各一州の人なり。各郷土を棄て、至りて一樹の下に会し、相共に同宿するなり。時に一人問いて云わく、[一五]汝《なんじ》何勿所《いずこ》より来り、何勿所へか去《ゆ》くと。皆互いに問う。答えて曰《い》わく、[一六]生活を求めんが為めに家を離れて[一七]東西するのみ。今吾ら三人必ず因縁有り。故に断金を結び、其《そ》の畏老《いろう》一人を父と為し、少人一人を子と為さんと。各唯諾し已《お》わんぬ。爾《しか》る後に[一八]桂蘭の心、真の親に倍す。求め得たる財、彼れ此れ別かたず。孝養の美、猶《なお》骨肉に踰《こ》えたり。爰《ここ》に父、子等の心を試みんと欲し、二子に仰せて云わく、河中に舎を建て、以って居処と為さんと。[一九]教を奉じて土を運び河を塡む。入るる毎に[二〇]漂流《ひょうりゅう》し、三箇年を経るも塡め作ることを得ず。爰に二子歎《たん》じて云わく、我等不孝なり。父の命に協《かな》わず。[二一]海中の玉、豈《あに》

之玉、豈為誰[1]耶。世上之珍、亦為誰也。而未造小舎、我等為人哉。憂歎寝夜、夢見一人持壌投於河中。明旦見之、河中塡土数十丈、建屋数十宇。見聞之者、皆共奇云、丈夫孝敬、天神感応、河中為岳、一夜建舎。使父安置其家、孝養盛之。天下聞之、莫不嘆息。其子孫長為二千石、食口三十有余。以三州為姓也。夫雖非親父、至丹誠之心為父。神明之感在近。何[2]況骨肉之父哉。四海之人見之鑑而已。

誰の為めにせんや。世上の珍、亦《また》誰の為めにせんや。而《しか》るに未だ小舎を造らず、我等人為《た》らんやと。憂え歎《なげ》きて寝る夜、夢〔三〕に一人壌《つちくれ》を持ちて河中に投ずるを見る。明旦之を見るに、河中に土を塡むること数十丈、屋を建つること数十宇。之を見聞する者、皆共に奇《あや》しみて云わく、丈夫の孝敬、天神感応し、河中に岳を為《つく》り、一夜に舎を建つと。父をして其の家に安置せしめ、孝養盛んなり。天下之を聞き、嘆息せざるは莫《な》し。其の子孫長じて二千石と為り、食口三十有余たり。三州を以って姓と為すなり。夫れ親〔三〕父に非ざると雖も、丹誠の心を至して父と為す。神明〔四〕の感近きに在り。何ぞ況《いわ》んや骨肉の父をや。四海の人之を見て鑑《かんが》みよとのみ。

【校勘】 1誰、底本[無]、『注好選』により補う。 2底本「何況々々」、「々々」を衍字と見て削除。

文献資料 蕭広済『孝子伝』(『太平御覧』六十一、『止観輔行伝弘決』四之三)、『孝伝』(『止観輔行伝弘決』四之二)、

逸名『孝子伝』（『弘決外典抄』二、陽明本と同系統）、逸名『孝子伝』（『太平広記』一六一）、庾信「傷心賦」、「哀江南賦」、『摩訶止観』四、『寒山詩』、『事類賦』六（注に「孝子伝」を引く。『太平広記』、『事類賦』注に引かれるのは共に蕭広済『孝子伝』の系統）。
『本朝文粋』十三大江匡衡「供養浄妙寺願文」、『江吏部集』中「同賦孝徳本詩序」、『注好選』上58、『今昔物語集』九46、龍谷大学本『言泉集』下養父帖、同下祖父帖、『普通唱導集』下末、『澄憲作文集』34、『私聚百因縁集』六12（『注好選』、『今昔物語』は船橋本系、『言泉集』、『普通唱導集』は陽明本系）、『文粋願文略注』（『孝子伝』、尭済『孝子伝』を引く〈尭斉は、蕭広済の誤りか〉。『止観輔行伝弘決』、『弘決外典鈔』等に拠るか）、『孝行集』6、『金玉要集』二、『琉球神道記』四。

図像資料　1　後漢武氏祠画象石（「三州孝人也」）。

【注】

一　三州義士は、後漢武氏祠画象石の榜題には、「三州孝人」、蕭広済『孝子伝』や『孝伝』では、「三州人」と記され、「三州義士」と称するのは両孝子伝の特徴の一つ。図像資料1から見て漢代の人と考えられるが、詳しい伝は不明である。『太平広記』一六一所引『孝子伝』では、「晋三川人、約為二父子一」と晋（国名か王朝名かは不明）の人として記す。『止観輔行伝弘決』所引の蕭広済『孝子伝』の末尾には、「梁朝破三人離」とあり、梁朝のこととするが、これは庾信「哀江南賦」において、梁の武帝父子が侯景の乱により離散したことを、本話の故事を修辞に用いて「三州則父子離別」と詠じたのを、直接三州義士のことを述べたものと誤解したことによる追補であろう。また、庾信の賦や『止観』、『寒山詩』においては、三州義士の故事は、本話と類同の五郡孝子譚（蕭広済『孝子伝』〈『止観輔行伝弘決』四之三〉、八巻本『捜神記』〈『稗海』所収〉等に記される）とともに、「三州」「五郡」の組み合わせで用いられており、この形は、日本においても大江匡衡の作品などに踏襲されている。三州と五郡との組み合わせは、六朝後期頃から行われ始めたか。

二 徒行は、徒歩で行くこと。

三 蕭広済『孝子伝』には、「三人闇会二樹下一息」、船橋本には、「至会二一樹之下一」とあり、樹下に会する点が共通する。樹は、おそらく槐樹であろう。2董永、注五参照。

四 将不については、1舜、注一一参照。

五 断金は、『周易』繋辞上の、「二人同レ心、其利断レ金」に基づく語。「断金を結ぶ」は、固い契りを結ぶ意。蕭広済『孝子伝』では、「寧可レ合二断金之業一耶」、船橋本にも、「故結二断金一」とあり、共に、断金の語が用いられている。『白氏六帖』兄弟には、「連枝同気」と共に、「金友玉昆」の語が見え、断金の故事は、兄弟の交わりについても、意識されていた。『注好選』では、「結二断金之契一」、『今昔物語集』では、「深キ契ヲ結ビ」とする。

六 勅は、『漢語大詞典』によると、漢代までは上位の者より下位の者に告げる訓戒、命令を広く勅と呼び、南北朝から皇帝の詔書を指すようになったと言う。船橋本には「教」とある。

七 輦は、ここでは、車を引いてはこぶ意に解した。

八 波流飄蕩は、ここでは、水流に流されることを言う。

九 精誠有感は、3邢渠、注八参照。

一〇 陽明本系の本文を引用している『孝子伝』（『弘決外典抄』所引や『普通唱導集』所引）では、「一夜叉」を、「一書生（『普通唱導集』は、「一畫生〕）」とする。蕭広済『孝子伝』（『太平御覧』）にも、「有二一書生一過レ之、為縛二両土一肫二投河中一」とあり、蕭広済『孝子伝』と陽明本系『孝子伝』との本文が交渉を持っていたことを窺わせる。

一一　この部分、『弘決外典抄』二所引『孝子伝』に、「土高数丈、瓦屋十間」、『普通唱導集』に、「土高数丈、瓦屋数十間」とある。

一二　二千石は、漢代の太守（郡の長官）の年俸で、転じて、太守そのものを指す。位が二千石に至り、一族が三十余人にまで増えたという、後日談の記述は、船橋本と共通する。現存の蕭広済『孝子伝』には、このような後日談的な記述は見えない。家口は、家で養っている人間の数。船橋本の食口も、家口と同義。

一三　『元和姓纂』五に、「三州、三州孝子之後、亦単姓州」とあり、また、「三邱、孝子伝有二三邱氏一」ともある。後者の三邱については、『元和姓纂四校記』の岑仲勉の校記に、「通志「三州氏」云、孝子伝有二三州昏《ママ》一、「邱」顕「州」之訛、応三改正移二附「三州」之下一」と言う。三州と名乗った彼らの子孫は、少なくとも唐代までは存続し、或いは、『通志』が編まれた宋の頃まで続いていたか。

一四　『普通唱導集』は、「後」を「彼」に作る。

一五　「何勿」は、「何物」に同じで、「どんな、どういう」の意。「何勿所」で「どんな所」「どこ」の意となる。「何勿所」の例は未見であるが、『伍子胥変文』の「先生恨レ胥何勿事」の「何勿事」などは、類例。

一六　生活は、生計、なりわいの意。

一七　東西するは、あちこちに行くの意。『今昔物語集』では、「流浪スル」と記す。

一八　桂蘭は、蘭桂に同じ。徳の盛んな様の比喩。

一九　教は、仰せ、命令の意。

二〇　漂流は、水に浮かんで流されてしまう意。

二一　海中の玉を手に入れるのも、世の珍宝を集めるのも一体誰のためか、皆親のためではないか、の意か。「海中の玉」は、海中の宝玉で、ここでは、手に入りにくい貴重な宝の意で用いたか。仏典では、海竜王の玉が有名である。

二二　夢中で神人の働きを見るとするのは、この船橋本系のみ。他は、実際に働きを見ることになっている。

二三　親父は、父に同じ。

二四　神が孝に感応する例《ためし》は、このように身近に存在する、の意か。「神明の感」については、2董永、注一一参照。

9　丁蘭

【陽明本】

河内人丁蘭者至孝也。幼失母、年至十五、思慕不已。乃剋木為母、而供養之如事生母不異。蘭婦不孝、以火焼木母面。蘭即夜夢語木母。言、汝婦焼吾面。蘭乃笞治其婦、然後遣之。有隣人借斧。蘭即啓木母。々顔色不悦。便不借之。隣人瞋恨而去。伺蘭不在、以刀斫木母一臂。流血満地。蘭還見之、悲号叫慟、即往斬隣人頭以祭母。官不問罪、加禄位其身。賛曰、丁蘭至[1]孝、少喪亡親、追慕无及、

[一]河内の人丁蘭《ていらん》は至孝なり。幼くして母を[二]失い、年十五に至るも、思慕已《や》まず。乃《すなわ》ち木を剋《きざ》みて母と為《な》し[三]、之《これ》を供養すること、生ける母に事《つか》うるに異ならざるが如し。蘭の婦不孝にして、[四]火を以って木母の面を焼く。蘭即ち夜、夢に木母と語る。言わく、汝《なんじ》が婦、吾が面を焼くと。蘭乃ち其《そ》の婦を笞治《ちち》し、然る後に之を遣《や》る[五]。[六]隣人の[七]斧を借らんとすること有り。蘭即ち木母に啓す。母顔色悦《よろこ》ばず。便《すなわ》ち之を借さず。隣人瞋《いか》り恨みて去る。蘭の不在を伺いて、刀を以って木母の[八]一臂《いっぴ》を斫《き》る。流血地に満つ。蘭還《かえ》りて之を見、悲号叫慟《きょうどう》して、即ち往きて[九]隣人の頭を斫り、以って母に祭る。[一〇]官罪を問わず、禄位を其の身に加う。賛[一一]に曰《い》わく、丁蘭至孝にして、少《わか》くして親を

立木母人、朝夕供養、過於事親、[2]身没名在、万世惟真。

【船橋本】

丁蘭者河内人也。[3]幼少母没、至十五歳、忍慕阿嬢、不獲忍忘。剋木為母、朝夕供養、宛如生母。出行之時、必諮而行、還来亦陳。懃懃不緩。蘭婦[4]□性而常此為厭。不在之間、以火焼木母面。蘭入夜還来、不見木母顔。其夜夢木母云、汝婦焼吾面。[5]蘭見明旦、実如夢語。即罰其婦、永悪莫寵。又有隣人借斧。蘭啓木母、見知木母顔色不悦、不与借也。隣人大忿、伺

喪亡《うしな》う。追慕するも及ぶこと无《な》し。木母人を立て、朝夕供養し、親に事うるに過ぎたり。身没するも名在り、万世惟《これ》真なりと。

丁蘭は河内の人なり。幼少にして母没す。十五歳に至り、阿[三]嬢を忍び慕い、忍び忘るることを獲ず。木を剋みて母と為し、朝夕供養すること、宛《あたか》も生ける母の如し。[三]出行の時は、必ず諮《とぶら》いて行き、還り来ればまた陳《の》ぶ。懃懃《きんきん》として緩《おこた》らず。蘭の婦[四]□性にして、常に此れを厭《いと》いと為す。不在の間、火を以って木母の面を焼く。蘭、夜に入りて還り来たり、木母の顔を見ず。其の夜、夢に木母云わく、汝が婦、吾が面を焼くと。蘭、明旦に見るに、実《まこと》に夢の語の如し。即ち其の婦を罰し、永く悪《にく》みて寵すること莫《な》し。又、隣人の斧を借らんとすること有り。蘭、木母に啓す。木母の顔色悦ばざるを見知り、与

蘭不在、以大刀[6]斬木母一臂。血流満地。蘭還来見之、悲傷号[7]哭。即往斬隣人頭、以祭母墓。官司聞之、不[8]問其罪、加以禄位。然則雖堅木、為母致孝、而神明有感。亦血出中、至孝之故、寛宥死罪。孝敬之美、永伝不朽也。

え借さざるなり。隣人大いに忿《いか》り、蘭の不在を伺いて、大刀を以って木母の一臂を斬る。血流れて地に満つ。蘭還り来りて之を見、悲傷号哭《ごうこく》す。即ち往きて隣人の頭を斬り、以って母の墓に祭る。官司之を聞き、其の罪を問わず、加うるに禄位を以ってす。然れば則ち、堅木と雖も、母と為して孝[一五]を致せば、神明感有り。亦《また》血中《なか》より出で、至孝の故に、死罪を寛《かん》宥《ゆう》せらる。孝敬の美、永く不朽に伝わるなり。

【校勘】 1至孝、底本「孝至」とし、転倒符により訂す。　2親、底本「生親」。金沢文庫本により「生」は衍字とみて削除。　3幼、底本「劣」、意により改める。　4□、底本、一時分空格、「、」を打つ。注一四参照。　5面、底本「囬」とし、右に「面」と傍書。　6刀、底本「力」、意により改める。　7号、底本「踍」、意により改める。　8不、底本[無]、陽明本により補う。

文献資料　劉向『孝子伝』（『法苑珠林』四十九）、逸名『孝子伝』（『太平御覧』三九六、『蒙求』415準古注、新注）、曹植「霊芝篇」（『宋書』二十二）、『捜神記』（『太平御覧』四八二）、孫盛『逸人伝』（『初学記』十七、『太平御覧』四一四、『三教指帰』覚明注二等）、鄭緝之『孝子伝』（『法苑珠林』四十九）、『孝子伝』（『弘決外典鈔』三）、『典言』

（『三教指帰』成安注上末）、梁武帝「孝思賦」、句道興『捜神記』、『類林雑説』一2、『蒙求』415注、『純正蒙求』上、二十四孝系（『詩選』3、『日記故事』17、『孝行録』15）。

『東大寺諷誦文稿』87行、『注好選』上55、『今昔物語集』九3、『言泉集』亡母孝養因縁帖、龍谷大学本『言泉集』上、亡母帖、『普通唱導集』下末、孝母、『澄憲作文集』33、中山法華経寺本『三教指帰注』、『内外因縁集』（『今昔物語集』は船橋本系、『言泉集』、龍谷大学本『言泉集』、『普通唱導集』は陽明本系）、『孝行集』7。

ほかに、孝子としての丁蘭の名は『風俗通』愆礼、『三教指帰』上、『日本霊異記』上17、中39、『経国集』二十、大神虫麻呂対策（天平五年）、『宝物集』一、『説経才学抄』、『金玉要集』三などに見える。

参考文献として、高橋伸幸「宗教と説話―安居院流表白に関して―」（『説話・伝承学'92』、一九九二年）、徳田和夫『お伽草子研究』（三弥井書店、一九八八年）二篇六章、梁音「丁蘭考―孝子伝から二十四孝へ―」（『和漢比較文学』27、二〇〇一年）がある。

図像資料　1後漢武氏祠画象石（「丁蘭二親終歿、立木為父、隣人仮物、報乃仮与」。前石室十三石、左石室八石にも）、2開封白沙鎮出土後漢画象石（「野王丁蘭」「木人為像」）、3後漢楽浪彩篋（「丁蘭」「木丈人」）、4後漢孝堂山下小石室画象石、5ボストン美術館蔵北魏石室（「丁蘭事木母」）、6ミネアポリス美術館蔵北魏石棺「丁蘭事木母」、8C. T. Loo旧蔵北魏石床（「丁蘭士木母時」）、12和林格爾後漢壁画墓（「木□人」「丁蘭」）、14泰安大汶口後漢画像石墓（「此丁蘭父」「孝子丁蘭父」）、19寧夏固原北魏墓漆棺画（「供養老母」「死」）、22洛陽北魏石棺床、23和泉市久保惣記念美術館蔵北魏石床。

【注】

一　本話は、丁蘭の妻が木母の顔を焼く話と、隣人が木母の臂を切り、丁蘭がその仇を報ずる話とから成るが、両者を併せ持つのは、両孝子伝と『捜神記』である。また、河内は、5郭巨の注二参照。開封白沙鎮出土後漢画象石榜題、劉向『孝子伝』、『捜神記』、「孝思賦」では、その野王県の人とする。なお、鄭緝之『孝子伝』、『捜神記』には、漢の宣帝がその孝を賞したとあり、丁蘭がその時代の人であることが知られる。

二　句道興『捜神記』、『逸人伝』は、両親。武氏祠画象石榜題にも、「二親」とある。

三　武氏祠画象石、泰安大汶口漢画像石墓の榜題は、父とする。また、楽浪彩篋、「霊芝篇」は、「丈人」（妻の父）とする。

四　鄭緝之『孝子伝』、古注『蒙求』は、妻が「誤って」木母の顔を焼いたとする。また、『孝行録』では、針で目を刺したとし、『注好選』は、体を傷つけたとする。

五　追い出した。夫婦の関係よりも孝が優先することを示す。次条の10朱明も同じ主題である。

六　隣人が物を借ることも、早く武氏祠画象石榜題に見え、劉向『孝子伝』『捜神記』にも見える。『逸人伝』は、隣人の名を張叔とする。

七　具体的に器物の名をあげるのは、両孝子伝のみである。

八　具体的に記すのは両孝子伝のみ。なお、『逸人伝』は、杖でその頭をたたくとする。

九　報復のことは、ほかに『捜神記』『逸人伝』『典言』に見える。但し、墓に祭ることは『捜神記』『典言』に見えない。敵の頭を切り、墓に祭ることは、7魏陽にも見える。

一〇　『逸人伝』は、郡県が孝を称えてその肖像を描かせたとし、鄭緝之『孝子伝』、『捜神記』は、皇帝が孝を賞して官職を与えたとする。7魏陽に、類似の表現がある。

一一 賛の押韻は、親—人—親—真で、上平声真韻。

一二 母。阿嬢は、母をいう俗語。阿娘とも表記される。「阿」については、4韓伯瑜、注六参照。

一三 外出の際には、出かけるに当たっても、帰宅した時にも必ず挨拶を忘れなかった。この部分は船橋本の独自本文。

一四 『今昔物語集』には、「悪性」とある。

一五 2董永、注一二参照。

10 朱明

【陽明本】

朱明者、東都人也。兄弟二人。父母既没、不久遺財各得百万。其弟驕奢、用財物尽、更就兄求分。兄恒与之。如是非一。嫂便忿怨、打罵小郎。明聞之曰、汝他姓之子、欲離我骨肉耶。四海女子、皆可為婦。若欲求親者、終不可得。即便遣妻也。

朱明は、東都[一]の人なり。兄弟二人なり。父母既に没し、久しからずして遺財各《おのおの》百万を得たり。其《そ》の弟、驕奢《きようしや》[二]にして、財物を用い尽くして、更に兄に就きて分を求む。兄、恒《つね》に之《これ》を与う。是《か》くの如きこと一たびに非ず。嫂《あによめ》、便《すなわ》ち忿怨《ふんえん》し、小郎[三]を打ち罵《ののし》る。明、之を聞きて曰《い》わく、汝《なんじ》は他姓の子、我が骨肉を離《さ》[四]らむと欲《す》るや。[五]四海の女子は、皆婦と為《な》すべし。若し親《しん》を求めむと欲せば、終に得べからずと。即便《すなわち》妻を遣《や》[六]るなり。

【船橋本】

朱明者、東都人也。有兄弟二人。父母没後、不久分財、各得百万。其弟

朱明は、東都の人なり。兄弟二人有り。父母没して後、久しからずして財を分け、各百万を得たり。其の弟、驕慢[七]にして、

驕慢、早尽己分、就兄乞求。兄恒与之。如之数度、其婦忿怒、打罵小郎。明聞之曰、汝他姓女也。是吾骨肉也。四海之女、皆了為婦、骨肉之復不可得。遂追其婦、永不相見也。

早く己の分を尽くし、兄に就きて乞い求む。兄、恒に之を与う。之の如《かく》きこと数度、其の婦忿怒し、小郎を打ち罵る。明、之を聞きて曰わく、汝は他姓の女なり。是《こ》れは吾が骨肉なり。四海の女、皆了《つい》には婦と為さむも、骨肉は復《また》得べからずと。遂に其の婦を追い、永く相見ざるなり。

文献資料『初学記』十七、『呉地記』。『日本霊異記』中巻序、『釈門秘鑰』兄弟儀重釈（国文学研究資料館『調査研究報告』17、一九九六年）、東大寺北林院本及び、龍谷大学本『言泉集』下兄弟姉妹帖、『孝行集』8、『源平盛衰記』二一「清盛息女」。『釈門秘鑰』『言泉集』は、陽明本系。『日本霊異記』中巻序については、矢作武「日本霊異記と漢文学―孝子伝を中心に・再考―」（『記紀と漢文学』〈和漢比較文学叢書10、汲古書院、一九九三年〉）がある。

図像資料 1後漢武氏祠画象石（「朱明」「朱明弟」「朱明児」「朱明妻」）。

【注】

一 東都は、洛陽をさす。朱明は、図像資料1から見て、漢代の人と考えられるが、唐、陸広微『呉地記』には、朱明寺の項に、晋の隆安二年（三九八）、呉郡の人、朱明が宅を捨てて寺としたものと記す。曹林娣校注『呉地記』

（江蘇古籍出版社、一九九九年）は、『呉県志』をもとに、朱明寺の遺址が蘇州にあるとする。同一人とするには、出身地、生存年代共に異なり、問題が残る。『呉地記』には「孝義立身」とあるが、富裕な朱明が、財を望む弟夫婦に全財産を与えた所、大風雨が起こり、財産が戻ったとあるなど、事蹟にも相違点が多い。なお『初学記』十七友悌に見える、「朱明張臣尉讃」については、西野貞治氏が論じられたように、朱明に直接関係するのは、その中の「寡妻屏レ穢、棠棣増レ栄」の部分と見られる。「寡妻」は、正妻の意、また、「棠棣」は、兄弟を指す。12王巨尉、注一参照。

二　驕奢は、おごって贅沢なこと。

三　小郎は、若者の意。ここは、朱明の弟。

四　離は、遠ざける意。中国における孝は、大家族制度の維持と密接な関連をもつ徳目であり（桑原隲蔵『中国の孝道』〈講談社学術文庫、一九七七年〉参照）、朱明のように親族を重んじる態度は、孝の趣旨に合致するが、社会の異なる日本では理解困難であったとみられ、唱導文献では専ら兄弟愛の例として受容されている。

五　天下の女性は、いくらでもめとることができるの意。

六　遣は、離と同意。9丁蘭、注五参照。

七　驕慢は、おごり侮どること。

11　蔡　順

【陽明本】

淮南人蔡順至孝也。養母烝々。母詣婚家、酔酒而吐。順恐中毒、伏地嘗之。啓母曰、非毒是冷耳。時遭年荒、採桑椹赤黒二籃。逢赤眉賊。々問曰、何故分別桑椹二種。順答曰、黒者飴母、赤者自供。賊[1]還[2]放之、賜完十斤。其母既没、順常在墓辺。有一白虎[3]、張口向順来。順則申臂採之、得一横骨。虎去後、常得鹿羊報之。所謂孝感於天、禽獣依徳也。

[一]淮南《わいなん》の人蔡順《さいじゅん》は至孝なり。母を養うこと烝々《じょうじょう》たり。母[二]婚家に詣《いた》り、酒に酔いて吐く。順毒に中《あ》たれるかと恐れ、地に伏し之《これ》を嘗《な》む。母に啓して曰《い》わく、毒に非ず是《こ》れ冷ゆるのみと。[三]時に[四]年の荒るるに遭い、[五]桑椹《そうちん》を採ること赤黒の[六]二籃《にらん》なり。[七]赤《せき》眉《び》の賊に逢《あ》う。賊問いて曰わく、何の故に桑椹を二種に分別するやと。順答えて曰わく、黒きは母に[八]飴《く》わせ、赤きは自ら供すと。賊還《かえ》って之を放《ゆる》し、[九]完《しし》十斤を賜う。[一〇]其《そ》の母既に没するに、順常に墓の辺に在り。一白虎有り、口を張り順に向かい来たる。順則ち臂《ひじ》を申《の》べ之を採り、一横骨を得。虎去りて後、常に鹿羊を得て之に報ず。所謂《いわゆる》孝の天を感ぜしめ、禽獣《きんじゅう》は徳に依るなり。

【船橋本】

蔡順者[4]汝南人也。養母烝々。母詣隣家、酔酒而吐。順恐中毒、伏地嘗吐。順啓母曰、非毒。於時年不登、不免飢渇。順行採桑実、赤黒各別之。忽赤眉賊来、[5]縛順欲食。乃賊云、何故桑実別両色耶。答曰、色黒味甘、以可供母。色赤未熟、此為己分。於時賊歎云、我雖賊、也亦有父母。汝為母有心、何殺食哉。即放免之、使与完十斤。其母没後、順常居墓辺、護母骨骸。時一白虎、張口而向順来。順知虎心、中臂探虎喉、取出一横骨。虎知恩、常送死鹿也。荒賊猛虎、猶知恩義。何況仁人乎也。

蔡順は汝南《じょなん》の人なり。母を養うこと烝々たり。母隣家に詣り、酒に酔いて吐く。順毒に中たれるかと恐れ、地に伏し吐を嘗む。順母に啓して曰わく、毒に非ずと。時に年登《みの》らず、飢渇を免れず。順行きて桑の実を採り、赤黒各《おのおの》之を別かつ。忽《たちま》ち赤眉の賊来たり、順を縛りて食らわんと欲す[二]。乃《すなわ》ち賊云わく、何の故に桑の実を両色に別かつやと。答えて曰わく、色黒く味甘きは、以って母に供すべし。色赤く未だ熟さざるは、此れ己が分と為《な》すと。時に賊歎《たん》じて云わく、我賊なりと雖も、也亦《また》父母有り。汝《なんじ》[三]母の為めに心有り、何ぞ殺して食らわんやと。即ち之を放免し、完十斤を与えしむ。其の母没して後、順常に墓の辺に居り、母の[四]骨骸《こつがい》を護る。時に一白虎、口を張りて順に向かい来たる。順虎の心を知り、臂を申べ虎の喉《のど》を探り、一横骨を取り出だす。虎恩を知り、常に死鹿を送るなり。荒賊猛虎すら猶《なお》恩義を知る。何《いか》に況《いわ》んや仁人をや。

【校勘】1賊、右下に線を引き下欄外に、「或白米二斗」と書入あり。2還、下に線を引き下欄外に、「牛蹄一双与順」と書入あり。3虎、底本見せ消ち、上欄外の書入による。4汝、底本無、『注好選』により補う。5縛、底本「傅」、意により改める。


文献資料　a蔡順嘗吐譚、b分椹譚、c助虎譚、d飛火譚、e畏雷譚、f噬指譚、g桔槔《きつこう》譚に分けて記す。

『東観漢記』十六（b。『幼学指南鈔』二十七木部桑にも）、『汝南先賢伝』（a〈『初学記』十七、『太平御覧』四一四〉、e〈『説郛』五十八、『幼学指南鈔』二天部下雷〉g〈『後漢書』三十九、『幼学指南鈔』二十七草部藤〉）、『後漢書』三十九周磐付伝蔡順伝（fde）、逸名『孝子伝』（a〈『太平御覧』八四五〉、b〈『広事類賦』十六、茆泮林『古孝子伝』所収〉）、『類林雑説』一（bade）、『蒙求』444注（古注abd、準古注bd、徐注deb）、『白氏六帖』八（f、d）、敦煌本『事森』（bade）、『籯金』二29（f、e）、『北堂書鈔体甲』（d）、『語対』（d、e）、『古賢集』（d）、『事文類聚後集』四（f）、『純正蒙求』上（a）、『君臣故事』二（b、d）、『日記故事大全』三（b、ed）、『大明仁孝皇后勧善書』三（fbgde）、二十四孝系（詩選19〈草子18〉b、日記故事23b、孝行録11be）、戯曲「蔡順摘椹養母」「行孝道蔡順分椹」「降桑椹蔡順分椹」等。

『東大寺諷誦文稿』91行（a）、『注好選』上59（abc。船橋本系）、『言泉集』亡母帖（bc。陽明本系）、『普通唱導集』下末（b。同上）、『内外因縁集』（abc。船橋本系）、『孝行集』36（bdc）、『金玉要集』三（d等）、蓬左本『源平盛衰記』三十一（e。古活字本「王裒」）、『類雑集』五25（bd。準古注『蒙求』系）、『合譬集』上48（bd。同上）、昔話「孝子の花」（『城辺町の昔話』上〈南島昔話叢書7、同朋社、一九九一年〉本格昔話56、b）

昔話「息子の花」（『日本昔話通観』26沖縄、昔がたり339。b）、昔話「狼報恩」（『日本昔話大成』六、本格昔話228。c）。

図像資料　7ネルソン・アトキンズ美術館蔵北魏石棺（「子蔡順」、d）、8C. T. Loo旧蔵北魏石床（「孝子蔡順」、eか）、19寧夏固原北魏墓漆棺画（「東家失火蔡順伏身官上」、d）。また、二十四孝図としての蔡順図は、河南林県城関宋墓以下、数多くのものに見え、bを描く。

【注】

一　両孝子伝の蔡順譚は、文献資料に示した話柄分類に従えば、a嘗吐譚、b分椹譚、c助虎譚の三つの話柄から成っている。蔡順は、後漢の人、字を君仲と言う（『後漢書』三十九等。「君平」〈古注『蒙求』〉、「君長」〈敦煌本『事森』〉などとも言われる）。淮南は、淮水の南の地だが、蔡順は汝南（河南省汝南県）の人とされる（『東観漢記』等。「汝南平輿人也」〈敦煌本『事森』〉とも）。船橋本は「淮」字を欠き、『注好選』が「汝海南人也」と作る所からして、早くから乱れたものらしいが、淮は汝の誤伝か。

二　以下、嘗吐譚。『汝南先賢伝』に見え、『太平御覧』四一四所引の『孝子伝』も、この話を伝えている。嫁家は、嫁（婿）入先の意であるが、ここは婚礼のある家か。『汝南先賢伝』に、「母至二婚家一」とある。船橋本は「隣家」とする。

三　以下、分椹譚。『東観漢記』に見える。

四　5郭巨、注三参照。

五　椹は、桑の実。

六　籃は、かご。『普通唱導集』には、「籃《アシカナリ》」と訓ずる。「あじか」も、かご。

七　赤眉は、漢末王莽による帝位簒奪に対し、琅邪《ろうや》の樊崇《はんすう》の起こした兵を指す。王莽兵と見分けるため、眉を赤く塗った所から、赤眉と呼ばれる。淮水と揚子江との間で威勢を振るった。

八　飴は、食べさせる意。

九　肉《しし》。完は別字だが、肉の誤字「宍」と字体により通用する。陽明本の欄外書入については、『東観漢記』に、「塩二斗」、『広事類賦』所引『孝子伝』に、「米肉」、『類林雑説』に、「斗米」、『蒙求』古注等に、「米三斗牛蹄一隻」、徐注等に、「米二斗牛蹄一隻」、敦煌本『事森』に、「米三升牛蹄一双」、『二十四孝原編』等に、「白米三斗牛蹄一隻」、『大明仁孝皇后勧善書』に、「米三斗」などとある。陽明本の「一双」は、敦煌本『事森』と一致する。両漢代の斤は、約二五〇グラム。斗は、約二リットル（升はその十分の一。中国国家計量総局主編『中国古代度量衡図集』、みすず書房、一九八五年）。

一〇　以下、助虎譚。この話については、前に記された嘗吐譚、分椹譚と違って、中国における源流に当たるものが見当たらない。このことに関しては興味深い事実がある。茆泮林輯『古孝子伝』の指摘するように、『晋書』九十四列伝六十四隠逸の郭文の伝に、「郭文字文挙、河内軹人也……嘗有二猛獣一忽張レ口向レ文、文視三其口中有二横骨一、乃以レ手探去レ之、猛獣明旦致二一鹿於其室前一」という、助虎譚が録されている。その猛獣が虎らしいことは容易に見当がつくが、果して『太平御覧』八九二獣部四虎下所引『孝子伝』では、「又（孝子伝）曰、郭文挙為レ虎探二鯁骨一。虎常銜レ鹿以報レ之」、また、『事類賦』二十獣部虎、「若乃郭文探鯁」注所引『孝子伝』でも、「孝子伝曰、郭文為レ虎探二鯁骨一。虎銜レ鹿以報レ之」とそれが明記されるに至っている（鯁《こう》は、魚の骨）。さて、この郭文挙が、埋児譚で知られる郭巨（両孝子伝5）と混同される。即ち郭巨の字を文挙と記すものが少なくないのである（唐、催殷「純徳真君廟碣銘」〈『全唐文』五三六等〉「文挙棄レ子」、敦煌本『事森』「郭巨、字文挙、河内人也」、『二十四孝原編』「郭巨、字文挙」、『全相二十四孝詩選』「字文挙」、『仲文章』孝養篇「文挙掘レ穴、金瓮顕レ底」、抜書本『宝物集』一「文挙《フンキヨ》、郭巨」等。5郭巨、注一参照）。また、「後漢郭巨、字文通」（敦煌本『語対』）とか、「郭巨者字文気、河内人也」（敦煌本『捜神記』）とか記されるのを見ると、後には郭巨のことがいよいよ分からなくなっていたらしい。埋児譚の郭巨は、漢の劉向の『孝子伝（図）』（また、宋躬『孝子伝』にも）に載せられるから、晋の時代の郭文（文挙）と同一人の筈がない。しかし、孝子として有名な郭巨と郭文挙は南北朝以降やがて混同され（共に河内郡〈河南省〉出身であることが混同の一因であろう〈軹は、河南省済源県〉）、郭文挙の助虎譚を記す『孝子伝』（『太平御覧』八九二等）が現われる。助虎譚が孝子譚たり得るのは、陽明本に「孝感二於天一、金獣依レ徳」と言う如く、孝子に対する天感としてのそれを前提としようから、『晋書』を見る限り孝子譚でもない助虎譚が、『孝子伝』に採録されるには、郭文挙を郭巨と同一人視する考えが、「先賢伝」の類を通してやはり前提的にあったとすべきだろう。そして、陽明本『孝子伝』は、郭文挙の助虎譚を蔡順の話として換骨奪胎したものと思われる。面白いのは、陽明本の「有……張口向……」等、『晋書』と一致、酷似する点で、このことは、陽明本『孝子伝』の蔡順譚が、『晋書』などに見る郭文挙の助虎譚に取材した痕跡を留めるものである。さらに陽明本、船橋本共に、助虎譚の背景を墓守（陽明本「其母既没、順常在二墓辺一」）とすることについても、墓守の孝子として知られる郭文恭（『魏書』八十六、『北史』八十四等）の介在が想定される。すると、船橋本の末尾句「荒賊猛虎、猶知二恩義一。何況仁人乎也」は陽明本に比して、助虎譚の既定の事実化を一歩進めた筆致と言え、その後出性を物語るものとなろう。ともあれ、両孝子伝の助虎譚は、古孝子伝の流れの中において、『孝子伝』成立の複雑な舞台裏を垣間見させる、貴重な一例である可能性が高い。黒田彰『孝子伝の研究』(思文閣出版、二〇〇一年)Ⅲ四「二十四孝原編、趙子固二十四孝書画合璧について」参照。なお助虎譚は、昔話「狼報恩」の原拠と見られている。山本則之「昔話「狼報恩」と唱導文芸と」(『国学院雑誌』94-5、一九九三年)参照。

二 『東観漢記』に、「王莽乱、人相食」などと見える。所謂カニバリズム(人肉嗜食)のことで、中国におけるそれについては、桑原隲蔵「支那人間に於ける食人肉の風習」(全集2、岩波書店、一九六八年。初出一九二四年)に詳しい(氏には、「支那人の食人肉風習」〈全集1。初出一九一九年〉もある)。カニバリズムのことは、12王巨尉、36曾参にも見える。黒田彰注一〇前掲書Ⅲ一「孝子伝と性的倒錯―物語成立の地平へ―」参照。

三 母親のことを思う気持がある。

亖 骨骸は、亡骸《なきがら》。

12 王巨尉

【陽明本】

王巨尉者[1]汝南人也。[2]有兄弟二人。兄年十二、弟年八歳。父母終没、哭泣過礼。聞者悲傷。弟行採薪。忽逢赤眉賊。縛欲食之。兄憂其不還。入山覓之、正見賊縛将殺食。兄即自縛、往賊前曰、我肥弟痩。請以肥身易痩身。賊則嗟之、而放兄弟、皆得免之。[3]賊更牛蹄一双、以贈之也。

[一]王巨尉は[二]汝南《じょなん》の人なり。兄弟二人有り。[三]兄は年十二、弟は年八歳なり。[四]父母終没し、哭泣《こくきゅう》すること礼に過ぐ。聞く者悲傷す。弟行きて薪を採る。忽《たちま》ち[五]赤眉《せきび》の賊に逢《あ》う。縛して之《これ》を食らわんと欲す。兄其《そ》の還《かえ》らざるを憂う。山に入りて之を覓《もと》め、正に賊の縛して将《まさ》に殺し食らわんとするを見る。兄即ち自ら縛して、賊の前に往きて曰《い》わく、我は肥え弟は痩《や》せたり。請うらくは肥身を以って痩身に易《か》えよと。賊則ち之を[六]嗟《なげ》きて、兄弟を放《ゆる》す、皆免るるを得たり。賊更に牛蹄《ぎゅうてい》一双、以って之に贈るなり。

【船橋本】

[4]王巨尉者汝南人也。有兄弟二人。兄年十二、弟八歳也。父母亡後、泣血過礼。聞者断腸。爰弟行山採薪。忽遭赤眉賊。欲殺食之。兄憂弟不来、走行於山。乃見為賊所食。兄即自縛、進跪賊前云、我肥弟痩。乞以肥替痩。賊即嘆之、兄弟共免。更贈牛蹄一双。仁義故忽免賊害乎。

王巨尉は汝南の人なり。兄弟二人有り。兄は年十二、弟は八歳なり。父母亡じて後、泣血すること礼に過ぐ。聞く者腸《はらわた》を断つ。爰《ここ》に弟山に行き薪を採る。忽ち赤眉の賊に遭う。之を殺して食らわんと欲す。兄、弟の来ざるを憂え、走りて山に行く。乃《すなわ》ち賊のために食らわれんとするを見る。兄即ち自ら縛し、進みて賊の前に跪《ひざまず》きて云わく、我は肥え弟は痩せたり。乞うらくは肥えたるを以って痩せたるに替えよと。賊即ち之を嘆きて、兄弟共に免る。更に牛蹄一双を贈る。[七]仁義の故に忽ち賊の害を免るるか。

【校勘】 1汝、底本「淮」、船橋本及び『東観漢記』により改める。 2有、底本無、船橋本により補う。 3賊、底本文字を墨滅、欄外訂正による。 4底本「後漢列伝廿九趙孝伝之内有之。少異」と小字の傍書書入あり。

文献資料 『東観漢記』(『芸文類聚』二十一、『太平御覧』四一六)、『後漢書』三十九、逸名『孝子伝』(『太平御覧』五四八)。

龍谷大学本『言泉集』兄弟帖、東大寺北林院本『言泉集』兄弟姉妹帖。

なお、類似した話柄の二十四孝系の張孝張礼（趙孝。詩選22〈草子21〉、孝行録20）があり、その文献資料の早い時期のものとして、『類林雑説』所引『孝子伝』（趙孝宗）、敦煌本『語対』（趙孝）などがある。

図像資料　7ネルソン・アトキンズ美術館蔵北魏石棺（「尉」）、9ネルソン・アトキンズ美術館蔵北斉石床。

二十四孝系の張孝張礼図は、洛陽出土北宋画像石棺以下、数多くのものに見える。

【注】

一　本話は、『東観漢記』に、「汝南王琳字巨尉、十余歳喪㆑親、遭㆓大乱㆒、百姓奔逃、惟琳兄弟独守㆓冢廬㆒。弟季出、遇㆓赤眉賊㆒、将㆑為㆑餔。琳自縛、請㆓先㆑季死㆒。賊矜而放㆑之」とある、王琳の話が原拠であろう。本話に極めて類似した話として張孝張礼の話があり、中国では、『類林雑説』所引『孝子伝』、敦煌本『語対』、敦煌本『注千字文』、纂図本『千字文』、『日記故事』三、元曲「趙礼譲肥」、我が国でも、『慈元抄』などに引用される。このため、本話は、流伝の過程で張孝張礼の話と交替し、いつしか消滅したと思われる。北魏石棺の榜題に「尉」とある画像を、「王琳（巨尉）」のことであると最初に指摘したのは、奥村伊九良氏である（「孝子伝石棺の刻画」、『古拙愁眉』、みすず書房、一九八二年。初出一九三六年）。奥村氏は、『初学記』十七友悌の、「朱明張臣尉讃、詩詠㆓張仲㆒、今也朱明、輶㆑財敦㆑友、衣不㆑表㆑形、寡妻屏㆑穢、棠棣増㆑栄、臣尉遜然、醜類感㆑誠」とある、「張臣尉」については、「王巨尉」の誤写としたが、西野貞治氏は、もともと『初学記』には「張仲朱明王巨尉讃」とあったもの（張が王の所へ入り、仲と王が脱落した）と推定している（「陽明文庫本孝子伝の性格並びに清原家本との関係について」

『人文研究』7―6、一九六一年）。なお西野氏は、『孝子伝』において王巨尉と字を以って称されるのは、「これは或は避諱の為か。陳垣氏、史諱挙例巻八には晋六朝の、帝諱を避けて字を以って呼ばれた人物の例が多く掲げられている」と言う。なお『初学記』の朱明は既出（10朱明）。張仲は、『毛詩』小雅六月に、「侯誰在矣。張仲孝友」とあり、注に、「張仲賢臣也。善㆓父母㆒為㆑孝、善㆓兄弟㆒為㆑友。使㆓文武之臣㆒征伐、与㆓孝友之臣㆒処内。箋云、張仲、吉甫之友。其性孝友」と見える人物。

二　汝南は、河南省汝南県。後漢時代、預州刺史部に属し、赤眉の乱の舞台となった淮陽も近い。

三　『東観漢記』及び、『後漢書』によれば、「年十余歳喪㆓父母㆒」と記すのみで、両孝子伝のように、兄弟の年齢を具体的に記すものはない。

四　『芸文類聚』では、王琳の伝の後に、同じく『東漢漢記』の趙孝の伝を引き、「趙孝、兄弟怡怡、郷党帰㆑徳、天下乱、人相食、弟礼為㆓賊所㆒㆑得、孝詣㆑賊曰、礼羸痩、不㆑如㆓孝肥㆒、賊並放㆑之」の一文がある。船橋本の書入の如く、『後漢書』でも、趙孝伝に続いて「王琳巨尉」の伝がある。逸名『孝子伝』（『太平御覧』五四八）では「王琳汝南上蔡人。十歳失㆓父母㆒、弟季年七歳。兄弟二人哭泣、哀声不㆑絶。在㆓塚側㆒作㆑廬、不㆓佞出入㆒」とあり、両孝子伝の前半の主題である孝心を示す墓守のことが記される。この両孝子伝では、王巨尉の墓守の説話を、趙孝の説話に置き換えた形となっている。恐らく『初学記』の「朱明張臣尉讃」の如く、まず「張仲」の名との間に混乱が生じて、「張巨尉」の伝が出来上がり、趙孝の説話については、更に「趙孝字長平」から「趙孝宗、長平人」（『孝行録』）という訛伝が生じたものであろう。なお、『孝行録』の「趙孝宗、孝礼」から詩選系の「張孝張礼」への変化については、金文京「『孝行録』の「明達売子」について―「二十四孝」の問題点―」（『汲古』15、一九九〇年）に論がある。

五　赤眉については、11蔡順、注七参照。赤眉の乱当時、食人が盛んに行われたことも、同じく11蔡順、注一一参照。

六　船橋本では、「嘆」に作る。「なげく」と訓じたが、共に感嘆するの意。

七　両孝子伝では、父母の没後のことを叙して、孝悌を主題としているが、二十四孝系に見える張孝張礼の話では、残される養母の孝養のために弟の助命を乞うている。この場合、孝養と孝悌の両方が問題となる。船橋本では孝悌のためではなく、仁義のためと明言していることが注意されよう。この評語が後補であることを疑わせる。

13 老萊之

【陽明本】

楚人老萊之者至孝也。年九十、猶父母在。常作嬰児、自家戯以悦親心。着[1]斑蘭之衣而坐下竹馬。為父母上堂取漿水、失脚倒地、方作嬰児啼、以悦父母之懐。故礼曰、父母在言不称老、衣不[2]純素、此之謂也。賛曰、老萊至[3]孝、奉事二親。晨昏定省、供謹弥懃。戯倒親前、為嬰児身。高道兼備、天下称仁。

楚《そ》人《ひと》[一]老萊之《ろうらいし》は至孝なり。年九[二]十、猶《なお》父母在り。常に[三]嬰児《えいじ》と作《な》り、[四]自《みずから》家戯れて以って親の心を悦《よろこ》ばしむ。[五]斑蘭《はんらん》の衣を着て[六]竹馬に坐下す。父母の為めに堂に上り[七]漿水《しょうすい》を取り、[八]失脚して地に倒れ、方《まさ》に嬰児の啼《なき》を作《な》し、以って父母の懐《こころ》を悦ばしむ。故に[九]礼に曰《い》わく、父母在りては言に老を称せず、衣は[一〇]純素ならずとは、此の謂《いい》なり。[一一]賛に曰わく、老萊至孝、二親に[一二]奉事す。[一三]晨昏《しんこん》に定省し、供謹弥《いよいよ》懃《ねんご》ろなり。戯れて親の前に倒れ、嬰児の身と為《な》る。[一四]高道兼備し、天下仁を称すと。

【船橋本】

老萊之[4]者楚人也。性至孝也。年九十而猶父母存。爰萊着斑蘭之衣、乗竹馬遊庭。或為供父母賷漿堂上、倒階而啼。声如嬰児。悦父母之心也。

老萊之は楚人なり。性至孝なり。年九十にして猶父母存す。爰《ここ》に萊、斑蘭の衣を着、竹馬に乗りて庭に遊ぶ。或いは父母に供する為めに漿《こんず》を堂上に賷《もたら》し、階《きざはし》に倒れて啼《な》く。声嬰児の如し。父母の心を悦ばしむるなり。

【校勘】1斑、底本「班」、船橋本により改める。　2純、底本「絶純」、「絶」を衍字と見て削除。　3孝、底本「老」、金沢文庫本『孝子伝』により改める。　4之、底本「云」、陽明本により改める。

文献資料『孟子』趙岐注（万章章句上）、師覚授『孝子伝』（『太平御覧』四一三）、『孝子伝』（『初学記』十七、『太平御覧』六八九）、『列女伝』（『芸文類聚』二十、『蒙求』441古注、新注。今本『列女伝』の老萊之の話は本話とは異なる。なお注一参照）、『高士伝』（『蒙求』441準古注、『孟了正義』、『書言故事』一、『君臣故事』二）、『鏡中釈霊実集』（聖武天皇『雑集』99）、敦煌本『事森』、敦煌本『励忠節鈔』、二十四孝系（詩選8〈草子8〉、日記故事13、孝行録2）。

大江匡房「為悲母四十九日願文」（『江都督納言願文集』三）、金沢文庫本『孝子伝』（陽明本系）、『内外因縁集』、『合譬集』上46（『高士伝』を引く。準古注『蒙求』に拠るか）、『類雑集』五22。

本話について論じたものに、下見隆雄「老萊子孝行説話における孝の真意」（『東方学』92、一九九六年）、「孝の本質を点検する—孝子説話を中心に—」（『古田敬一教授頌寿記念中国学論集』、汲古書院、一九九七年）などがある。

図像資料　1後漢武氏祠画象石（「老萊子楚人也、事親至孝、衣服斑連、嬰児之態、令親有驩、君子嘉之、孝莫大焉」、「萊子父」「萊子母」。前石室七石「老萊子」「萊子父母」）、6ミネアポリス美術館蔵北魏石棺（「老萊子年受百歳哭□」）、8 C. T. Loo旧蔵北魏石床（「老萊子父母在堂」）、9ネルソン・アトキンズ美術館蔵北斉石床、10鄧県彩色画象甎（「老萊子」）、15浙江海寧長安鎮画象石。

【注】

一　老萊之は、春秋戦国時代の楚の人。中国に存する資料では、「老萊」もしくは、「老萊子」と表記されるのに対し、両孝子伝では、「老萊之」と表記する。『史記』「老荘申韓列伝」で、司馬遷は、老子は姓が李氏、名は耳、周の守蔵室の吏であった云々という有名な伝を記した後に、「或曰、老萊子亦楚人也。著書十五篇、言二道家之用一、与二孔子一同時云」と、一説として老萊子が老子である可能性を示唆し、孔子と同じ時の人と述べる。また、『漢書』芸文志には、「老萊子十六篇」の記述がある。孝子伝では、老萊子の孝子としての側面が強調されるが、『史記正義』に引かれる『列仙伝』では、「老萊子、楚人、当時世乱、逃レ世耕二於蒙山之陽一」以下、隠逸の人として語られる。現行『列女伝』「楚老萊妻」では、楚王から国政を任せたいと頼まれた老萊子が、一旦は承諾した後、その妻の強い説諭によって仕官を思い留まり隠遁し、世人から讃えられながら平穏な一生を終えたことを記す。但し、『孟子』万章章句上「大孝終身慕二父母一」句に付された後漢趙岐の注には、「昔老萊子七十而慕、衣二五綵之衣一為二嬰児一、匍二匐於父母前一也」とあり、後漢の時代には孝子伝で述べられるような老萊子のイメージも定着していたと思われる。

二　両孝子伝が、老莱之の年を「九十」とするのに対し、他の中国側の資料には、「七十」とあり、大江匡房の願文にも、「昔老莱之七十余也、斑衣之戯未レ罷」とある。

三　師覚授『孝子伝』には、「為二嬰児啼一」、『初学記』所引件名『孝子伝』に、「為二嬰児戯一」、敦煌本『励忠節鈔』に、「乃作二嬰児一」とするなど、老莱之が「嬰児」と化すことを述べる文献は多い。陽明本の「嬰児と作り」は、敦煌本『励忠節鈔』に近く、船橋本の、啼き声が嬰児のようだというのは、師覚授『孝子伝』に近い。

四　自家は、自分で、みずから、の意。

五　斑蘭は、斑闌、斑爛とも書く。色彩が入り混じっていてきらびやかな様。『後漢書』南蛮伝に、「衣装斑蘭、言語侏離」と見える。老莱之の衣服については、諸資料に言及があるが、「斑蘭」と記すものには、師覚授『孝子伝』（「常著二斑蘭之衣一」）、『太平御覧』所引『孝子伝』（「常服二斑襴衣一」）があるほか、「衣二五彩之服一」（敦煌本『事森』）、「身著二五色綵衣一」（敦煌本『励忠節鈔』）、「著二五綵褊襴衣一」（『初学記』所引『孝子伝』）、「著二五色采衣一」（『芸文類聚』所引「列女伝」）のように五彩、五色と記すものもある。この老莱之の衣服については、梁音「二十四孝の孝―老莱子孝行説話の場合―」（『日本中国学会報』54、二〇〇二年）によれば、武氏祠画象石に描かれた老莱の衣服や、榜題の「衣服斑連」という表現、陽明本に『礼記』の「父母存、冠衣不二純素一」を引くことなどから、本来老莱が着ていたのは「深衣」（上衣と下裳が連ねられた衣装で、古代の上層階級の常服、庶民の礼服）であり、「斑」とは、その深衣の純（衣服の縁飾り）に、親の喪を意味する素（白）は決して用いず、色彩を有するものを着用していたことを表すものとする。『鏡中釈霊実集』に「老莱事レ親、衣斑而去レ素」とあるのも、こうした見解を裏付ける。前掲の諸資料に見えた老莱の衣服に関する多様な表現には、六朝以降、本来の老莱の服装が次第に理解しにくくなった結果、多くの色を用いた衣服と解するものが現れてきているのであろう。

六　竹馬は、児童がまたがって乗って遊ぶ、作り物の馬の頭部をつけた竹竿。坐下は、竹竿にまたがること。両孝子伝には、竹馬のことが見えるが、他の中国の資料には、竹馬が登場するものは見当たらず、これに対して、「或弄二烏鳥於其親側一」（敦煌本『励忠節鈔』）、「弄二雛鳥於親側一」（『初学記』所引「孝子伝」）、「或弄二烏鳥於親側一」（『芸文類聚』所引「列女伝」）のように、鳥を玩ぶという記述が幾つかのものに見える。また、ミネアポリス美術館蔵北魏石棺の老莱子の図も、父母の前で玩具の鳥を弄ぶ図柄である。

七　漿は、こんず。粟米等を煮た汁で、今の重湯に当たる。『後宮職員令』水司に、「尚水一人、掌下進二漿水雑粥一之事上」とあり、『令集解』の同条に、「古記云、漿水、以二粟米飯一漬レ水汁、名為レ漿也」と見える。父母のために堂上に漿を持って行き、倒れるふりをするという記述も、小さい子のしぐさをまねたもので、師覚授『孝子伝』に、「為レ親取レ飲、上レ堂脚跌」、『芸文類聚』所引『列女伝』に、「嘗取レ漿上レ堂、跌仆」と類似の記述が見える。

八　倒れて嬰児のような泣き声を出すことも、師覚授『孝子伝』に、「僵仆為二嬰児啼一」、『芸文類聚』所引『列女伝』に、「因臥レ地為二小児啼一」、敦煌本『事森』に、「脚跌仆レ地、作二嬰児之啼一」、敦煌本『励忠節鈔』に、「徘徊臥二地上一、為二小児啼声一」など、諸資料に例が見える。

九　師覚授『孝子伝』にも、「孔子曰、父母老、常言不レ称レ老。為二其傷一レ老也」とある。『礼記』曲礼上に、「夫為二人子一者、出必告、反必面……恒言不レ称レ老」と見え、また、「為二人子一者、父母存、冠衣不二純素一」と見える。陽明本は、この両者を併せて記したものか。「不称老」に関しては、孔穎達の疏に、「老是尊称、若其称レ老、乃是巳自尊大、非二是孝子卑退之情一」とあり、父母の前で自分のことを「老」と称することは、孝にもとる行いであるから、高齢になっても父母の前では常に幼児の真似をした老莱之は至孝の人であり、『礼記』の記述にかなうというのである。

一〇　純素は、冠や衣の縁飾り（純）が色を付けていない白い絹糸（素）で出来ていること。純素の衣冠は、父母を亡くした孤《みなしご》の用いるものであり、父母の存する者は用いてはいけない。なお注五参照。

一一　賛の押韻は、親―懃―身―仁で、懃は上平声文韻、他は、上平声真韻。

一二　奉事は、仕え奉仕すること。

一三　日夜親のそばにいて安否を気遣うこと。3邢渠に既出。

一四　高道は、崇高な道徳。

14 宋勝之

【陽明本】

[1]宋勝之者南陽人也。少孤、十五年、並喪父母。少有礼儀。毎見老者担負、便為之。常獦得禽獣、完分与郷親。如此非一。貧依婦居。乃通明五[2]経。郷人称其孝、感共記之也。

[一]宋勝之《そうしょうし》は[二]南陽の人なり。少《わか》くして孤、十五の年に、並びに父母を喪《うしな》う。少くして礼儀有り。[三]老いたる者の担負するを見る毎に、便《すなわ》ち之《これ》が為めにす。常に獦《かり》して禽獣《きんじゅう》を得、[四]完《しし》を[五]郷親に分かち与う。此《か》くの如きこと一に非ず。貧にして[六]婦に依りて居り。乃《すなわ》ち[七]五経に通じ明らかなり。郷人其《そ》の孝を称し、感じて共に之を[八]記すなり。

【船橋本】

宋勝[3]之者南陽人也。年十五、時父母共没、孤露無婦。悲恋父母、片時無已。尓乃見老者則礼敬宛如父母。随

宋勝之は南陽の人なり。年十五、時に父母共に没し、[九]孤露にして婦無し。父母を悲恋し、[一〇]片時も已《や》むこと無し。尓乃《しか》して老いたる者を見ては、則ち礼敬すること、宛《あたか》も父母の如し。

堪力則有供養之情。郷人見之、無不嘆息也。

[二]堪力《たんりょく》に随いて、則ち供[三]養の情有り。郷人之を見て、嘆息せざる無きなり。

【校勘】 **1**宋、底本「宗」、船橋本により改める。　**2**経、底本「注」を見せ消ちし、左傍に「経歟」と注記するによる。　**3**之、底本無、陽明本により補う。

文献資料 皇甫謐『高士伝』(『太平御覧』五〇八)。

【注】

一 『高士伝』では、字を即子とし、漢の元始三年(紀元後三年)太原に没したという。

二 現在の河南省南陽。『高士伝』では、「南陽安衆人也」。

三 『高士伝』には、「勝之毎三行見二檐負一、輒以レ身代レ之」とあり、分かり易い。

四 肉。11蔡順、注九参照。

五 同郷の人。

六 妻に頼って生活していた。『高士伝』では、姉。また、船橋本では、「婦無し」とする。

七 易、書、詩、礼、春秋の五つの経書。『高士伝』では、易。

八 覚えていた。

九 ひとりきりで庇護する人がいない。

一〇　『名義抄』に、「シバラク」の訓がある。陳の江総の「閨怨篇」（『全陳詩』三）に、「願君関山及㆓早度㆒、念㆓妾桃李片時妍㆒」の例がある。

一一　出来る限りの力を尽くしての意か。

一二　1舜、注四参照。

15 陳寔

【陽明本】

陳寔至孝。養父母、其[1]年八十。乃葬送之、海内奔赴、三千人、議郎蔡邕[2]製碑文也。

[一]陳寔《ちんしょく》は至孝なり。父母を養いて、其《そ》[二]の年八十なり。乃《すなわ》ち之《これ》を葬送するや、海内奔《はし》り赴くこと三千人、議郎蔡邕《さいよう》[三]、碑文[四]を製するなり。

【船橋本】

陳寔者至孝、々養烝々。父母各八十、亦共命終[3]。海内哀之、三千之人、各争立碑、顕孝之美。与代不朽也。

陳寔は至孝にして、孝養すること烝々《じょうじょう》たり。父母各《おのおの》八十、亦《また》共に命終う。[五]海内之を哀しみ、三千の人、各争いて碑を立て、孝の美を顕わす。代とともに不朽なり。

【校勘】 1其、底本「某」。意により改める。 2邕、底本「邑」。意により改める。 3終、下の字に重ね書きして訂正。

文献資料 『後漢書』六十二陳寔伝、『蒙求』420注。
『金玉要集』三。

【注】

一 『後漢書』には、陳寔は良吏の典型として見え、孝子としての事績はないが、その最期について、「中平四年（一八七）、年八十四卒㆓于家㆒。何進遣㆑使弔祭。海内赴者三万余人、制㆓衰麻㆒者、以㆑百数。共刊㆑石立㆑碑。謚為㆓文範先生㆒」とあり、『蒙求』もこれを踏襲している。本話は、このような所伝に、孝子としての面が付加されたものと見られるが、簡潔に過ぎて、文意がやや明確でない嫌いがある。西野貞治氏が、「後漢書の陳寔の伝や蔡邕の文範先生陳仲弓銘、陳太丘碑（蔡中郎文集巻二）等を参照すると、孝子伝のこの記述は陳寔の葬送の事と父母のそれを混同しているようで、斯る脱誤は類書の拾い読から生じたものと思う」（「陽明本孝子伝の性格並に清家本との関係について」、『人文研究』7-6、一九五六年）とされたのはそのためであろう。この点については、注二参照。

二 父母の年齢と解すれば、陳寔の孝養の結果、父母が八十まで長生したと考えられるが、陳寔自身の年齢と見られないこともなく、その場合は、陳寔が没する直前まで、父母に孝を尽くした意になる。また、これに続く「葬送」も、『後漢書』その他によれば、陳寔の葬送であるが、この文では、陳寔が父母を葬送したともとれる。注一の西野説は、この辺りの不分明さに対する、一つの解釈といえよう。ただ、「其の年八十」を陳寔の年齢とすると、この種の話柄ではありえないことではないものの、父母が極めて高齢となること、また、父母の葬送と陳寔の葬送を混同した所伝が現存していないことなどからすると、やはり父母の年齢と解するのが妥当であろう。なお船橋本は、明瞭に父母の年齢としているが、これは陽明本のような所伝の不分明さを補正した結果か。

三　蔡邕（一三三～一九二）は、後漢の文人。字を伯喈という。河南の陳留の生まれ。郎中、議郎を歴任、経書を校して有名な熹平石経に筆を執った。後漢末、董卓に強いられて仕えたが、その死後、獄中で没した。母に対する孝でも有名である。議郎は、論議を掌る職。蔡邕が議郎に任ぜられたことは、『後漢書』六十下の本伝、建寧三年（一七〇）条に見える。

四　蔡邕が撰した陳寔の碑文は、『文選』五十八に収められており（「陳太丘碑文」）、また、別の一文が、『蔡中郎文集』にも見える。これらは、いずれも陳寔の享年を八十三としており、『後漢書』より信頼度は高い。なお『三教指帰』成安注上末の書入れに、「採二伯喈之法一制二造八分一。是時、陳寔称レ碑、蔡邕為レ文、鍾繇書レ之。号為二三絶一」とある。

五　陳寔の死を天下の人が悼んだ意。

16 陽威

【陽明本】

陽威者会稽人也。少喪父、共母入山採薪。忽為虎所迫、遂抱母而啼。虎即去。孝著其心也。

[一]陽威は[二]会稽《かいけい》の人なり。[三]少《わか》くして父を喪《うしな》い、[四]母と共に山に入り薪を採る。忽《たちま》ち虎の迫る所と為《な》り、遂に母を抱きて啼《な》く。[五]虎即ち去る。孝其《そ》の心に著《つ》くなり。

【船橋本】

楊威者会稽人也。少年父没、与母共居。於時入山採薪、忽爾逢虎。威跪虎前泣啼云、我有老母、亦無養子。只以我独怙仰衣食。若無我者、必致餓死。時虎閉目低頭、棄而却去也。

楊威は会稽の人なり。少年にして父没し、母と共に居り。時に山に入りて薪を採り、[六]忽爾《こつじ》に虎に逢《あ》う。威虎の前に跪《ひざまず》き泣啼《きゅうてい》して云わく、我に老母有り、亦《また》養う子無し。只《ただ》我を以って独り怙《たの》み衣食を仰ぐ。[七]若し我無くば、必ず餓死を致さんと。時に虎目を閉じ頭を低《た》れ、棄てて却《かえ》り去るなり。

文献資料『水経注』四十漸江水注。金沢文庫本『孝子伝』、『普通唱導集』下末（以上、陽明本系）、『注好選』上60、『今昔物語集』九5、『内外因縁集』（以上、船橋本系）、『童子教』、『童子教幷抄』、『童子教諺解』末、『十王讃歎鈔』。

なお本話と酷似する話として、二十四孝系の楊香譚（詩選12〈草子11〉、日記故事14、孝行録24）を上げることが出来る。但し、本話は息子が父を守る話であるのに対し、楊香譚は娘（楊香）が母を守る話（逸名『孝子伝』〈『太平御覧』八九二所引。茆泮林『古孝子伝』所収〉や、『異苑』十〈『太平御覧』四一五等にも〉、『日記故事』三、『三綱行実』一、東大本『孝行伝』等に見える）となっていて、二十四孝と孝子伝、殊に二十四孝の成立を考える上で、興味深い例と言わなければならない。また、本話は、26孟仁、27王祥ともども、『宇津保物語』一、俊蔭巻における仲忠孝養譚の粉本とされ（今野達「古代・中世文学の形成に参与した古孝子伝二種について—今昔物語集以下諸書所収の中国孝養説話典拠考—」、『国語国文』27-7、一九五八年）、加えて、仲忠孝養譚の粉本の一に、二十四孝系の剡子譚（詩選18〈草子17〉、日記故事7、孝行録23。剡子譚については、坪井直子「剡子探源—二十四孝成立史のために—」〈『愛知県立大学大学院国際文化研究科論集』1、二〇〇〇年〉、「剡子序説」〈『愛知県立大学大学院国際文化研究科論集』2、二〇〇一年〉、「二十四孝成立論—剡子をめぐって—」〈『京都語文』7、二〇〇一年〉参照）、及び、敦煌本『妙法蓮華経講経文』（所謂法華経変文）等が指摘される（林実「宇津保物語の超自然」、『国文学攷』3-1、一九三七年、笹淵友一「宇津保物語俊蔭巻と仏教」、『比較文化』4、一九五八年）ことも、併せ考える必要があろう。『宇津保物語』と孝子伝との関係を論じたものに、笹淵友一「宇津保物語作者の思想」（『国語国文』6-4、一九三六年）以下、阿部恵子「仲忠孝養譚について—その出典及び俊蔭巻での構想上の位置—」（『実践国文学』3、一九七三年）、山本登朗「親と子—宇津保物語の方法—」（『森重先生喜寿記念　ことばとことのは』、和泉書院、一九九九年）などがある。

図像資料 陽威図は管見に入らない。二十四孝系の楊香図は、河南林県城関宋墓、遼寧遼陽県金廠遼画象石墓以下、数多くの作例がある。

【注】

一 水経注、船橋本「楊威」と表記する。本話は、『水経注』に、「威少失レ父、事レ母至孝。常与レ母入レ山採レ薪。為ニ虎所レ逼、自計不レ能レ禦。于レ是抱レ母、且号且行。虎見ニ其情一、弭レ耳而去。自レ非ニ誠貫精微一、孰能理感ニ于英獣一矣」と見える。

二 会稽は、浙江省紹興県。『水経注』には、「〔上虞〕県東北上、亦有ニ孝子楊威母墓一」と見え、上虞県も浙江省。

三 「十歳而失レ父」（『内外因縁集』）。

四 船橋本は、陽威一人が山に入るとし、従って、虎に遇うのも陽威一人で、母を養う自分を守る話となっているなど、陽明本と較べ、『水経注』から離れる。

五 「虎ノ難ヲ遁タル事、偏ニ孝養ノ心ノ深キニ依テ天ノ助ケヲ得タル也」（『今昔物語集』）。

六 忽爾は、不意にの意。

七 「汝害レ吾者、母子二人忽可レ成レ害《ルニ》。更非レ惜ニ吾命一云々」（『内外因縁集』）、「いまなんぢにくはれなば、はゝいかゞすべきぞ、といひければ」（『童子教諺解』）。

17 曹娥

【陽明本】

孝女曹娥会稽人也。其父盱[1]能絃歌。為巫婆神溺死。不得父尸骸。娥年十四。乃縁江号泣。哭声昼夜不絶、旬有七日。遂解衣投水呪曰、若値父尸骸、衣当沈。衣即便沈。娥即赴水而死。県令[2]聞之、為娥立碑、顕其孝名也。

【船橋本】

孝女曹娥者会稽人也。其父盱[3]能事絃謌。於時所引巫婆、乗艇浮江。船覆

孝女曹娥《そうが》[一]は会稽《かいけい》[二]の人なり。其《そ》の父盱《う》絃歌《げんか》を能《よ》くす。巫婆《ふば》[三]神《しん》[四]の為めに溺死《できし》す。父の尸骸《しがい》を得ず。娥年十四[五]なり。乃《すなわ》ち[六]江に縁《よ》り号泣す。哭声《こくせい》昼夜に絶えざること、旬有七日[七]なり。遂に衣を解きて水に投じ呪《じゅ》して曰《い》わく、若し父の尸骸に値《あ》わば、衣当《まさ》に沈むべしと。衣即便《すなわ》ち沈む。娥即ち水に赴きて死す。県令[八]之《これ》を聞き、娥の為めに碑[九]を立て、其の孝名を顕《あら》わすなり。

孝女曹娥は会稽の人なり。其の父盱能く絃謌《げんか》を事とす。時に巫婆に引かれ、艇《ふね》に乗りて江に浮かぶ。船覆りて江に没す。

没江。曹娥時年十四。臨江匍匐。々々泣哭七日七夜、不断其声。至其七日、脱衣呪曰、若値父尸骸、衣当[4]沈。為衣即[5]沈、娥投身江中也。女人悲父、不惜身命。[6]県令聞之、[7]為娥立碑、表其孝也。

曹娥時に年十四なり。江に臨みて[一〇]匍匐《ほふく》す。匍匐して泣哭すること七日七夜、其の声を断たず。其の七日に至り、衣を脱ぎ呪して曰わく、若し父の尸骸に値わば、衣当に沈むべしと。衣即ち沈むが為めに、娥、身を江中に投ずるなり。女人父を悲しみ、[二]身命を惜しまず。県令之を聞き、娥の為めに碑を立て、其の孝を表すなり。

【校勘】 1・3盱、底本「肝」、『会稽典録』により改める。 2県、底本「懸」、訂正符あり、左傍書による。 4沈、底本「沈之」、「之」を衍字と見て削除。 5沈、底本「沈者」、「者」を衍字と見て削除。 6県令、底本「懸命」、陽明本により改める。 7為、底本「俄」、陽明本により改める。

文献資料 虞預『会稽典録』(『三国志』呉書五十七虞翻伝注、『芸文類聚』四、『世説新語』十一劉孝標注、『太平御覧』三十一、四一五、『後漢書』八十四李賢注)、『後漢書』八十四、『水経注』四十漸江水注、項原『列女後伝』(『後漢書』李賢補注)、劉義慶『幽明録』(『芸文類聚』八十七)、夏侯曾先『会稽記』(『太平御覧』九七八)、『異苑』十(『白氏六帖』一)、『琱玉集』十二、『白氏六帖』八、敦煌本『類林』、『類林雑説』七、『日記故事』三。二十四孝系(孝行録14)。
『東大寺諷誦文稿』88行、『注好選』上61、『今昔物語集』九7、『言泉集』亡父帖、『普通唱導集』下末、『内外因縁集』、『孝行集』37、『金玉要集』二、『類雑集』五36（『廿四孝録』）、『源平盛衰記』十九（曹公とする）、『太平記』三十四、『壒嚢鈔』十一8（『塵添壒嚢鈔』十六8）。

本話に関する論考に、柳瀬喜代志「曹娥没水獲翁譚と求屍故事」（『日中古典文学論考』、汲古書院、一九九九年。初出一九八一年）、下見隆雄「曹娥の伝記説話について」（『中国研究集刊』25、一九九九年）があり、柳瀬論文は先行研究や関連資料をよく網羅している。また、曹娥碑に関する論考には福本雅一「孝女曹娥碑をめぐって」（『学林』28、29合併号、一九九八年）、坂田新「曹娥の碑（上）」（『愛知県立大学文学部論集』29、一九八〇年）などがある。曹娥碑の本文とその注釈に関しては、福本雅一『中国碑帖選』上（玉林堂、一九八四年）が懇切である。

図像資料　曹娥譚は我が身を毀傷する話である。このことが漢魏の孝の観念と相い容れないためか、漢魏時代の図像は管見に入らない。二十四孝図としての曹娥図は、洛陽出土北宋画像石棺（「曹娥」）、錦西大臥舗遼金時代画象石墓以下、数多くのものに見える。

【注】

一　本話は、29叔先雄と類似した内容であり、我が身を犠牲にしてまで、親の屍を保存することを孝養の完成としている点で特異であり、また、この点が通常の孝の観念と異なるものであるとの指摘がある（文献資料の柳瀬論文参照）。原話は、『会稽典録』（『世説新語』劉孝標注）の、「孝女曹娥者、上虞人。父盱、能撫レ節按レ歌、婆娑楽レ神。漢安二年、迎二伍君神一、泝レ濤而上、為レ水所レ淹、不レ得二其尸一。娥年十四、号慕二思盱一、乃投二瓜於江一、存二其父尸一曰、父在レ此、瓜当レ沈。旬有七日、瓜偶沈、遂自投二於江一而死。県長度尚、悲二憐其義一、為レ之改葬、命二其弟子邯鄲子礼一、為レ之作レ碑」、或いは、『後漢書』の、「孝女曹娥者、会稽上虞人也。父盱、能二絃歌一、為二巫祝一。漢安二年五月五日、於二県江一泝レ濤婆娑迎レ神、溺死、不レ得二屍骸一。娥年十四、乃沿レ江号哭、昼夜不レ絶レ声、旬有七日、遂投レ江而死。至二元嘉元年一、県長度尚改二葬娥於江南道傍一、為立レ碑焉」の如きものであろう。曹娥譚には、両孝子伝の如く、「衣」を投じて水底の屍を探る話と、『会稽典録』のように、「瓜」を投ずる話があり、いずれも曹娥の投江に終わる。なお哀慕のため入水するのは孝の観念から遠く、屍を得て手厚く祭祀することこそ、孝の行為であるとして、『会稽記』や『幽明録』などのように、瓜によって求屍する所までで話を終えるものもある。

二　会稽は、16楊威、注一参照。両孝子伝で中国の南部の地名が現れるのは稀である。

三　陽明本は、「為巫婆神溺死」とあり（『言泉集』でも同文）、巫婆（年寄りの巫女の意か）の呼び出した神のために溺死したと解釈し得る（船橋本でも、巫婆に引かれて艇に乗り、転覆して水死することになっている）。『後漢書』及び、『会稽典録』によって、「巫」の下に、「祝於県江泝濤」の六字を補い、「婆」下に、更に「娑迎」の二字を補い、本文を、「巫祝と為り、県江において濤《なみ》を泝《さかのぼ》り、婆娑して神を迎えんとして、溺死す」と改めるならば、父の盱が「巫祝」（はふり）となり、水神を迎えるため、江を溯る際に溺死したと解される。『会稽典録』に、「迎二伍君神一、泝レ濤而上」とあるのは、江南の河川において行われた一種の波乗り、「弄潮」の習俗の原始の姿ではないかとの説がある（稲畑耕一郎「「嫁與弄潮児」と「休嫁弄潮児」―弄潮の詩とその民俗起源について―」、『中国詩文論叢』1、一九八二年）。ここにいう「伍君神」は、讒言に遭って呉王夫差に殺され、屍を江に投ぜられた伍子胥のことである。巷間に、その怨霊が水を駆って大波を生じさせるのだという伝説があり、伍君神は潮神として祭られ、端午に潮神を祭る習俗などがあったようである。濤に乗って伍君神を迎えるというのは、歌舞を以って浪を鎮める、巫祝の行為を指すのであろう。

四　前注で触れた通り、底本では老巫婆の神の意にとっている。『後漢書』「婆娑迎ㇾ神」では、婆娑は、舞うさま、衣の翻る様を言う。『毛詩』陳風「東門之枌」に「東門之枌、宛丘之栩、子仲之子、婆二娑其下一」とあり、伝に「婆娑、舞也」と言う。守屋美都雄『校註荊楚歳時記』（帝国書院、一九五〇年。後に東洋文庫〈『荊楚歳時記』、平凡社、一九七八年〉に収める）は、江南で五月五日に行なわれた巫祝の舞に関する、諸説を紹介する。

五　二十四孝系の『孝行録』など、曹娥の年齢を、二十四とするものがある。

六　この故事によって有名となった曹娥江は、浙江省の杭州湾に注ぐ河。現在では、会稽は、紹興市に属し、その東、曹娥江河口の上虞市の南郊に曹娥の地名が残る。

七　文献資料の多くは、『後漢書』のように、「旬有七日」とするが、船橋本の如く、「七日七夜」とするものに、敦煌本『類林』『類林雑説』などがあり、この点で二系統の伝承がある。

八　県令を、県人、郷人、吏民などとする異文がある。

九　『後漢書』李賢注所引『会稽典録』によれば、碑文は上虞太守の度尚が最初は魏朗に作らせたが、たまたま居合わせた弟子の邯鄲淳に試みさせた所、直ちに筆を執って書き上げたので、魏朗は自作を廃棄したという。碑文及び、『後漢書』は、順帝の漢安二年（一四三年）のこととし、『類林』は、桓帝元嘉二年（一五二年。『後漢書』では元嘉元年の改葬のことに触れている）、『孝行録』は、献帝の建安二年（一九七年）のこととする。『古文苑』十九に収められる『孝女曹娥碑』は、魏の邯鄲淳の撰文、王羲之の書（宋人の贋作とする説もある）と伝えられる小楷の碑文である。『世説新語』捷悟や、『蒙求』219「楊脩捷対」によっても、よく知られる逸話、蔡邕の「黄絹幼婦外孫齏臼」の字謎によって有名である（黄絹は色糸、即ち、絶、幼婦は少女、即ち、妙、外孫は女子、即ち、好、齏臼《うす》は辛を受けるもの、即ち、辭となり、この八字が「絶妙好辞」の析字隠語となっている）、碑文には「時娥年十四、号慕二思盱一、哀二吟沢畔一、旬有七日、遂自投レ江死、経二五日一、抱二父屍一出」とあり、投江して五日後、父の屍を抱いて浮上したとされる。

一〇 匍匐は、ここでは悲しみの余り倒れ転げる意。『礼記』問喪に、「孝子親死、悲哀志懣、故匍匐而哭レ之」とあり、鄭玄注に、「匍匐、猶二顛蹶一」とある。

一一 「不レ惜二身命一」は、『法華経』譬喩品、勧持品に見える句。

18 毛 義

【陽明本】

毛義者至孝也。家貧。郡挙孝廉。便[1]大歓喜。郷人聞之、感曰、毛義平生立行、不受天子之位。今挙孝廉、仍大歓悦。如此不足重也。及至母亡、州郡以公車迎之。義曰、我昔応孝廉之命、只為家貧无可供養母。々命既亡、復更仕。於是郷人感称其孝也。

[一]毛義は至孝なり。家貧し。郡[二]孝廉に挙ぐ。便《すなわ》ち大いに歓喜す。[三]郷人之《これ》を聞き、感じて曰《い》わく、毛義平生の[四]立行、[五]天子の位も受けず。今孝廉に挙げられ、仍《よ》りて大いに歓悦す。此《か》くの如きは重んずるに足らざるなりと。[六]母亡ずるに至るに及び、[七]州郡[八]公車を以って之を迎う。義曰わく、[九]我昔孝廉の命に応ぜしは、只《ただ》家貧にして母を供養すべきこと无《な》きが為めなり。母の命既に亡《な》し、復更《また》に仕えんやと。是《ここ》に於《お》いて郷人感じて其《そ》の孝を称するなり。

【船橋本】

[2]毛義者至孝。貧家慕欲孝廉、不欲世

毛義は至孝なり。[一〇]貧家にして孝廉を慕《ねが》い欲すれども、世の栄

栄。爰郷人聞云、毛義貧而不受天子之位。孝廉之声、不足為重。[3]母没之後、州県迎車。於時義曰、我昔欣孝廉之名、如今載公家車。遂不乗也。

を欲せず。爰《ここ》に郷人聞きて云わく、毛[二]義貧なれども天子の位も受けず。孝廉の声、重しと為《な》すに足らざらんと。母没して後、州県迎車す。時に義曰わく、我昔孝廉の名を欣《ねが》うも、如《い》今《ま》公家の車に載らんやと。遂に乗らざるなり。

【校勘】 **1**大、底本「人大」、「人」を衍字と見て削除。 **2**底本、「毛義」の上に朱筆にて「漢人」と記す。また、底本「毛義」の右傍に「後漢列伝廿九載之。但目録ニハ不載之」の注記あり。 **3**重、左に「進」字あり。

文献資料 『東漢観記』十八（『李嶠百二十詠注』檄〈現行『東漢観記』に見えない記述あり〉。『蒙求』57古注）、『後漢書』三十九、『白氏六帖』八、『書言故事』一、『日記故事』二。『合璧集』上34、『類雑集』五22。

【注】

一 毛義は、『東漢観記』に「廬江毛義」、『後漢書』には「中興廬江毛義」とあり、『後漢書』においては、中興が光武帝の時代を称することが多いところから、その用法に従っているならば、毛義は光武帝の頃の廬江（安徽省）の人ということになる。

二 孝廉は、漢代に始められた官吏登用の制度で、孝行や清廉などの特別にすぐれた徳行により、世間が認めた者を推薦して郎とした。後漢の制度では郡太守が管内の人口に応じて中央に推薦することが出来たので、役人に登用されるためにわざと徳行を喧伝する輩が続出するなどの弊害が生じた。魏以降は、九品官人法という、官吏を九等級に分けて選別する制度が導入され、これが登用の中心となったが、孝廉の制も継続して行われた（宮崎市定『九品官人法の研究』〈中公文庫〉参照）。『東漢観記』には、義は「少時家貧、以㆓孝行㆒称、為㆓安陽尉㆒……府檄到当㆑守㆑令」とあり、家が貧しく孝行を以って称せられ、安陽（今の河南省安陽県、廬江とは比較的近接する）の尉（軍事、刑罰などを司る官）となったとの記述がある。また、亀田鵬斎校閲の『旧注蒙求』に、「座定府檄適至、以㆑義為㆓安陽令㆒」と、やはり義を安陽の令に命じたとある（これも『東漢観記』に拠ったものか）。『百二十詠注』、『古注蒙求』に引かれる『東漢観記』や『後漢書』には、上記の「安陽の尉となった」という記述が抜け落ちているが、それ以外の記述や、注三に触れた南陽の張奉に関する記事の後に、義を令に当てるとの府の檄（招集文を記した木札、採用通知である）が至り、義が檄を奉じて喜んだという記述は共通して存しており、『百詠』、『蒙求』等ではこの話が檄との関連で注目されている。毛義が孝をもって官に召されるという、話の大枠は一致しているものの、『東漢観記』や『後漢書』が、府檄の到来と、令に注目するのに対し、両孝子伝では、孝廉と公車（船橋本は「公家車」。注八参照）のことを取り上げており、毛義譚においては、両者の間に少なからぬ記述態度の差が見られる。

三　両孝子伝では、郷人が、毛義の平生の徳行や人柄を敬慕したが、義が孝廉に挙げられて、それを積極的に受けて、喜んだことに失望したと記すのに対し、『東漢観記』等では、「南陽張奉、慕㆓其名㆒往候㆑之。坐定而府檄適至、以㆑義守㆑令。義奉㆑檄而入喜動㆓顔色㆒、張奉薄㆑之」（『百二十詠注』所引『東漢観記』）のように、具体的に張奉という人が登場し、この人物が義を敬慕し、また、義が檄を捧げ持って喜んだことを軽蔑したとする。

四　立行は、行い、挙動の意。

五　例え天子の位を授けられても受けるようなことはない、の意。

六　『東漢観記』には、「義母亡遂不レ仕」とだけあるが、『後漢書』では、「後挙二賢良一、公車徴、遂不レ至」と記されている。孝廉は、郡が定期的に推挙する人事であるのに対し、賢良は、州が臨時に招集するものである。

七　州郡を、船橋本では「州県」とすることについては、7魏陽、注八参照。

八　公車は、おおやけの車の意。宮殿の司馬門にある、各地から来る上書や天子から召された者を受け付ける役所の名としても用いられるが、これは司馬門にこれらの上書や人々を載せてきた公車のたまりがあったことに由来する。この箇所、『後漢書』には、「後挙二賢良一、公車徴、遂不レ至」とあり、役所としての公車から、天子のお召しがあったように取れるが、陽明本では、公車は本来の「おおやけの車」の意で用いられていよう。さらに船橋本では「公家車」と言い換えられ、「州県迎車」と記されている。

九　以下、『孝子伝』では、孝廉に応じたのは、母への孝養の故の止むを得ないものであったことが、毛義自身の言葉により明かされるが、『東漢観記』では、彼を一旦は軽蔑した張奉の、「居レ禄者為レ親」との言により説明される。『後漢書』では、この張奉の言が、「賢者固不レ可レ測、往日之喜、乃為レ親屈也。斯蓋所レ謂家貧親老、不レ択レ官而仕者也」と、さらに念を入れて敷衍されるが、この「所謂」以下の言辞（『韓詩外伝』一に曾子の語、『孔子家語』致思に子路の語として引かれる）は、孝子伝における毛義の孝行譚の主題をよく言い表している。

一〇　以下、やや意味が解しにくい記述であるが、陽明本の本文を参照すれば、孝廉になることを願ったが、世俗の栄誉は望まなかったの意と解すべきか。また陽明本にある、郡が孝廉に挙げ、それを喜んだという記述も、船橋本には存せず、船橋本では、母の存命中には孝廉に選ばれなかったと捉えられている可能性もあり、そうすると、陽明本とは少し話の筋立てが異なってくることになる（母の存命中は孝廉だけを望んだが果たせず、母の死後に州県から迎えられても、もはや無用のことと断った、という筋立てになる）。

二　毛義は貧乏だけれども天子の位でさえも受けないような人物である。いまさら孝廉の名声など重んずるに足るものではないのに、の意か。「重」の傍記の「進」を取れば、（その人柄からして）孝廉の評判があっても、郡に推挙するには及ばないの意となる。

19 欧尚

【陽明本】

欧尚者至孝也。父没居喪。在廬、郷人逐[1]虎。々急、投尚廬内。尚以衣覆之。郷人執戟、欲入廬。尚曰、虎是悪獣。当共除剪。尚実不見。君可他尋。虎後得出、日夕将死鹿来報。因此乃得大富也。

[一]欧尚は至孝なり。父没して喪に居り。[二]廬《いおり》に在るに、郷人虎を逐う。虎急《せ》まられ、尚が廬の内に投ず。尚衣を以って之《これ》を覆う。郷人戟《ほこ》を執りて廬に入らんと欲す。尚曰《い》わく、虎は是《こ》れ悪獣なり。当《まさ》に共に除き剪《き》るべし。尚[三]実《まこと》に見ず。君他に尋ぬべしと。[四]虎後に出づるを得て、日夕に死鹿を将《も》って来たり報ゆ。[五]此れに因りて乃《すなわ》ち大富を得るなり。

【船橋本】

欧尚者至孝。父没居喪。於時、郷人逐虎。々迫走、入尚廬。尚以衣覆虎。郷人以戟欲突。尚曰、虎是悪獣。尚

欧尚は至孝なり。父没して喪に居り。時に郷人虎を逐う。虎迫られ走りて、尚が廬に入る。尚衣を以って虎を覆う。郷人戟を以って突かんと欲す。尚曰わく、虎は是れ悪獣なり。尚

当共可殺。豈敢匿哉。不見不来。確争不出。郷人皆退。日暮出虎。爰虎知其恩、恒送死鹿。遂得大富也。

当に共に殺すべし。豈《あに》敢えて匿《かく》さんや。見ず来たらずと。確《かた》く争いて出ださず。郷人皆退く。日暮れて虎を出だす。爰《ここ》に虎其《そ》の恩を知りて、恒に死鹿を送る。遂に大富を得るなり。

【校勘】1逐、底本「遂」を見せ消ちし、欄尾に「逐」と訂正するのによる。

文献資料　王孚『安成記』（『太平御覧』八九二）、敦煌本『語対』二十11。
金沢文庫本『孝子伝』、『今昔物語集』九8。

【注】

一　欧尚については、未詳。『安成記』では区宝、後漢の平都（江西省安福県）の人と言う。『語対』では区尚とする。なお、『安成記』は劉宋の王孚の作。王孚は沈邵（四〇七―四四九）と交渉があったので、成立時期は推測される。

二　廬は、喪に服するために墓の側に造った仮小屋。

三　へり下って自らの名を称したのであろう。私は。船橋本も同じ。

四　助けられた虎が、死鹿を送って恩に報いる話は、11蔡順にも見える。なお『安成記』では、鹿ではなく「禽獣」。

五　『安成記』では、送られた禽獣を父に祭るとあり、孝子譚として首尾対応する。なお、『語対』は両孝子伝と同じく、こうした話にはなっておらず、「報恩」部に採録されている。

20　仲由

【陽明本】

衛国仲由、字子路。為姉着服、数三年。孔子問曰、何不除之。対曰、吾寡[1]兄弟、不忍除也。孔子曰、先王制礼、日月有限。期可已矣。因即除之也。

衛[一]国の仲[二]由は、字《あざな》は子路。姉の為め服[三]を着て、三[四]年を数う。孔子問いて曰《い》わく、何ぞ之《これ》を除[五]かざると。対《こた》えて曰わく、吾、兄弟寡《すくな》くして、除くに忍びざるなりと。孔子曰わく、先王礼を制し、日[六]月限り有り。期已《や》む可きなりと。因りて即ち之を除くなり。

【船橋本】

仲由、字子路。姉亡着服三年。孔子問曰、何故不脱。子路対曰、吾寡兄弟、不忍除也。孔子曰、先王制礼、日月有限。従制可而已。因則除之[2]。

仲由は、字は子路。姉亡じて服を着ること三年なり。孔子問いて曰わく、何故に脱がざると。子路対えて曰わく、吾、兄弟寡くして、除くに忍びざるなりと。孔子曰わく、先王礼を制し、日月限り有り。制に従いて可なるのみと。因りて則ち

一　之を除く。

【校勘】1寡、底本「寘」。船橋本により改める。　2之、底本この下に「母喪昼夜悲哭未嘗歯露菜蔬不飡不布衣」の十七字がある。次条21劉敬宣の事績が竄入したものと見て省く。

文献資料『礼記』檀弓上、梁武帝「孝思賦」。東大寺北林院本『言泉集』兄弟姉妹帖、仁和寺本『釈門秘鑰』（いずれも船橋本系）。

本話は余り流布しなかったようで、仲由の孝行譚としては、自らは藜藿《れいかく》を食しながら、米を遠方に負い運び、その賃金で父母を養ったという話が広く流布している（『蒙求』58「子路負米」注、敦煌本『事森』、同『語対』二十五1、同『籯金』二29、『類雑集』五25、二十四孝系〈日記故事5、孝行録27〉、『三綱行実』一等）。なお「孝思賦」には、「仲由念㆓枯魚㆒而永慕」とあるが、現在伝わらない所伝によるものか。また、宝亀十年（七七九）書写の大般若経一七六（唐招提寺蔵）の跋に見える、「已尽㆓曾参之侍奉㆒、極㆓仲申之孝養㆒」の句の「仲申」は、対句に同じ孔門の曾参がある点より見て、「仲由」の誤りであろう。東野治之「那須国造碑と律令制―孝子説話の受容に関連して―」（池田温編『律令制の諸相』、東方書店、二〇〇二年）参照。

【注】

一　衛は、河南省淇県にあった国。仲由は魯の卞の人とする伝え（『史記』六十七、仲尼弟子列伝など）と異なる。

二　仲由（子路）は、孔門十哲の一人として著名。孔子の弟子の一人としての図像は、1後漢武氏祠画像石、12和林格爾後漢壁画墓等に見えるが、孝子としてのそれは未見。

三　服は、喪中に着る服、喪服。

四　服喪期間については、『儀礼』喪服の規定が基本となるが、これに基づいた『大唐開元礼』一三二（五服制度）参照。一般的に兄弟に対する服喪期間は、斉衰一年が定めで、三年は親に対する礼。なお陽明本、船橋本とも、以下に劉敬宣、謝弘微の、いずれも服喪に関わる話柄を列ねている。喪服と孝との関係については、木島史雄「六朝前期の孝と喪服」（小南一郎編『中国古代礼制研究』、京都大学人文科学研究所、一九九五年）参照。

五　除は、船橋本にもあるように「脱」の意。

六　服喪の期間には制限がある、服喪期間を終えるべきである、の意。

21　劉敬宣

【陽明本】

劉[1]敬宣[2]年八歳、喪[3]母昼夜悲哭。頼是人士莫不異之也。

[一]劉敬宣《りゆうけいせん》は年八歳、母を喪《うしな》い昼夜悲哭《ひこく》す。是《こ》れに頼《よ》りて人士[二]之《これ》を異とせざる莫《な》きなり。

【船橋本】

劉敬宣者年八歳、而母喪[4]昼夜悲哭。未嘗歯露、菜蔬不飧。其[5]衣不布衣不服、荒薦居。

劉敬宣は年八歳にして、母喪して昼夜悲哭す。未[三]だ嘗《かつ》て歯を露《あらわ》さず、[四]菜蔬《さいそ》だに飧《くら》わず。其《そ》の衣[五]布衣《ふい》にあらずは服せず、[六]荒薦《こうせん》に居り。

【校勘】 **1**劉、底本「劉」、船橋本により改める。　**2**宣、底本「寅」、船橋本により改める。　**3**喪、底本「區」を見せ消ちし、左に傍書するによる。　**4**母喪……布衣、底本は前条末尾に続け書きする。誤写と見てここに移す。　**5**其衣不布衣、底本「不布衣其衣」、意により改める。

文献資料 『宋書』四十七、『南史』十七。
『内外因縁集』（船橋本系）。

【注】

一 劉敬宣は、劉宋、彭城（江蘇省銅山県）の人。字を万寿といい、牢之の子で、幼くして孝を顕わしたとされ、『宋書』に、「劉敬宣……八歳喪レ母、昼夜号泣、中表異レ之」と見える（『南史』にも）。陽明本は『宋書』に基づくか。以下、南北朝時代劉宋の孝子譚が三話続く。

二 『宋書』には、中表（いとこ達）とある。

三 以下、『宋書』、陽明本には見えず、或いは、船橋本系の潤色か。「未二嘗歯露一」は、決して笑わなかったの意。『礼記』檀弓上に高子皐のこととして、「未二嘗見レ歯一」と見える（24高柴、注三参照）。『内外因縁集』に、「未二歯露一。服二布衣一、食二菜蔬一、毎不レ安レ身、如レ居二塗炭一」とある（塗炭は、難儀な境遇）。

四 菜蔬は、野菜で、喪服に際する食事の一種、蔬食のことであろう。それさえも食べないということで、過ぎたる喪の表現を借りて、孝を強調する。次条の22謝弘微参照。

五 布衣は、粗末な衣。

六 荒薦は、あらこも。類似の状況が、『旧唐書』一九〇下元徳秀伝に、「母亡、廬二於墓所一、食無二塩酪一、藉無二茵席一」などと見える。

22 謝弘微

【陽明本】

謝弘微[1]遭兄喪、服已除、猶蔬食。有人問之曰、汝服已訖。今将如此。微答曰、衣冠之変、礼不可踰、生心之哀、実未能已也。

【船橋本】

謝弘微者、遭兄喪、除服已、猶食菜蔬。有人問云、汝除服已。何食菜蔬。微答曰、衣冠之[2]変、礼不可踰、骨肉之哀、猶未能已也。

[一]謝弘微[二]兄の喪に遭い、[三]服已《すで》に除くも、[四]猶《なお》蔬食《そしょく》す。[五]人有りて之《これ》に問いて曰《い》わく、汝《なんじ》の服已に訖《お》われり。[六]今将《なん》ぞ此《か》くの如きやと。微答えて曰わく、[七]衣冠の変、礼踰《こ》ゆべからざるも、心に生ずる哀しみ、実《まこと》に未だ已《や》むこと能《あた》わざるなりと。

謝弘微は、兄の喪に遭い、服を除き已《お》わるも、猶菜蔬を食す。人有りて問いて曰わく、汝服を除き已われり。何ぞ菜蔬をのみ食すやと。微答えて曰わく、衣冠の変、礼踰ゆべからざるも、骨肉の哀しみ、猶未だ已むこと能わざるなりと。

【校勘】1遭、底本「曹」、船橋本により改める。　2変、底本「爰」、陽明本により改める。

文献資料『宋書』五十八、『南史』二十。

【注】

一　陽明本は、『宋書』に拠るものであろう。謝弘微は、陳郡陽夏（河南省太康）の人。東晋の名臣謝安の弟、謝万の子である謝韶の曾孫で、本名は密、弘微は字。

二　兄の名は、曜。弘微は、幼くして父を亡くし、「弘微少孤、事レ兄如レ父。兄弟友穆之至、挙レ世莫レ及也」（『宋書』）と兄を慕った。母の死に際しても、「居レ喪以レ孝。服闋。踰レ年菜蔬不レ改」（同）であったという。曜は、文帝の元嘉四年（四二七）に卒し、弘微は同十年、四十二才で卒している。

三　服は、20仲由、注三参照。

四　蔬食は、前条21劉敬宣、注四参照。

五　『宋書』によれば、「弘微蔬食積レ時、哀戚過レ礼、服雖レ除、猶不レ噉二魚肉一。沙門釈慧琳詣二弘微一。弘微与レ之共食、猶独蔬食。慧琳曰、壇越素既多レ疾。頃者肌色微損、即レ吉之後、猶未レ復レ膳。若以二無益一傷レ生、豈所レ望二於得理一」とあり、両孝子伝に言う「人」とは、沙門釈慧琳である（『一切経音義』で有名な、唐の慧琳とは別人）。

六　将は、裴学海『古書虚字集釈』（中華書局、一九五四年〈商務印書館、一九三四年初版〉）に、「将、猶レ何也」とあるように、「なんぞ」と訓ずる。

七　『宋書』では、慧琳に弘微が答えて、「衣冠之変、礼不レ可レ踰、在心之哀、実未レ能レ已」と言い、「遂廃レ食感咽、歔欷不㆓自勝㆒」とある。陽明本は、これに拠ったものであろう。「生心」の「生」は、『宋書』「在心」の「在」を誤るか。

23 朱百年

【陽明本】

朱百年者至孝也。家貧、母以冬月衣常无絮。百年身亦无之。共同。孔顗為友。天時大寒。同往顗家。顗設酒酔留之宿。以臥具覆之。眠覚除去。謂顗曰、綿絮定煖、因憶母寒、涙涕[1]悲慟也。

[一]朱百年は至孝なり。家[二]貧しくして、[三]母冬月を以って衣常に絮《わた》无《な》し。百年の身も亦之《またこれ》无し。[四]共に同じ。[五]孔顗《こうぎ》と友為《た》り。[六]天時大寒なり。同《とも》に顗が家に往く。顗酒を設けて酔いて之を留めて宿せしむ。[七]臥具《がぐ》を以って之を覆う。眠り覚めて除去す。[八]顗に謂《い》いて曰《い》わく、綿絮《めんじょ》定まりて煖《あたた》かなり。[九]母の寒きを憶《おも》うに因りて、[一〇]涙涕《るいてい》し悲慟《ひどう》するなりと。

【船橋本】

朱百年者至孝也。貧家困苦。於時百年詣朋友之家。友饗之。年酔而不還。時大寒也。友以衾覆。年驚覚而知被

朱百年は至孝なり。貧家にして困苦す。時に百年[二]朋友の家に詣《いた》る。友之を饗《きょう》す。年酔いて還《かえ》らず。時に大寒なり。友[三]衾《ふすま》を以って覆う。年驚き覚めて覆わるるを知るなり。即ち脱却

覆也。即脱却不覆。友問脱由。年答曰、阿母寒宿也。我何得煖乎。聞之流涕悲慟也。

して覆わず。友脱ぐ由を問う。年答えて曰わく、[一三]阿母寒宿するなり。我何ぞ煖《だん》を得んやと[一四]。[一五]之を聞きて流涕悲慟するなり。

【校勘】 1涕、底本「悌」、船橋本により改める。

文献資料 蕭広済『孝子伝』(『太平御覧』四一三)、『宋書』九十三、『南史』七十五、『世説新語補』一一。『注好選』上62、『今昔物語集』九12(以上、船橋本系)、金沢文庫本『孝子伝』、『普通唱導集』下末(以上、陽明本系)、『宝物集』一。

【注】

一 『宋書』に記された朱百年の伝によると、百年は、劉宋の時の会稽山陰(浙江省紹興)の人。祖は晋の右衛将軍の愷之、父の濤は揚州主簿を務めた。妻の孔氏と共に会稽の南山に入り、薪を伐って暮らした。貧の内にも酒を愛し、玄理をよくし、詩作も嗜んだ。郡が功曹に任命し、州が秀才に挙げたが、共に受けず、隠逸の生涯を送った。ただ同県に住む酒を嗜む孔凱とは交友があり、度々二人で酒を酌み交わし、歓を尽くした。『宋書』では、本話も、その孔凱との交流の中で述べられている。孝建元年(四五四)、八十七才で山中に没した。芳賀矢一『今昔物語考証』では、この話を「世説」にあるとして引用するが、本話は六朝宋の劉義慶の『世説新語』には見えず、明の王世貞校、張文桂注の『世説新語補』に存する。この書は、『語林』と『世説』から話をとって一書としたものと言われ、近世広く流布した。なお、『注好選』『宝物集』などでは、姓の「朱」も記されずに「白年」と呼ばれる。『宝物集』に、「白年がふすまをぬぎ……」「白年がふすまをぬぎし、親寒からんと也」とある。

二　蕭広済『孝子伝』、『世説新語補』に、「家貧」、『宋書』にも、「百年家素貧」とある。

三　蕭広済『孝子伝』に、「母以二冬月一亡、無レ絮、自レ此不レ依二綿帛一」とあるのを始め、『宋書』、『世説新語補』等では、母が冬に絮《わた》の衣を着られずに没したので、それを思って、以後綿入れを着なかったとするが、両孝子伝では、母の死は語られていない。但し、話の配列としては、前話までの数話は全て、死者への孝養譚であるから、本来はこの話も死者への孝養譚として組み入れられたものと思われる。但し、雪中の筍で有名な孟宗の孝養譚も、亡母への孝養であった話が、生者のそれへと変化してきており、そのような流れからすると、本話も、特に船橋本などになると、生者への孝養譚として変貌する傾向を見せていると言えよう（注一三参照）。「衣常」を『普通唱導集』「衣裳」に作る。

四　「共同」を、『普通唱導集』「同郡」に作る。この形は、蕭広済『孝子伝』等の文辞に近い（注五参照）。友人の名を孔覬と記すこと（注五参照）とも併せて、この部分に関しては、『普通唱導集』に載せる本文が、陽明本系の古い形を残していると考えられる。

五　孔顗は、蕭広済『孝子伝』『宋書』に孔凱と記す。『宋書』八十四に伝があり、そこでは孔覬と記されている。字は思遠（四一六―四六六）、百年と同じ会稽の人、揚州の秀才に挙げられ、同州主簿となり、臨海太守、御史中丞等を歴任した。以下の部分、蕭広済『孝子伝』に、「与二同県孔凱一善、時寒月就レ孔宿、飲レ酒酔眠」、『宋書』に、「与二同県孔凱一友善、嘗寒時就レ孔宿、衣悉裌布、飲レ酒酔眠」とある。『世説新語補』では、「嘗寒時就二孔思遠一宿、衣悉裌布、飲ㇾ酒酔眠」とあり、孔覬と友であったという部分がなく、また、彼の名を、孔思遠と字で以って記している。『普通唱導集』所引の陽明本系の本文が、友の名を「孔覬」とするのは、『宋書』の伝の用字と一致し、注意されて良い。なお、船橋本は、孔顗の名を記さず、単に朋友、友とする。

六　天時は、ここでは天候、気候の意。

七　この部分、蕭広済『孝子伝』に、「孔以二臥具一覆ㇾ之、百年覚引去」、『宋書』に、「覬以二臥具一覆ㇾ之、百年不ㇾ覚也、既覚引二臥具一去ㇾ体」、『世説新語補』に、「思遠以二臥具一覆ㇾ之、百年初不ㇾ知、既覚引去」と、それぞれ同様の記述が見える。臥具は、寝床を覆う布団で、しとねの類の総称。

八　以下の部分、蕭広済『孝子伝』に、「謂二孔子一曰、綿定意温、因流涕悲慟」、『宋書』に、「謂ㇾ覬曰、綿定奇温。因流涕悲慟。覬亦為ㇾ之傷感」（『世説新語補』も、末部を「思遠亦為二感泣一」とする他、ほぼ同文）とある。綿定は、夜具の綿が整っていて、身にぴったり合っていることか。

九　陽明本の「母の寒きを憶うに因りて」の部分が、蕭広済『孝子伝』以下には存しない。この辺り、注三で述べた、両孝子伝が母の死を明確にせず、存命中の出来事とも取れるように述べられていることと関連するか。

一〇　陽明本が「涙涕悲慟」と記す（金沢文庫本『孝子伝』も）のに対し、『普通唱導集』所引の陽明本系の本文や船橋本は、蕭広済『孝子伝』以下と同じく、「流涕悲慟」と記す。『注好選』は、「流涙如ㇾ雨」に作る。

一一　陽明本は、孔顗と人名を記す。

一二　陽明本は、臥具とあり、蕭広済『孝子伝』以下の形と一致する。

一三　注三で述べたように、船橋本では、この言葉によって、母が存命であるという立場で記されていることが、一層明確になる。阿母は、4韓伯瑜、注六参照。

一四　『注好選』は、この下に「仍不着」の語が存する。

一五　蕭広済『孝子伝』以下においては、「流涕悲慟」したのは百年自身であり、陽明本もこの点はこれらと同じである。しかし、船橋本では、百年の言葉を聞いた友人の方が流涕悲慟したとしており、これを承けた『注好選』でも、「友聞レ之流レ涙如レ雨」と記す。但し、『宋書』には、「為レ之傷感」、『世説新語補』には、「亦為二感泣一」と、友が百年の語を聞き感動した記事が見え、『世説新語補』では、「感泣」とあることなど、船橋本や『注好選』の記述と関わるか。

24　高柴

【陽明本】

高柴者魯人也。父死泣流血三年、未嘗見歯。故礼曰、居父母之喪、言不反義、咲不哂也。

[一]高柴《こうさい》は[二]魯《ろ》の人なり。父死して泣きて流血すること三年、[三]未だ嘗《かつ》て歯を見《あらわ》さず。故に[四]礼に曰《い》わく、父母の喪に居りては、[五]言は義に反せず、[六]咲《え》めども哂《わら》わざるなりと。

【船橋本】

高柴者魯[1]人也。父死泣血三年、未嘗露歯。見父母之恩、皆人同蒙、悲傷之礼、唯[2]此高柴也。

高柴は魯の人なり。父死して[七]泣血すること三年、未だ嘗て歯を露《あらわ》さず。父母の恩は皆人同じく蒙《こうむ》るを見るも、[八]悲傷の礼は、唯《た》だ此の高柴のみなり。

【校勘】 **1**魯、底本、別筆で「魯」を見せ消ちし、右傍に「衛又斉」と記す。**2**唯、底本「淮」と書き、二水の上に口扁を重ね書きする。

文献資料　『礼記』壇弓上、『孔子家語』三、陶潜『孝伝』、敦煌本『励忠節鈔』四10、『語対』二十四3、『籝金』二29、『古賢集』。

『令集解』賦役令17条の『令釈』及び、書入れ、紅葉山文庫本『令義解』同条裏書、『三教指帰』成安注上末、覚明注二、『言泉集』亡父帖、龍谷大学本『言泉集』亡父帖、『普通唱導集』下末、『太子伝玉林抄』六、『内外因縁集』。

本話に論及したものに、小島憲之『万葉以前―上代びとの表現』（岩波書店、一九八六年）六章「上代官人の「あや」その一―外来説話類を中心として―」、高橋伸幸「宗教と説話―安居院流表白に関して」（『説話・伝承学、'92』、桜楓社、一九九二年）、東野治之「律令と孝子伝―漢籍の直接引用と間接引用―」（『万葉集研究』24、塙書房、二〇〇〇年）がある。


【注】

一　本話は、『礼記』に基づくものと考えられる。「高子皐之執二親之喪一也、流血三年、未レ嘗レ見レ歯。君子以為レ難」とある。高柴は、孔子の弟子。『史記』六十七、仲尼弟子列伝によれば、字は子羔。費の宰（地方長官）となる。『論語』先進では、「愚」（愚直）と評される。

二　船橋本に、「衛、又斉」の書入れがあるが、『史記』仲尼弟子列伝の『集解』に、「鄭玄曰、衛人」、陶潜『孝伝』に、「衛人也」とあり、『孔子家語』九に、「斉人」とある。

三　21劉敬宣にも見える。その注三参照。「不レ見レ歯」について、『礼記正義』に、「凡人大笑則露二歯本一、中笑則露レ歯、微笑則不レ見レ歯」とある。『内外因縁集』にはさらに、「三年後、不レ出レ声」とある。

四　以下の句、或いは、これに類似した句は、『礼記』、或いは『儀礼』、『周礼』には見えない。

五　道理に背くような言葉は発しない、の意。

六　先の『礼記正義』の説に基づいて言えば、微かにほほえむことはしても、笑いはしないの意。

七　陽明本の「泣きて流血すること」は、血の涙を流すこと。紅葉山文庫本『令義解』賦役令17条裏書には、「泣血出従（ママ）目（泣きて血の目より出づること）」となっており、分かり易い。文献資料の東野論文参照。

八　このように強く悲しみ傷む態度を示すのは、の意。

25 張　敷

【陽明本】

張敷者、年一歳而母亡。至十歳、問覓母。家人云、已死。仍求覓母生時遺物。乃得一画扇。乃蔵之玉匣、毎憶母、開匣看之、[1]便流涕悲慟、竟日不已。終如此也。

[一]張敷は、年一歳にして母亡ず。十歳に至り、母を問い覓《もと》む。[二]家人云わく、已《すで》に死すと。仍《よ》りて母の生ける時に遺《のこ》せる物を求覓《もと》む。乃《すなわ》ち一画[三]扇を得たり。乃ち之《これ》を[四]玉匣《ぎょくこう》に蔵し、母を憶《おも》う毎に、匣を開きて之を看、便《すなわ》ち流涕《りゅうてい》悲慟《ひどう》し、[五]竟日《きょうじつ》已《や》まず。終に此《か》くの如きなり。

【船橋本】

[2]張敷者、生一歳而母没也。至十歳、覓見母。家人云、早死無也。於時、敷悲痛云、阿母存生之時、若為吾有遺財乎。家人云、有一画扇。敷得之、

張敷は、生まれて一歳にして母没するなり。十歳に至り、母に見《まみ》えむことを覓む。家人云わく、早く死して無きなりと。時に、敷悲痛して云わく、[六]阿母存生の時、若し吾が為めに遺せる財有りやと。家人云わく、一画扇有りと。敷之を得て、

弥以泣血、恋慕無已。毎日見扇、毎見断腸。見後、収置於玉匣中。其児不見母顔、亦不知恩義。然而自知恋悲。見聞之者、亦莫不痛也。

弥《いよいよ》以って泣血し、恋慕已むこと無し。毎日扇を見、見る毎に腸を断つ。見し後、玉匣中に収め置く。其《そ》の児、母の顔を見ず、亦《また》恩[七]義を知らず。然れども自ら恋悲を知る。之を見聞する者も、亦痛まざるは莫《な》きなり。

【校勘】 1便、底本「使」、『普通唱導集』により改める。 2張敷、底本「宋人」と朱で頭書。

文献資料 敦煌本『籯金』二・二十九15、敦煌本『語対』25・2、『宋書』六十二、『南史』三十二、『宋略』（『太平御覧』一五七）、『冊府元亀』七五二、『事類賦』十四、『純正蒙求』上。『東大寺諷誦文稿』91行、『今昔物語集』九6、『内外因縁集』、『注好選』上63、金沢文庫本『悲母事、一、張敷留扇事』（以上、船橋本系）、東大寺北林院本及び、龍谷大学本『言泉集』亡母帖、『普通唱導集』下末（以上、陽明本系）、『表白集』、『孝行集』9、『金玉要集』三、真名本『曽我物語』四、真福寺本『法華経勧進抄』。

【注】

一　張敷は、字は景胤、呉興太守張邵の子。若くして老荘の学で知られ、文名が高く、劉宋の高祖、太祖に仕えた。父の没後、水漿、塩、菜さえ極端に節し、衰弱して四十一才で没した。侍中を贈られ、住所は孝張里と改められた（『宋書』）。

二　家人には、家族の意と、召使いの意の両義があるが、この場合は、いずれか不明。

三　画扇は、絵の描かれた扇。扇には団扇と摺畳扇の二種があり、摺畳扇は日本での発明とする説がある（中村清兄『扇と扇絵』、河原書店、一九六九年）。正倉院宝物弾弓の唐様式の墨画に、平城宮出土の檜扇様の扇と同様なものが描かれていることからすると、摺畳扇が日本での発明に掛かるかどうかは検討の余地があり、本話の扇がいずれであるかは、俄かに定め難い。ただ古い美術資料では団扇が一般的であること（吉村怜「仙人の図形を論ず」、『天人誕生図の研究』、東方書店、一九九九年参照）、『万葉集』九（一六二八番）に見える扇は、仙人の持物である麈尾扇とみられること（小学館『新編日本古典文学全集』7）から、一応団扇と考えておく。

四　玉匣は、装飾のある立派な箱。『宋書』などの「笥」は竹などを編んだ箱。

五　竟日は、一日中の意。

六　阿母は、母の口語的表現。4韓伯瑜、注六参照。

七　恩義は、養育をうけた恩。

26　孟　仁

【陽明本】

孟仁字恭武、江夏人也。事母至孝。母好食笋、仁常懃採笋供之。冬月笋未抽、仁執竹而泣。精霊有感、笋為之生。乃足供母。可謂孝動神霊感斯瑞也。

[一]孟仁字《あざな》は[二]恭武、[三]江夏の人なり。母に事《つか》え至孝なり。母[四]笋《たけのこ》を食することを好み、仁常に懃《ねんごろ》に笋を採りて之《これ》に供す。[五]冬月笋未だ抽《ぬきん》です、[六]仁竹を執りて泣く。[七]精霊感有り、[八]笋之が為めに生《お》う。乃《すなわ》ち母に供するに足る。孝の神霊を動かし斯《こ》の[九]瑞を感ぜしむと謂《い》うべきなり。

【船橋本】

[1]孟仁者江夏人也。事母至孝。母好食笋、仁常[2]勤供養。冬月無笋。仁至竹園、執竹泣。而精誠有感、笋為之生。仁採供之也。

孟仁は江夏の人なり。母に事え至孝なり。母笋を食することを好み、仁常に勤めて供養す。冬月笋無し。仁[一〇]竹園に至り、竹を執りて泣く。而《しこう》して[一一]精誠感有り、笋之が為めに生う。仁採りて之を供するなり。

【校勘】1仁、底本「宗歟」と右傍に朱書する。 2常、底本「當」（虫損あり）、陽明本により改める。

文献資料 孟宗生筍譚は、古く晋の張芳の『楚国先賢伝』（散逸。『三国志』呉書孫皓伝、裴松之注に引くものが早い）に記されていたらしいが、その逸文は一様ではない。例えば『令集解』賦役令17条の注には、三種の『楚国先賢伝』が引かれ（『古記』に一種、『令釈』に二種）、同じ生筍の話ながら、aその時期を記さぬもの（『三国志』呉書裴注及び、『古記』）、b母没後とするもの（『芸文類聚』八十九及び、『令釈』所引の一種）、c母の生前とするもの（『稽瑞』、『太平御覧』九六三〈『事類賦』二十四、『重較説郛』五十八〉及び、『令釈』所引の一種）などの相違がある。『古記』所引は実はb（母没後）で、裴注所引はその省略形、そして、省略形からc（生前）の説が生じたものであろう。aは、『蒙求』204徐注（準古注頭書）、『合譬集』上33等、bは、『三教指帰』敦光注二、覚明注一、『幼学指南鈔』二十七、『童子教諺解』末等に見え、遡って『三教指帰』成安注上末所引の『典言』逸文が、b系統であることにも注意される。さらにb系統の資料として、敦煌本『事森』、『白氏六帖』七（「後母」とする。『広事類賦』十六、『淵鑑類函』二七一にも引く）、『氏族大全』十九（「一云」。a系統のものも載せる）等が上げられ、この系統の生筍譚を載せる『孝子伝』もあったらしい（『祖庭事苑』五）。cは、『事類賦』、『重較説郛』等にも見え、両孝子伝はcの系統に属する。c系統の『孝子伝』を引くものとして、敦煌本『語対』二十六5、『陳検討集』四「続耀菴集序」注（茆泮林『古孝子伝』）、成安注上末、覚明注二等が上げられるが、両孝子伝、殊に陽明本が成安注のそれ、また、『令釈』所引『楚国先賢伝』（即ち、c）と酷似する点は、陽明本本文の成立過程を窺わせるものとして興味深い。孟宗生筍譚は、『故円鑑大師二十四孝押座文』及び、二十四孝系（詩選4〈草子4〉、日記故事18、孝行録7）も含め、c系統のものが多い。以下にc系統の資料を掲げる。

敦煌本『籯金』二29、『新集文詞九経抄』、『古賢集』、『日記故事』三、『金璧故事』一、『君臣故事』二、『孝経列伝』

志庶人孝伝、『大明仁孝皇后勧善書』三、戯曲『孟宗泣竹』『孟宗哭竹』（共に逸）。

『三綱行実』一。

『東大寺諷誦文稿』91行、『新撰万葉集』上冬、『注好選』上50、『今昔物語集』九2、『筆海要津』、『澄憲作文集』
33、『言泉集』亡母、孝養因縁帖（陽明本系）、『普通唱導集』下末（同）、『内外因縁集』、小林文庫本『因縁集』、
『宝物集』一、『金玉要集』三（『宝物集』に拠る）、『法華草案抄』二（同）、中山法華経寺本『三教指帰注』、『延命
地蔵菩薩経直談鈔』二30、『詩学大成抄』一、『類雑集』五19、『童子教諺解』末、『源平盛衰記』十七、昔話「孟宗
竹」（『日本昔話大成』十、補遺4）等。
なお、孟宗については、厚蓐大被譚（遊学に際し、母が厚い蓐《しとね》、大きな夜着を持たせ、同気同類の貧しい友と交
わらせようとした話）、寄鮓譚（魚守りの孟宗が、その魚を鮓《すし》にして母に送った所、母が怒ってそれを送り返した
話）も、『蒙求』204を通じて知られる（源泉は、『三国志』呉書裴注所引『呉録』。敦煌本『事森』、『類林雑説』二
6、10、『日記故事』七、『広事類賦』十六、『語園』上〈『事文』〉等にも）が、寄鮓譚を載せる『孝子伝』もあっ
た（『太平御覧』六十五）。敦煌本『籯金』29には、その花梓譚（墳の標《しるし》とした梓の枯木が、花を咲かせた話）を伝
える『捜神記』も引かれる。『令集解』所引の『楚国先賢伝』及び、『孝子伝』については、黒田彰『孝子伝の研究』
I三「令集解の引く孝子伝について」参照。孟宗生筍譚の日本における受容、展開を論じたものに、母利司朗「竹
の子三本雪の中―孝子孟宗譚の日本的展開―」（『国文学研究資料館紀要』12、一九八六年）がある。

図像資料 後漢、南北朝期の遺品は管見に入らない。二十四孝図としての孟宗図は、洛陽出土北宋画象石棺、山西絳県裴家堡金墓以下、数多い。

【注】

一 孟仁は、三国時代呉の人で、字は恭武、本名を宗といったが、呉の四世孫皓の字元宗を避けて、仁と改めた。建衡三年（二七一）卒（『三国志』呉書等）。次条王祥の冒頭「呉時人、司空公」（船橋本「為二呉時司空一也」）は、「司空孟仁卒」（『三国志』呉書）を思わせる。『晋書』九十八、九十四に伝の載る孟嘉、孟陋兄弟は、その曾孫に当たる。生笋譚については、例えば『令釈』所引『楚国先賢伝』に、「孟仁字恭武、江夏人也。事レ母至孝。常嗜二笋子一。冬月未レ抽、仁執レ竹泣。明察神精、急抽二笋子一。故曰、冬竹雪穿、応二至誠一而秀質」とある。『三教指帰』成安注（覚明注）に引く『孝子伝』には、「孟仁字恭武、江夏人也。事レ母至孝。母好レ食レ笋、仁常勤供レ之。冬月未レ抽、仁執レ竹泣。精霊有レ感、為笋之生出也」とあって、陽明本に酷似する。

二 字を、「子恭」に作るものがある（準古注『蒙求』〈国会本、林述斎校本等〉、『氏族大全』十九、『日記故事』三〈『小学日記』二も〉、『合璧集』上32）。敦煌本『新集文詞九経抄』に、「孟宗、志恭」と見える。また、「公武」に作るものもある（『陳検討集』注）。

三 江夏は、郡名で、湖北省武昌県。

四 『太平御覧』所引『楚国先賢伝』に、「母好レ食二竹笋一」とある。

五 「及二母亡一、冬節将レ至」（『芸文類聚』所引『楚国先賢伝』）、「及二母亡之後一、冬節将レ至」（『令釈』同）、「母没之後、冬節将レ至」（成安注所引『典言』）とするものがある。また、母について、「後母」（『白氏六帖』等や『祖庭事苑』

所引『孝子伝』）と言うものもある。文献資料参照。

六　二十四孝系古資料に、「執レ竹」を言うものがないにも拘らず、二十四孝図において洛陽出土北宋画象石棺以下、孟宗が竹を手に執るものの多いことは、孝子伝と二十四孝との接点を示すものとして注目される（『令釈』所引『楚国先賢伝』〈c〉に「執レ竹」とある）。

七　精霊は、神のこと。後の神霊と同じ。

八　『三国志』裴注所引『楚国先賢伝』に、「筍為レ之出、得二以供一レ母」とある。

九　この奇跡を感得させたのであると言ってよいだろう。

一〇　『令釈』所引『楚国先賢伝』、成安注所引『典言』に、「入二竹園一」とある。

一一　3邢渠、注八参照。

27 王祥

【陽明本】

呉時人、司空公王祥者至孝也。母好食魚、其恒供足。忽遇氷結。祥乃扣氷而泣。魚便自出躍氷上。故曰、孝感天地、通於神明也。

呉[一]の時の人、司空公[二]の王祥は至孝なり。母魚[三]を食するを好み、其《そ》れ恒に供[四]え足らす。忽《たちま》ちに氷の結ぶに遇う。祥乃《すなわ》ち氷[五]を扣《たた》きて泣く。魚便[六]《すなわち》自出でて氷上に躍る。故に曰《い》わく、孝天地[七]を感ぜしめ、神明[八]に通ずるなりと。

【船橋本】

王祥者至孝也。為呉時司空也。其母好生魚、祥常懃仕。至于冬節、池悉凍、不得要魚。祥臨池扣氷泣。而氷砕魚踊出。祥採之供母。

王祥は至孝なり。呉の時の司空為《た》るなり。其の母生魚を好み、祥常に懃仕《きんし》す。冬節に至り、池悉《ことごと》く凍り、魚を要《もと》むるを得ず。祥池に臨み氷を扣《たた》きて泣く。而《しこう》して氷砕け魚踊り出ず。祥之《これ》を採りて母に供う。

文献資料 王祥譚は、我が国の文献では、二十四孝系でも有名な、前話26孟仁の故事と対にされることが多いが、文献資料に見える王祥譚は、a求魚譚、b黄雀炙譚、c守柰譚、d後母持刀譚の四つに分けられる。四話の関係、即ち、a求魚譚（本話）、b黄雀炙譚（継母が黄雀の炙《あぶりもの》を望んだところ、黄雀が数十羽幕に入ったという話。『世説新語』一徳行篇劉孝標注、蕭広済『孝子伝』〈『世説新語』一劉孝標注、『北堂書鈔』一四五、『芸文類聚』九十二、『太平御覧』九二二〉、梁武帝「孝思賦」、『晋書』三十三、敦煌本『語対』二十六等）、c守柰譚（継母が柰《からなし》の実を好んだので、昼は鳥から、夜は鼠から木の実を守り、大風雨の時、樹を抱いて実が落ちるのを防いだという話。『世説新語』一徳行篇劉孝標注、蕭広済『孝子伝』〈『芸文類聚』八十六〉、逸名『孝子伝』〈『事類賦』二十六、『太平御覧』九七〇〉、『晋書』三十三、敦煌本『語対』二十三2、同『事森』、西夏本『類林』十三、『蒙求』443注、『語園』上〈『晋書』〉、『類雑集』五24等）、d後母持刀譚（闇夜継母が刀で斬りかかろうとした時、事前にこれを察知して難を避けるとともに、自ら死を請うたという話。『世説新語』一徳行篇劉孝標注、敦煌本『事森』、西夏本『類林』十三等）、については、『世説新語』とその劉孝標注が、これらのモチーフの関連性を合理的に叙述している。

a求魚譚の文献資料を以下に示す。『捜神記』十一、臧栄緒『晋書』（『初学記』七）、師覚授『孝子伝』（『初学記』三、『太平御覧』二十六）、逸名『孝子伝』（『事類賦』五、敦煌本『籯金』二29、同『新集文詞九経抄』、『陳検討集』二「憺園賦」程師恭注）、『晋陽秋』（『世説新語』一徳行篇劉孝標注）、『晋書』三十三、『典言』（『三教指帰』成安注上末）、孫盛『雑話』（『芸文類聚』九）、敦煌本『不知名類書甲』、『目連縁起』（「王祥臥氷、寒渓躍魚」）、『王梵志詩』（「你若是好児、王祥敬母恩」）、『二十四孝押坐文』、『祖庭事苑』五、『純正蒙求』上、『明仁孝皇后勧善書』二、戯曲『王祥臥氷』、二十四孝系（詩選7〈草子7〉、日記故事20、孝行録9）。

『三綱行実』一。

『注好選』上51（母ではなく父としている）、『三教指帰』成安注上末、敦光注二、覚明注二、『言泉集』亡母帖、『宝物集』一、『普通唱導集』下末、小林文庫本『因縁集』、『内外因縁集』（『典言』に拠る）、中山法華経寺本『三教指帰注』、『詩学大成抄』一、『童子教諺解』末、『源平盛衰記』十七、『曾我物語』七、昔話「継子の鯉取り」（『日本昔話通観』二十六沖縄、むかし語り212）等。

なお、『三教指帰』成安注、覚明注では、『典言』に拠って王祥のこととする一方、敦光注、覚明注（別伝）では、『典言』に拠って王延のことと伝える。『内外因縁集』の「王祥躍魚〈又名王延〉」（『典言』に拠る）では、王延の故事ともする。類話関係にある王祥と王延（『捜神記』、臧栄緒『晋書』、『十六国春秋前趙録』、『晋書』八十八）の説話が混同されたものであろう。また、本話が『宇津保物語』俊蔭巻仲忠孝養譚の粉本であること、16陽威の文献資料参照。

図像資料　後漢、南北朝時代の王祥図は、管見に入らない。二十四孝図としての王祥図は、洛陽出土北宋画象石棺、山西垣曲東舗村金墓以下、数多い。

【注】

一　王祥は『晋書』に本伝があり、字は休徴、継母は朱氏。瑯琊《ろうや》郡臨沂《りんき》（山東省臨沂県）の人、王羲之と同じ名門の出であり、泰始五年（二六九）に卒している。両孝子伝では呉の人とするが、『魏志』に拠ったとして魏時人とするものがある（西夏本『類林』等）。

二　司空は、漢代に御史大夫を改め大司空としたことに始まり、呉または、魏の時代は、漢代の制がそのまま用いられた。司空公はその尊称である。大司徒、大司馬と共に三公に列する。一方、「太保」（『晋書』）、または、「太傅」（敦煌本『事森』、『語対』）とする本文がある。太師、太傅、太保は漢代の制では上公とされ、この下に大司徒、大司空、大司馬の三公が置かれる。

三　両孝子伝では、後母としていないが、師覚授『孝子伝』、蕭広済『孝子伝』では、後母としており、虐待に耐える王祥に、天が感じて奇瑞を現すのである。『注好選』では、父に仕えることになっており、注目される。

四　供足は、不自由なく供えるの意。

五　両孝子伝には見えないが、「解褐」（師覚授『孝子伝』）、または、「解衣」（『捜神記』）して、氷を溶かすとするものがある。二十四孝系図像資料にもこの場面を描くものが多い。

六　この魚を、三尺魚（『注好選』、中山法華経寺本『三教指帰注』）、または、五尺魚（『三教指帰』敦光注、『内外因縁集』）とするもの、双鯉（『捜神記』、臧栄緒『晋書』、師覚授『孝子伝』〈「双魚」とある〉、『晋書』）とするものなど、一様でない。

七　『晋書』及び、『捜神記』では、「郷里驚嘆、以為二孝感所一レ致」と結び、師覚授『孝子伝』には、「于レ時人謂二至孝所一レ致也」とある。

八　神明は、2董永、注一二参照。

28 姜詩

【陽明本】

姜詩者広漢人也。事母至孝。母好飲江水。々々去家六十里、便其妻常汲行、負水供之。母又嗜魚膾。夫妻恒求覓供給之。精誠有感、天乃令其舍忽生涌泉、味如江水。毎旦輒出双鯉魚、常供其母之膳也。為江陽令死。民為立祠也。

【船橋本】

姜詩者広漢人也。事母至孝也。母好飲江水。江去家六十里、婦常汲供之。

[一]姜詩《きょうし》は広漢の人なり。[二]母に事《つか》えて至孝なり。[三]母江水を飲むを好む。[四]江水、家を去ること六十里、便《すなわ》ち其《そ》の妻常に汲み行《く》き、水を負いて之《これ》を供す。[五]母又魚膾《ぎょかい》を嗜《たしな》む。夫妻恒に求覓《もと》めて之を供給す。[六]精誠感有りて、[七]天乃《すなわ》ち其の舍に忽《たちま》ちに涌泉《ゆうせん》を生ぜしめ、味、江水の如し。[八]毎旦輒《すなわ》ち双鯉魚を出だし、[九]常に其の母の膳《ぜん》に供するなり。[一〇]江陽の令と為《な》りて死す。民為めに祠《ほこら》を立つるなり。

姜詩は広漢の人なり。母に事えて至孝なり。母江水を飲むを好む。江、家を去ること六十里、婦常に汲みて之を供す。又

又者魚膾。夫婦恒求供之。於時精誠有感、其家庭中、自然出泉、鯉魚一双、日々出之。即以此常供。天下聞之。孝敬所致、天則降恩、甘泉涌庭、生魚化出也。人之為子者、以明鑑之也。

魚膾を耆《たしな》[二]む。夫婦恒に求めて之を供す。時に精誠感有りて、[三]其の家の庭中に、自然に泉出で、鯉魚一双、日々に之出づ。即ち此れを以って常に供す。天下之を聞く。孝敬の致る所、天則ち恩を降《くだ》し、甘泉庭に涌《わ》き、生魚化[三]出するなり。人の子為《た》る者は、以って明らかに之に鑑《かんが》みよとなり。

文献資料『東漢観記』十七、『華陽国志』十、『水経注』三十二、『後漢書』八十四、『宋書』九十一、『芸文類聚』八、敦煌本『事森』、敦煌本『語対』二十七1、『類林雑説』一（『芸文類聚』以下、「列女伝」を出典とする）、『法苑珠林』六十二、『典言』（『三教指帰』成安注上末）、『蒙求』注544、『太平御覧』四一一（共に『東漢観記』を引く）、敦煌本『籯金』二29（「漢書」を出典とする）、『純正蒙求』上、『広事類賦』十六、二十四孝系（詩選9〈草子9〉、日記故事19、孝行録10）。

『童子教』、『仲文章』（「姜臣」とする）、『注好選』上49、『言泉集』亡母帖、『普通唱導集』下末、金沢文庫本『孝子伝』（『言泉集』以下は、陽明本系）、『内外因縁集』、『類雑集』五27。

本話については、大沢顕浩「姜詩―出妻の物語とその変容―」（『東洋史研究』60-1、二〇〇一年）に、『東漢観記』、『後漢書』、『華陽国志』に見られる原型となる説話の差違から始まり、二十四孝に到るまでの説話の展開が、多くの資料を挙げて詳述されているが、それによると、姜詩の話は、母への孝を尽くす余り妻を追い出してしまう、孝子としての姜詩像と、離縁されてもなお姑への孝を尽くす、孝婦としての妻の像とが絡み合い、資料の性質や時代の流れにより話の位相が変化しており、複雑な展開を見せている。両孝子伝では、妻の離縁は語られず、夫婦が協力して母に孝を尽くしたとする所に特徴があり、これは後の二十四孝系へと受け継がれていく。また、二十四孝系の姜詩譚の諸相については、黒田彰『孝子伝の研究』Ⅲ四「二十四孝原編、趙子固二十四孝書画合璧について」にも述べられる。

図像資料　後漢、南北朝期の姜詩図は管見に入らない。二十四孝系の姜詩図は、洛陽出土北宋画象石棺、遼寧遼陽金廠遼画象石墓以下、数多い。

【注】

一　姜詩は、『東漢観記』に、「姜詩、字子遊、広漢雒人也」、『華陽国志』に、「姜詩、字士遊、雒人也」、『後漢書』には、「広漢姜詩、妻者同郡龐盛之女也」とある。後漢、広漢郡雒県（四川省広漢県）の人。『東漢観記』では、至孝であること、夫婦で傭作して母を養っていたこと、母が江水を飲むことを好んだため、子供に水を汲んで来させていたが、子供が溺死したこと、夫婦は母がその事実を知ることを恐れて、子供は学問をしに行ったと偽ったこと、夫婦が毎年子供の衣を江中に投じて供養していると、俄に舎の傍に江水の味の泉が涌き、毎日一双の鯉が出てきたことを述べる。さらに、赤眉の賊が詩の村に入らなかったことや、彼の孝子ぶりに驚き米肉を与えたが、詩はそれを食べずに、地に埋めたことを記す（『華陽国志』も、母が自分一人では魚膾を食べられず、隣家の母と一緒に食する話や、衣を水に投じて子供の供養をする話がないなど、一部に『後漢書』と共通する点がある以外は、ほぼ同内容）。『後漢書』では、子供が江水を汲み溺死する前の箇所に、妻が江水を汲んでいたが、或る日風のために家に帰れなくなり、母が渇したため、怒った詩が妻を実家に去らせるが、彼女は家には帰らず、隣家に留まり昼夜紡績し、市場で珍宝と交換し、隣家の母に頼んで、自分からとは言わずに詩の母に届けさせ、久しくして詩の母が不審に思い、隣家の母に尋ねて真相を知り、後悔して妻を呼び戻したという記事が存すること、『東漢観記』にあった、子供の死後毎年衣を河中に投じた記事がないことの二点が、『東漢観記』との大きな差異である。姜詩の妻が、離縁されても隣家に留まり、詩の母に孝を尽くした話は、『蒙求』古注や、敦煌本『事森』、『語対』、『類林雑説』等の類書にも見える。日本の資料では、『童子教』に、「姜詩去二自婦一、汲レ水得二庭泉一」とあるのが、孝子伝には見えず、『後漢書』や、類書に引く『列女伝』系に現れている、妻を離縁する話（但し、今本の『古列女伝』には、姜詩の妻に関する話は採られていない）との関係で、注意されて良い。『注好選』では、妻の扱いが、『後漢書』以下の中国のものと異なり、自ら水汲みに堪えられないと夫に訴えて離縁される形になっており、これは、『童子教』の章句などを元に日本で形成された理解ではないかと考えられる。なお『幼学指南鈔』五江部の「姜詩母飲之」に、「列女伝曰」として引かれる「楚昭王姜斉女」の記事は、この姜詩の話とは無関係である。

二　『東漢観記』には、「詩性至孝」、『後漢書』、『華陽国志』には、「事レ母至孝」とある。

三　「母好飲江水」は、『東漢観記』、『後漢書』に、共に同じ形で見える（『華陽国志』にも、「母欲二江水及鯉魚膾一」の形で見える）。

四　一里は、約四〇〇メートル。『後漢書』に、「水去レ舎六七里」とあり（二十四孝系も同じ）、『注好選』には、「八里」とする。『後漢書』に基づく『蒙求』の徐子光注の中にも、「六十里」に作る一本（文禄五年版本）があり、「七」「十」の字形の類似に起因する訛伝が生じ易かったことが窺える。

五　母が魚膾（魚の「なます」）を嗜んだので夫婦がこれを求めて供した記事は、『後漢書』に、「姑嗜二魚膾一、又不レ能二独食一夫婦常力作供レ膾、呼二隣母一共レ之」、『華陽国志』に、「母欲二江水及鯉魚膾一、又不レ能二独食一　須二隣母一共レ之」と見え、両書共に、母が独りでは食事することが出来ないので、隣家の母と共に魚膾を食したと記し、後に、「一双の鯉魚」を二母（詩の母と隣家の母）に供したと記す。『東漢観記』にはこのような記事は見えない。

六　3邢渠、注八参照。

七　『東漢観記』では、「俄而涌泉出二舎側一、味如二江水一」、『後漢書』では、「舎側忽有二涌泉一、味如二江水一」、『華陽国志』には、「於レ是有三涌泉出二於舎側一、有二江水之香一」とある。船橋本には、「味如二江水一」の記事は見えない。

八　毎朝一双の鯉魚が出現することも、『東漢観記』に、「日生二鯉一双一」、『後漢書』に、「毎旦輒出二双鯉魚一」、『華陽国志』に、「朝朝出二鯉魚二頭一」と見える。なお注五参照。

九　『後漢書』に、「常以供二二母之膳一」、『華陽国志』に、「供二二母之膳一」とある。

一〇　『後漢書』に、「詩尋除二江陽令一、卒二于官一。所レ居治郷人為立レ祀」、『華陽国志』に、「除二江陽符長一、所レ居郷皆為レ之立レ祠」とある。

一一　者は、嗜に通じる。

一二　陽明本では、「天乃令三其舎忽生二涌泉一」とあり、他の資料でも、泉が涌出したのは「舎側」「舎傍」とするものが多いが、中で『蒙求』古注（真福寺本）に、「中庭忽有二涌泉一」、敦煌本『籯金』に、「庭前湧泉出」とあるのは、この船橋本の「庭中」と近く、注意されて良い。なお、前掲黒田彰『孝子伝の研究』「二十四孝原編、趙子固二十四孝書画合璧について」参照。

一三　化出は、仏教語の化生と同様に、不思議な力によって忽然と出現するの意であろう。

29　叔先雄

【陽明本】

孝女叔光雄者至孝也。父堕水死。失尸骸。感憶其父、常自号泣、昼夜不已。乃乗船、於海父堕処、投水而死。見夢、与弟曰、却後六日、当共父出。至期、果与父相見、持於水上。郡県[1]令為之立碑文也。

孝女叔[一]光雄は至孝なり。[二]父水に堕ちて死す。尸骸《しがい》を失う。其《そ》の父を感憶し、常に自ら号泣し、昼夜已《や》まず。乃《すなわ》ち船に乗り、海の父の堕ちし処に於《お》いて、水に投じて死す。夢に見《あらわ》れ、[三]弟に[四]与《い》いて曰《い》わく、[五]却後《このち》六日、当《まさ》に父と共に出ずべしと。期に至りて、果たして父と相見れ、水上に持す。[六]郡県之《これ》が為めに碑文を立てしむるなり。

【船橋本】

[2]孝女叔先雄者至孝也。其父堕水死也。不得尸骸。雄常悲哭。乗船求之。乃見水底有尸。雄投身入。其当死也、

孝女叔先雄は至孝なり。其の父、水に堕ちて死するなり。尸骸を得ず。雄常に悲哭《ひこく》す。船に乗りて之を求む。乃ち水底に尸《しかばね》有るを見る。雄身を投げて入る。其れ死に当たりてや、

於時、夢中告弟云、却後六日、与父出見。至期、果出。親戚相哀、郡県痛之、為之立碑也。

時に夢中に弟に告げて云わく、却後六日、父と出で見れんと。期に至りて果たして出ず。親戚相哀しみ、郡県之を痛み、之が為めに碑を立つるなり。

【校勘】 1県、底本「懸」、見せ消ちして「縣」と頭書するによる。 2「後漢列女伝」と朱筆で頭書。

文献資料 『後漢書』八十四、『水経注』三十江水注、『華陽国志』三、『益部耆旧伝』（『太平御覧』六十九、三九六、四一五）、『捜神記』十一（『法苑珠林』四十九にも）、『白氏六帖』八、『通志』一八五、『大明仁孝皇后勧善書』三。『金玉要集』二。

本話については、下見隆雄『儒教社会と母性』（研文出版、一九九四年）八章に言及がある。

【注】

一 本話は、川に落ちて死んだ父の亡骸を求めて、娘が自らも入水するという話で、17曹娥に極めて類似している。娘の名は、船橋本は叔先雄で、相違する。「光」と「先」は、字体が類似していて紛れ易いが、『益部耆旧伝』は、陽明本に一致し、『後漢書』、『白氏六帖』は、船橋本に同じく叔先雄とする。父の名が、先尼和（注二参照）であるとすると、叔先雄が正しいか。叔先が姓（複姓）。また、『水経注』、『華陽国志』は、名を絡とするが、絡は、雒と同義である場合もあるので、絡を雒と書くと、雄と誤り易い。出身地について、『後漢書』、『益部耆旧伝』、『捜神記』に、「犍為人」とある。犍為は、四川省宜賓。

二　『白氏六帖』を除く諸書は、名を記すが、『後漢書』、『益部耆旧伝』、『捜神記』は、泥和、『水経注』、『華陽国志』は、先尼和（先は叔先を省略したもの）とする。『後漢書』によれば、永建の初（一二〇年頃）、県の功曹となり、巴郡の太守を迎えに行く途中、水死した。

三　諸書に、名を賢とする。

四　清、王引之『経伝釈詞』一に、「与、猶レ謂」とある。

五　六日経ったら、六日目に。「却後」はその後、今後という意味の口語。漢訳仏典に頻出するが、敦煌変文にも見える。

六　郡県の用語については、黒田彰『孝子伝の研究』Ⅰ四「船橋本孝子伝の成立―その改修時期をめぐって」参照。郡県が入水した娘の孝行を顕彰して碑を立てることも、曹娥の話と全く同じである。

30 顔烏

【陽明本】

顔烏者東陽人也。父死葬送、躬自負土成墳、不拘他力。精誠有感、[1]天乃使烏鳥助、銜土成墳。烏口皆流血。遂取県名烏傷県。秦時[2]立也。王莽[3]簒位、改為烏孝県也。

顔烏《がんう》は[一]東陽の人なり。父死して葬送するに、躬自《みずか》ら土を負いて墳を成し、他力に拘《かかわ》らず。[二]精誠感有り、[三]天乃《すなわ》ち烏鳥をして助けしめ、土を[四]銜《ふく》みて墳を成さしむ。烏の口皆血を流す。遂に県の名を烏傷県と取る。秦の時立つるなり。[五]王莽《おうもう》位を簒《うば》い、改めて烏孝県と為《な》すなり。

【船橋本】

顔烏者東陽人也。父死葬送、躬自負、直築墓、不加他力。於時其功難成。精誠有感、烏鳥数千、銜塊加塡、墓忽成。爾迺烏口流血、塊皆染血。以

顔烏は東陽の人なり。父死して葬送するに、躬自ら負いて、[六]直ちに墓を築き、他力を加えず。時に其《そ》の功成り難し。精誠感有り、烏鳥数千、[七]塊《つちくれ》を銜みて加え塡《う》め、墓忽《たちま》ちに成る。爾《しか》して迺《すなわ》ち烏の口血を流し、塊皆血に染む。是《ここ》を以って県の

是為県名、曰烏傷[4]県。王莽之時、改為烏孝[5]県也。

名と為し、烏傷県と曰《い》う。王莽の時、改めて烏孝県と為すなり。

【校勘】1天、底本「夫」、頭書により改める。　2立、底本虫損、『普通唱導集』による。　3篡、底本「募」、意により改める。　4傷、底本「陽」、陽明本により改める。　5孝、底本「者」、陽明本により改める。

文献資料 『異苑』十、『異苑』(『太平御覧』九二〇、『水経注』四十等にも)、『水経注』四十漸江水注、『元和郡県図志』二十六、『太平寰宇記』九十七。
『今昔物語集』九10、『普通唱導集』下末、『内外因縁集』、『孝行集』10、『金玉要集』三、『童子教諺解』末。

画像資料 1後漢武氏祠画象石(「孝烏」)を、本話に関わるとする説があるが(長広敏雄編『漢代画象の研究』、中央公論美術出版、一九六五年)、これは慈烏を表わしたものであろう。12和林格爾後漢壁画墓、14泰安大汶口後漢画像石墓についても同様。45慈烏参照。

【注】

一　東陽は、浙江省金華市。唐の李吉甫の『元和郡県図志』二十六(江南道二、婺州《ぼうしゅう》)、義烏県の条に、本話に触れて、「本秦烏傷県也。孝子顔烏将レ葬、群烏銜二土塊一助レ之。烏口皆傷。時以為二純孝所一レ感。乃於二其処一立レ県曰二烏傷一。武徳四年(六二一)、於レ県置二綢州一、県属レ焉。又改二烏傷一為二義烏一」とある。本話は親の墳墓を作る点で、次の31許孜と主題が類似する。

二　この表現については、３邢渠、注八参照。

三　類似の話が、李陶（王韶之『孝子伝』、『令集解』賦役令17条所引『古記』ほか）、文壌（徐広『孝子伝』）の孝子譚にも見える。

四　底本の原表記「衘」は、『類聚名義抄』に、「フクム」と訓ずる。

五　漢の帝位を簒奪して新（前四五～後二三）を建てた。烏傷県、烏孝県のことは、『漢書』地理志（会稽郡）に、「烏傷〈莽曰㆓烏孝㆒〉」と見える。その後、烏傷県に復旧、唐初に義烏県と改められた。注一参照。なお『太平御覧』九二〇所引の『異苑』にみえる伝えは、烏傷県の建置を説く点で類似するが、主人公の名を陽顔とし（東陽の顔烏の意か）、群烏が鼓を銜み、顔の純孝を広く知らせたとする。単行の『異苑』に大差はないが（例えば中華書局古小説叢刊本など）、これらの要素を欠く『水経注』所引の『異苑』とは大きく異なる。『水経注』所引の『異苑』のような伝えが古く、両孝子伝の伝えはこの系統のものであろう。

六　船橋本『孝子伝』の京都大学図書館刊本（一九五九年）釈文では、「直」を「土」の誤りとする。

七　塊は、『類聚名義抄』に、「ツチクレ」と訓ずる。

八　校勘にも示した通り、底本は「烏陽県」と誤るが、この誤りは『今昔物語集』にも見られるので、由来の古いものであろう。なおこの表記の同一であることからして、『今昔物語集』は船橋本系の本文を踏まえたものらしい。

31 許孜

【陽明本】

許牧者呉寧人也。父母亡没。躬自負土、常宿墓下。栽松柏八行、造立大墳。州郡感其孝、名其郷曰孝順里。郷人為之立廟、至今在焉也。

【船橋本】

許牧[1]呉寧人也。父母滅亡。収自負土作墳、墳下栽松柏八行、遂成大墳[2]。爰州県感之、其至孝郷名曰孝順里。々人為之立廟、于今猶存也。

許牧[一]は呉寧[二]の人なり。父母亡没す。躬《みずか》[三]自ら土を負い、常に墓下に宿す。松柏《しょうはく》[四]を栽うること八行[五]にして、大墳を造立す。州郡[六]其《そ》[七]の孝に感じ、其の郷を名づけて孝順里と曰《い》う。郷人之《これ》が為めに廟《びょう》を立て、今に至るまで焉《ここ》に在るなり。

許牧は呉寧の人なり。父母滅亡す。収[八]めて自ら土を負い墳を作り、墳下に松柏を栽うること八行にして、遂に大墳を成す。爰《ここ》に州県之に感じ、其の至孝の郷を名づけて孝順里と曰う。里人之が為めに廟を立て、今に猶《なお》存するなり。

【校勘】1牧、底本「孜歟」と右傍に朱書。　2墳、底本「塡」、陽明本により改める。

文献資料『晋書』八十八、鄭緝之『東陽記』（『太平御覧』五五九。注四参照）、『白氏六帖』七、林同『孝詩』、『氏族大全』十四、『純正蒙求』上、『大明仁孝皇后勧善書』三、『淵鑑類函』二七一。
『孝行録』後章44、『三綱行実』一。
『注好選』上64（船橋本系）、『言泉集』亡父帖、『普通唱導集』下末（共に陽明本系）、『内外因縁集』、『童子教諺解』末。

【注】

一　許牧は、『童子教諺解』に、「許孜といふを、世間流布の本に、許牧とかくはあやまれり」と言うように、許孜《きよし》が正しい（船橋本、「牧」に「孜歟」と右傍朱書。校勘1参照）。許孜は、晋の人、字は季義（『晋書』）。我が国の『童子教』、『注好選』以下、許牧に作るものの多いことは、両孝子伝の影響による（『孝行集』11「許敬」）。

二　呉寧は、当時の東陽郡呉寧県で、浙江省東陽県。『晋書』に、「東陽呉寧人」とある。

三　負土のことは、前話の顔烏にも記される。松柏は、古く社（土地の神）を祭る神木であったらしいことが、『論語』八佾に見える（「哀公問二社於宰我一。宰我対曰、夏后氏以レ松、殷人以レ柏、周人以レ栗」。社を主に作るものがあり、主ならば、宗廟の位牌のこと）。『孔子家語』九によれば、孔子の墓に松柏が植えられたと言う（終記解「樹二松柏一為レ志」）。後漢、永興二年（一五四）の薌他君石祠堂題字に、「兄弟暴レ露在レ冢、不レ辟二晨夏一、負レ土成レ塻（墓）、列二種松柏一、起二立石祠堂一。冀二親魂零（霊）、有レ所二依止一」と見えるので（羅福頤「薌他君石祠堂題字解釈」、『故宮博物院院刊』総二期、一九六〇年）、負土成墓、列種松柏は、当時の葬制と深く関わり、且つ、葬制の孝道上の表現として、成句化していたことが知られる。「宿二墓下一」は、墓を造るに際し、墓域の廬に寝泊りする意。19欧尚、注二参照。19欧尚同様、このことは船橋本に見えない。

四　陽明本の「栽二松柏一八行」及び、後の「郷人為レ之立レ廟、至レ今在レ焉也」とある原拠について、西野貞治氏は、「許孜の一条だけが唐代に編纂された晋書の外に出典関係を求められないことから或は唐代以降の作かとも疑われる。然しながら、この孝子伝の「栽松柏八行」が、晋書の「列植松柏、亘五六里」と符合しないし、この孝子伝の「郷人為之立祠〔廟〕、至今在焉也」の記述も晋書には存しない。唐撰の晋書は言う迄もなく六朝撰述の諸家の晋書に資料を仰いだものであり、晋書の許孜伝も劉宋の人鄭緝之の東陽記（御覧五五九）を資料としているようであつて、御覧にはこの孝子伝と符合する部分を引いてはいないが、この孝子伝は東陽記或は彼の撰と隋志に見える孝子伝の記載によつたものかと思われる」（「陽明本孝子伝の性格並に清家本との関係について」、『人文研究』七―六、一九六一年）と推定する。なお『太平御覧』五五九所引鄭緝之『東陽記』は、許孜の父の墓の松を食べた鹿が「自死」する話（『晋書』では、その鹿は猛獣に殺され、猛獣が「自撲而死」したとある）となっており、また、鄭緝之『孝子伝』の現存逸文中には、許孜は見当たらない。

五　八行は、八列。このことは『晋書』に見えない（注四参照）。

六　船橋本「州県」。7魏陽、注八、また、黒田彰『孝子伝の研究』Ⅰ四参照。

七　『晋書』には、「元康中、郡察二孝廉一、不レ起、巾褐終レ身。年八十余、卒二于家一、邑人号二其居一為二孝順里一。咸康中、太守張虞上疏曰……疏奏、詔旌二表門閭一、蠲二復子孫一。其子生亦有二孝行一、図二孜像於堂一、朝夕拝焉」とある（注五参照）。「々（里）人作二碑文一立也」（『内外因縁集』）。

八　その亡骸《なきがら》を埋葬して。或いは、「収」は、牧（孜）の誤写か（『注好選』は、「収」を「許牧」に作る）。

32 魯義士

【陽明本】

魯国義士兄弟二人。少失父、以与後母居。兄弟[1]孝順、懃於供養。隣人酒酔、罵辱其母。兄弟聞之、更於慙恥。遂往殺之。官知覩死。開門不避。使到其家、問曰、誰是凶身。兄曰、吾殺。非弟。々曰、吾殺。非兄。使不能法、改還白王。々召其母、問之。母曰、咎在妾身。訓道不明、致児為罪。々在老妾。非関子也。王曰、罪法当行。母有二子。何[2]憎何愛。任[3]母所言。母曰、願殺小児。王曰、少者

[一]魯国《ろこく》の義士は兄弟二人なり。少《わか》くして父を失い、以って後母と居り。兄弟孝順にして、供養に懃《ねんご》ろなり。隣人酒に酔いて、其《そ》の母を罵《ののし》り辱しむ。兄弟之《これ》を聞き、慙恥《ざんち》を更《あら》たにす。遂に往きて之を殺す。官知りて死を[二]覩《み》せんとす。門を開きて避けず。使其の家に到り、問いて曰《い》わく、誰か是《こ》れ[三]凶身なりやと。兄曰わく、吾殺す。弟に非ずと。弟曰わく、吾殺す。兄に非ずと。使、法すること能《あた》わず、改め還《かえ》りて王に白《もう》す。王其の母を召して、之を問う。母曰わく、咎《とが》妾《しょう》が身に在り。[四]訓道不明にして、児の罪を為《な》すに致る。罪は老妾に在り。子に関わるに非ざるなりと。王曰わく、罪法当《まさ》に行うべし。母に二子有り。何《いず》れか憎み何れか愛す。母の言う所に任せんと。母

人之所重。如何殺之。母曰、小者自妾之子。大者前母之子。其父臨亡之時曰、此児小孤、任妾撫育。今不負亡夫之言。魯王聞之、仰天嘆曰、一門之中而有三賢、一室之内復有三義。即併放之。故論語云、父為子隠、子為父隠、用譬此也。

曰わく、願わくは小児を殺せと。王曰わく、少き者は人の重ずる所なり。如何《いかん》ぞ之を殺すやと。母曰わく、小なる者は自《みずか》ら妾の子なり。大なる者は前母の子なり。其の父亡に臨むの時、曰わく、此の児小にして孤なり、妾の撫育《ぶいく》に任せんと。今亡夫の言に負《そむ》かじと。魯王之を聞き、天を仰ぎて嘆じて曰わく、一門の中に三賢有り、一室の内に復《また》[五]三義有りと。即ち併せて之を放《ゆる》す。故に論語[六]に云わく、父は子のために隠し、子は父のために隠すとは、用《も》[七]って此れを譬《たと》うるなり。

【船橋本】

魯有義士。兄弟二人。幼時父母没、与後母居。兄弟懃々孝順不懈。於時隣人酔来、詈恥其母。両男聞之、往殺詈人。爰自知犯罪。開門不避、遂官使来、推鞫殺由。兄曰、吾殺。弟

魯に義士有り。兄弟二人なり。幼き時父母没し、後母と居り。兄弟懃々《きんきん》[八]として孝順懈《おこた》らず。時に隣人酔い来りて、其の母を詈《ののし》り恥ずかしむ。両男之を聞き、往きて詈る人を殺す。爰《ここ》に自ら罪を犯すを知る。門を開きて避けず、遂に官使来たり、殺せる由を推鞫《すいきく》[九]す。兄曰わく、吾殺せりと。弟曰わく、兄の

曰、不兄当、吾殺之。彼此互譲、不得決罪。使者還白王。々召其母問、依実申之。[4]母申云、過在妾身。不能孝順、令子犯罪、猶在妾。不在子咎。王曰、罪法有限、不得代罪。其子二人。斬以一人。何愛、以不孝斬。母申云、望也、殺少者。王曰、少子者汝所愛也。何故然申。母申云、少者妾子、長者前母子也。其父命終之時、語妾云、此子無母。我亦死也。孤露無帰。我死而念之不安。於時妾語其父云、妾受養此子、以莫為思。父諾、歓喜即命終也。其言不忘、所以白。王仰天歎云、一門有三賢、一室有三義哉。即皆従恩赦也。

当たるにあらず、吾之を殺すと。彼れ此れ互に譲り、罪を決するを得ず。使者還りて王に白す。王其の母を召して問う、実《まこと》に依りて之を申せと。母申して云わく、過《とが》は妾が身に在り。孝順ならしむること能わず、子をして罪を犯さしむるは、猶《なお》妾に在り。子に咎在らずと。王曰わく、罪法限り有り、罪を代わるを得ず。其の子二人あり。斬《ざん》するに一人を以ってす。何れをか愛する、不孝を以って斬せんと。母申して云わく、望むらくは、少き者を殺せと。王曰わく、[一〇]少き子は汝《なんじ》の愛する所なり。何の故に然《しか》申すやと。母申して云わく、少き者は妾が子、長ずる者は前母の子なり。其の父命終の時、妾に語りて云わく、此の子母無し。我も亦《また》死するなり。[一一]孤露にして帰するところ無し。我死すとも之を念《おも》いて安からずと。時に妾其の父に語りて云わく、妾受けて此の子を養う、以って思いを為す莫《な》かれと。父諾して、歓喜して即ち命終するなり。其の言忘れず、所以《ゆえ》に白すなりと。王天を仰ぎて歎《たん》じて云わく、一門に三賢有り、一室に三義有る哉《かな》と。即ち皆恩赦に従うなり。

【校勘】1孝、底本、頭書補入による。　2憎、底本「増」、頭書訂正による。　3母所言、底本、行間補入による。
4母、底本「世母」、「世」を衍字と見て削除。

文献資料『注好選』上65、『今昔物語集』九4、『内外因縁集』（以上、船橋本系）、『発心集』六4、『私聚百因縁集』九9、『三国伝記』一30、『沙石集』三6、『孝行集』12。

【注】

一　原話未詳。類話の『列女伝』五節義伝の「斉義継母」（『芸文類聚』二十一、『太平御覧』四二二、『温公家範』三）は、斉の宣王田辟彊の時代の出来事としている。この『列女伝』の「斉義継母」の画像としては、後漢武氏祠画象石の第二石がある。魯（山東省曲阜県）が斉と地理的に近いことや、孔子の生地であることから、魯国の出来事と混同されたものか。「斉義継母」は、以下のような話である。斉の宣王の時代、山東に一人の後妻があり、前妻の子と実子の母であった。ある時道端に殺された者があったので、役人が死体の傍らにいた兄弟を取り調べた。兄弟は互いに罪を庇《かば》い合い、役人は判決を下すことが出来ない。役人は宰相に上訴したが宰相も裁けず、遂に宣王の裁断を仰いだ。王は、母こそが子の善悪を良く知っていようとして、母を召して、いずれの子を処刑すべきか糺《ただ》せと命じた。宰相は母を召喚して尋問した所、実子である弟を処刑することを乞い、その理由として亡夫の信頼に背くことが出来ない旨を泣いて訴えた。宰相がこの由を宣王に奏上した所、王はこの継母の志に感じて兄弟を許し、母を義母として表彰したという。類似したものとして、同じく『列女伝』五の魯義姑姉、梁節姑姉などの話がある。

二　覿は、「武不レ可レ覿、文不レ可レ匿。覿レ武無レ烈、匿レ文不レ昭」（『国語』周語中）とあるように、顕示すること。ここでは、犯罪を予防するための見せしめとして死刑を見せるの意。

三　凶身は、ここでは下手人の意。

四　訓道は、訓導と同義で、教え導く意。律令語。

五　次話以降も、孝子と後母との間に展開する孝の諸相を語るが、本話は、異腹の兄弟が母の復讐をする孝である。母が亡夫の遺言を守り、実子を犠牲にして継子を助けようとする。異腹の兄弟同士、義母と継子、亡夫と後家の間で互いに義を貫こうとしているので、三義と言う。因みに、我が国の説話では、この三義の意味が失われ、兄弟を「義士遇赦」（『注好選』）、「義士三賢事」（『内外因縁集』）と義士と規定している。また、『発心集』の「母子三人の賢者衆罪を遁るる事」は、国籍不明の話であるが、末尾に、「之は晋の三賢と云ふ物語に似たり」とあり、『三国伝記』の「母子三人賢人事」に至っては、「和云」として本朝の話としている。

六　『論語』子路の、「葉公語二孔子一曰、吾党之直者異二於是一。父為レ子隠、子為レ父隠」を踏まえる。これに関連して、桑原隲蔵『中国の孝道』（講談社学術文庫、一九七七年）に、「儒教は孝悌を中心とした親々主義を、その教義の基礎としている。従って父子兄弟間の容隠は、人情当然のことと認める。『論語』（子路第十三）を見ると、直躬といふ者が、その父が他人の羊を攘《ぬす》んだ内事を、官憲に訴え出たことを、孔子は人情に背ける行為と非難して、「父は子のために隠し、子は父のために隠して、直《なお》きことその中にあり」（父為レ子隠、子為レ父隠。直在二其中一矣）と申されて居る。同一の事件が『韓非子』（五蠹篇）にも見えるが、ここでは韓非はこの直躬の行為を、公直無私と推奨して居る。この孔子と韓非との見解の相違は、儒家と法家との各自の立場の相違より来る当然の帰結と断ぜねばならぬ。儒家は親々主義を執り、人情を出発点とするに対して、法家は非親々主義を執り、法の前には一切の人情を斥けるからである」と説き、儒家と法家の立場の相違点を明らかにしている。本話においてもまた、法と人情の相克があり、儒家の論理で罪を赦されるのである。唐律では親の罪を訴えることが八虐の一つとされ、『論語』の主旨に基づいた明文化がなされている。

七　この話で以って『論語』のこの語を喩えたのだの意。

八　懃懃は、ねんごろなさま。

九　鞫は、罪を責め糺す意で、推鞫は、罪を調べることをいう。律令語。

一〇　類話『列女伝』「斉義継母」にも、「夫、少子者、人之所㆑愛也」の言葉がある。

一一　孤露は、14宋勝之、注九参照。

33 閔子騫

【陽明本】

閔子騫魯人也。事後々母々无道、子騫事之无有怨色。時子騫、為父御失轡。父乃怪之、仍使後母子御車。父罵之、騫終不自現。父後悟、仍持[1]其手、々冷。看衣々薄、不如晩子純衣新綿。父乃凄愴、因欲追其後母。騫涕泣、諫曰、母在一子単、去二子[2]寒。[3]父遂止。母亦悔也。故論語云、孝哉、閔子騫、人[4]不得間[5]於其母又昆弟之言。此之謂也。孔子飲酒有少過。而欲改之。騫曰、酒者礼也。君子飲酒通顔

[一]閔子騫《びんしけん》は魯《ろ》の人なり。[二]後母に事《つか》う。後母[三]无道《むどう》たるも、子騫之《これ》に事えて怨色有ること无《な》し。時に子騫、父の[四]御と為《な》りて[五]轡《たづな》を失う。父乃《すなわ》ち之を怪しみて、仍《よ》りて[六]後母の子をして車を御せしむ。父之を罵《ののし》るも、騫終に[七]自ら現わさず。父後に悟りて、仍りて[八]其《そ》の手を持つに、手冷たし。衣を看るに[九]衣薄く、[一〇]晩子の[一一]純衣新綿の如からず。父乃ち[一三]凄愴《せいそう》として、因《よ》りて其の後母を追わんと欲す。騫[一二]涕泣《ていきゅう》して、諫《いさ》めて曰《い》わく、[一四]母在らば一子単《ひとえ》なり、去らば二子寒しと。[一五]父遂に止む。母も亦《また》悔ゆるなり。[一六]故に論語に云わく、孝なる哉《かな》、閔子騫、人其の母又た昆弟の言を間《そし》るを得ずと。此の謂《いい》なり。[一七]孔子飲酒して少過有り。而《しこう》して之を改めんと欲す。騫曰わく、酒は礼なり。君子は飲酒

色、小人飲酒益気力。如何改之。孔子曰、善哉。将如[6]子之言也。

して[六]顔色を通じ、小人は飲酒して気力を益す。如何《いか》でか之を改めんやと。孔子曰わく、善き哉。将《まさ》に子の言の如きなりと。

【船橋本】

閔子騫魯人也。事後母蒸々。其母無道悪騫。然而無怨色。於時父載車出行。子騫御車、数落其轡。父怪執騫手[7]。寒如凝氷。已知衣薄。父大慱[8]々、欲逐[9]後母。騫涕諫曰、母有一子苦[10]、母去者二子寒也。父遂留之。母無怨心也。

閔子騫は魯の人なり。後母に事えて蒸[一九]々たり。其の母無道にして騫を悪《にく》む。然《しか》而れども怨色無し。時に父車に載りて出行す。子騫車を御し、[二〇]数《しばしば》其の轡を落とす。父怪しみて騫が手を執る。寒きこと凝氷の如し。已《すで》に衣の薄きを知る。父大いに[二一]慱々《たんたん》として、後母を逐わんと欲す。騫涕《な》きて諫めて曰わく、母有らば一子苦し、母去らば二子寒きなりと。父遂に之を留む。母怨心無きなり。

【校勘】 1持、底本「投」、『類説』所引『韓詩外伝』により改める。 2寒、底本「騫」、意により改める。 3父、底本「又」、意により改める。 4不、底本無、『論語』により補う。 5於、底本「於是」、『論語』により「是」を衍字と見て削除。 6如、底本「如下」、「下」を衍字と見て削除。 7手、底本無、意により補う。 8慱、底本「博」、意により改める。 9逐、底本「遂」を上からなぞって訂正。 10苦、底本「若」、意により改める。

文献資料『韓詩外伝』(『類説』。今本『韓詩外伝』には見えない)、『説苑』(『芸文類聚』二十。今本『説苑』には見えない)、師覚授『孝子伝』(『太平御覧』四一三)、逸名『孝子伝』(『太平御覧』三十四、『太平御覧』八一九)、『蒙求』296注、敦煌本『励忠節鈔』、敦煌本『事森』、『事文類聚後集』五(『太平御覧』八一九所引逸名『孝子伝』に拠るか)、明曲『蘆花記』、二十四孝系(詩選5〈草子5〉、日記故事4、孝行録5)等。

『三綱行実』一。

『注好選』上47、『沙石集』三下、『内外因縁集』、『類雑集』五29(『孝行録』を引く)、昔話「継子いじめ」(『日本昔話通観』10新潟、むかし語り185)。

図像資料 **1**後漢武氏祠画象石(「子騫後母弟、子騫父」「閔子騫与仮母居、愛有偏移、子騫衣寒、御車失棰」)、**2**開封白沙鎮出土後漢画象石(「後母身」「敏子閔父」「敏子閔」「後母子御」「子関車馬」)、**6**ミネアポリス美術館蔵北魏石棺(「孝子閔子騫」)、**12**和林格爾後漢壁画墓(「蹇父」「閔子蹇」)、**21**村上英二氏蔵後漢孝子伝図画象鏡(「閔騫父」)。

【注】

一 閔子騫は、戦国時代の魯の人、孔子の高弟の一人。名は損、字は子騫。『史記』仲尼弟子列伝に「閔損、字子騫〈鄭玄曰、孔子弟子目録云、魯人〉少㆓孔子㆒十五歳」、『孔子家語』七十二にも「閔損、魯人、字子騫。少㆓孔子㆒十五歳、以㆓徳行㆒著㆑名、孔子称㆓其孝㆒焉」とある。晩年、魯を去って斉に行く(『論語』雍也)。現在、山東省済南市などに子騫の墓と称する遺跡が存する。

二　この箇所の前に、『類説』所引『韓詩外伝』、『芸文類聚』所引『説苑』は、「早失レ母」などと、実母の死を記す資料がある。また、『類説』所引『韓詩外伝』には、「父更娶」、『芸文類聚』所引『説苑』に、「其父更娶、復有二二子一」、敦煌本『励忠節鈔』には、「父更娶二後妻一、又生二一子一」、敦煌本『事森』では、「父取二後妻一、生二二子一」、古注『蒙求』に、「史記、閔損、字子騫。早喪レ母。父娶二後妻一生二二字（子）一」と、父の再婚や後母の産んだ子の数が記されているが、『励忠節鈔』に、「生二一子一」とあるのは、両孝子伝と一致する（師覚授『孝子伝』も、後に「若遣レ母有二二寒子一也」とあり〈注一三参照〉、後母の生んだのは両孝子伝と同じく一人と知られる）。『注好選』には、「父娶二後妻一。時於母生二二子」とある。因みに、『孝行録』や『全相二十四孝詩選』等の二十四孝系では、二子を産んだとするのが、一般である。子騫が後母に虐げられても、怨色が無かったとする記事は、船橋本にも見えるが、ほかには、師覚授『孝子伝』に、「後母遇レ之甚酷。損事レ之彌謹」と見える程度で、ここも陽明本、船橋本の繋がりの強さを示す。

三　「无（無）道」は、船橋本にも見える。正道を行わず、邪《よこしま》なこと。後母のこうした性格について言及したものには、師覚授『孝子伝』の、「後母遇レ之甚酷」、『太平御覧』八一九所引『孝子伝』の、「閔子騫幼時為二後母一所レ苦」などがあるが、「無道」とするのは、両孝子伝のみ。

四　御は、御者。「父の為めに御して」とも訓める。

五　船橋本では、「落二其轡一」と記される。この箇所、諸資料で大きく二つに傾向が分かれ、「失レ轡」とするものには、『類説』所引『韓詩外伝』、『芸文類聚』所引『説苑』、師覚授『孝子伝』、敦煌本『励忠節抄』があり、これに対して、「失レ紖（靷）」とするものが、『太平御覧』三十四所引『孝子伝』、『太平御覧』八一九所引『孝子伝』、古注『蒙求』、敦煌本『事森』（「失㆓韁靷㆒」）、草子を除く二十四孝系資料である。なお、『注好選』では、子騫が直接手から落とした（失）とはしないものの、「後母蔵㆓牛紖㆒」とあり、後者の資料との繋がりを予想させる。

六　後漢武氏祠画象石、開封白沙鎮出土後漢画象石には、共に轡を失い馬車から落ちて父に介抱される閔子騫と、代わりに轡を取る継母の子が描かれ、白沙鎮出土後漢画象石の榜題には「後母子御」とある。現存資料で後母の子が轡を取ることを記すのは、陽明本と師覚授『孝子伝』のみで、漢代の孝子伝を反映している。なお山川誠治「曾参と閔損―村上英二氏蔵漢代孝子伝図画像鏡について―」（『佛教大学大学院紀要』31、二〇〇三年）参照。

七　子騫が父に責められても言い訳をしなかったことについては、船橋本には見えないが、師覚授『孝子伝』に、「損黙然而已」、古注『蒙求』に、「騫不㆓自理㆒」、敦煌本『事森』にも、「騫終不㆓自理㆒」と見え、陽明本のこの箇所が、古注『蒙求』や敦煌本『事森』に通じるものであることが分かる。「現」も、或いは、元は「理」（ことわる、ただすの意）とあったものかもしれない。

八　船橋本では、「執㆓騫（手）㆒」とある。『類説』所引『韓詩外伝』、『芸文類聚』所引『説苑』、敦煌本『励忠節鈔』には、「父持㆓其手㆒」、敦煌本『事森』には、「父以㆑手撫㆑之」とあり、陽明本はこれらと共通する。また、陽明本の「手冷」や、船橋本の「寒如㆓凝氷㆒」のように、「手の冷たさ」をはっきり記すのは、両孝子伝の特色。因みに、『太平御覧』所引の師覚授『孝子伝』や逸名『孝子伝』では、父が閔子騫の手を取ってから後母の仕打ちに気付くというモチーフはなく、後に後母が継子と実子の衣に差をつけていたことを知ったとする。

九　この箇所、船橋本も、「衣薄」とある。他の資料では、敦煌本『事森』に、「衣甚薄」、敦煌本『励忠節鈔』に、「衣甚単薄」、『類説』所引『韓詩外伝』、『芸文類聚』所引『説苑』に、「衣甚単」と見える。『太平御覧』所引の逸名『孝子伝』、古注『蒙求』、敦煌本『事森』では、子騫に「蘆花」（蘆の絮《わた》、綿の代用品）を着せていたとあり、この「蘆花」が明曲『蘆花記』の題名に繋がっていく。

一〇　晩子は、継母の子の意か。元代小説に、継母を晩母と呼んだ例が見える。或いは、末っ子の意で、結果として継母の子を指すか。

一一　純衣は、本来『儀礼』士冠礼に見える士の祭服のことで、鄭玄注に「純衣、糸衣也」とある。但し、ここでは、汚れていないきれいな服といった意で用いられているか。また、継母が子に綿の衣を着せていたと記すものとしては、敦煌本『事森』に、「後妻二子、純衣以レ綿」とあるのが、ここと近く注意される。他に、師覚授『孝子伝』に、「其子則綿纊重厚」、『古注蒙求』に、「所レ生子、以二綿絮一衣レ之」、敦煌本『事森』に、「所レ生親子、衣加二綿絮一」などと見える。その他の資料では、『芸文類聚』所引『説苑』に、「衣甚厚温」とある。

一二　凄愴は、悲しみ嘆くことがすさまじい様。船橋本でも、「父大慱々」（注二一参照）とあり、共に父の精神的衝撃が大きかったことが記される。他の資料で真相を知った父の様子を描写しているものとしては、敦煌本『励忠節鈔』に、「責レ之曰」、敦煌本『事森』の、「父乃悲歎」が見える程度である。

一三　子騫が「泣いて」父を諫めたという記述は、船橋本にも、「騫涕諫曰」とあるほか、古注『蒙求』に、「騫跪泣白レ父曰」、敦煌本『励忠節鈔』に、「騫乃於二父前一泣悲曰」、敦煌本『事森』に、「子騫雨涙前白レ父曰」、『注好選』に、「時閔騫泣曰」と見える。

一四　子騫の諫言は、資料により微妙に異同がある。船橋本では、「母有一子苦、母去者二子寒」とあり、敦煌本『励忠節鈔』では、「母在一子単、母去二子寒」とあって、陽明本と非常に近い。師覚授『孝子伝』に、「大人有二一寒子一、猶尚垂レ心。若遣レ母有二二寒子一也」とあるのも、両孝子伝と同じく自分と後母の子の二人が残されるとする。また、『類説』所引『韓詩外伝』、『太平御覧』三十四所引逸名『孝子伝』、『太平御覧』八一九所引逸名『孝子伝』、古注『蒙求』、敦煌本『事森』では、「母在一子単、母去三子寒」とある（『御覧』三十四所引逸名『孝子伝』は「単」を「寒」、古注『蒙求』は「寒」を「単」に作る）。『芸文類聚』所引『説苑』では、「母在一子単、母去四子寒」とするが、これは、冒頭に、「閔子騫兄弟二人」と、子騫に実の兄弟がもう一人いたと記されていることと関わる。また、『注好選』には、「母在㆓一子㆒、又在㆓二子㆒。若母去、三子寒死、大人思㆑之」とあり、師覚授『孝子伝』と同じく、父に対して、大人の語が用いられているのは注意される。

一五　子騫の諫言後の父と母の行動を記した文献には、①両孝子伝のように、父と母の両方の行動を記すもの、②『類説』所引『韓詩外伝』のように、父のみの行動を記すものとに分かれる。①には、陽明本「父遂止、母亦悔也」、船橋本「父遂留之、母無㆓怨心㆒」、古注『蒙求』「父善㆑之而止。母悔改之後、三子均平、遂成㆓慈母㆒也」、敦煌本『事森』「父慚而止、後母悔過。遂以㆓三子㆒均平、衣食如㆑一」など、②には、『類説』所引『韓詩外伝』「父曰孝哉」、『芸文類聚』所引『説苑』「其父黙然」、師覚授『孝子伝』「父感㆓其言㆒、乃止」、『太平御覧』八一九所引『孝子伝』「父遂止」、敦煌本『励忠節鈔』「父遂不㆑遣」などがある。

一六　『論語』先進に、「孝哉閔子騫、人不㆑間㆓於其父母昆弟之言㆒」とあるのに基づく。『白氏六帖』八にも、「孝哉〈閔子騫〉」とある。

一七　以下の話、出典未詳。

一八　顔色を通ずは、顔色を良くする意か。『楽府詩集』四十七、古楽府「聖郎曲」に、「酒無㆓沙糖味㆒、為㆑他通㆓顔色㆒」とある。

一九　蒸々については、2董永、注六参照。

二〇　数は、しばしばと訓ずる。敦煌本『事森』に、「数失㆓韁紖㆒」と、「数」が用いられていることが注意される。

二　慱は、底本「慱」とするが、「慱」は、「博」の俗字で「博々」では意が通じ難い。また、船橋本『孝子伝』の京都大学図書館刊本（一九五九年）釈文は、「慱」を「慎」の誤とし、「父大いに慎り、慎りて後母を逐はんとす」と訓むが、「慎」には、「いかる、いきどおる」の義はなく、存疑。ここは、『毛詩』檜風「素冠」に、「庶見二素冠一兮、棘人欒欒一兮、労心慱慱兮」と見える、「慱慱」の誤りと見て改める。慱慱は、毛伝に「慱慱、憂労也」とあり、憂え苦しむ様。なお、「素冠」の詩は、朱子までの解釈では、親を失って三年の喪に服することを人々がしなくなったことを風刺した詩で、慱慱は、親を失って三年の喪を終えた子のやつれた様、或いは、正三年の喪を行ってやせ衰えた人を見たいものだと嘆く人の憂える様とされ、孝との関連がある詩の用語であることが注意される。また、同詩の毛伝には、「子夏三年之喪畢、見二於夫子一。援レ琴而絃、衎衎而楽、作而曰、先王制レ礼、不三敢不二レ及。夫子曰、君子也。閔子騫三年之喪畢、見二於夫子一。援レ琴而絃、切切而哀、作而曰、先王制レ礼、不二敢過一。夫子曰、君子也。子路曰、敢問何謂也。夫子曰、子夏哀已尽、能引而致レ礼、故曰二君子一也。閔子騫哀未レ尽、能自割以レ礼、故曰二君子一也」と、閔子騫の喪に関する孝が記されていることも、見逃せない。

34 蒋詡

【陽明本】

蒋詡、字券卿、与後母居。孝敬蒸々、未嘗有懈。後母无道憎詡、[1]々日深孝敬之。父亡葬送。留詡置墓所。詡為乃草舎以哭其父。又多栽松柏、用作陰涼。郷人嘗往来、車馬不絶。後母嫉之更甚。乃密以毒薬飲詡。々食之不死。又欲持刀殺之。詡夜夢驚起曰、有人殺我。乃避眠処。母果持刀[2]斫之、乃著空地。母後悔悟、退而責歎曰、此子天所生。如何欲害。是吾之罪。便欲自殺。詡曰、為孝不致。不令致、

[一]蒋詡《しょうく》、字《あざな》は券卿《けんけい》、後母と居り。孝敬蒸々として、未だ嘗《かつ》て懈《おこた》ること有らず。後母[二]无道《むどう》にして詡を憎むも、詡日《ひび》深く之《これ》を孝敬す。父亡じて葬送す。詡を留めて墓所に置く。詡為めに乃《すなわ》ち草舎にして以って其《そ》の父を哭《こく》す。又多く[三]松柏《しょうはく》を栽え、用《も》って陰涼を作《な》す。郷人嘗《つね》に往来し、車馬絶えず。後母之を嫉《ねた》むこと更に甚し。乃ち密かに毒薬を以って詡に飲ましむ。詡之を食するも死せず。又刀を持って之を殺さんと欲す。詡夜夢みて驚き起《た》ちて曰《い》わく、人の我を殺さんとすること有りと。乃ち眠る処を避く。母果たして刀を持って之を斫《き》る。乃ち空地に著く。母後に悔悟して、退きて責めて歎《たん》じて曰わく、此の子は天の生む所なり。如何《いかん》ぞ害せんと欲せしや。是《こ》れ吾が罪なり

母恐罪猶子也。母子便相謝遜、因遂和睦。乃居貧舎、不復出入也。

と。便《すなわ》ち自殺せんと欲す。詡曰わく、孝[四]を為《な》して致らず。致らしめざれば、母恐らくは猶《なお》子を罪せしなりと。母子便ち相謝遜《しやそん》し、因りて遂に和睦す。乃ち貧舎に居りて、復《また》[五]出入せざるなり。

【船橋本】

蔣章訓、字元卿、与後母居。孝敬烝々、未嘗有緩。後母無道、恒訓為憎。訓悉之、父墓辺造草舎居。多栽松柏。其蔭茂盛。郷里之人為休息、往還車馬亦為息所。於是、後母嫉妬甚於前。時以毒入酒、将来令飲訓。飲不死。或夜、持刀欲殺。訓驚不害。如之数度、遂不得害。爰後母歎曰、是有天[3]護。吾欲加害、此吾過也。便欲自殺。

蔣章訓、字は元卿、後母と居り。孝敬烝々《じようじよう》として、未だ嘗て緩《ゆるが》せにすること有らず。後母無道にして、恒に訓を憎しと為す。訓、之を悉《し》[六]り、父の墓辺に草舎を造りて居り。多く松柏を栽う。其の蔭《かげ》茂り盛んなり。郷里の人休息を為し、往還の車馬も亦《また》息《いこ》う所と為す。是《ここ》に於《お》いて、後母嫉妬すること前よりも甚だし。時に毒を以って酒に入れ、将《も》ち来りて訓に飲ましむ。飲むも死せず。或《あ》る夜、刀を持って殺さんと欲す。訓驚きて害せられず。之《かく》の如きこと数度、遂に害することを得ず。爰《ここ》に後母歎じて曰わく、是《こ》れ天の護り有り。吾害を加

訓諫不已。還後母懐仁㆒、遂為母子之
義也云云。

えんと欲するは、此れ吾が過ちなりと。便ち自殺せんと欲す。
訓諫めて已《や》まず。還《また》後母仁を懐き、遂に母子の義を為すなり
と云[七]々。

【校勘】 1々、底本は「日」の下に書き、符号を付して訂する。 2刀、底本「力」、見せ消ちして「刀」と頭書。
3天、底本補入による。

文献資料『東漢観記』二十一。

【注】

一 本話は、『東観漢記』に、「蒋翊字元卿。後母憎㆑之、伺㆓翊寝㆒、操㆑斧斫㆑之、値㆓翊如㆑厠」と見えるが、甚だ簡単である。両孝子伝の後半部の、寝入った蒋翊を殺そうとしたという話だけが書かれているが、それも幾つかの点で相違がある。『東観漢記』の、蒋翊はちょうど便所に行っていたので、難を免れたということは孝子伝にはなく、夢の中で危難を感じ取ったとなっている。なお、蒋翊は一般には、『蒙求』の「蒋詡三逕」の故事によって、隠逸の人とされるが、その原型は、『漢書』七十二で、「杜陵蒋詡元卿、為㆓兗州刺史㆒、亦以㆓廉直㆒為㆑名。王莽居㆑摂、（郭）欽詡皆以㆑病免㆑官。帰㆓郷里㆒、臥不㆑出㆑戸、卒㆓於家㆒」とある。

二 33閔子騫、注三参照。

三 墓辺に松柏を植えることについては、31許孜、注三参照。

四　私は母のために十分に孝を尽くさなかった、それで母はまま子の私を罰しようとしたのだろうの意。猶子は、『論語』先進の、「回也視レ予猶レ父也。予不レ得二視猶一レ子」に基づき、実の子同様の者。義理の子。

五　その家を離れることはなかったの意。注一に引いた『漢書』の伝に、文脈は異なるが、「臥不レ出レ戸」とある。

六　悉は、すっかり知ってしまうの意。

七　44眉間尺、注三三参照。

35 伯奇

【陽明本】

伯奇者周丞相伊尹吉甫之子也。為人慈孝。而後母生一男、仍憎嫉伯奇。乃取毒蛇納瓶中、呼伯奇、将殺小児戯。少児畏蛇、便大驚叫。母語吉甫曰、伯奇常欲殺我小児。君若不信、試往其所看之。果見之、伯奇在瓶蛇焉。又讒言、伯奇乃欲非法於我。父云、吾子為人慈孝、豈有如此事乎。母曰、君若不信、令伯奇向後園取菜、君可密窺之。母先賷蜂置衣袖中。母至伯奇辺白、蜂螫我。即倒地、令伯

伯奇は周の丞相[一]伊尹吉甫の子なり。人と為《な》り慈孝なり。而《しこう》して[二]後母一男を生み、仍《よ》りて伯奇を憎み嫉《ねた》む。乃《すなわ》ち毒蛇を取りて瓶中に納《い》れ、伯奇を呼びて、[三]将《まさ》に小児を殺さんと戯る。少児蛇を畏《おそ》れ、便《すなわ》ち大いに驚き叫ぶ。母吉甫に語りて曰《い》わく、伯奇常に我が小児を殺さむと欲す。君若し信ぜざれば、試みに其《そ》の所に往きて之《これ》を看よと。果たして之を見るに、伯奇、瓶の蛇在り。又讒言《ざんげん》すらく、伯奇乃ち我に非法をせんと欲すと。[四]父云わく、吾が子、人と為り慈孝、豈《あに》此《か》くの如き事有らむやと。母曰わく、君若し信ぜざれば、伯奇をして後園に向かい菜を取らしめ、君密かに之を窺《うかが》うべしと。母先ず蜂《はち》を賷《も》ちて衣の袖の中に置く。[五]母、伯奇の辺りに至りて白《もう》さく、蜂

奇為除。奇即低頭捨之。母即還白吉甫、君伺見否。父因信之、乃呼伯奇曰、為汝父、上不慙天、娶後母如此。伯奇聞之、嘿然无気。因欲自殞。有人勧之、乃奔他国。父後審定、知母奸詐、即以素車白馬追伯奇、至津所向、曰津吏曰、向見童子赤白美皃、至津所不。吏曰、童子、向者而度至河中、仰天歎曰、飄風[1]起兮吹素衣、遭世乱兮无所帰、心鬱結兮屈不申、為蜂厄即滅我身。歌訖乃投水而死。父聞之、遂悲泣曰、吾子[2]枉哉。即於河上祭之、有飛鳥来。父曰、若是我子伯奇者、入吾懐。鳥即飛上其手、入懐中従袖出。父之曰、是伯奇者、

我を螫《さ》すと。即ち地に倒れ、伯奇をして除くことを為さしむ。奇即ち頭を低くして之を捨つ。母即ち還《かえ》りて吉甫に白さく、君伺い見るや否やと。父因りて之を信じ、乃ち伯奇を呼びて曰わく、汝《なんじ》の父の為め、上天《かみ》に慙《は》じず、[六]後母を娶《めと》ること此くの如しと。伯奇之を聞き、嘿然《もくぜん》として気無し。因りて自ら殞《そん》ぜんと欲す。人有り之に勧め、乃ち他国に奔《はし》らしむ。父後に審定し、母の奸詐《かんさ》を知り、即ち[七]素車、白馬を以って伯奇を追い、津《わたし》の所に至り向かい、津の吏に[八]曰いて曰わく、向《さき》に童子の[九]赤白美皃《びぼう》なる、津の所に至るを見るやいなやと。吏曰わく、童子、向者《さき》にして度《わた》りて河中に至り、天を仰ぎて歎《たん》じて曰わく、飄風《ひょうふう》起こり素衣を吹く、世の乱れに遭いて帰する所無し、心鬱結《うつけつ》し屈して申《の》びず、蜂の厄の為め即ち我が身を滅ぼすと。[一〇]歌い訖《わ》わり乃ち水に投じて死すと。父之を聞き、遂に悲泣して曰わく、吾が子[一一]枉《ま》げらるるかなと。即ち河の上《ほとり》に之を祭るに、飛鳥有りて来たる。父曰わく、若し是《こ》れ我が子伯

当上吾車[3]、随吾還也。烏即上車、随還到家。母便出迎曰、向見君車、上有悪鳥。何不射殺之。父即張弓取矢、便射其後母、中腹而死。父罵曰、誰殺我子乎。烏即飛上後母頭啄其目。今世鵄梟是也。一名⿰木鳥⿰勞鳥。其生児還食母。詩云、知我者、謂我心憂。不知我者、謂我何求。悠々蒼天[4]、此何[5]人哉。此之謂也。其弟名西奇。

奇ならば、吾が懐に入れと。烏即ち其の手に飛び上り、懐中に入りて袖より出ず。父の曰わく、是れ伯奇ならば、当《まさ》に吾が車に上り、吾に随いて還るべきなりと。烏即ち車に上り、随いて家に還り到る。母便ち出で迎えて曰わく、向に君が車を見るに、上に悪鳥有り。何ぞ之を射殺さざると。父即ち弓を張り矢を取り、便ち其の後母を射るに、腹に中《あ》たりて死す。父罵《ののし》りて曰わく、誰か我が子を殺さむやと。烏即ち後母の頭に飛び上り、其の目を啄《ついば》む。今の世の鵄梟《しきよう》[一二]是れなり。一名は⿰木鳥⿰勞鳥[一三]。其の生める児、還りて母を食らう。詩[一四]に云わく、我を知る者は、我が心憂うと謂《い》う。我れを知らざる者は、我何をか求むと謂う。悠々たる蒼天《そうてん》、此れ何人ぞやと。此れは之を謂うなり。其の弟、名は西奇[一五]なり。

【船橋本】

伯奇者周丞相尹吉甫之子也。為人孝

伯奇は周の丞相尹吉甫の子なり。人と為り孝慈、未だ嘗《かつ》て悪

慈、未嘗有悪。於時後母生一男、始而憎伯奇。或取蛇入瓶、令賫伯奇、遣小児所。小児見之、畏怖泣叫。後母語父曰、伯奇常欲殺吾子。若君不知乎。往見畏物。父見瓶中、果而有蛇。父曰、吾子為人一無悪。豈有之哉。母曰、若不信者、妾与伯奇、往後[6]園採菜。君窺可見。於時母密取蜂[7]、置袖中至園。乃母倒地云、吾懐入蜂。伯奇走寄、探懐掃蜂。於時母還問、君見以不[8]。父曰、信之。父召伯奇曰、汝我子也。上恐乎天、下恥乎地。何汝犯後母耶[9]。伯奇聞之、五内無主[10]。既而知之後母讒謀也。雖諍難信。不如自殺。有人誨云、無罪徒死、不若

有らず。時に後母一男を生み、始めて伯奇を憎む。或いは蛇を取りて瓶に入れ、伯奇に賫たしめ、小児の所に遣わす。小児之を見て、畏怖《いふ》して泣き叫ぶ。後母父に語りて曰わく、伯奇常に吾が子を殺さむと欲す。若し君知らずや。往きて畏ろしき物を見よと。父瓶中を見るに、果たして蛇有り。父曰わく、吾が子、人と為り一も悪無し。豈之有らむやと。母曰わく、若し信ぜざれば、妾《しょう》と伯奇と、後園に往き菜を採らむ。君窺いて見る可しと。時に母密〔六〕かに蜂を取り、袖の中に置き園に至る。乃ち母地に倒れて云わく、吾が懐に蜂入ると。伯奇走り寄り、懐を探りて蜂を掃う。時に母還りて問う、君見るやいなやと。父曰わく、之を信ずと。父伯奇を召して曰わく、汝は我が子なり。上天を恐れ、下地に恥ず。何ぞ汝、後母を犯すやと。伯奇之を聞き、五〔七〕内主無し。既にして之後母の讒謀なるを知るなり。諍《あらそ》うと雖も信ぜられ難し。如《し》かじ自殺せんにはと。人有り誨《おし》えて云わく、罪無くして徒《いたず》らに死さ

逃奔他国。伯奇遂逃。於時父知後母之讒、馳車逐[11]行至河津、問津史。々曰、可愛童子、渡至河中、仰天嘆曰、我不計之外、忽遭蜂難、離家浮蕩、無所帰。心不知所向。謌已即身投河中、没死也。父聞之、悶絶悲痛無限。介乃曰、吾子伯奇、含怨投身、嗟々焉、悔々哉。於時飛鳥来至吉甫之前。甫曰、我子若化鳥歟。若有然者、当入我懐。鳥即居甫手、亦入其懐、従袖[12]出也。又父曰、吾子伯奇之化、而居吾車上、順吾還家。鳥居車上、還到於家。後母出見曰、噫悪鳥也。何不射殺。父張弓射、箭不中鳥、当後母腹、忽然死亡。鳥則居其頭、啄[13]穿

んより、若《し》かじ他国に逃げ奔らむにはと。伯奇遂に逃ぐ。時に父、後母の讒なるを知り、車を馳《は》せて逐い行き河の津に至り、津の[一六]史《つかさ》に問う。史曰わく、可愛《いとし》き童子、渡りて河中に至り、天を仰いで嘆じて曰わく、我れ計らざるの外、忽《たちま》ちに蜂の難に遭いて、家を離れて浮蕩《ふとう》し、帰する所無し。心の向かう所を知らずと。謌《うた》い已《お》わりて即ち身を河中に投じ、没死するなりと。父之を聞き、悶絶《もんぜつ》悲痛すること限り無し。介乃《すなわち》曰わく、吾が子伯奇、怨《うら》みを含みて身を投ぐ、嗟々《なげ》かわしきかな、悔々《くや》しきかなと。時に飛鳥来たりて吉甫の前に至る。甫曰わく、我が子若し鳥に化するか。若し然《しか》有らば、当に我が懐に入るべしと。鳥即ち甫の手に居り、亦《また》其の懐に入り、袖より出ずるなり。又父曰わく、吾が子伯奇の化せらば、吾が車の上に居り、吾に順いて家に還れと。鳥、車の上に居り、還りて家に到る。後母出で見て曰わく、噫《ああ》、悪鳥なり。何ぞ射殺さざると。父、弓を張りて射るに、箭《や》、鳥に中たらず、

面目、尒乃高飛也。死而報敵、所謂飛鳥是也。鶵而不眷養母、長而還食母也。

後母の腹に当たりて、忽然《こつぜん》として死亡す。鳥則ち其の頭に居て、面、目を啄み穿《え》り、尒乃《すなわち》高く飛ぶなり。死して敵に報ず、所謂《いわゆる》飛鳥是れなり。鶵《ひな》にして母に眷養《けんよう》せられず、長じて還りて母を食らうなり。

【校勘】1兮、底本「号」、意により改める。以下同じ。2扛、底本「狂」、意により改める。3吾、底本「五」、意により改める。4蒼、底本「倉」、『毛詩』により改める。5此、底本「如」、『毛詩』により改める。6後、底本「収」、陽明本により改める。7密、底本「蜜」、意により改める。8不、底本「乎」、意により改める。9耶、底本「砌」、意により改める。10主、底本「至」、『注好選』により改める。11逐、底本「遂」、意により改める。12袖、底本「甫」、意により改める。13啄、底本「喙」、意により改める。

文献資料 『説苑』（向宗魯『説苑校証』本、『世俗諺文』）、『列女伝』（『太平御覧』九五〇、蜂、『事類賦』三〇、蜂、『事文類聚後集』五、『韻府群玉』一、『太平記鈔』、『碧山日録』応仁二年三月二十二日条）、『琴清英』（『水経注』三十三江水注）、『琴操』（孫星衍輯校本。醍醐寺本『白氏新楽府略意』下、真福寺本『白氏新楽府略意』七にも）、『古列女伝』七7、『漢書』五十三、六十三、七十七、七十九、荀悦『前漢紀』十五、『焦氏易林』一・五、三・三十七、四・五十五、四・五十六、四・六十一、『後漢書』十五、九十一、曹植「令禽悪鳥」（『芸文類聚』二十四）、同「貪悪鳥論」（『太平御覧』九二三、『太平広記』四六二）、『嵆中散集』五、『世説新語』言語篇、『顔氏家訓』一、『孔子家語』

九、『抱朴子』内篇二、外篇十六、『魏書』十九中、『群書治要』十九、釈彦琮「通極論」（『広弘明集』四）、『史通』十八、『兼名苑』（『塵袋』三、『塵添壒嚢鈔』八）、『白氏文集』新楽府、天可度、『元和姓纂』二、『酉陽雑俎』十六、『楽府詩集』五十七、琴曲歌辞一、『孝子伝』（西夏本『類林』二、『類林雑説』一1）、敦煌本『北堂書鈔体甲』、同『古賢集』、『太平寰宇記』八十八、剣南東道瀘州瀘川県、『韻府群玉』一、三、五、六、十等。『輔仁本草』下、『注好選』上66、『今昔物語集』九20、『内外因縁集』（以上、三書、船橋本系）、『金玉要集』二。流布本系『仲文章』吏民篇、『日蓮遺文』上野殿御返事、西源院本『太平記』十二、『玉塵』五、四十五、『語園』上（「事文」）、『新語園』七18（「太平広記」）、23（「劉向列女伝、曹植悪鳥論」）、『本朝二十不孝』四3、昔話「継子と王位」（『日本昔話通観』二十六沖縄、むかし語り333。また、南島昔話叢書七、19「継子と蜻蛉」〈1舜、注五参照〉など）。

本話は、a蛇で小児を脅す話、b蜂を使った濡衣の話、c流離投身の話、d鳥と化して後母に復讐する話、e鴟梟の話、f詩「黍離」の引用（陽明本のみ）の六要素から成ると考えられる。aは『類林雑説』等、bは『説苑』『列女伝』等、cは『琴清英』『琴操』等、deは「令禽悪鳥論」等、fは『論衡』等に主として見える。後掲の図像資料をも併せ参照すると、aは六世紀前半の北魏の石刻に見え、dは後漢の武氏祠画象石や嘉祥南武山画象石、寧夏固原北魏墓漆棺画に見えるなど、全体として漢以前から成立していたことが推定される。前漢中期から孝子としての伯奇への言及がなされているのも（『漢書』五十三、中山靖王勝伝等）、そのような背景からであろう。なお本話の諸要素やその淵源、図像資料との関係をめぐる詳細については、黒田彰「伯奇贅語—孝子伝図と孝子伝—」（説話と説話文学の会『説話論集』12集、清文堂、二〇〇二年予定）参照。

図像資料 **1**後漢武氏祠画像石（左右室七石）、**6**ミネアポリス美術館蔵北魏石棺（「孝子伯奇母赫児」、「孝子伯奇耶（爺）

父」)、14嘉祥南武山後漢画象石墓（二石3層）、嘉祥宋山一号墓（四石中層、八石2層）、19寧夏固原北魏墓漆棺画（「尹吉符詣聞□喚伯奇化作非鳥」、「上肩上」、「将仮鳥□□□樹上射入□」）、22洛陽北魏石棺床。

【注】

一　伊尹と吉甫（尹吉甫）は別人。伊尹は殷の丞相であり、尹吉甫は周の宣王に仕えた人物であるが、両人が混同されている。尹は官名、吉甫が字である。宣王が北方の玁狁《けんいん》を征したとき（宣王五年、前八二三年）従軍し、その時の詩が『毛詩』小雅、六月に見える。日本でも『注好選』に「伊尹吉補」、『今昔物語集』に「伊尹」とあるなど、両人の混同が見られる。

二　継母。本話は36曾参や『孔子家語』『世説新語』『顔氏家訓』におけるように、後妻を娶ることへの戒めとして言及されることがあるが、亡佚した『私教類聚』（伝吉備真備撰）には、『顔氏家訓』によったとみられる「莫レ娶二両妻一」（『拾芥抄』下、教誡部）の項が存したとみられ（滝川政次郎「私教類聚の構成とその思想」、『日本法制史研究』、有斐閣、一九四一年）、古代日本においても同様な形で受容されたことが考えられる。

三　「小児を殺さむ」とあるのは不可解で、原文の「将殺」二字は、その前の「憎嫉伯奇」の下にあったものが、「伯奇」に続く目移りでここに竄入したものか。後母が伯奇を殺そうとしたことは、『類林雑説』所引の『孝子伝』にも、「後母嫉レ之、欲レ殺レ奇」とある。或いはまた、「戯」は演技する意で、小児を殺す芝居をたくらんだことを言うか。

四　『琴操』に、「吉甫曰、伯奇為レ人慈仁、豈有レ此也」とある。

五　『説苑』に、「往過二伯奇辺一曰、蜂螫レ我」とある。

六　「後母を娶る」は、継母を犯すの意。

七　飾りをつけない白い車。白馬とともに喪葬に用いる。『後漢書』（独行、范式伝）に「乃見レ有二素車、白馬、号哭而来一」とある。

八　この前後、字句に何らかの誤りがあるか。

九　「赤白」の表現未詳。

一〇　以上の歌句は、衣―帰（上平声微韻）、申―身（上平声真韻）と押韻している。歌の出典は不明。『琴清英』では、「尹吉甫子伯奇至孝。後母譖レ之、自投二江中一、衣レ苔帯レ藻。忽夢見三水仙賜二其美薬一、思二惟養レ親、揚レ声悲歌。船人聞レ之而学レ之。吉甫聞二船人之声一、疑レ似二伯奇一、援レ琴作二子安之操一」とあり、投身した伯奇が水中で親を思って悲歌し、これを船人が学んで歌ったのを尹吉甫が耳にして、伯奇に似ているのを疑い、琴を援いて仙人子安の曲を作ったとする。また楽府の琴曲歌辞の一つ、「履霜操」は伯奇の作とされるが、その内容は次のようなもので、ここの歌詞とは異なる。「履二朝霜一兮採二晨寒一、考不レ明二其心一兮聴二讒言一、孤レ恩別離兮摧二肺肝一、何辜皇天兮遭二斯愆一、痛歿不レ同兮恩有レ偏、誰説顧兮知二我冤一」（『楽府詩集』五十七）。

一一　枉《おう》は、罪なくして死ぬこと。敦煌本『北堂書鈔体甲』もかく作る。

一二　鵄（駤）は、鴟の別体字。即ち、鵄梟は、鴟梟（ふくろう）である。鴟梟が悪鳥で、その鳴声が嫌われたことは、『説苑』や「令禽悪鳥」（『芸文類聚』二十四）に見える。また母を食うことは36曾参（陽明本）に見え、『漢書』郊祀志孟康注に「梟、鳥名、食レ母」、『桓譚新論』（『太平御覧』九二七）に、「梟生子長、且食二其母一」、陸璣『毛詩草木鳥獣虫魚疏』下に、「流離、梟也……其子適長大、還食二其母一。故張奐云、鶹鷅食レ母」、『後漢書』三十三、朱浮伝注に、「鴟梟……其子適大、還食二其母一」、『和名抄』十八（十巻本七）に、「梟、古尭反、説文云、食二父母一不孝鳥也」、『塵袋』三（伯労鳥）に、「兼名苑云、服鳥、一名ハ伯趙、一名ハ鶡、博労也。其生長大、便反食二其母一。

一名ハ梟、不孝鳥ナリ。尹吉甫、前婦子伯奇、為二後母二所レ讒、遂身投二律河一。其霊為二悪鳥一。今伯労鳥之ト云ヘリ」などとある。また、鴞梟が高く飛んで母の目を啄むことは、『禽経』(『説郛』十五。西野貞治「陽明本孝子伝の性格並に清家本との関係について」〈『人文研究』七-六、一九五六年〉に指摘)、曹植「悪鳥論」(『太平広記』四六二)に見える。これらの文の多くは、「令禽悪鳥(論)」に引用されていたと見られる(黒田彰前掲論文)。なお船橋本の「飛鳥」も高く飛ぶことからくる称で、『今昔物語』九20にも「高ク飛テウセヌ」とある。図像資料19の榜題に見える「非鳥」は音通による表記で、この称も中国に古くから行われたことが判る。

一三　この熟字の訓詁不詳。「貪悪鳥論」や前注の『塵袋』に見える伯労(博労)のことか。伯労は通常、鵙(もず)に当てられる。「貪悪鳥論」では、『毛詩』豳風「七月」にみえる鵙を「博労也」としており、『爾雅』釈鳥にも「鵙、伯労也」とある。伯労と鴞梟との関係については、黒田彰前掲論文参照。

一四　『毛詩』王風「黍離」の詩句を引く。『太平御覧』四六九所引の『韓詩』には、この詩は伯封(伯奇の弟、注一五参照)の作で、亡き人を憂える意を表したものという。

一五　他の所伝では、弟の名は「伯邦」(『琴操』)、「伯封」(『韓詩』、『説苑』、「貪悪鳥論」)、「圭」(『類林雑説』)、「子圭」(敦煌本『北堂書鈔体甲』)などとある。「圭」は、「封」の転訛か。

一六　底本は「蜜」に作り、この用字は『今昔物語集』にも継承されている。

一七　五内は、五臓あるいは心の内の意。「主無し」は、あまりの衝撃に度を失うことであろう。

一八　「つかさ」の訓は、底本の傍訓による。「史」は「吏」の誤りのようにも見えるが、『注好選』も「史」に作り、語義よりみても不審ではないので、「史」をとる。

一九　眷養は、いつくしみ育てること。

36 曾参

【陽明本】

曾参魯人也。其有五孝之行、能感通霊聖。何謂為五孝。与父母共鋤瓜、誤[1]傷株[2]一株。叩其父頭見血恐、父憂悔。乃弾琴自悦之。是一孝也。父使入山採薪、経停未還。時有楽成子来覔之、参母乃嚙[3]脚指。参在山中、心痛恐母乃不和。即帰問母曰、太安善不。母曰、无他。遂具如向所説。参乃尺然。所謂孝感心神。是二孝也。母患、参駕車往迎。帰中途渇之、遇見枯井、猶来无水。参以瓶臨、水為

[一]曾参《そうしん》は魯人《ろひと》なり。其《そ》れ[二]五孝の行い有り、よく霊聖に感通す。何をか謂《い》いて五孝と為《な》す。[三]父母と共に[四]瓜《うり》を鋤《す》くに、誤って[五]株一株を傷《やぶ》る。[六]叩《たた》くに其の父頭に血を見て恐れ、父憂い悔ゆ。[七]乃《すなわ》ち琴を弾きて自ら之《これ》を悦《よろこ》ばしむ。是《こ》れ一孝なり。[八]父山に入りて薪を採らしむるに、経停《へとど》まりて未だ還《かえ》らず。時に[九]楽成子来たりて之を覔《もと》むること有り、参の母乃ち[一〇]脚の指を嚙《か》む。参山中に在るに、心痛みて母乃ち和《なごやか》ならざるを恐る。即ち帰りて母に問いて曰《い》わく、太《はなは》だ安善なるや不《いな》やと。母曰わく、他无《な》しと。遂に具《つぶさ》に向《さき》の如き所を説く。参乃ち[一一]尺然たり。所《いわ》謂《ゆる》[一二]孝の心神を感ぜしむるなり。是れ二孝なり。[一三]母患い、参車に駕《の》りて往き迎う。帰る中途に渇き、遇《たまたま》枯井を見、猶《なお》来た

之出。所謂孝感霊泉。是三孝也。時有隣境兄弟二。人更曰、食母不令飴肥。参聞之、乃廻車而避、不経其境。恐傷母心。是四孝也。魯有鵄梟之鳥。反食其母、恒鳴於樹。曾子語此鳥曰、可吞音、去勿更来此。鳥即不敢来。所謂孝伏禽鳥。是五孝也。孔子使参往斉、過期不至。有人妄言、語其母曰、曾参殺人。須臾又有人云、曾参殺人。如是至三、母猶不信。便曰、我子之至孝、践地恐痛、言恐傷人。豈有如此耶。猶織[4]如故。須臾参還至了、无此事。所謂讒[5]言至此、慈母不投杼、此之謂也。父亡七日、漿水不歴口。孝切於心、遂忘飢渴也。妻死

るに水无し。参瓶を以って臨むに、水之が為めに出ず。所謂[一四]孝の霊泉を感ぜしむるなり。是れ三孝なり。[一五]時に隣の境に兄弟二《ふた》り有り。人更に曰わく、母を食らいて飴《やしな》い肥えしめずと。参之を聞き、乃ち[一六]車を廻《めぐ》らして避け、其の境を経ず。母の心を傷《いた》むることを恐る。是れ四孝なり。[一七]魯に[一八]鵄梟《しきょう》の鳥有り。反りて其の母を食らい、恒に樹に鳴く。曾子此の鳥に語りて曰わく、[一九]音《こえ》を吞むべし、去りて更に此《こ》こに来たること勿《な》かれと。鳥即ち敢えて来たらず。所謂孝の禽鳥《きんちょう》を伏せしむるなり。是れ五孝なり。[二〇]孔子参をして[二一]斉に往かしむるに、期を過ぎて至らず。人の妄言する有り、其の母に語りて曰わく、[二二]曾参人を殺すと。[二三]須臾《ゆゆ》にして又人有りて云わく、曾参人を殺すと。是《か》くの如く二たびに至るも、母猶信ぜず。便《すなわ》ち曰わく、我が子の至孝なること、[二四]地を践《ふ》むも恐れ痛み、人を傷るを恐ると言う。豈《あに》此《か》くの如きこと有らんやと。猶織ること故《もと》の如し。須臾にして参還り至り了わるに、此の事无し。所謂[二五]讒言《ざんげん》此こ

不更求妻。有人謂参曰、婦死已久、何不更娶。曾子曰、昔[6]吉甫用後婦之言、喪其孝子。吾非吉甫、豈更娶也。

に至るも、慈母杼《ひ》[26]を投げずとは、此の謂《いい》なり。父亡[27]すること七日、漿水《しょうすい》[28]口を歴《へ》ず。孝の心に切なること、遂に飢渇を忘るるなり。妻[29]死して更[30]に妻を求めず。有る人[31]参に謂いて曰わく、婦死して已《すで》に久しきに、何ぞ更に娶《めと》らざると。曾子曰わく、昔[32][33]吉甫後婦の言を用い、其の孝子を喪《ほろ》ぼす。吾は吉甫に非ず、豈更に娶らんやと。

【船橋本】

曾参者魯人也。性有五孝。除苽[7]草、誤損一株。父打其頭、々破出血。父見憂傷、参弾琴。時[8]令父心悦、是一孝也。参往山採薪、時朋友来也。乃囓自指、参動心走還。問曰、母有何患。母曰、吾無事、唯来汝友。因茲吾馳心耳。是二孝也。行路之人渇而

曾参は魯人なり。性五孝有り。苽の草を除くに、誤って一株を損ず。父其の頭を打ち、頭破れて血を出だす。父見て憂い傷むに、参琴を弾く。時に父の心をして悦ばしむる、是れ一孝なり。参山に往きて薪を採り、時に朋友来たるなり。乃ち自らの指を噛むに、参心を動かし走りて還る。問いて曰わく、母何の患いか有ると。母曰わく、吾は事無く、唯《た》だ汝《なんじ》の友来たる。茲《これ》に因りて吾心を馳《は》せしのみと。是れ二孝なり。路《みち》を

愁之、臨井無水。参見之、以瓶下井。水満瓶出、以休其渇也。是三孝也。隣境有兄弟二。或人曰、此人等、有飢饉之時、食己母。参聞之、乃廻車而避、不入其境。是四孝也。魯[9]有鵄梟。聞之声者、莫不為厭。参至前曰、汝声為諸人厭。宜韜之勿出。鳥乃聞之遠去、又不至其郷。是五孝也。参父死也。七日之中漿不入口、日夜悲慟也。参妻死、守義不娶[10]。或人曰、何娶[11]耶。参曰、昔者吉甫、誤信後婦言、滅其孝子。吾非吉甫、豈更娶[12]乎。終身不娶云云。

行くの人渇きて之を愁い、井に臨むに水無し。参之を見、瓶を以って井に下す。水瓶を満たして出で、以って其の渇きを休むるなり。是れ三孝なり。隣の境に兄弟二り有り。或《あ》る人の曰わく、此の人等、飢饉《ききん》有るの時、己が母を食らうと。参之を聞き、乃ち車を廻らして避け、其の境に入らず。是れ四孝なり。魯に鵄梟有り。之《こ》の声を聞く者、厭《いと》いを為さざる莫《な》し。参前に至りて曰わく、汝の声諸人の為に厭わる。宜しく之を韜《つつ》みて出だすこと勿かれと。鳥乃ち之を聞きて遠く去り、又其の郷に至らず。是れ五孝なり。参の父死するなり。七日の中漿《こんず》口に入れず、日夜悲慟《ひどう》するなり。参妻死して、義を守りて娶らず。或る人曰わく、何ぞ娶らざるやと。参曰わく、昔吉甫、誤って後婦の言を信じ、其の孝子を滅ぼす。吾は吉甫に非ず、豈更に娶らんやと。終身娶らずと云々。

【校勘】 1誤、底本「設」、船橋本により改める。 2株、底本「林」、意により改める。 3嚙、底本「歯」、船橋本により改める。 4織、底本「識」、意により改める。 5讒、底本「纔」、意により改める。 6甫、底本「補」

に訂正符号を付した、頭書「甫」による。　**7**芃、底本重ね書き、陽明本による。　**8**時令父心悦、底本「之令父悦日心」、『注好選』（「時」。底本の「之、日」は「旼〈時〉」を誤るか）、『内外因縁集』（「令悦父心」）により改める。　**9**魯、底本「曾」、陽明本により改める。　**10・11**娶、底本「嫁」、意により改める。　**12**娶乎、底本「聚子」、意により改める。

文献資料　a弾琴譚、b嚙指譚、c感泉譚、d避境譚、e鴞梟譚、f投杼譚、g絶漿譚、h不娶譚に分けて記す。

a弾琴譚――『韓詩外伝』八、『孔子家語』四（『司馬温公家範』五にも）、『説苑』三（『北堂書鈔』一〇六、『芸文類聚』二十、『太平御覧』四一三、五七一、『事類賦』十一、『広事類賦』十六にも）、『注好選』上52（『体源鈔』八上にも）、『十訓抄』六20、『古今著聞集』八10（『十訓抄』に拠る）、『内外因縁集』（船橋本系。a―hを具えるが、船橋本同様f投杼譚を欠く他、g絶漿譚の次に吏禄譚〈『韓詩外伝』七に見え、『純正蒙求』上「曾参吏禄」等に引かれ、我が国においても早く『令集解』賦役令17条所引古記に引かれる〉を有する）、『語園』上（「孝子伝」）、『類雑集』五34（「十訓抄」を引く。なお同書の五32はb嚙指譚〈「廿四孝行録云」〉、33はg絶漿譚〈「言泉集ニアリ」〉、35は「論語泰伯篇」「注鄭玄」の引用）。

b嚙指譚――『論衡』五（但し、「搤レ臂」、『事文類聚後集』四、『広博物志』十八にも）、『捜神記』十一（『太平御覧』三七〇にも）、『孝子伝』（『太平御覧』三七〇）、敦煌本『籯金』二29、『鏡中釈霊実集』（聖武天皇『雑集』99）、二十四孝系（『詩選』6〈草子6〉、『日記故事』3、『孝行録』6〈f投杼譚が加わる〉）、『内外因縁集』（船橋本系）、『類雑集』五32（『孝行録』に拠る）。

c感泉譚――原拠未詳。『孝子伝』（敦煌本『新集文詞九経鈔』48）、敦煌本『語対』二十六3「日烏」注（「日烏」

は、曾参の三足烏譚で、「鋤瓜」の時、三足烏が冠に集まり来たったという、後漢、伏無忌撰『伏侯古今注』〈『玉函山房輯佚書所収。『初学記』二十六、『芸文類聚』九十二、『太平御覧』九二〇所引『抱朴子』などに引かれる〉にある話で〈『淵鑑類函』二七一人部孝三「鳥棲冠上」は「家語」とする〉、敦煌本『籯金』二29「烏冠」にも見える）、『広博物志』十、『曾子家語』六（「御覧引二孝子伝一」）、陝西歴史博物館蔵三彩四孝塔式缶榜題（図像資料参照）、『内外因縁集』等。注一三参照。

d避境譚――原拠未詳、注一五参照。『内外因縁集』。類話としての勝母里譚（曾参が勝母という名の地を避けた話）は、その説話が『新序』七に見え（袁族目が孤父の盗丘人の餐を恥じ、自殺した話。続けて、「県名為二勝母一。曾子不レ入」とある）、その成句が『新序』三（「里名二勝母一、而曾子不レ入」）、『淮南子』十六（「曾子立レ孝、不レ過二勝母之閭一」）の他、『史記』鄒陽伝（「県名二勝母一、而曾子不レ入」。『漢書』鄒陽伝「里名二勝母一、曾子不レ入」）、『塩鉄論』二（「曾子不レ入二勝母之閭一」）、『説苑』十六（「邑名二勝母一、曾子不レ入」）、『論衡』九（「曾子不入二勝母之閭一」）、『劉子新論』三（「里名二勝母一、曾子還レ軑」）、『顔氏家訓』四（「里名二勝母一、曾子斂レ襟」）、『論語撰考讖』（「里名二勝母一、曾子廉レ襟」。『太平御覧』一五七所引）等と見え、我が国のものでは、『海道記』、『十訓抄』六29、『太平記』二十九などに引かれる。

e鵄梟譚――『水経注』二十五泗水注（注一五参照）、『内外因縁集』。類話が、『説苑』十六、陳思王「令禽悪鳥論」（『芸文類聚』九十二）等に見える。

f投杼譚――陽明本のみ存。『史記』甘茂伝、『戦国策』秦策（『広事類賦』十六にも）、敦煌本『春秋後語』、『新序』二、敦煌本『事森』（「出史記」）、林同『孝詩』閔子、二十四孝系（『孝行録』6）。

g絶漿譚――『礼記』檀弓上（『曾子家語』二、『曾子全書』周礼四にも）、敦煌本『語対』二十四喪孝「絶漿」注。

『言泉集』亡父帖、『普通唱導集』下末（共に陽明本系）、『内外因縁集』（船橋本系）、『類雑集』五33（「言泉集」を引く）。類話としての羊棗譚（父の生前好んだ羊、棗を、父の死後曾参が食べなかった話）が『孟子』尽心下に見え、『類林雑説』十五98、『小学日記』二、『書言故事』十等に引かれる。羊棗譚を内容とする『孝子伝』があり（敦煌本『籯金』二29「食棗」所引）、『太平御覧』八六二のそれは父、棗を母、生魚に代えている。

h不娶譚――『韓詩外伝』（『漢書』王吉伝注。但し、吉甫、伯奇のことはない）、『孔子家語』九（曾参の妻との死別のことがない。『司馬温公家範』三、『事文類聚後集』五にも）、『顔氏家訓』一、『内外因縁集』。黎《あかざ》を十分に蒸さなかった妻を、曾参の去らせた話が『孔子家語』の不娶譚前段、『白虎通』上等に見え（『語園』上〈『事文』〉にも）、虞盤佑『孝子伝』（『太平御覧』九九八）はそれを内容とする。

図像資料 1後漢武氏祠画象石（f。「曾子質孝、以通神明、貫感神祇、著号来方、後世凱式、□□（以正）撫綱」、「讒言三至、慈母投杼」）、12和林格爾後漢壁画墓（「曾子母」「曾子」）、21村上英二氏蔵後漢孝子伝図画象鏡（f。「曾子母」、「曾子」。陝西歴史博物館蔵三彩四孝塔式缶（a、c。「曾子父、後薗鋤苽、悟（悞）傷一寧。曾子見父、愁憂不楽。曾子取琴撫、悦父之情。是為孝也」、「曾子母患、将向師家。去之行次、母渇無水。遇逢一丘井、従来無水。曾子将瓶入井、化出水、済其母渇。是為孝也」）。二十四孝図としての曾参図（b）は、滎陽司村宋代壁画墓以下、多くのものに見える。

【注】

一 曾子のこと。曾子は、魯の南武城（山東省費県）の人、名は参、字は子輿。孔子の弟子で、孝道に通じ、『孝経』、『曾子』の作者とされる。

二　五孝は通常、天子、諸侯、卿大夫、士、庶人の五つの身分における孝道を言うが、ここは以下の、曾参の孝行に関する五つの挿話を数えたもの。
三　弾琴譚。「与二父母一」は、『注好選』に、「与レ父」とある。曾子の父は、曾蒧《そうてん》（点）、字は皙《せき》。
四　苽は、菰の俗字で、うり（『類聚名義抄』）。『伏侯古今注』に、「鋤瓜」とある。船橋本は「苽」字を重ね書きして読み辛いが、その京都大学図書館刊本（一九五九年）の釈文は、「叢《くさむら》の草を除かんとし」と訓ずる。『孔子家語』に「耘瓜」、『説苑』に「芸瓜」と見える。
五　株は、根元。『説苑』に、「誤斬二其根一」（『太平御覧』四一三所引は「誤断二其根一」）とある。
六　底本、「父」字の位置を誤るか。「叩く」（船橋本「打つ」）については、「杖」（『韓詩外伝』）、「大杖」（『説苑』等）で撃ったとするものが多く、『孔子家語』には、「建二大杖一撃二其背一」と言う。
七　曾参が父母の為に作った琴曲に、「曾子帰耕」「梁山操」などがある（『琴操』下所収）。弾琴譚の場合、原話（『韓詩外伝』、『説苑』、『孔子家語』）においてはその後、父の過ぎた暴力を逃げようとしなかった曾参が、孔子から激しく叱責される結尾を、『孝子伝』は省略していることが注目される。但し、類書の楽、歌に採られた『説苑』（『北堂書鈔』一〇六、『事類賦』十一、『太平御覧』五七一等）も同じ形を採る。
八　嚙指譚。『太平御覧』三七〇所引逸名『孝子伝』が嚙指譚を内容としていることに注意され、二十四孝系はこの話を扱う。陽明本の「父」は、船橋本に見えない。
九　船橋本「朋友」。楽成子は、楽正子春（楽正は複姓）のことで、魯の人、曾子の弟子。『太平御覧』三七〇所引『孝子伝』も、客の名を「楽正」と記す。
一〇　船橋本等「指」とするのが一般で、陽明本の「脚指」は特異である。

一一 尺然は、釈然で、疑問の解けた様を言う。

一二 曾参の孝が母の異状を心に感得させたのである。『論衡』に、「伝書言、曾子之孝、与レ母同レ気……蓋以二至孝一、与二父母一同レ気、体有二疾病一、精神輒感」と言う。

一三 感泉譚。敦煌本『新集文詞九経鈔』48に、「孝子伝云……曾参曰一於親、枯井涌二其甘醴一」、『語対』二十六3に、「曾参……又与レ母行、々渇。曾参悲向二涸井一、々為レ之出」とあり、また、明、董斯張の『広博物志』十八に、「曾参行孝、枯井湧泉」（出典は「本草」か）、清、王安定の『曾子家語』六に、「曾参行孝、枯井生レ泉（「右御覧引二孝子伝一」と言う）と見える。船橋本には母が登場せず、「行路之人」への施水譚となっており（『内外因縁集』も同じ）、陝西歴史博物館蔵三彩四孝塔式缶（図像資料参照）や敦煌本『語対』は、陽明本に近い。本話の原泉については未詳ながら、翻って晋、王嘉の『拾遺記』六に、「曹曾、魯人也。本名平、慕二曾参之行一、改レ名為レ曾……時亢旱、井池皆竭。母思二甘清之水一、曾跪而操レ瓶、則甘泉自涌、清二美於常一」という話が見え、或いはこの話が曾参譚へと転じられたか。

一四 孝というものが超自然的に泉を感得させたのである。

一五 避境譚。避境譚（d）と次の鵄梟譚（e）の成立については、西野貞治氏に論があり、「北朝に伝わつたと思われる説話と此の孝子伝の説話が符合するものがあることを指摘し度い。後魏の酈道元の水経（泗水注）に「道西有道児君碑、是魯相陳君立、昔曾参居此、梟不入郭」がある。曾参のこの奇蹟は他の書に見えぬ所で、これについて思起されるのは新序（雑事、節士）、淮南子（説山訓）等に見える、勝母なる里名の里に曾子が入らなかつたという故事と、説苑（談叢）に見える悪声を憎まれた梟が転居しようとした時、鳩から悪声を更めねば転居しても無駄であると言われるという偶話である。然しこの二条から如何にして水経注に見える如き説話が生み出されるかは知るべくもなかつた。然るにこの孝子伝の曾参の条に、「時有隣境兄弟二人、更曰食母不令飴肥、参聞之乃、廻車而避、不経其境、恐傷母心、……魯有鵄梟之鳥、反食其母、恒鳴於樹、曾子語此鳥曰、可呑音、去勿更来、此鳥即不敢来、所謂孝、伏禽鳥…」とあるのによつてはじめて、〈淮南子〉「曾子立孝、不過勝母之閭」の句が如何に民間に解されていたかが判然とし、それを経て孝子伝に見える曾子が梟に再来するなと言渡したという記述によつて、水経注に見える曾子の奇蹟が理解される。即ちこの孝子伝には北朝の俗説と符合するものを存するわけである」（「陽明本孝子伝の性格並に清家本との関係について」〈『人文研究』七‐六、一九六一年〉）と言われる。類話としての勝母里譚については、文献資料d参照。

一六　『劉子新論』に、「里名二勝母一、曾子還レ軑」（軑《だい》は、車輪）、『海道記』に、「車を返して通らず」等とある。

一七　鵄梟譚（注一五参照）。『水経注』に、「昔曾参居レ此。梟不レ入レ郭（境）」とある（泗水注。泗水《しすい》は、魯の川）。

一八　鵄梟については、35伯奇、注一一参照。

一九　鳴いてはならない。船橋本の「宜韜レ之勿レ出」も、声を呑む意。

二〇　投杼譚。船橋本には見えず、陽明本と二十四孝系の『孝行録』のみに見える。

二一　曾参が費に居た時（『戦国策』、『史記』）、鄭に居た時（『新序』）のことなどと言われるが、孔子のことは見えない。

二二　曾参と「同姓名者」（『史記』）の仕業を勘違いしたとされる。

二三　暫くして。

二四　地に抜き足して、即ち、蹐地《せきち》（恐れ慎む様）の意であろう。

二五　武氏祠画象石曾参図榜題に、「讒言三至、慈母投レ杼」とある（『戦国策』に、「而三人疑レ之、則慈母不レ能レ信也」

と言う）。例えば文献史料（f）に掲げた『史記』以下の投杼譚においては、三人目の誤報でさすがに参母の心も動揺し、杼を投げ走り出したとしている。それに対し、陽明本が、「如レ是至三、母猶不レ信……猶織如レ故……所謂讒言至レ此、慈母不レ投レ杼、此之謂也」と、三度目の讒言にも自若としていたとするのは、曾参の至孝とそれに対する母の信頼を徹底させた改変であろう。加えて、その内容は逆ながら、文辞は武氏祠画象石の下銘、「讒言三至、慈母投レ杼」と酷似することが注目される（下見隆雄氏は、その下銘などが後世の付加である可能性を指摘されている。『儒教社会と母性—母性の威力の観点でみる漢魏晋中国女性史』Ⅱ五章一節ⅷ〈研文出版、一九九四年〉参照）。

二六　杼は、機織《はたおり》で横糸を通すための道具。

二七　絶漿譚。敦煌本『語対』に、「曾参母亡、絶レ漿七日（不レ飲）」とある。

二八　漿水については、13老莱子、注七参照。

二九　不娶譚。この不娶譚について、西野貞治氏は、「また孔子家語（今本巻九、七十二弟子解）に見える曾子が、後母に藜を烝して熟せざるを供したとの理由で妻を出したという説話は白虎通諫諍篇にも見えるが、曾子の人物から見て或いは妄誕とされ（孫子祖、家語疏証巻五）或は白虎通の所載は別に故あつてそれを隠すとする説がある（苑家相、家語証偽巻九。陳立、白虎通疏証）が、それは韓詩外伝（漢書王吉伝注）に「曾子喪妻、不更娶、人問其故、曰、以華元善也」とあるのをその論拠の一としているのである。ところで疏証も指摘するように顔氏家訓後娶篇にもこのことが「曾参婦死、謂其子曰、吾不及吉甫、汝不及伯奇」と見えて死別のことでは韓詩外伝の説に同じい。然し家訓では吉甫伯奇に言及する部分が、外伝よりも多い外に、我が子を伯奇に及ばずと貶す態度は外伝の善を称する態度と全く異つたものである。この点から見て、家訓は外伝に基けるものでないことほぼ明らかであるが、果して何によつたかは明らかでない。然るに此の孝子伝にまた、「妻死不更求妻、有人謂参曰、婦死已久、何不更娶、曾子曰、昔吉甫用後妻之言、喪其孝子、吾非吉甫、豈更娶也」と見えることは家訓の説に近いかと思われる。伯奇のことは後述する如く、北朝の孝子伝画像にも見える所で北朝に流行した説話であるし、顔之推も永く北朝にあり隋に歿した人物であるから、他書と異る家訓の記載も北朝に存した書の説乃至は俗説を反影したとも考えられる」（注一五前掲論文）と言われている。文献資料（ｆ）参照。

三〇　『韓詩外伝』（『漢書』王吉伝注）に、「曾参喪レ妻不二更娶一」、『顔氏家訓』に、「曾参婦死……終レ身不レ娶」などとある。

三一　『韓詩外伝』（『漢書』王吉伝注）に、「人問二其故一」とある。

三二　曾参の言の類句は、『孔子家語』に、「尹吉甫以二後妻一放二伯奇一。吾……不レ比二吉甫一」、後半のそれが、『顔氏家訓』に、「吾不レ及二吉甫一、汝（曾参の子供の華、元のこと）不レ及二伯奇一」などと見える。

三三　前話35伯奇を参照。

三四　44眉間尺、注三三参照。

37 董黯

【陽明本】

[1]董黯家貧至孝。雖与王奇並居、二母不[2]数相見。忽会籬辺。因語曰黯母、汝年過七十、家又貧。顔色乃得怡悦如此何。答曰、我雖貧食完[3]麁衣薄、而我子与人无悪。不使吾憂故耳。王奇母曰、吾家雖富食魚又嗜饌、吾子不孝、多与人恐。懼[4]罹其罪。是以枯悴耳。於是各還。奇従外帰。其母語奇曰、汝不孝也。吾問見董黯母、年過七十、顔色怡悦。猶其子与[5]人无悪故耳。奇大怒。即往黯母家、罵云、

[一]董黯《とうあん》家貧しくして至孝なり。王奇と並び居ると雖も、[二]二母相い見ること数《あまたたび》ならず。忽《たちま》ちに籬辺《りへん》に会す。因りて黯が母に語りて曰《い》わく、汝《なんじ》年七十に過ぎ、家も又貧し。顔色乃《すなわ》ち[三]怡悦《いえつ》を得ること此《か》くの如きは何ぞやと。答えて曰わく、我貧しく[四]完《しし》を食し麁衣《そい》薄しと雖も、我が子人の与《ため》に悪无《な》し。吾をして憂えしめざる故のみと。王奇が母曰わく、吾家富み魚を食し又饌《せん》を嗜《たしな》むと雖も、吾が子不孝にして、多く人の与に恐れらる。其《そ》の罪に罹《かか》るを懼《おそ》る。是《ここ》を以って枯悴《こすい》するのみと。是に於《お》いて各《おのおの》還《かえ》る。奇外より帰る。其の母奇に語りて曰わく、汝不孝なり。吾董黯が母を問見するに、年七十を過ぐれども、顔色怡悦す。猶《なお》其の子人の与に悪无き故のみと。奇大いに怒

何故讒言我不孝也。又以脚蹴之。帰謂母曰、児已問黯母。其云、日々食三斗。阿母自不能食、導児不孝。黯在田中、忽然心痛、馳奔而還。又見母顔色惨々、長跪問母曰、何所不和。母曰、老人言多過矣。黯已知之。於是王奇日殺三牲、[6]旦起取肥牛一頭殺之、取佳完十斤、精米一斗熟而薦之。日中又殺肥羊一頭。佳完十斤、精米一斗熟而薦之。夕又殺肥猪一頭。佳完十斤、精米一斗熟而薦之。便語母曰、食此令尽。若不尽者、我当用鉾刺母心、用[7]戟鉤母頭。得此言終不能食、推盤擲地。故孝経云、雖日用三牲養、猶為不孝也。黯母八十而亡。

る。即ち黯が母の家に往き、罵《ののし》りて云わく、何の故に我が不孝を讒言《ざんげん》するやと。又脚を以って之《これ》を蹴《け》る。帰りて母に謂《い》いて曰わく、[五]児已《すで》に黯が母に問う。其れの云わく、日々三斗を食すと。阿母自ら食すること能《あた》わずして、児が不孝を導《い》うと。黯[六]田中に在り、忽然《こつぜん》として心痛み、馳奔《ちほん》して還る。又母の顔色[七]惨々たるを見て、長跪《ちょうき》して母に問いて曰わく、何《いず》れの所か和《なごやか》ならざると。母曰わく、老[八]人の言過ち多しと。黯已に之を知る。是に於いて王奇日に[九]三牲を殺す。旦《あした》に起き肥牛一頭を取りて之を殺し、佳き完十斤を取り、精米一斗熟して之を薦《すす》む。日中又肥羊一頭を殺す。佳き完十斤、精米一斗熟して之を薦む。夕に又肥猪一頭を殺す。佳き完十斤、精米一斗熟して之を薦む。便《すなわ》ち母に語りて曰わく、此れを食し尽くさしめん。若し尽くさざらば、我当《まさ》に鉾《ほこ》を用《も》って母が心を刺し、戟《ほこ》を用って母が頭を鉤《か》くべしと。此の言を得て終に食することと能わずして、盤を推して地に擲《なげう》つ。故に孝経に云わく、[一〇]日《ひび》

葬送礼畢、乃嘆曰、父母讐不共戴天。便至奇家斫奇頭、以祭母墓。須臾監司到縛黯。々乃請以向墓別母。監司許之。至墓啓母曰、王奇横苦阿母。黯承天士、忘行己力、既得傷讐身。甘葅醢、甘監司見縛。応当備死。挙声[8]哭。目中出血。飛鳥翳日、禽鳥悲鳴。或上黯臂、或上頭辺。監司具如状奏王。々聞之嘆曰、敬謝孝子董[9]黯。朕[10]寡徳統荷万機。而今凶人勃逆。又応治剪、令労孝子助朕除患。賜金百斤、加其孝名也。

に三牲の養を用うと雖も、猶不孝と為《な》すなりと。黯の母八十にして亡す。葬送の礼畢《おわ》り、乃ち嘆じて曰わく、[一一]父母が讐《あだ》、共に天を戴《いただ》かずと。便ち奇が家に至り奇の頭を斫《き》り、以って母の墓に祭る。須臾《しゅゆ》にして[一二]監司到りて黯を縛す。黯乃ち請うに墓に向かい母に別れんことを以ってす。監司之を許す。墓に至り母に啓して曰わく、王奇横《よこしま》に[一三]阿母を苦しむ。黯[一四]天を承くる士なれど、己が力《つとめ》を行うを忘れ、既に讐身《しゅうしん》を傷することを得たり。[一五]葅醢《そかい》に甘んじ、監司に縛せられんことに甘んず。応当《まさ》に死に備うべしと。声を挙げて哭《な》く。目中より出血す。[一六]飛鳥日を翳《おお》い、禽鳥《きんちょう》悲鳴す。或いは黯の臂《ひじ》に上り、或いは頭辺に上る。監司具《つぶさ》に状の如くに[一七]王に奏す。王之を聞きて嘆じて曰わく、孝子董黯を[一八]敬謝す。朕寡徳にして[一九]万機を統べ荷う。而れども今凶人勃《もと》り逆らう。又応《まさ》に[二〇]治剪《ちせん》し、孝子の朕が患いを除くを助くることを労《ねぎら》わしむべしと。金百斤を賜うて、其の孝名に加うるなり。

【船橋本】

董黯家貧至孝也。其父早没也。二母並存。一者弟王奇之母。董黯有孝也。王奇不孝也。於時、黯在田中。忽然痛心、奔還于家、見母顔色。問曰、阿嬢有何患耶。母曰、無事。於時、王奇母語子曰、吾家富而無寧。汝与人悪。而常恐離其罪、寝食不安。日夜為愁。董黯母者貧而無憂。為人無悪。内則有孝、外則有義。安心之喜、実過千金也。王奇聞之、大忿殺三牲[11]作食、一日三度、与黯之母。爾即曰、若不喫尽、当以鋒突汝胸腹。転載刺母頸。母即悶[12]絶、遂命終也。時母年八十。葬礼畢後、黯至奇家、以其頭

董黯家貧しくして至孝なり。其の父早く没するなり。二母並びに存す。一は弟王奇の母なり。董黯は孝有るなり。王奇は不孝なり。時に、黯田中に在りて、忽然として心[二一]痛む。奔《はし》りて家に還り、母の顔色を見る。問いて曰わく、阿[二二]嬢何の患い有るやと。母曰わく、事無しと。時に、王奇が母、子に語りて曰わく、吾家富むと雖も寧《やす》きこと無し。汝人のために悪《にく》まる。而《しこう》して常に其の罪に離《かか》[二三]ることを恐れ、寝[二四]食安からず。日夜愁いを為す。董黯が母は貧しけれども憂い無し。人の為に悪まるる無し。内には則ち孝有り、外には則ち義有り。安心の喜び、実《まこと》に千金に過ぐるなりと。王奇之を聞き、大に忿《いか》りて三牲を殺し食と作し、一日三度、黯[二五]の母に与う。爾《しこう》して即ち曰わく、若し喫し尽くさざらば、当に鋒《ほこ》を以って汝が胸腹を突かんと。転《うた》た母の頸を載《き》り刺す。母即ち悶絶《もんぜつ》し、遂に命終するなり。時に母年八十なり。葬礼畢りて後、黯奇が家に

祭母墓。官司聞之[13]曰、父母与君敵、不戴天。則奏具状、曰、朕以[14]寡徳、[15]統荷万機。今孝子致孝、朕可助[16]恤。則賜以金百斤也。

至り、其の頭を以って母の墓に祭る。官司之を聞きて曰わく、父母と君との敵、天を戴かずと。則ち[二六]具状を奏するに、曰わく、朕寡徳を以って、万機を統べ荷えり。今、孝子孝を致す、朕助け恤《あわれ》ぶべしと。則ち賜うに金百斤を以ってするなり。

【校勘】 1・9董、底本「薫」、船橋本により改める。 2数、底本頭書により補入。 3麁、底本「鹿」、意により改める。 4罹、底本頭書により改める。 5人、底本頭書により補入。 6旦、底本「且」、意により改める。 7用、底本「曲」、意により改める。 8哭、底本「聞哭」、「聞」を衍字と見て削除。 10寡、底本「寀」、意により改める。 11牲、底本「生」、意により改める。 12悶、底本「問悶」、「問」を衍字と見て削除。 13曰、底本「四」、意により改める。 14寡、底本「寛」、意により改める。 15統、底本「総」、意により改める。 16恤、底本「⿰土血」、意により改める。

文献資料『会稽典録』（『三国志』呉書虞翻伝、裴松之注、『芸文類聚』三十三、『太平御覧』三七八、四八二、敦煌本『事森』、同『語対』二十三3）、『晋書』八十八孝友伝叙及び、許孜伝、『法苑珠林』四十九、丁蘭本『父母恩重経』、『開元釈教録』十八、敦煌本『古賢集』、『類林雑説』一1、唐崔殷撰「純徳真君廟碣銘」（『全唐文』五三六。『重修董孝子廟碑記』〈『純徳彙編』六上〉とも）、『鏡中釈霊実集』（聖武天皇『雑集』99）、『宝慶四明志』八、古典戯曲『純孝記』（佚）。

『内外因縁集』、『孝行集』13（本文が陽明本系であること、黒田彰「静嘉堂文庫蔵孝行集について」〈『中世説話の文学史的環境』、和泉書院、一九九五年〉の指摘がある）。

本話について論じたものに、黒田彰「董黯贅語―孝子伝図と孝子伝―」（『日本文学』51-7、二〇〇二年）がある。近世の『勧孝記』下31、『孝道故事要略』六7、『古今二十四孝大成』などにおける董黯譚の受容については、徳田進『孝子説話集の研究―二十四孝を中心に―近世篇』（井上書房、一九六三年）五章一（四）に詳しい。

図像資料　5ボストン美術館蔵北魏石室（「董晏母供王寄母語時」）、6ミネアポリス美術館蔵北魏石棺（「孝子董懢与父犢居」）、9ネルソン・アトキンズ美術館蔵北斉石床（「不孝王奇」）。

【注】

一　本話は、晋の虞預『会稽典録』（『呉書』虞翻伝の裴松之注の引く『会稽典録』には「往昔孝子句章董黯、尽レ心色養、喪致二其哀一、単二身林野一、鳥獣帰レ懐、怨二親之辱一、白日報レ讐、海内聞レ名、昭然光著」とあり、今本と異なる内容があったことを窺わせる）に拠ったらしく、同書（『太平御覧』三七八所引）に「董孝治、句章（『類林雑説』では預章）人」と言う（句章は浙江省寧波市、同省の慈谿は董黯の故事に因むという。『類林雑説』に豫章〈江西省〉とするのは間違いか）。字を叔達（「純徳真君廟碣銘」、『玉慶四明志』等）とする異伝があるほか、敦煌本『事森』では、字の孝治を避諱（治は唐の高宗の諱）して、孝理とする。陽明本では、2董永の場合と同じく、董を薫に作る。また、黯を、「晏」（ボストン美術館蔵北魏石室榜題）、「黚」（『法苑珠林』）、また、「黶」（『事森』など）に作るものもある。後漢の和帝（八九―一〇五）の時代の人とする説（注一七参照）、董仲舒（前一七九―前一〇四）の六世の孫とする（『宝慶四明志』）伝承がある。『会稽典録』によれば、董黯は貧しかったが、孝行であったため母は肥えていた。隣家の王奇（中国側の資料では王寄に作るものがある）は豊かであったが、不孝であったためその母は痩せていた。王奇はこれを憎んで董黯の母を辱めたので、遂に母の死後に復讐を遂げるが、その罪を問われなかったという話である。西野貞治「陽明本孝子伝の性格並に清家本との関係について」（『人文研究』7-6、一九五六年）が指摘するように、両孝子伝及び、敦煌本『事森』、『古賢集』では、王奇による御馳走責め「三牲供養」（船橋本では黯母に対して）の逸話が加わる。船橋本は省略が多く（冒頭の両母対話場面と董黯が連行される場面や墓参の場面）、分かりづらい。陽明本と極めて類似した内容の『事森』には、「董黶、字孝治、会稽越州句章人也。少失二其父一、独養二老母一、甚恭敬。毎得二甘果美味一、馳走献レ母、母常肥悦。比鄰有二王寄者一、其家劇富。寄為レ人不孝、毎於レ外行レ悪。母常憂懐、形容羸痩。寄母語二黶母一曰、夫人家貧年高、有二何供養一、恒常肥悦如レ此。黶母曰、我子孝順、是故爾也。黶母後語二寄母一曰、夫人家富、羹膳豊饒、何以痩羸。寄母答曰、我子不孝、故痩爾。寄後聞レ之、乃殺二三牲一致二於母前一、抜レ刀脅レ卿、令レ喫レ之。専伺二候董黶出外一、直入二黶家一、他母下二母床一、苦辱而去。黶尋知レ之、即欲レ報レ怨、恐二母憂愁一、嘿然含レ憂。及二母寿終一、葬送已訖、乃斬二其頭一、持祭二於母一。自縛詣レ官、会レ赦得レ免。後漢人。出二会稽録一」とあって、理解し易い。

二　両孝子伝いずれにも、二母とある。船橋本が、董黯と王奇が異腹兄弟であるとしているのは、注目すべき特徴である。三牲の食事を一日三度、黯の母に与えるとするのも、この理解による。注二五参照。

三　怡悦は、喜んで満足する意。

四　董黯が母に対して貧しいながら肉食（完は肉の意であること。11蔡順の注九参照）を与えて孝養を尽くすことを示す。これに対し、王奇の母は富裕で、物質的には肉食より優る魚、或いは、饌（『説文』五下に「食を具《そな》うるなり」とあり、神饌の意）のような御馳走を食べているが、精神的な安堵が得られず痩せているのである。

五　王奇の発言の内容は、「私が董黯の母に聴いたところでは　私の悪口を言ったことはないと言い）、彼女は日々に三斗の食事をしているだけのことだ。母上は彼女のようには沢山食べられないので（痩せている）くせに、私が（人柄が悪く）不孝だから（痩せている）のだと言う。（だから、母上が痩せているのは私のせいではなく、母上が食べないからだ）」の意味。

六　以下の田中での心痛は、母が王奇の脅迫を受けている時の胸騒ぎとして語られるが、船橋本では、王奇が董黯の母を足蹴にする場面がなく、しかも王奇の脅迫が三牲の強要に替えられ、後に出るので、「心痛」が脅迫と呼応せず、唐突の感を免れない。『鏡中釈霊実集』所収「為人父母己斎文」では「董黯痛心而遄返」とある。

七　惨々は、痛み悲しむさま。

八　三斗を食すと言ったことを、過ちとするか。

九　三牲は、後注の『御注孝経』紀孝行章の注に、「太牢也」（牛羊豕の三牲が備わること）とある。西野氏は前掲注一論文で「三牲は王侯の礼で庶人のなし得るところではなく（中略）例えば太康起居注（御覧八六三）に「石崇崔亮母疾、日賜二清酒粳米各五升、猪羊肉各一斤半一」とある如く、重臣の母が病篤くして漸く二牲を賜っているに過ぎぬ。そして、この説話で三牲を羅列するのは、いわば此の説話は、貧と富、孝と不孝を甚だ対照的に用いているので、特に不孝息子の愚かさを誇張した部分として挿入したもので、朝も昼も、又晩もという御馳走攻めの表現からもその目的はこの説話の読者に、その息子のあまりにも愚かな不道徳性にあきれて哄笑することを期待したものであつたかと思う」と言っている。十斤は、11蔡順、注九参照。後漢の時代「一斗」は約二リットルである。

一〇　『孝経』紀孝行章の、「三者不レ除、雖三日用二三牲之養一、猶為二不孝一也」を踏まえる。王奇の三牲がこれを曲解してなされている所に、彼の愚かさが誇張される。

一一 『礼記』曲礼上「父之讐弗㆓与共戴㆒㆑天、兄弟之讐不㆑反㆑兵、交遊之讐不㆑同㆑国」に拠るか。

一二 監司は、刺史の別名。船橋本の官司は、9丁蘭にも見える。

一三 阿母は、4韓伯瑜、注六参照。

一四 この一句難解である。田中で母が王奇の辱めを受けているのを察知していたが、7魏陽の場合同様、母の存命中は孝心ゆえ即座に報復しなかったことを指して、「己が力《つとめ》を行うを忘る」というか（或いは、「承天士忘行己力」を「承天志、行己力」〈すなわち転写の間に志または、孝を士忘と見誤った〉の誤記と見れば「天を承くる志〈または、孝〉、己が力を行う」〈天の意を承けている孝であるから、己の子としての務めを果たしたのだ〉と解釈することも考えられよう）。「讐身を傷することを得たり」とは、王奇の首を取り復讐を完遂したことを指す。

一五 葅醢は、塩漬けの刑罰のこと。復讐を果たしたので、塩漬けの刑も快く受け、また、甘んじて縛に就くということ。

一六 禽（鳥）獣は孝にいち早く応ずるものである。蔡順（「禽獣依徳」）、陽威、欧尚、顔烏、伯奇、曾参（「孝伏禽獣」）、禽堅など、いずれも皆この例。

一七 この王について、唐の崔殷撰「純徳真君廟碣銘」では、「和帝聞㆓其異行㆒、特舎㆓専殺之罪㆒、召拝㆓郎中㆒」などと後漢の和帝のこととする伝承（『純徳彙編』六上には、和帝の永元八年〈紀元八九〉の詔勅とされるものを載せている）を伝えている。

一八 ここでは敬い感謝する意であろうが、敬謝は、本来、謹んでお断りする、謝絶する意。

一九 万機は、王としてのすべての政治。

二〇　悪人を処罰することを意味する。19欧尚に、「除剪」の例がある。

二一　陽明本と異なり、船橋本の「痛心」は36曾参の所謂「五孝」の第二として描かれる「心痛」と同じ。

二二　阿嬢は、9丁蘭、注一二参照。

二三　離は、陽明本の罹と同じく、かかる意。

二四　寝食安からずは、次の38申生の、「父食不レ得二麗姫一則不レ飲、臥不レ得二麗姫一則不レ安」に拠るか。

二五　船橋本は、二人が兄弟であると誤解し、王奇が董黯の母に対して「三牲之養」を行い、復讐のため遂には董黯によって殺害されるに至るという筋に改変されている。しかし、兄が弟を殺しては孝悌の道に背く。陽明本とこの相違は祖本の本文に何らかの欠損が生じたためかも知れない。

二六　具状は、ありのままにつぶさに上申すること。

38 中 生

【陽明本】

中生者晋献公之子也。兄弟三人、中者重耳[1]、少者夷吾。母曰斉姜、早亡[2]。而中生至孝。父伐麗戎[3]、得女一人、便拝為妃。賜姓驥氏、名曰麗姫。々生子[4]、名曰奚斉卓子[5]。姫懐妬之心、欲立其子斉[6]以為家嫡。因欲譏之、謂中生曰、吾昨夜、夢汝母飢渇弊。汝今宜以酒礼至墓而祭之云。中生涕泣、具弁肴饌。姫密以毒薬置祭食中、謂言中生、祭訖食之則礼[7]。而中生孝子、不能敢飧。将還献父、々欲食之。麗

中生[一]は晋[二]の献公の子なり。兄弟[三]三人あり、中は重耳、少は夷《い》吾《ご》なり。母は斉姜《せいきょう》[四]と曰《い》い、早[五]く亡す。而《しこう》して中生至孝なり。父[六]麗戎《りじゅう》を伐《う》ち、女一人を得、便《すなわ》ち拝して妃[七]と為《な》す。姓を驥氏《きし》[八]と賜い、名づけて麗姫《りき》と曰う。姫子を生み、名づけて奚斉《けいせい》[九]卓子と曰う。姫妬《ねた》みの心を懐き、其《そ》の子斉を立てて以って家嫡と為さんと欲す。因りて之《これ》を譏《ざん》せんと欲し、中生に謂《い》いて曰わく、吾[一〇]昨夜、汝《なんじ》の母飢渇して弊《くる》しむを夢みる。汝今宜しく酒の礼を以って墓[一一]に至りて之を祭るべしと云う。中生涕泣《ていきゅう》し、肴饌《こうせん》[一二]を具弁す。姫密かに毒薬[一三]を以って祭食の中に置き、中生に謂いて言わく、祭り訖《お》わりて之を食するは則ち礼なりと。而《しか》れども中生孝子にして、敢て飧《そん》すること能《あた》わず。将《も》ち

姫恐薬毒中献公、即投之曰、此物従外来。焉得輒食之。乃命青衣、嘗之入口、即死。姫乃詐啼叫曰、養子反欲殺父。申生聞[8]之、即欲自殺。其臣諫曰、何不自理。黒白誰明。申生曰、我若自理、麗姫必死。父食不得麗姫則不飲、臥不得麗姫則不安。父今失麗姫、則有憔悴之色。如此、豈為孝子乎。遂感激而死也。

還《かえ》りて父に献ずるに、父之を食さんと欲す。[一四]麗姫薬毒の献公に中《あ》たるを恐れ、即ち之を投じて曰わく、[一五]此の物外より来たり。焉《いず》くんぞ輒《たやす》く之を食するを得んと。乃《すなわ》ち[一六]青衣に命じ、之を嘗《な》めて口に入らしむるに、即ち死す。姫乃ち[一七]詐《いつわ》りて啼《な》き叫びて曰わく、子を養うに反って父を殺さんと欲すと。申生之を聞き、即ち[一八]自殺せんと欲す。[一九]其の臣諫《いさ》めて曰わく、何ぞ自ら理《ただ》さざる。黒白誰か明らかにせんと。[二〇]申生曰わく、我れ若し自ら理さば、麗姫必ず死せん。父食するに麗姫を得ずば則ち飲まず、臥《が》するに麗姫を得ずば則ち安からず。父今麗姫を失わば、則ち憔悴《しょうすい》の色有らん。此《か》くの如き、豈《あに》孝子たらんやと。遂に感激して死するなり。

【船橋本】

中生晋献公之子也。兄弟三[9]人、中者重耳、小者夷吾。母云斉姜、其身早

中生は晋の献公の子なり。兄弟三人あり、中は重耳、小は夷吾なり。母は斉姜と云い、其の身早く亡するなり。中生孝あ

亡也。申生孝。於時父王伐麗戎、得一女便拝為妃。賜姓則騏氏、名即麗姫。々生子、名曰奚斉。爰姫懐妬心、謀却申生、欲立奚斉。姫語申生云、吾昨夜、夢見汝母飢渇之苦。宜以酒至墓所祭之。申生聞之、泣涕弁備。姫密[10]以毒入其酒中、乃語申生云、祭畢即飲其酒、是礼也。中生不敢飲、其前将来献父。々欲食[11]之、姫抑而云、外物不輒用。乃試令飲青衣、即死也。於時姫詐泣叩[12]曰、父養子、々欲殺父耶。中生聞之、即欲自殺。其臣諫云、死而入罪、不如生而表明也。中生云、我自理者、麗姫必[13]死。無麗姫者、公亦不安。為孝之意、豈有趨乎。遂死

り。時に於《お》いて父王麗戎を伐ち、一女を得て便ち拝して妃と為す。姓を賜い則ち騏氏とし、名は即ち麗妃という。姫子を生み、名づけて奚斉と曰う。爰《ここ》に姫妬心《としん》を懐き、謀りて申生を却《しりぞ》け、奚斉を立てんと欲す。姫申生に語りて云わく、吾昨夜、夢に汝の母の飢渇の苦を見る。宜しく酒を以って墓所に至り之を祭るべしと。申生之を聞き、泣涕して弁備す。姫密かに毒を以って其の酒中に入れ、乃ち申生に語りて云わく、祭り畢《おわ》りて即ち其の酒を飲む、是《こ》れ礼なりと。中生敢て飲まず、其の前に将ち来たりて父に献ず。父之を食さんと欲するに、姫抑えて云わく、外の物は輒く用いずと。乃ち試みに青衣に飲ましむるに、即ち死するなり。時に於いて姫詐りて泣き叩《たた》きて曰わく、父子を養うに、子父を殺さんと欲するやと。中生之を聞き、即ち自殺せんと欲す。其の臣諫めて云わく、死して罪に入るは、生きて明を表わすに如《し》かざるなりと。中生云わく、我自ら理さば、麗姫必ず死せん。麗姫無くば、公

也。

も亦《また》安からず。孝を為すの意、豈[三]趨《おもむ》くこと有らんやと。遂に死するなり。

【校勘】1耳、底本「呵」、船橋本により改める。　2・5・6斉、底本「晉」、船橋本により改める。　3戎、底本「娘」、船橋本により改める。　4子、底本「孝」、船橋本により改める。　7礼、底本「死」、船橋本により改める。　8聞、底本この下「之生聞」とし抹消。　9三、底本虫損あり。　10密、底本「蜜」、陽明本により改める。　11食、底本無、陽明本により補う。　12叩、底本補入記号を付して左傍書。　13必死、底本「、、」、陽明本により補う。

文献資料『春秋穀梁伝』僖公十年、『春秋左氏伝』荘公二十八年、僖公四年、『国語』晋語、『呂氏春秋』十九、『礼記』檀弓上、『史記』晋世家、『説苑』四、『列女伝』七7、『孝子伝』（『類林雑説』一1「晋申生」所引。西夏本不見）等。『類林雑説』六34「麗姫」（「史記晋世家」を引く）、『文選』四十九「後漢書后紀論」李善注（「左氏伝」）、林同『孝詩』、『十七史詳節』八、『東周列国志』二十七等。

『今昔物語集』九43（船橋本系）、醍醐寺本『白氏新楽府略意』上「陵周妾」注、書陵部本『和漢朗詠集私注』巻一零本春、躑躅「夜遊人欲」注（「晋世家第九史記卅九」等）、『和漢朗詠註抄』（「列異伝」）、永済注、東大本『和漢朗詠集見聞』（「七十余人ノ孝子伝」）等、仙覚『万葉集註釈』七「ヒモロキ」注（秘府本『万葉集抄』、『詞林采葉抄』六、『和歌色葉』下にも。列異伝系）、『塵袋』三「鬪鶏」、『太平記』十二「驪姫事」、『壒嚢鈔』六5（永済注、『太平記』に拠る）、謡曲『介子推』、『女訓抄』中三等。

本話について論じたものに、増田欣「驪姫説話の伝承と太平記」（『国文学攷』28、一九六二年。『太平記』の比較文学的研究』〈角川書店、一九七六年〉一章三節に再録）、黒田彰「驪姫外伝—中世史記の世界から—」（『中世説話の文学史的環境』〈和泉書院、一九八七年〉Ⅱ二—2）、小助川元太「申生説話考—『孝子伝』とその影響について」（『伝承文学研究』46、一九九七年）などがある。

図像資料 1後漢武氏祠画象石、14泰安大汶口後漢画象石墓（「此浅《献》公前婦子」「此晋浅《献》公見離《麗》算」「此後母離居《麗姫》」）、嘉祥宋山一号墓、二号墓、山東肥城後漢画象石墓。中生図については、黒田彰『孝子伝の研究』（思文閣出版、二〇〇一年）Ⅱ一参照。

【注】

一 申生は、晋の献公が父武公の妾、斉姜に生ませた子とされる（『左伝』）。

二 晋は、春秋十二列国の一、山西省太原に位置。献公は、晋の十九代の君主。

三 重耳（後に五覇の一人、晋文公となる）は大戎の狐姫の子、夷吾は小戎の娘の子（『左伝』）。

四 斉姜は、斉桓公の女（『史記』）。

五 『史記』に、「斉姜早死」、『列女伝』に、「斉姜先死」とある。

六 驪山《りざん》（陝西省臨潼県）にいた非漢民族の部族。麗は、驪、孋とも書かれる。『元和姓纂』二「驪」に、「左伝、驪戎国之後、在二昭応県一」とある（昭応県は、陝西省臨潼県）。

七 『左伝』、『列女伝』に、「為二夫人一」と言う。

八 船橋本も同じだが、未詳。

九　船橋本「奚斉」。奚斉は、麗姫の子、卓子は、姫の娣《いもうと》の子（『左伝』等）。『穀梁伝』『列女伝』は、共に姫の子とする。

一〇　両孝子伝において、麗姫が斉姜を夢に見、その斉姜が飢えに苦しんでいたとされることは特異であり、注意を要する。『左伝』以下の諸書では、夢を見たのは麗姫でなく、献公（「君」）とされ、夢の内容（斉姜が飢えに苦しむこと）は記されないからである。それらが記されるのは、早く西野貞治氏が両孝子伝との関わりを指摘されていた、『春秋穀梁伝』である。即ち、『穀梁伝』僖公十年に、「麗姫又曰、吾夜者夢、夫人（夫人は申生母）趨而来曰、吾苦飢」とある。『類林雑説』所引の『孝子伝』に、「妾昨夜夢　中生之母従㆑妾乞㆑食」とあるのも、『穀梁伝』系に属し、降って明代の『東周列国志』に、斉姜の飢えの苦しみが記される（「君夢、斉姜訴曰苦㆓饑無㆒㆑食」）のも同様である。両孝子伝が『左伝』『史記』『列女伝』等に見えないこれら『穀梁伝』系のモチーフをもつこと（我が国の資料にも多く踏襲される）は、その成立が決して単純ではないことを窺わせる。

一一　申生は曲沃《きよくよく》（山西省聞喜県）にいて、これを祭った（『史記』等）。『史記集解』に、「服虔曰、曲沃斉姜廟所在」と言う。

一二　肴饌は、御馳走。具弁は、供えること。船橋本の「弁備」も同じ。

一三　陽明本は供え物の御馳走に毒を入れたとするのに対し、船橋本は「以㆑毒入㆓其酒中㆒」と酒に毒を入れたとする。このことについて、『国語』には、酒に鴆《ちん》を入れ肉に菫《きん》（とりかぶと）を入れたとあり、『穀梁伝』『列女伝』には、酒に鴆、脯《ほじし》に毒を入れたとあり、『左伝』『史記』には、胙《ひもろき》（供え物。ひもろぎとも）に毒を入れたなどとする。

一四　船橋本「姫抑而云」。『史記』に、「驪姫従㆑旁止㆑之曰」とある。

一五　『穀梁伝』に、「食自㆑外来者、不㆑可㆑不㆑試也」、『列女伝』に、「食自㆑外来。不㆑可㆑不㆑試也」とある。

一六　青衣は、下女。『類林雑説』所引『孝子伝』に、「婢」とする。

一七　船橋本「姫詐泣叩曰」。『穀梁伝』に、「麗姫……啼呼曰」、『列女伝』に、「驪姫乃仰レ天叩レ心而泣、見二申生一哭曰」などとある。

一八　『穀梁伝』に、「吾寧自殺」、『史記』に、「我自殺耳」とある。

一九　『穀梁伝』に、「世子之傅里克謂二世子一曰、入自明。入自明則可二以生一。不二入自明一、則不レ可二以生一」、『列女伝』に、「太傅里克曰、太子入自明、可二以生一。不則不レ可二以生一」、『史記』に、「或謂二太子一曰……太子何不二自辞明一レ之」、『類林雑説』所引『孝子伝』に、「大夫李克謂二申生一曰、何不二自治一」などとある。

二〇　船橋本「申生云、我自理者、麗姫必死。無二麗姫一者、公亦不レ安」とする。このことは、『穀梁伝』に、「世子曰……吾若レ此而入自明、則麗姫必死。麗姫死、則吾君不レ安」、『列女伝』に、「太子曰……若入而自明、則驪姫死。吾君不レ安」とあり、また、『左氏伝』僖公四年杜預注に、「吾自理、則姫死」、『礼記』檀弓上孔穎達疏に、「正義曰……我若自理、驪姫必誅」などと見える。また、陽明本に、「申生曰、我若自理、麗姫必死。父食不レ得二麗姫一則不レ飲、臥不レ得二麗姫一則不レ安」とあるのは（船橋本37董黯に、「寝食不レ安」とするのは、これに拠るか）、『類林雑説』所引『孝子伝』の、「申生曰、吾父……臥不レ得レ姫則不レ安、食不レ得レ姫則不レ飽。吾若自治、公則殺レ姫」と酷似する。陽明本の「麗姫必死」（船橋本「必死」を欠字とする）も、『穀梁伝』に見える句である。

二一　趨くは、釈明に赴くことであろう。『史記』等、「可レ奔二他国一」と勧められる条りによれば、出奔する意となる。

39　申　明

【陽明本】

申明者楚丞相也。至孝忠貞。楚王兄子、名曰白公。造逆无人能伐者。王聞申明賢、躬以為相。申明不肯就命。明父曰、我得汝為国相。終身之義也。従父言往起。登之為相、即便領軍伐白公。々聞申明来、畏[1]必自敗[2]。乃密縛得申明父、置一軍中。便曰、吾以執得汝父。若来戦者、我当殺汝父。申明乃嘆曰、孝子不為忠臣、々々不為孝子。吾今捨父事君。若[3]受君之禄而不尽節、非臣之礼。今日之事、先

[一]申明は楚《そ》の丞相なり。至孝忠貞なり。[二]楚王の兄の子、名は[三]白公と曰《い》う。[四]造逆して人の能《よ》く伐《う》つ者无《な》し。王申明の賢なるを聞き、[五]躬《みずか》ら以って相と為《な》す。申明命に就くを肯《がえ》んぜず。明の父曰わく、[六]我汝《なんじ》が国の相為《た》るを得るは、[七]終身の義なりと。父の言に従い往きて[八]起《た》つ。之《これ》を登して[九]相と為す。即便《すなわち》軍を領じて白公を伐つ。[一〇]公申明の来たるを聞き、必ず自らの敗るることを畏《おそ》る。[一一]乃《すなわ》ち密かに申明の父を縛り得て、一軍の中に置く。便《すなわ》ち曰わく、吾以って汝が父を執り得たり。[一二]若し来たりて戦わば、我当《まさ》に汝が父を殺さんと。申明乃ち嘆きて曰わく、[一三]孝子は忠臣為らず、忠臣は孝子為らず。吾今父を捨て君に事《つか》えん。[一四]若し君の禄を受けて節を尽くさざらば、臣の礼に非ず。

是父之命、知後受言。遂戦乃勝。[4]白公即殺其父。明領軍還楚。王乃賜金千斤、封邑万戸。中明不受帰家葬父、三年礼畢、自刺而死。故孝経云、事親以孝、移於忠、々可移君、此謂也。

今日の事、先には是《こ》れ父の命なり、後を知らば言を受けんやと。遂に戦いて乃ち勝つ。白公即ち其《そ》の父を殺す。明、軍を領じて楚に還《かえ》る。[一五]王乃ち金千斤、封邑万戸を賜う。申明受けずして家に帰りて父を葬り、[一六]三年の礼畢《おわ》りて、自ら刺して死せり。故に[一七]孝経に云わく、親に事うるに孝を以ってすれば、忠に移り、忠、君に移すべしと。此の謂《いい》なり。

【船橋本】

[5]中明者楚丞相也。至孝忠貞。楚王兄子、曰[6]白公。造[7]逆無人服儀。爰王聞申明賢也。而躬欲為相。申明不肯就命。王曰、朕得汝為国相、終身之善也。於時申明随父言、行而為相。即領軍征白公所。白公聞申明来之。[8]畏[9]縛申明之父、置一軍之中。即命人云、

申明は楚の丞相なり。至孝忠貞なり。楚王の兄の子、白公と曰う。造逆して人に服する儀無し。爰《ここ》に王申明の賢なるを聞くなり。而《しこう》して躬《みずか》ら相と為さんと欲す。申明命に就くを肯んぜず。王曰わく、朕汝を得て国の相と為すは、終身の善なりと。時に申明父の言に随いて、行きて相と為る。即ち軍を領じて白公の所に征《ゆ》く。白公申明が来たるを聞く。畏れて申明の父を縛り、一軍の中に置く。即ち人に命じて云わく、吾汝

吾得汝父。若汝来迫者、当殺汝父。乃申明嘆曰、孝子不忠、々不孝。吾捨父奉君。已食君禄。不尽忠節。遂向斬白公。々々殺申明父。申明即領軍還、[10]復命之訖。王誉其忠節、賜金千斤、[11]封邑万戸。申明不受還家、三年礼畢、自[12]刺而死也。

が父を得たり。若し汝来たり迫らば、当に汝が父を殺すべしと。乃ち申明嘆きて曰わく、孝子たらば不忠なり、忠たらば不孝なり。吾、父を捨て君に奉ぜん。已《すで》に君の禄を食《は》めり。忠節を尽くさざらんやと。遂に向かいて白公を斬る。白公申明の父を殺せり。申明即ち軍を領じて還り、之を復命し訖《お》わんぬ。王其の忠節を誉め、金千斤、封邑万戸を賜う。申明受けずして家に還り、三年の礼畢りて、自ら刺して死ぬなり。

【校勘】 1畏、底本「果」、意により改める。 2敗、底本「皈」、意により改める。 3若、底本「々（君）」、意により改める。 4白、底本「百」、意により改める。 5底本左傍に朱で「卅八／説苑四巻申鳴伝有之」と記す。 6白、底本無、陽明本により補う。 7逆、底本一字分空白、陽明本により補う。 8畏、底本「艮」、意により改める。 9縛、底本「傳」、陽明本により改める。 10復、底本「後」、意により改める。 11封、底本「村」、陽明本により改める。 12刺、底本「判」、陽明本により改める。

（文献資料）『説苑』四、『韓詩外伝』十、纂図本『注千字文』61「資父事君」注、方鵬『責備余録』上「申鳴棄父殺賊」。

『普通唱導集』下末（陽明本系）、『孝行集』14、妙本寺本『曾我物語』二、『類雑集』五52（『注千字文』に拠る）、

『慈元抄』上。
『曾我物語』の申明譚の引用については、稲葉二柄「真名本曾我物語の故事—表現形式についての考察—」（『中世文学研究』3、一九七七年）に言及があるが、そこで不明とされている「申明が七歳の時、父を訪ねて南蛮国へ旅した」という記述は、『孝子伝』でこの申明の次に載る禽堅の事跡を、申明のものと混同したものである。

【注】

一 申明は、『説苑』『韓詩外伝』等では、申鳴と記される。春秋時代の楚の人。本話は、『春秋左氏伝』哀公十六、十七年に記される白公勝の乱を背景にしたものであるが、『左伝』には白公が乱を起こし、葉公子高に攻められて山に奔り、縊死したことが記されているものの、その本文や注疏には申鳴（明）の名や、これに類する話は見えない。本話は、幼学の世界では、『孝子伝』の他に、『千字文』の「資父事君、曰厳与敬」句（『孝経』に基づく）に対する纂図本『注千字文』の注にも引用されて享受され、『類雑集』はこれに基づく。

二 楚王が白公の乱時の王である楚の恵王を指すのであれば、白公は恵王の叔父の子にあたるので、両孝子伝の「楚王の兄の子」という記述は不正確ということになる。

三 白公は、白公勝で、楚の太子建の子、平王の孫。幼時、呉国に亡命していたが、子西が召還して白公とした。『左伝』杜預注に、「白、楚邑也。汝陰褒信県西南。有二白亭一」とある。

四 造逆は反乱を起こすこと。

五 『説苑』では、楚王が申鳴を相にしてから三年後に、白公の乱が起きたとするが、両孝子伝では、白公が乱を起こし、それを鎮めるために楚王自らが申明を相としようとしたように記されている。なお『韓詩外伝』では、「楚王以為二左司馬一」とあり、その就任の年に白公の乱に遭ったと記す。

六　以下の部分が、船橋本では「朕汝を得て……」と、王の言葉となっているが、その直後に「時に申明父の言に随い」とあり、陽明本の父の言葉を王の言葉に変更したための不整合が生じている。また『説苑』『韓詩外伝』には、「国から禄をもらい、朝廷において地位を占めて汝が楽しみを得れば、私には憂いはない」という内容の、申明を説得する父の言葉を載せる。孝心からこの父の言に心ならずも従ったために、後に主君への忠に基づいて父を見捨てねばならなくなるという運命の皮肉が、本話の重要な要素となっていく。

七　終身之義は、自分の身を終える正しいあり方で、本望の意か。『普通唱導集』は、「終身之美」に作るが、これは、生涯最高のほまれの意か。船橋本は、「終身之善」とするが、「終身之美」とほぼ同様の意であろう。

八　「起」は官途に就くことをいうか。『普通唱導集』は「趣（おもむく）」に作る。

九　纂図本『注千字文』では、驃騎将軍に任じられて軍を領じたとあり、白公を伐つ話としては、こちらの方がふさわしい。

一〇　以下の部分、『説苑』『韓詩外伝』では、「申鳴者天下之勇士也。今以レ兵囲レ我、吾為レ之奈何」（『説苑』。『韓詩外伝』もほぼ同じ）と記す。

一一　『説苑』『韓詩外伝』では、白公の臣石乞の「申鳴は天下の孝子である」という提言により、「其の父を劫《うば》う」とする。

一二　『説苑』『韓詩外伝』では、この前に「もし寝返った場合には、楚国をおまえと半分分けにしよう」という、白公の甘言が記される。

一三　『説苑』『韓詩外伝』には、「始めは父の孝子であったが、今では君の忠臣である……今となっては父の孝子たることはできない」と記す。

一四　父を捨てて主君を奉じようと決断する理由として、「すでに主君の禄を食む」ことをあげるのは、船橋本も同じ。『説苑』では、「吾聞レ之也。食二其食一者死二其事一、受二其禄一者畢二其能一」と格言調になっている（『韓詩外伝』にはこの言葉は記されない）。

一五　王からの褒賞を「金千斤、封邑万戸」とするのは、船橋本も同じ。『説苑』では、「王賞レ之金百斤」とし、封邑のことは記されない。また『韓詩外伝』には、「王帰賞レ之」とだけある。纂図本『注千字文』には、褒賞の話はない。褒賞を断ったのは、申明が王の忠臣から、親の喪に服する孝子に戻ったことを意味する。

一六　三年の礼を終えるというのも、申明が孝子に戻って親の服喪をきちんと果たしたことを強調したもの。『説苑』、『韓詩外伝』、纂図本『注千字文』にはこの記述はなく、「遂自殺也」（『説苑』）、「遂自刎而死」（『韓詩外伝』『注千字文』）とだけある。

一七　『古文孝経』広揚名章に、「子曰、君子之事レ親孝、故忠可レ移二於君一」とあるのを受けたものであろうが、孝と忠とは一体のものであり、孝から忠に移る段階を注釈的に補ったものか。『普通唱導集』所引の本文では、「事レ親以孝、故忠可レ移レ君」と、『孝経』と同じ形になっている。この『孝経』の章句は、親に仕え孝なる故に、主君に対して忠であるという論理が述べられており、本話の主題と大きく関わる。さらに本話では、この『孝経』の章句を体現した申明の行動や言葉を通じて、孝が、その上位に立つ忠の倫理によって抑え込まれていく様がよく描かれている。また、『韓詩外伝』では、話の末尾に「詩曰、進退惟谷《これきわまる》」と、『毛詩』「桑柔」の句を引き、申明が忠と孝の板挟みになって苦しむことを、話の主題と捉えていることがより明らかになっている。

40 禽堅

【陽明本】

禽堅、字孟遊。蜀郡[1]成都人也。其父名訟信、為県令吏。母懐任七月、父[2]奉使至夷。々転縛置之、歴十一主。母生堅之後、更嫁余人。堅問父何所在。具語之。即辞母而去。歴渉七年、行傭作。往渉羌胡以求其父。至芳狼、夷中仍得相見。父子悲慟。行人見之、无不殞涙。於是、戎夷便給資糧、放還国。渉塞外、五万余里之。山川険阻、独履深林。毒風[3]瘴気、師子虎狼、不能傷也。豈非至孝所感其霊扶祐哉。

[一]禽堅《きんけん》、字《あざな》は孟遊《もうゆう》、[二]蜀郡《しょくぐん》成都の人なり。其《そ》の父、名は訟信、県令の吏為《た》り。母[三]懐任して七月、父使を報じて[四]夷《い》に至る。夷[五]転縛して之《これ》を置し、[六]十一主を歴《へ》たり。母堅を生んで後、更に余人に嫁す。堅、父何所《いずこ》に在るかを問う。具《つぶさ》に之を語る。即ち母に辞して去る。歴渉すること七年、行くゆく傭作《ようさく》す。[七]羌胡《きょうこ》を往渉して以って其の父を求む。[八]芳狼に至りて、夷中に仍《すなわ》ち相見るを得たり。父子悲慟《ひどう》す。行人之を見て、涙を殞《おと》さざるは无《な》し。是《ここ》に於《お》いて、戎夷《じゅうい》便《すなわ》ち資糧を給して、放《ゆる》して国に還《かえ》らしむ。塞外《さいがい》を渉ること、五万余里。山川険阻にして、独り深林を履む。毒風瘴気《しょうき》、師子虎狼《ころう》も、傷つくること能《あた》わざるなり。豈《あに》至孝の感ぜしむる所、其の霊の[九]扶祐に非ずや。

於是、迎母還共居之也。

【船橋本】

禽[4]堅、字[5]孟遊、蜀郡人也。其父名信、為県吏。母懐妊七月、父奉使至夷。々転伝売之、歴十一个年。母生禽堅、復改嫁也。[6]堅生九歳而問父所在。母具語之。[7]堅聞之、悲泣、欲尋父所。遂向眇境、傭作続糧。去歴七个年、僅至父[8]所。父子相見、執手悲慟。見者[9]断腸、莫不拭涙。於是、戎之君悵歎放還、兼賜資糧、還路塞外万余里、山川険阻、師子虎狼、[10]縦横無数。毒気害人、存者寡也。祷請天地、儻帰本土。禽[11]堅至孝之者、令父帰国。親

是に於いて、母を迎え還《また》共に[一〇]之と居るなり。

禽堅、字は孟遊、蜀郡の人なり。其の父、名は信、県吏為り。母懐妊《かいにん》して七月、父使を奉じて夷に至る。夷転伝して之を売り、十一箇年を歴たり。母禽堅を生んで、復《また》改め嫁せり。堅生まれて九歳にして、父の所在を問う。母具に之を語る。堅之を聞き、悲泣して父の所を尋ねんと欲す。遂に[二]眇境《びょうきょう》に向かい、傭作して糧を続《つ》ぐ。去りて七箇年を歴て、僅《わず》かに父の所に至る。父子相見て、手を執りて悲慟す。見る者腸《はらわた》を断ち、涙を拭《ぬぐ》わざるは莫《な》し。是に於いて、戎の君悵歎《ちょうたん》して放還し、兼ねて資糧を賜う。還路、塞外万余里、山川険阻にして、師子虎狼、縦横無数なり。毒気人を害い、存する者寡《すくな》し。天地に祷請《とうせい》し、儻《たまたま》本土に帰る。禽堅は至孝の者にして、父を国に帰らしむ。親疎《しんそ》朋友、再び相見るを得たり。[三]夷城の奴

踈朋友、再得相見。抽夷城之奴、為花夏之臣。母後迎還、父母如故彼此無怨。[12]孝中之孝、豈如[13]堅乎也。

を抽《ぬ》き、花夏の臣と為す。母後に迎還せられ、父母故《もと》の如く、彼れ此れ怨《うら》むこと無し。孝中の孝、豈堅に如《し》かんや。

【校勘】 1成、底本「城」、『華陽国志』により改める。 2奉　底本「秦」、船橋本により改める。 3瘴、底本「鄣」、意により改める。 4・6・7・11・13堅、底本「竪」、陽明本により改める。 5孟、底本「蓋」、陽明本により改める。 8所、底本「前」を見せ消ちして右傍に「所」と書く。 9断、底本「新」の上に重ね書き。 10縦、底本「従」、意により改める。 12孝、底本「者」の上に重ね書き。

文献資料 『華陽国志』十上、『続後漢書』十一、『冊府元亀』八八七。
『今昔物語集』九9。

【注】

一　後漢の人。字は、『華陽国志』に孟由とする

二　四川省。

三　任は妊と通用する。

四　辺境の異民族。『華陽国志』は、越嶲《えつすい》（四川省南部）で捕われたとする。

五　捕えて次から次へと譲り渡し。

六　十一人の主人。『華陽国志』は、「十一種」、十一の部族とする。船橋本「十一箇年」。

七　中国西方の異民族。

八　『元和郡県図志』三十九隴右道に、参狼羌の住地として芳州がある。これと関わりあるか。

九　助け。

一〇　『華陽国志』には、この後に、州郡が彼の孝を賞して官職を与えたこと、死後、孝廉を追贈されたこと、碑銘が立てられたことが記されている。『続後漢書』（宋、蕭常撰）には「(王) 商表㆓其墓㆒、追㆓贈孝廉㆒」とある。

一一　遥かに遠い地方。

一二　異民族の町で奴隷となっていた父を本国へ連れ戻した。「花夏」は中華。本来は「華夏」であるが、「華」を「花」と表記しているのは、則天武后の祖父の諱の華（『旧唐書』一八三外戚伝）を避けたものか。『元和郡県図志』二に「華州、垂拱元年改為㆓太州㆒。避㆓武太后祖諱㆒也」という記述があり、日本に遺存する唐鈔本の『華厳経』に、「花厳経」と書くものがあることに関して、これは避諱によるものであろうという内藤乾吉氏の指摘がある（『書道全集』26「中国補遺」、平凡社、一九七七年、「大方広仏花厳経巻第八」解説）。

41 李善

【陽明本】

李善者南陽家奴也。李家人並卒死、唯有一児新生。然其親族、无有一遺。善乃歴郷隣、乞乳飲哺之。児飲恒不足。天照其精、乃令善乳自汁出、常得充足。児年十五、賜善[1]姓李氏。治喪送葬、奴礼无廃。即郡県上表、[2]功其孝行、拝為河内太守。百姓咸歓。孔子曰、可以託六尺孤、此之謂也。

李善は[一]南陽の家奴なり。李家の人、並びに卒《にわか》に死す。唯《た》だ一[二]児の新たに生れたる有り。然れども其《そ》の親族、一《ひと》りも遺《のこ》る有る无《な》し。善乃《すなわ》ち郷隣を歴《へ》、乳を乞《こ》いて之《これ》に飲ませ哺《やしな》う。児、飲みて恒に足らず。天、其の精を[三]照《あらわ》し、乃ち善の乳をして自ら汁を出ださしめ、常に充足することを得たり。児、年十五、善に姓を李氏と賜う。[四]喪を治めて送葬し、奴の礼廃すること无し。即ち郡県上表し、其の孝行を功とし、拝《め》して[五]河内太守と為《な》す。百姓咸《ことごと》く歓ぶ。[六]孔子曰《い》わく、以って六尺の孤を託すべしとは、此れ之を謂《い》うなり。

【船橋本】

李[3]善者南陽李孝家奴也。於時家長、家母、子孫、駆使、遭疫悉死。但遺嬰児幷一奴名善。爰乞隣人乳、恒哺養之。其乳汁不得足之、児猶啼之。於時天降恩[4]命、出善乳汁、日夜充足。爰児年成長、自知善為父母而生長之由。至十五歳、善賜李姓。郡県[5]上表、顕其孝行。天子諸侯、誉其好行、拝為河内大守。善政踰人、百姓敬仰。天下聞之、莫不嗟歎云云。

李善は南陽の李孝の家奴なり。時に家長、家母、子孫、駆使[七]、疫に遭いて悉《ことごと》く死す。但嬰児《えいじ》幷《なら》びに一の奴、名は善なるもの遺れり。爰《ここ》に隣人の乳を乞い、恒に之を哺養《ほよう》す。其の乳汁、之に足らすを得ず、児猶《なお》啼《な》く。時に於《お》いて天、恩命[八]を降《くだ》し、善に乳汁を出さしめ、日夜充足せり。爰に児、年成長し、自《おのずか》ら善を父母と為して生長せる由を知れり。十五歳に至り、善に李姓を賜う。郡県上表して、其の孝行を顕わす。天子諸侯、其の好《よ》き行いを誉め、拝して河内大守と為す。善の政、人に踰《こ》え、百姓敬仰す。天下之を聞き、嗟《さ》歎《たん》せざるは莫《な》しと[九]云云。

【校勘】1善、底本「姜」、意により改める。　2功、底本「加」、意により改める。　3李、上欄外に、「後漢／独行伝」と墨書注記。　4恩、底本「息」、意により改める。　5県、底本「懸」、意により改める。

文献資料『東観漢記』十七、『後漢書』八十一、謝承『後漢書』（『太平御覧』三七一）、『楚国先賢伝』（『太平御覧』

五五八)、『孝子伝』(『琱玉集』十二)、『冊府元亀』一三七、『玉海』一一四、『通志』一六八、『勧懲故事』六。

〔図像資料〕1後漢武氏祠画象石(「李氏遺孤/忠孝李善」、原石欠損、『石索』三、『学斎佔筆』三に拠る)、3後漢楽浪彩篋(「善大家」「李善」「孝婦」「孝孫」)、17北魏司馬金竜墓出土木板漆画屏風(「李善養□兄姉」「□(主カ)人死長人賜善姓為李郡/表上詔拝河内太守」)。

後漢彩篋の榜題中、「孝婦」「孝孫」は、李善とは無関係の別話と解する説がある(吉川幸次郎「楽浪出土漢匧図像考証」、全集六、筑摩書房、一九六八年)。しかし画面の流れや区切りからすると、李善と一連のものである可能性が高い。単なる添景として描かれたか。また北魏司馬金竜墓屏風の榜題中、「李善養□兄姉」は現存の所伝に該当する話がない。

【注】

一　南陽は、河南省南陽市。『東観漢記』『後漢書』は、主人の名を李元、『琱玉集』所引『孝子伝』は李父とする。

二　遺児の名を、『東観漢記』『後漢書』に続とする。

三　まごころを顕彰する意。照は、『類聚名義抄』に、「アラハス」の訓がある。

四　李の姓を得てからも、家奴としての礼を尽くし、亡くなった李家の人々の葬儀を行ない、弔ったことをいう。『古文孝経』広揚名章に、「君子事レ親孝、故忠、可レ移二於君一」とあるように、孝と忠は一体のものと考えられており、李善の主家に対する忠義は、孝の表れとして表彰されるにふさわしい行為であった。武氏祠画象石の榜題「忠孝李善」も、この意である。中島和歌子「『孝子伝』輪読会ノート(後漢・李善)」(『国語国文学科研究論文集』44、一九九九年）が、「孝子」が拡大解釈されているとするのは当たらない。

五 河内太守は、河内郡の長官。河内郡は、河南省沁陽市。『後漢書』は、李善が始め日南（ヴェトナム北部）太守に任ぜられ、ついで九江（江西省九江市）太守に移ったとする。『東観漢記』には任官のことが見えない。北魏司馬金竜墓の屛風榜題のみ、官名が一致する。

六 『論語』泰伯に、「曾子曰、可㆔以託㆓六尺之孤㆒、可㆔以寄㆓百里之命㆒」とある。君子の条件として、幼少の君主を託するに足り、一国の運営をあずけ得ることを述べた件りで、孔子ではなく、曾子の言。『瑚玉集』所引の『孝子伝』も、孔子の言葉としている。

七 駆使は、召使い。

八 恩命は、恵み深い命令。

九 44眉間尺、注三三参照。

42　羊　公

【陽明本】

[1]羊公者洛陽安里人也。兄弟六人、家以屠完為業。公少好学、修於善行。孝義聞於遠近。父母終没。葬送礼畢。哀慕无及。北方大道、路絶水漿。人往来恒苦渇之。公乃於道中造舎、提水設漿、布施行士。如此積有年載。人多諫公曰、公年既衰老、家業粗足。何故自苦。一旦損命、誰為慰情。公曰、欲善行損、豈惜余年。如此累載、遂感天神。化作一書生、謂公曰、何[2]不種菜。答曰、无菜種。書生即以菜

羊公[一]は洛陽《らくよう》[二]女里の人なり。兄弟六人、家完《しし》[三]を屠《ほふ》るを以って業と為《な》す。公少《わか》くして学を好み、善行を修す。孝義遠近に聞こゆ。父母終に没す。葬送の礼畢《おわ》りぬ。哀慕及ぶもの无《な》し。北方の大道、路水漿《みちすいしょう》[四]を絶す。人往来するに恒に之《これ》に苦渇す。公乃《すなわ》ち道中に舎を造り、水を提げて漿を設け、行士に布施[五]す。此《か》くの如く積みて年載有り。人多く公に諫《いさ》めて曰《い》わく、公年既に衰老[六]し、家業粗《ほぼ》足る。何の故に自ら苦しむや。一旦[七]命を損するも、誰か為めに情を慰めんと。公曰わく、善行を欲して損すれども、豈《あに》余年を惜しまんやと。此くの如くして載《とし》を累ね、遂に天神[八]を感ぜしむ。化して一書生と作《な》り、公に謂《い》いて曰わく、何ぞ菜を種《う》えざると。答えて曰わく、菜の種无し

種与之。公掘地。便得白璧一双金銭一万。書生後又見公曰、何不求妻。公遂其言乃訪覓妻。名家子女即欲求問。皆咲[3]之曰、汝能得白[4]璧一双金銭一万者、与公為妻。公果有之。遂成夫婦、生男女。育皆有令徳、悉為卿卿相。故書曰積善余慶、此之謂也。今北平[5]諸羊姓、並羊[6]公後也。

【船橋本】

羊公者洛陽安里人也。兄[7]弟六人、屠完為業。六少郎名羊公。殊有道心。不似諸兄。爰以北大路絶[8]水之処、往還之徒苦渇殊難。羊公見之、於其中路、建布施舎。汲水設漿施於諸人。

と。書生即ち菜[九]の種を以って之に与う。公地を掘る。便《すなわ》ち白《はく》[一〇]璧《へき》一双、金銭一万を得たり。書生後に又公に見《まみ》えて曰わく、何ぞ妻を求めざると。公其《そ》の言に遂《したが》い乃ち妻を訪覓《ほうべき》[一一]す。名家の子女即ち求問せんと欲す。皆之を咲《わら》[一二]いて曰わく、汝《なんじょ》能く白璧一双、金銭一万を得ば、公の与《ため》に妻と為《な》らんと。公果たして之有り。遂に夫婦と成り、男女《こども》を生む。育みて皆令徳有り、悉《ことごと》く卿相《けいしょう》と為る。故に書[一三]に曰わく、積善の余慶ありとは、此の謂《いい》なり。今の北平の諸羊姓は、並びに羊公の後なり。

羊公は洛陽安里の人なり。兄弟六人あり、完を屠るを業と為す。六少郎羊公と名づく。殊に道[一四]心有り。諸兄に似ず。爰《ここ》に北の大路絶[一五]水の処を以って、往還の徒苦渇し殊に難《なや》む。羊公之を見、其の中路に於《お》いて、布施舎を建つ。水[一六]を汲《く》み漿を設け諸人に施す。夏冬緩《たゆ》まず、自ら荷い忍苦[一七]す。人有りて謀り

夏冬不緩、自荷忍苦。有人謀曰、一生不幾。何弊身命。公曰、我老年無親、為誰愛力。累歳弥懃。夜有人声曰、何不種菜。公曰、無種子、即与種子。公得種耕地。在地中白璧二枚金銭一万。又曰、何不求妻。公求[9]要之間、県家女子送書。其書云、妾為公婦。公許諾之。女即来之、為夫婦。羊公有信、不惜[10]身力。忽蒙天感、自然富貴。積善余慶、豈不謂之哉。

て曰わく、一生は幾ばくならず。何ぞ身命[一六]を弊《ついや》すやと。公曰わく、我老年にして親無し、誰が為めにか力を愛《おし》まんと。歳を累ね弥《いよいよ》懃《ねんご》ろなり。夜人の声有りて曰わく、何ぞ菜を種えざるやと。公曰わく、種子無しと。即ち種子を与う。公種を得て地を耕す。地中に白璧二枚、金銭一万在り。又曰わく、何ぞ妻を求めざるやと。公求[一九]要の間、県[二〇]家の女子書を送る。其の書に云わく、妾《しょう》公の婦と為らんと。公之を許諾す。女即ちここに来たり、夫婦と為る。羊公信有り、身力を惜しまず。忽《たちま》ちに天感を蒙《こうむ》り、自然に富貴たり。積善の余慶、豈之を謂わざるや。

【校勘】 1羊、底本「半」を見せ消ちして、「羊」と頭書。　2種、底本、頭書補入。　3咲、底本「嘆」、意により改める。注一二参照。　4白、底本「由」を見せ消ちして、「白」と頭書。　5平、底本「比」、意により改める。　6羊、底本「承」を見せ消ちして、右旁に「羊歟」と書くによる。　7兄、底本、この下に「弟六人屠害為業」の七字あり、衍とみて削除。　8絶水、底本「施誠」、陽明本により改める。　9求、底本「来」、意により改める。　10惜、底本「借」、意により改める。

文献資料『史記』貨殖伝、『漢書』貨殖伝、『捜神記』十一（『水経注』十四、『芸文類聚』八十三、『初学記』八、『蒙求』503注、敦煌本『語対』二十8、『太平御覧』四十五、四七九、五一九、八〇五、八二八、『太平寰宇記』七十、『事類賦』九、『類説』七、『紺珠集』七、『書言故事』一など、解題参照）、范通『燕書』（『元和姓纂』五）、『抱朴子』内篇微旨、梁元帝撰『孝徳伝』（『太平広記』二九二）、「梁元帝全徳志序」（『金楼子』五、『芸文類聚』二十二）、『陽氏譜叙』（『水経注』十四）、『水経注』十四、『水経注』（『太平御覧』四十五）、「范陽郡正故陽君墓誌銘」（『漢魏南北朝墓誌集釈』図407）、敦煌本『類林』七（「捜神記」）、『類林雑説』七42、西夏本『類林』七35（二書共に「漢書」に拠るとする）、「漢無終山陽雍伯天祚玉田之碑」（『東漢文紀』三十二）、『庾信集』二「道士歩虚詞」七、『神異記』（敦煌本『不知名類書甲』）、逸名『孝子伝』（『北堂書鈔』一四四、『芸文類聚』八十二、敦煌本『新集文詞九経鈔』、『太平御覧』八六一、九七六、『広博物志』三十七、『編珠』四、『淵鑑類函』三九八）、徐広『孝子伝』、『晋書』孝友伝序（「陽雍標蒔玉之址」）、『白氏六帖』二、『玄怪記』（『説郛』一一七）、『祥異記』（『説郛』一一八）、杜光廷『仙伝拾遺』（『太平広記』四）、『続仙伝』（『玉芝堂談薈』十七）、『古今合璧事類備要続集』五十六、『氏族大全』二、八、『韻府群玉』一、二、六、十九、古典戯曲『藍田記』。

『幼学指南鈔』二十三「羊公種之」（『捜神記』に拠る）、『和漢朗詠集』永済注、雑、懐旧「羊太傅之」注、東洋文庫本『朗詠注』同、『合譬集』下26（準古注『蒙求』に拠る）、『玉塵』五、八、十四、五十五、『山谷抄』一等。

図像資料 1 後漢武氏祠画象石（「義漿羊公」「乞漿者」）。

【注】

一　本話は、『捜神記』十一「楊公伯雍」として知られるものと関わりがある。両孝子伝の、六人兄弟であったこと、天神が書生に化したこと、子供が悉く卿相となったこと、北平にその家系が存続していることなどは、梁元帝撰『孝徳伝』に類似する。主人公の名は、羊、陽、楊の音通によって、羊公雍伯（『芸文類聚』八十三等）、陽雍（『孝徳伝』等）、陽翁伯（『水経注』十四等）、陽公雍伯（逸名『孝子伝』等）、楊伯雍（『初学記』八等）、楊雍伯（『類林』等）などと様々に表記される。この表記については、解題参照。西野貞治氏は羊氏、楊氏はそれぞれ大山、弘農に籍を有するのに対し、酈道元の『水経注』所引の『陽氏譜叙』、及び、北魏の孝文帝に仕えた陽尼など史伝に見える陽一族の事績、「范陽郡正故陽君墓誌銘」などの史料を援用して、北平籍は陽氏のみであり、かつ南朝の梁元帝にとっては敵に当たる北朝の臣であるところから、陽公雍伯の公、伯などの敬称を省いて「陽雍」としたと推定している（「陽明本孝子伝の性格並に清家本との関係について」『人文研究』7‐6、一九五六年）。しかし、古く後漢武氏祠画象石に「義漿羊公」とあることを重くみれば、むしろ北魏の陽氏が祖先伝説として羊公伝承を取り込んだとも考え得る。さて、本話の眼目は、例え親無き後でも、孝を全うした孝子には、天が必ず感応する、「天感」の奇跡を物語ることにあろうと思われる。それが『捜神記』や『神異記』等に取り入れられる所以ともなる。

二　洛陽の安里（漢代から南北朝に洛陽城中に置かれた「里」の一つとみられるが〈『河南志』二〉、未詳である。次話43東帰節女の「長安大昌里」と比照すると、「□安里」または「安□里」か。また屠殺場などと関連があろうか）の出身。『捜神記』には、父母を無終山に葬ったという記述、また、石または、菜種を植えて玉を得た土地を天子が玉田と名付けたという話、後に出世する話、陽明本に見えるのと同じように北平の諸羊（陽）姓が羊公の末裔であるとする記述がある。言うまでもなく洛陽は、司州（現在の河南省）にあり、本話の舞台がともすれば洛陽の郊外であるような印象があるが、『水経注』で「鮑丘水」の注とする如く、無終山、玉田、北平はともにかつての幽州（現在の北京市付近）の地名である。『孝徳伝』によれば「葬礼畢、不レ勝二心目一、乃売二田宅一、北徙下絶二水漿一処上、大道峻坂下為レ居」と、父母の没後、郷関を出たことを記している。

三　屠殺（完は肉の意であること、11蔡順、注九参照）を生業とする意。『捜神記』では「儈売」（なかがい）とする（『孝徳伝』に、「兄弟六人、以二傭売一為レ業」とあるのは、字形の類似に因る訛か）。『類林』、『類林雑説』では、「売鱠」に作る。鱠は膾と同じ細切り肉の意で（『干禄字書』に、「鱠膾、上通下正」とある）、売鱠の意味としては屠肉と近い。ところで、『史記』貨殖列伝に、「販レ脂辱処也、而雍伯千金、売レ漿小業也、而張氏千万」（脂を売るのは賤しい生業であるが、雍伯は千金の財をなし、漿を売るのは小商いであるが、張氏は千万を稼いだ）とあり、『漢書』貨殖伝にも、「翁伯以二販脂一傾二県邑一、張氏以二売醤一而隃レ侈」（翁伯は脂を売って県邑の人々を凌ぎ、張氏は醤を売って分に過ぎた贅沢をした）とある。『史記』、『漢書』のこの記述と本話の共通点は、屠殺を生業とするものが富貴を得ることで（雍伯は、翁伯に変化している）、また、『史記』、『漢書』では、別人張氏のこととするが、売漿のことも見える。瞿仲容はこの『史記』『漢書』の話は羊公のことであると見做している（『漢武梁祠堂石刻画像攷』四）。もし『捜神記』の「儈売」から『孝子伝』の「屠完」へと意図的な改変がなされたのであれば、早く親を失った故の孝心から義漿を行ったばかりではなく、殺生を生業とする人物が贖罪のため、布施行をおこなったのだという、孝行とは別の動機を説明していることになる。以上の事柄を指摘した上で、西野貞治氏は、陽明本は、六朝末流行した福田思想（常盤大定「仏教の福田思想」〈『続支那仏教の研究』、春秋社、一九四一年〉に詳しい）により、『孝徳伝』の「将給（行旅）」を「布施（行士）」に改変したと考え、「この孝子伝は六朝末期の北朝成立の孝子伝の形態を承襲していること、この羊公話は北朝名望の始祖伝説として北朝に伝播したこと、福田思想に基づく社会事業が北朝の魏に盛んに行われたこと、羊公の名が翁伯となるのは北朝に始まること等から、この説話は孝徳伝乃至その基づいた伝承を、仏教の福田思想の影響を受け、或は漢書の翁伯のことを導入れて、かく改変したもの」(前掲論文)と陽明本が六朝末期、北朝において成立したものであることを論じられた。このことについては、注五、また、解題参照。

四　水漿は、義漿(『捜神記』。人に無償で施す飲み物)に同じ。

五　布施《ふし》は、漢語。人に物を与える意で、『墨子』九等に見える。後、仏教で、梵語、檀那(Dāna. 施すこと)の訳語(布施《ふせ》)として盛んに用いられるようになった。羊公の義漿を布施と称することは、早く晋、葛洪の『抱朴子』内篇微旨(注六参照)に見え、その『抱朴子』に先立つと思しい陽明本の「布施」は、仏教語ではないであろう。従って、それを福田思想と捉えることは難しい(解題参照)。

六　羊公が老齢であったことは、『抱朴子』内篇微旨にも、「羊公積徳布施、詣㆓乎皓首㆒、乃受㆓天墜之金㆒」等とある。

七　ひとたび命を落とすようなことがあっても(妻や子孫がいなくては)、誰もあなたの心を慰めてはくれまいの意。

八　天神は、2董永及び、8三州義士にも見える。書生と化して、菜種を与えることは、『孝徳伝』、逸名『孝子伝』(『芸文類聚』八十二、『太平御覧』九七六)、徐広『孝子伝』及び、『神異記』(『不知名類書甲』)に見える。『捜神記』では、「有一人」が石を与え、それが玉となる。

九　逸名『孝子伝』では、「菜種」「種菜」とある。『捜神記』では、「石子一斗」を与えたと記す。

一〇　白璧一双と銭一万であるが、銭一万は他書に見えない。但し、逸名『孝子伝』(『太平御覧』九七六)には、「化為㆓白璧㆒、余皆為㆑銭」の記述がある。白璧と銭一万は陽明本の如く、難題婿譚に欠かせない要素であるが、船橋本にあっては機能しない。

一一　妻問いの意。

一二　底本は「嘆」に作るが、「咲」と字形が似るので誤写の可能性が高い。『捜神記』や『孝徳伝』にも、老いて貧しそうなために嘲笑される記述がある。

一三　『易』坤の、「積善之家、有㆓余慶㆒」に拠る。

一四　道心も、古い漢語であるが、船橋本では、仏教語（菩提を求める心）として用いているのであろう。

一五　「絶水」二字、底本は「絶誠」または、「施誠」と判読される（「絶」の上に「施」を重ね書きしている）。語義未詳。強いて底本のままに訓読すれば「誠を施す」となろう。

一六　『法華経』提婆品の有名な偈、「採㆑果汲㆑水、拾㆑薪設㆑食」を連想させる。船橋本は、「忍苦」「身命」など、多くの仏語を鏤め、改変の様相が濃い。

一七　忍苦は、仏語で、苦しみを耐え忍ぶ意。

一八　身命も、仏語で、身体と生命を言う。

一九　陽明本の「訪覓」に対応する語。この語も妻問いの意か。

二〇　県の名家の意か。『捜神記』では、「北平」の徐氏の女であるとする。本話が累世北朝に仕えた北平の名門陽氏の始祖伝説とされたことは、注一参照。宗族の起源と孝子譚が結び付いたものに、8三州義士の例がある。

43 東帰節女

【陽明本】

東帰節女者、長安大昌里人妻也。其夫有仇。々人欲殺其夫、聞節女孝令而有仁義。仇人執縛女人父、謂女曰、汝能呼夫出者、吾即放汝父。若不然者、吾当殺之。女歎曰、豈有為夫而令殺父哉。豈又示仇人而殺夫。乃謂仇人曰、吾常共夫、在楼上寝。夫頭在東。密以方便、令夫向西、女自在東。仇人果来、斬将女頭去。謂是女夫。明旦視之、果是女頭。仇人大悲嘆、感其孝烈。解怨无復来懐殺夫。

[一]東帰節女は、[二]長安大昌里の人の妻なり。其《そ》の夫仇《かたき》有り。[三]仇《きゅう》人《じん》[四]其の夫を殺さんと欲し、[五]節女の孝令にして仁義あるを聞く。仇人女人の父を[六]執《と》らえ縛し、[七]女に謂《い》いて曰《い》わく、汝《なんじょ》能く夫を呼びて出ださば、吾即ち汝の父を放《ゆる》さん。若し然らずは、吾当《まさ》に之《これ》を殺すべしと。[八]女歎《なげ》きて曰わく、豈《あに》夫の為めにして父を殺さしむること有らんや。豈又仇人に示して夫を殺さしめんやと。乃《すなわ》ち仇人に謂いて曰わく、[九]吾常に夫と共に、楼上に在りて寝《い》ぬ。夫の頭は東に在りと。密かに[一〇]方便を以って、夫をして西に向かわしめ、女は自ら東に在り。[一一]仇人果たして来たり、斬りて女の頭を将《も》ちて去る。謂《おも》えらく是《こ》れ女の夫なりと。[一二]明旦之を視るに、果たして是れ女の頭なり。[一三]仇人大いに

其夫之心、論語曰、有殺身以成仁、无求生以害人。此之謂也。

【船橋本】

東帰郎女者、長安昌里人之妻也。其夫為人有敵。々人欲殺夫、来至縛妻之父。女聞所縛父、出門也、仇語女曰、不出汝夫、将殺汝父。謂仇云、豈由夫殺父。妾常寝楼上、夫東首妻西首。宜寝後来斬東首之。於是仇人既知。於時婦方便、而相換常方、婦東首也。仇来斬東首、賫之至家。明旦視之、此女首也。爰仇人大傷曰、

悲嘆し、其の[一四]孝烈に感ず。[一五]怨《うら》みを解き復《また》来たりて夫を殺さんと懐《おも》うこと无《な》し。其《そ》れ夫の心、[一六]論語に曰わく、身を殺して以って仁を成す有り、生を求めて以って人を害する无しと。此れ之を謂うなり。

東帰郎女は、長安昌里の人の妻なり。其の夫人と為り敵有り。敵人夫を殺さんと欲し、来たり至りて妻の父を縛す。女父を縛せらるるを聞き、[一七]門を出ずるや、仇女に語りて曰わく、汝の夫を出ださずは、将《まさ》に汝の父を殺さんとすと。仇に謂いて云わく、豈夫によりて父を殺さんや。妾《しょう》常に楼上に寝ぬるに、夫は東首し妻は西首す。宜しく寝ぬる後、来たりて東首を斬るべしと。是《ここ》に於《お》いて仇人[一八]既に知る。時に於いて婦方便ありて、常の方を相換え、婦東首するなり。仇来たりて東首を斬り、之を賫《も》ちて家に至る。明旦之を視るに、此れ女の首なり。

嗟乎悲哉。貞[1]婦代夫捨命。乃解仇心、永如骨肉也。

爰《ここ》に仇人大いに傷《いた》みて曰わく、ああ悲しき哉《かな》。貞婦夫に代わりて命を捨つと。乃ち仇心を解き、永く骨肉[一九]の如きなり。

【校勘】 1貞、底本「真」、意により改める。

文献資料 劉向『列女伝』五15（『三輔黄図』二、『芸文類聚』三十三、『太平御覧』三六四等にも引く）、皇甫謐『列女伝』（『太平御覧』四八二）。
『三綱行実』三。
『注好選』上67、『今昔物語集』十21（共に船橋本系）、『私聚百因縁集』六11（陽明本系）、『孝行集』15、『金玉要集』四、延慶本『平家物語』二末、『源平盛衰記』十九（長門本『平家物語』十には、「昔東武の節女は夫の命にかはりけり」、南都本六には、「東吼《トウク》ノ乳ノ母トカヤ加様ニ」とのみ）、昔話「人形の身替わり」（『日本昔話通観』28、むかし語り187）。
黒田彰『中世説話の文学史的環境』（和泉書院、一九九五年）I三2参照。『晋書』一一四載記十四苻融伝の、董豊の妻が誤って馮昌に殺される話は類話。

図像資料 1後漢武氏祠画象石（「京師節女」「怨家攻者」）、12和林格爾後漢壁画墓（「□師□女」）。

【注】

一　船橋本「東帰郎女」に作る。東帰節女は、京師節女（『列女伝』、武氏祠画象石等。京師は都の意で、長安のこと）の訛伝。西野貞治氏に、「東帰」は「京師」の誤りで、古体「東歸」「京師」の似ることによるとの論がある（「陽明本孝子伝の性格並に清家本との関係について」、『人文研究』七-六、一九六一年）。船橋本はさらに節女を郎女に誤ったことになる。我が国の資料におけるその呼称は、およそ両孝子伝を襲う（『注好選』「郎女」、『源平盛衰記』「東帰ノ節女」、『金玉要集』「東帰《ツ》節女」、『私聚百因縁集』「東坂節女《トウハンノセツショ》」、延慶本『平家物語』「東婦《ノ》節女」、『孝行集』「東婦節女」、長門本『平家物語』「東武の節女」、南都本『平家物語』「東吼《トウク》ノ乳ノ母」等）。

二　船橋本「長安昌里」。劉向『列女伝』に、「長安大昌里」とある。長安（陝西省西安市）は、前漢以来の都城として知られるが、長安城が完成したのは、前漢恵帝の時である。大昌里については、『三輔黄図』二「長安城中閭里」に、「大昌」の名が見える（但し、出典は「劉向列女伝」）。『注好選』の「長安《ノ》里」、『私聚百因縁集』の「長安昌里《ノシヤウリ》」は、船橋本系の呼称）。

三　船橋本「敵人」。劉向『列女伝』に、「仇人」とある（『芸文類聚』等所引は、「仇家」）。

四　劉向『列女伝』に、「欲ㇾ報二其夫一」とある。

五　劉向『列女伝』に、「径聞二其妻之仁孝有ㇾ義一」、皇甫謐『列女伝』に、「聞二其妻孝義一」とする。孝令は、孝に励むことであろう。『私聚百因縁集』は、「聞《キ、テ》ㇾ之《ヲ》女《ハ》孝養令《シテシム》三而《シカモアラ》有二仁義一」とする。このことは、船橋本に見えない。

六　船橋本「縛」。劉向『列女伝』は、「劫」（おびやかすこと）、『太平御覧』所引劉向『列女伝』は、「執」とする。

七　劉向『列女伝』等は、父が呼び、告げている（『太平御覧』所引には見えない）。

八　劉向『列女伝』に、「女計念、不ㇾ聴ㇾ之則殺ㇾ父、不孝。聴ㇾ之則殺ㇾ夫、不義。不孝不義、雖ㇾ生不ㇾ可三以行二於世一。

欲二以レ身当一レ之、乃且許諾」とある。船橋本は簡略。

九　船橋本「妾常寝二楼上一、夫東首妻西首」。劉向『列女伝』に、「夜在二楼上一、新沐東首臥、則是矣。妾請開二戸牖一待レ之」とある（『芸文類聚』等所引のものには、扉を開けておくことがない）。東首は、東枕に寝ること。船橋本の「妻西首」は、劉向『列女伝』に見えず、陽明本にもない。

一〇　嘘を言って。方便は、仮の手段。仏教語。劉向『列女伝』に、「譎二其夫一、使レ臥二他所一。因自……東首」とある。

一一　船橋本「仇来斬二東首一、賷レ之至レ家」。劉向『列女伝』に、「仇家果来、断レ頭持去」とする。

一二　劉向『列女伝』に、「明而視レ之、乃其妻之頭也」とある。

一三　劉向『列女伝』に、「仇人哀痛」とする（『太平御覧』所引は、「仇悲」）。

一四　孝行にして操の固いこと。

一五　劉向『列女伝』に、「遂釈、不レ殺二其夫一」とある。

一六　劉向『列女伝』に、「論語曰、君子殺レ身以成レ仁。無二求レ生以害一レ仁。此之謂也」とあり、『列女伝』との関わりを窺わせる。『論語』衛霊公の、「子曰、志士仁人、無二求レ生以害一レ仁、有二殺レ身以成一レ仁」に拠る。

一七　『注好選』に、「出《ヌ》内《ヨリ》一也」とある。

一八　分かった、の意。

一九　骨肉は、肉親の意。このことは、陽明本や劉向『列女伝』に不見。『源平盛衰記』に、「長ク骨肉ノ昵ヲナシケリ」と言う。

44 眉間尺

【陽明本】

眉間尺者、楚人干将莫耶之子也。楚王夫人当暑、抱鉄柱而戯。遂感鉄精、而懐任。乃生鉄精。而王乃命干将作剣。々有雄雌、将雄者還王、留雌有舎。王剣在匣中鳴。王問群臣、々々曰、此剣有雄雌、今看雄剣。故鳴。王怒即将殺干将。々々已知応死。以剣内置屋前松柱中、謂婦曰、汝若生男、可語之。曰、出北戸、望南山、石松上、剣在中間。後果生一子、眉間一尺。年十五、問母曰、父何在。

[一]眉間尺《みけんじゃく》は、楚人《そひと》[二]干将莫耶《かんしょうばくや》の子なり。[三]楚王の夫人暑きに当たり、鉄の柱を抱きて戯る。遂に鉄の精に感じ、而《しこう》して懐任す。乃《すなわ》ち鉄の精を生む。而《しか》れば王乃ち[四]干将に命じて剣を作らしむ。[五]剣雄雌有り、雄なる者を将《も》って王に還《かえ》し、雌を留めて舎に有り。王の剣[六]匣《はこ》の中に在りて鳴く。[七]王群臣に問うに、群臣曰《い》わく、此の剣雄雌有り、今雄剣を看る。故に鳴くと。[八]王怒りて即ち将《まさ》に干将を殺さんとす。干将已《すで》に将に死ぬべきを知る。剣を以って屋前の松柱の中に内《い》れ置き、婦に謂《い》いて曰わく、[九]汝《なんじ》若し男を生まば、之《これ》を語るべしと。曰わく、[一〇]北戸を出で、南山を望まば、石松の上、剣中間に在りと。[一一]後果たして一子を生むに、[一二]眉間一尺なり。年十五にして、母に問いて

母具説之。即便思惟、得剣欲報王。々乃夜夢見一人、眉間一尺。将欲殺我。乃命四方、能得此人者、当賞金千斤。眉間尺遂[1]入深山、慕覓賢人勇。忽逢一客。々問曰、君是孝子眉間尺耶。答曰、是也。客曰、吾為君報讎可不。眉間尺問曰、当須何物。客答曰、唯須君剣及頭。即以剣割頭、授与之客。々去便遂[2]送。奏王聞之重賞。其客便索鑊、煮之七日、不爛。客曰、当臨面鑊呪見之、即便可爛。王信以面之、客乃以剣殺王。頸落鑊中共煮。二頭相[3]鬵。客恐間尺頭弱、自剣止頭入釜中。一時倶爛、遂不能[4]分別。仍以三葬分之。今在[5]汝南宜春[6]県也。所謂憂

曰わく、父は何《いず》こにか在《いま》すと。母[一三]具《つぶさ》に之を説く。[一四]即便《すなわち》思惟し、剣を得て王に報ぜんと欲す。[一五]王乃ち夜夢に一人を見る、眉間一尺なり。将に[一六]我を殺さんと欲すと。[一七]乃ち四方に命ずらく、[一八]能《よ》く此の人を得ん者は、当《まさ》に金千斤を賞《たま》わるべしと。[一九]眉間尺遂に深山に入り、[二〇]賢人の勇なるを慕《ねが》い覓《もと》む。[二一]忽《たちま》ち一客に逢《あ》う。客問いて曰わく、[二二]君は是《こ》れ孝子眉間尺なるやと。答えて曰わく、是れなりと。客曰わく、[二三]吾君の為めに讎《あだ》を報ぜんこと可なるや不《いな》やと。眉間尺問いて曰わく、当に何物をか須《もち》いるべきと。客答えて曰わく、唯《た》だ君の剣及び頭を須いんと。即ち剣を以って頭を割《き》り、之を客に授け与う。[二四]客去りて便《すなわ》ち遂に送る。干に奏するに之を聞きて重く賞す。[二五]其《そ》の客便ち鑊《かなえ》を索《もと》め、之を煮ること七[二六]日、爛《ただ》れず。[二七]客曰わく、当に鑊に臨み面《むか》い[二八]呪《じゅ》して之を見るべくば、即便爛るべしと。王信じて以って之に面うに、[二九]客乃ち剣を以って王を殺す。頸は鑊の中に落ちて共に煮らる。二頭相鬵《あいか》む。[三〇]客間尺の頭弱きを恐れ、自ら

人事、成人之名云々。

【船橋本】

眉間尺者楚人也。父干将莫耶。楚王夫人当暑、常抱鉄柱、鉄精有感。遂乃懐妊、後生鉄精。王奇曰、惟非凡鉄。時召莫耶、令作宝剣。莫耶蒙命、退作両剣上。王得之収、其剣鳴之。王怪問群臣、々々奏云、此剣有雄雌耶。若有然者、是故所吟也。王大忿、欲縛莫耶。未到使者之間、莫耶語婦云、吾今夜見悪相。必来天子使、忽当礩上。汝所任子、若有男者、成長

剣を頭に止めて釜の中に入る。一時に倶に爛れ、遂に分別すること能《あた》わず。[三一]仍《よ》りて三を以って之を葬り分く。今汝南《じょなん》の宜春県に在るなり。所謂《いわゆる》[三二]人の事を憂い、人の名を成すなりと云々[三三]。

眉間尺は楚人なり。父は干将莫耶なり。楚王の夫人暑きに当たり、常に鉄の柱を抱くに、鉄の精感有り。遂に乃ち懐妊し、後鉄の精を生む。王奇《あや》しみて曰わく、惟《これ》凡その鉄に非ずと。時に莫耶を召し、宝剣を作らしむ。莫耶命を蒙《こうむ》り、退きて両剣を作り上《たてまつ》る。王之を得て収むるに、其の剣鳴く。王怪しみて群臣に問うに、群臣奏して云わく、此の剣雄雌有るか。若し然らば、是の故に吟《な》く所なりと。王大いに忿《いか》り、莫耶を縛せんと欲す。未だ使者の到らざる間に、莫耶婦に語りて云わく、吾今夜悪相[三四]を見る。必ず天子の使い来たり、忽ちに礩《つみいし》[三五]の上に当たらん。汝の任《はら》む所の子、若し男に有らば、成長の日、

之日、語曰見南前松中。語已、出乎北戸、入乎南山、隠大石中而死也。婦後生男、至年十五。有眉間一尺、名号眉間尺。於時母具語父遺言。思惟得剣、欲報父敵。於時王夢見、有眉間一尺者、謀欲殺朕。乃命四方云、能縛之者、当賞千金。於時眉間尺聞之、逃入深山。慕覓賢勇之士、忽然逢一客。々問云、君眉間尺人耶。答曰、是也。客曰、吾為君報讎。眉間尺問曰、客用何物。客曰、可用君頭幷利剣也。眉間尺則以剣斬頭、授客已。客得頭、上楚王。々如慕、加大賚。頭授客、煮七日、不爛。客奏其然状、王奇面臨鑊。王頭落入鑊中、

語りて南前の松の中を見よと曰えと。語り已《お》わり、北戸を出で、南山に入り、大石の中に隠れて死するなり。婦後に男を生み、年十五に至る。眉間一尺有り、名づけて眉間尺と号す。時に於《お》いて母具に父の遺言を語る。思惟して剣を得、父の敵に報ぜんと欲す。時に於いて王夢に見る、眉間一尺有る者、謀りて朕を殺さんと欲すと。乃ち四方に命じて云わく、能く之を縛さん者は、当に千金を賞わるべしと。時に於いて眉間尺之を聞き、逃げて深山に入る。賢勇の士を慕い覓むるに、忽然《こつぜん》として一客に逢う。客問いて云わく、君は眉間尺なる人かと。答えて曰わく、是れなりと。客曰わく、吾君の為めに讎を報ぜんと。眉間尺問いて曰わく、客何物をか用いんと。客曰わく、君の頭幷《なら》びに利剣を用いるべきなりと。眉間尺則ち剣を以って頭を斬り、客に授け已わる。客頭を得、楚王に上る。王募る如く、大賚《たいらい》を加う。頭は客に授け、煮しむること七日、爛れず。客其の然る状を奏するに、王奇しみて鑊に

二頭相齧。客曰、恐弱眉間尺頭。於時剣投入鑊中、両頭共爛。客久臨鑊、斬入自頭。三頭相混、不能分別。於時有司、作一墓葬三頭。今在汝南宜春[7]県也云云。

面い臨む。王の頭落ちて鑊の中に入り、二頭相齧む。客曰わく、眉間尺の頭弱きを恐ると。時に於いて剣を鑊の中に投げ入るるに、両頭共に爛る。客久しく鑊に臨み、自らの頭を斬り入る。三頭相混じ、分別することあたわず。時に於いて有司、一墓を作り三頭を葬す。今汝南の宜春県に在るなりと云々。

【校勘】 1入、底本「人」を見せ消ち、意により改める。 2送、底本補入記号を付し頭書。 3齧、底本「歹齒」、意により改める。 4分別……葬分、底本「分能分別……葬、」、「能」を衍と見て、訂正補入の記号により改める。 5汝、底本「淮」、船橋本により改める。 6県、底本「懸」を見せ消ち、補入記号を付し頭書。 7春、底本「南」、陽明本により改める。

文献資料 『呉越春秋』（『太平御覧』三六四。今本欠。今本巻四闔閭内伝には、干将が陽剣を隠し、陰剣を闔閭に献じたことを伝える）、『捜神記』十一（『法苑珠林』二十七にも引かれる）、『楚王鋳剣記』（『五朝小説』等所収。『捜神記』に拠るとされる）、『列士伝』『列異伝』（『太平御覧』三四三、『捜神記』もほぼ同文と言う。『列士伝』は、『北堂書鈔』一二二、『琅邪代酔編』二十三にも引かれる）、『太平御覧』三四三所引『孝子伝』（『古孝子伝』にも引く）、『類林雑説』一所引『孝子伝』、『祖庭事苑』三所引『孝子伝』（同文が、準古注本『蒙求』「雷煥送剣」首書や『寂照堂谷響続集』九「眉間尺」、『合譬集』下6などにも、「孝子伝」の引用として見える）、『太平寰宇記』十二所

引『晋北征記』及び、同一〇五、『太平御覧』六十七所引『郡国志』、敦煌本『古賢集』、敦煌本『十二時行孝文』、『雑抄』（真福寺本『新楽府略意』七）等。

『注好選』上92、『今昔物語集』九44、『三教指帰』成安注上末（覚明注、琴堂文庫本『三教指帰私記』等にも）、真福寺本『新楽府略意』七（「雑抄云」）、『和漢朗詠集私注』雑、将軍「雄剣在腰」注（「文選注云」）を始めとする朗詠注諸本（中で、国会本朗詠注は、注目すべき口中剣条を含む）、『土蜘蛛草紙』（「綱かいふやう、御剣のさきのをれやうを見るに、楚国のみけむさく、しかうを思て、雄剣のさきを□つるにたかはす」とある）、『太平記』十三、元禄本『宝物集』五（『太平記』に拠る。七巻本系には簡略な記事がある）、『三国伝記』十一17（『太平記』に拠る）、『榻鴫暁筆』十六7（同）、『塵荊鈔』九、仮名本『曾我物語』四、『孝行集』16、寛永八年版『庭訓往来注』四月五日往状「鍛治」注等。

眉間尺譚について論じたものに、西野貞治「『鋳剣』の素材について」（『新中国』3、一九五七年）、細谷草子「干将莫邪説話の展開」（『文化』33-3、一九七〇年）、高橋稔「眉間尺故事 中国古代の民間伝承」（『中国の古典文学—作品選読—』、東京大学出版会、一九八一年）、成田守「眉間尺譚の受容」（『古典の変容と新生』、明治書院、一九八四年）、黒田彰「眉間尺外伝—孝子伝との関連—」（『中世説話の文学史的環境』Ⅱ二2）、同「剣巻覚書—土蜘蛛草紙をめぐって—」（『中世説話の文学史的環境 続』Ⅱ二1）などがある。

図像資料　**6**ミネアポリス美術館蔵北魏石棺（「眉間赤与父報酬」「眉間赤妻」）。「眉間赤妻」は珍しく、文献資料に伝承を見ない。注一二参照）、**22**洛陽古代芸術館蔵洛陽石棺床。

【注】

一　船橋本「眉間尺者楚人也」。眉間尺は、眉間赤とも書かれる（『太平寰宇記』所引「晋北征記」等）。『太平御覧』三四三等所引『列士伝』に、「妻後生レ男。名赤鼻」、同所引『孝子伝』に、「眉間尺、名赤鼻。父干将、母莫耶」等と見える。『太平御覧』三六四所引『呉越春秋』に、「眉間尺」とあるのが古いか。『捜神記』に、「楚干将莫邪」「莫邪子、名赤此」「干将莫邪子也」、『類林雑説』所引『孝子伝』に、「眉間尺……楚人干将莫邪之子也」とある。注二参照。

二　『捜神記』では、干将莫邪を一人の男性の如く扱うが、もと別人らしく（『越絶書』十一や、『漢書』賈誼伝応劭注、『文選』「子虚賦」李善注〈「張揖曰」〉等）、『呉越春秋』四闔閭内伝には、二人を夫婦としており（「莫耶、干将之妻也」）、『太平御覧』三四三所引『孝子伝』にも、「眉間赤……父干将、母莫耶」とある。干将、莫耶がどこの国の人かということについても、様々な異伝があり、楚国（『捜神記』等）の他、呉（『呉越春秋』「干将者呉人也……莫耶、干将之妻也」、『越絶書』「呉有二干将一」、『呂氏春秋』十一「呉干将」、『漢書』賈誼伝応劭注「莫邪、呉大夫也。作二宝剣一、因以冠レ名」等）、晋（『太平御覧』等所引『列士伝』「干将莫耶、為二晋君一作レ剣」、『太平御覧』所引『孝子伝』「父（干将）為二晋王一作レ剣」）、韓（『文選』李善注「張揖曰、干将、韓王剣師也」等）などの説がある。刀剣伝説としての干将、莫耶の名は、『呉越春秋』『越絶書』の他、『荀子』性悪篇以下に喧伝し、鮑照の「双剣将二別離一、先在二匣中一鳴」（「贈故人二首」、『玉台新詠』四）など、眉間尺譚を踏まえるものと見られる。

三　王名は、『捜神記』以下、楚王とするものが多いが、「晋君」（『太平御覧』等所引『列士伝』）、「晋王」（『太平御覧』所引『孝子伝』）、「魏恵王（『太平寰宇記』所引『晋北征記』）などとする説もある。注二参照。楚王夫人の話は、『捜神記』等に不見。『類林雑説』所引『孝子伝』に、「楚王夫人、嘗於レ夏取レ涼。而抱二鉄柱一、心有レ所レ感。遂懐孕後、産㆓一鉄㆒。楚王命㆓莫邪㆒、鋳㆓此鉄㆒為㆓双剣㆒」とある他、『祖庭事苑』所引『孝子伝』、『琅邪代酔編』所引『列士伝』等に、ほぼ同伝が見える。陽明本の「任」は、「妊」に通じる。

四　船橋本は、莫耶とする。『祖庭事苑』所引『孝子伝』は「干将」、『類林雑説』所引『孝子伝』は「莫邪」（『新楽府略意』所引『雑抄』も「莫耶」）とするなどの形がある。

五　船橋本は、「両剣」とするのみ。陽明本の、雄剣を王に献上し、雌剣を手許に留めるとするのは、『捜神記』以下、雌剣を献上し雄剣を手許に留めたとするのと一致しない。陽明本と同じく、雄を献じ雌を留める形のものに、『太平記』『曾我物語』等がある。

六　船橋本「其剣鳴之」。このことも、『捜神記』等に不見。『類林雑説』所引『孝子伝』に、「剣在㆓匣中㆒、常有㆓悲鳴㆒」、『新楽府略意』所引『雑抄』に、「王剣毎㆑夜鳴」、『琅邪代酔篇』所引『列士伝』に、「剣在㆓匣中㆒常鳴」等と見える。

七　『捜神記』「王……使㆑相㆑之」。両孝子伝の如く、群臣に問うとするものに、『類林雑説』所引『孝子伝』等がある。

八　『捜神記』に、「王怒、欲㆑殺㆑之……其妻重㆑身当㆑産。夫語㆑妻曰……王怒、往必殺㆑我」等とある。陽明本の、「王怒即将㆑殺㆓干将㆒。々々已知㆑応㆑死。以㆑剣内㆓置屋前松柱中㆒、謂㆑婦曰」とするのは、『類林雑説』所引『孝子伝』に、「王大怒、即収㆓莫邪㆒殺㆑之。莫邪知㆓其応㆒。乃以㆓雄剣㆒蔵㆓屋柱中㆒。柱下有㆓石礫㆒。因嘱㆑妻曰」、『祖庭事苑』所引『孝子伝』に、「王大怒、即収㆓干将㆒殺㆑之。干将知㆓其応㆒。乃以㆑剣蔵㆓屋柱中㆒、因嘱㆓妻莫耶㆒曰」等とするのに近い。

九　『捜神記』に、「汝若生㆑子、是男大、告㆑之曰」等と見える。

一〇　以下、剣の隠し場所を述べたもので、『捜神記』に、「出㆑戸望㆓南山㆒、松生㆓石上㆒、剣在㆓其背㆒」、『類林雑説』所引『孝子伝』に、「日出㆓北戸㆒、南山之松、松生㆓於石㆒、剣在㆓其中㆒」等とあり、陽明本の本文がより近い。『捜神記』の記述は、「戸口を出て南の山を見ると、松が石の上に生えている。剣はその後ろにある」の意。

二　『類林雑説』所引『孝子伝』に、「妻後生㆑男。眉間広一尺。年十五、問㆓母父在時事㆒。母因述㆓前事㆒」等とするのが近い。「年十五」のことは（『新楽府略意』所引『雑抄』「七歳」）、『捜神記』等に見えない。

三　「眉間広尺」（『捜神記』）。『北堂書鈔』所引『列士伝』に、「眉広三寸」、『太平御覧』所引『列士伝』に、「眉広三寸」などとも伝える。周時代の一尺は、二二・五糎。眉間が一尺とされることについて、西野貞治氏は、「この説話は、「史記」や「呉越春秋」に見える、楚の平王に罪なくして父と兄を殺された伍子胥が、辛苦を経て後呉王の援助を得て復讐するが、やがて呉王に忌まれて悲惨な最期を遂げるといふ伝説が、「呉越春秋」に見える呉王闔閭の為に干将が妻莫耶の助言を得て雌雄二剣を作り、雄剣を匿して雌剣のみを王に奉つたといふ伝説と結付いて成立したものである。干将の伝説については、雄剣を匿すといふ事が何か異常な話の進展を予想させるものであるところへ、そこへ伍子胥の伝説には伍子胥の眉間が広さ一尺あつたこと（呉越春秋）、復讐を遂げる道程で何人かの任侠の人物の援助を受けること、呉王に死を賜つた時に己が首は呉の城門にあつて越軍を見ようと言つて死ぬ事（史記、呉越春秋）、呉王夫差は彼を殺して鑊烹にすること（論衡書証）などの要素が迎へ入れられて結合したかと思ふ。この二伝説の統合したことを傍證するものは、漢書賈誼伝注に引く応劭の語に「莫耶呉大夫也、作宝剣、因以冠名」があり、更に北魏の石棺の画像に、墓前に参る男子像に「眉間赤為父報酬」と題し、その左方に坐する女性の像に「眉間赤妻」と題するものがあるのは（奥村伊九良、瓜茄三五八頁折込図一）、眉間赤に妻のあつたことは列異伝などの引用では見えないから、伍子胥のことではないかと思はれるものがある」（「「鋳剣」の素材について」）と述べ、細谷草子氏にも、「「眉間赤」は「眉間尺」の意味に受け取られていた事がわかる。これは、「呉越春秋」

巻三に見える伍子胥の容姿の描写―「身丈一丈、腰十囲、眉間一尺」などからくる連想によるものであろう」（「干将莫邪説話の展開」）との、同様の見解がある。但し、西野氏が、ミネアポリス美術館蔵北魏石棺の「眉間赤妻」榜題に関し、それを伍子胥の妻と解釈されたのは、おそらくそうではあるまい。確かに眉間赤《（尺）》妻の登場する資料は見当たらないが、当石棺の「眉間赤妻」は作図上、単に描き加えられたに過ぎないものと思われる。孝子伝に登場しない人物が孝子伝図に描き加えられることはよくあることで、同様の例として、4後漢楽浪彩篋魏湯図における「侍郎」「令妻」「令女」や（東野治之「律令と孝子伝―漢籍の直接引用と間接引用―」〈『万葉集研究』24、二〇〇〇年〉参照）、16安徽馬鞍山呉朱然墓伯瑜図漆盤に描き添えられた「孝婦」「楡《（瑜）》子」「孝孫」などを上げることが出来る（黒田彰「鍍金孝子伝石棺続貂―ミネアポリス美術館蔵北魏石棺について―」〈『京都語文』9、二〇〇二年〉参照）。

〔一三〕船橋本「母具語二父遺言一」。「具以告レ之」（『太平御覧』所引『列士伝』）、「母〔以二〕父遺言一示二眉間尺一」（『新楽府略意』所引『雑抄』）。

〔一四〕『捜神記』に、「得レ剣。日夜思三欲報二楚王一」等とある。『類林雑説』所引『孝子伝』に、「乃思惟剖レ柱得レ剣、日夜欲三報二殺楚王一」等と見えるのが近い。

〔一五〕『捜神記』に、「王夢見二一児、眉間広尺、言欲レ報レ讎。王即購二之千金一。児聞レ之、亡去。入レ山行歌」等とある。

〔一六〕船橋本「朕」。朕は、王の自称。

〔一七〕四方は、天下の意。「令二天下一」（『新楽府略意』所引『雑抄』）。

〔一八〕『類林雑記』所引『孝子伝』「能得二眉間尺一者、賜二金千斤一」、『祖庭事苑』所引『孝子伝』「有下得二眉間尺一者上、厚賞レ之」。千金は、大金の意。斤は、目方の単位で、一二五六グラム。

一九　『太平御覧』三六四所引『呉越春秋』に、「眉間尺逃レ楚入レ山」、『類林雑説』所引『孝子伝』に、「眉間尺聞、乃便起入レ山」、『新楽府略意』所引『雑抄』に、「眉間尺逃隠二山中一」、『祖庭事苑』所引『孝子伝』に、「尺遂逃」等とある。なお山の名を、朱興山と記すものもある（『太平御覧』等所引『列士伝』「乃逃二朱興山中一」）。

二〇　船橋本も同じ箇所に、「慕二覓賢勇之士一」とし、眉間尺が勇士を慕い求めたように読めるが、存疑。当句は、例えば『類林雑説』所引『孝子伝』に、「……眉広一尺、欲二来殺一レ王。王乃購募二覓其人一。乃宣言、能得二眉間尺一者……」、『祖庭事苑』所引『孝子伝』に、「王亦慕二覓其人一。宣言、有下得二眉間尺一者上……」（『太平御覧』等所引『列士伝』「……眉広三寸、辞レ欲レ報レ讎。購求甚急」）等とある如く、楚王が眉間尺を捜し求めるというのが、原義らしい。すると、「賢人勇」「賢勇之士」は、そもそもは眉間尺のことである。船橋本系の『注好選』には、この所に当句が見えず、後に「々（王）如二慕思《クツノリカ》一」（船橋本「々（王）如レ慕」）とあり、『今昔物語集』に、「深山入《キニイリヌ》。宣旨奉輩《センジヲウケタマハリタルトモガラハ》、足手運《ヲハコビテ》　四方《ニ》向《ヒ》求《ムル》　間」とあるのもそれを傍証する。

二一　『太平御覧』所引『呉越春秋』に、「道逢二一客一。客問曰、子眉間尺乎。答曰、是也。吾能為レ子報レ讎。尺曰……君今恵念、何所レ用耶。客曰、須二子之頭幷子之剣一。尺乃与レ頭」、『類林雑説』所引『孝子伝』に、「路逢二一客一。客問曰、汝是孝子眉間尺否。答曰、是。客曰、吾能為レ子報レ讎。眉間尺曰……君今恵念、何所レ用耶。客曰、欲レ得二子頭幷子剣一。眉間尺乃与二剣幷頭一」等とある。客の名を、「甑山人《そうさんじん》」（『祖庭事苑』所引『孝子伝』や『太平記』等）、「任敬」（『太平寰宇記』所引『晋北征記』）と記すものがある。

二二　陽明本の、「君是孝子眉間尺耶」は、『類林雑説』所引『孝子伝』の、「汝是孝子眉間尺否」に近い。

二三　『新楽府略意』所引『雑抄』に、「欲レ報二父敵一否」とある。

二四　船橋本「客得レ頭、上二楚王一。々如レ募、加二大賚一」。大賚は、大いなる褒美（賚は、賜物）。『捜神記』に、「児……

即自刎、両手捧二頭及剣一奉レ之、立僵。客曰、不レ負レ子也。於レ是屍乃仆。客持レ頭往見二楚王一、王大喜」、『北堂書鈔』所引『列士伝』に、「赤鼻乃特刎レ首奉レ之。客持レ頭詣二晋君一」とある。陽明本の「奏」は、奉か。『太平御覧』所引『呉越春秋』「客与レ王。王大賞レ之」、同所引『孝子伝』「客……将二尺首及剣一、見二晋君一」、『類林雑説』所引『孝子伝』「客受レ之与レ王。王大賞レ之」、『祖庭事苑』所引『孝子伝』「客得レ之、進二於楚王一。王大喜」。

二五　船橋本「頭授レ客、煮七日、不レ爛」。『太平御覧』所引『呉越春秋』に、「即以レ鑊煮二其頭一、七日七夜不レ爛」、『捜神記』に、「王……煮レ頭三日三夕、不レ爛。頭踔二出湯中一、躓レ目大怒」、『太平御覧』所引『列士伝』に、「客令二鑊煮之頭一三日、三日跳不レ爛」（『北堂書鈔』所引『列士伝』「令二鑊煮一レ之、頭三日三夜不レ爛」）、『太平御覧』所引『孝子伝』に、「君怒煮レ之、首不レ爛」、『類林雑説』所引『孝子伝』に、「即以レ鑊煮二其頭一、七日七夜不レ爛」等とある。両孝子伝に、客が頭を煮ると記すのは、『太平御覧』所引『列士伝』の説と一致する。

二六　『捜神記』等は「三日三夕」などとするのに対し、『太平御覧』所引『呉越春秋』、『類林雑説』所引『孝子伝』が「七日七夜」としている。

二七　船橋本「客奏二其然状一、王奇面二臨鑊一」。『太平御覧』所引『呉越春秋』に、「客曰、此頭不レ爛者、王親臨レ之。王看レ之」、『捜神記』に、「客曰、此児頭不レ爛。願王自往臨視レ之。是必爛也。王即臨レ之」、『北堂書鈔』所引『列士伝』に、「客曰、君往観レ之即爛」、『類林雑説』所引『孝子伝』に、「客曰、此頭不レ爛。須二王自臨一レ之。王即往臨二看之一」等とある。

二八　まじないを唱えて。

二九　船橋本には、このことがない。『捜神記』に、「客以レ剣擬レ王、王頭随堕二湯中一」等とある。『太平御覧』所引『呉越春秋』に、「客於レ後以レ剣斬レ王。頭入二鑊中一。二頭相齧」、『類林雑説』所引『孝子伝』に、「客於レ後以レ剣擬レ之、王頭即堕二鑊中一。二頭相齩」等とあるのは、陽明本に近い。

三〇　船橋本「客曰、恐レ弱二眉間尺頭一。於レ時剣投二入鑊中一、両頭共爛。客久臨レ鑊、斬二入自頭一。三頭相混、不レ能二分別一」。『捜神記』に、「客亦自擬二己頭一、頭復堕二湯中一。三首倶爛、不レ可二識別一」、『太平御覧』所引『列士伝』に、「客又自刎。三頭悉爛、不レ可二分別一」、『太平御覧』所引『孝子伝』に、「客因自擬レ之。三首尽糜不レ分」等とあり、『太平御覧』所引『呉越春秋』に、「客恐二尺不一レ勝、自以レ剣擬、頭入二鑊中一。三頭相咬七日。後一時倶爛」、『類林雑説』所引『孝子伝』に、「客恐二眉間尺不一レ勝、乃自復剣擬レ頭、頭復堕二鑊中一。三頭相齩、経二七日一後、一時倶爛」等とあるのは、陽明本に近い。船橋本の、「於レ時剣投二入鑊中一」は、諸資料に見えず、「両頭共爛。客久臨レ鑊」も不審で、或いは、「王首与二尺首一、囓合良久。尺首負逃」（『新楽府略意』所引『雑抄』。『今昔物語集』にも、「二頭《ノカシラ》咋《クヒ》合《ヒ》諍《アラソフ》事无限《カギリナシ》」とある）等と関わるか。また、船橋本の「三頭相混、不レ能二分別一」は、『新楽府略意』所引『雑抄』に、「三首相混、会不二分別一」とあるのに酷似する（因みに、『雑抄』『今昔』共、結びに「汝南」の郡名を記さない）。

三一　船橋本「於レ時有司、作二一墓一葬二三頭一。今在二汝南宜春県一也云云」。有司は、官吏。『太平御覧』所引『呉越春秋』に、「乃分二葬汝南宜春県一。并二三冢一」、『捜神記』に、「乃分二其湯肉一葬レ之。故通名二三王墓一。今在二汝南北宜春県界一」、『太平御覧』所引『列士伝』に、「分二葬之一、名曰二三王冢一」、『太平御覧』所引『孝子伝』に、「乃為二三冢一、曰二三王冢一也」、『類林雑説』所引『孝子伝』に、「乃分二葬之一。在二汝南宜春県一。今三王墓、是也」などとある。『新楽府略意』所引『雑抄』の、「仍三首葬二一陵一。今在二宜春県一也」などとするのは、船橋本に近い（後引『晋北征記』に、「三人同葬、故謂二三王陵一」、『太平寰宇記』一〇五に、「三人以二三人頭一共葬」等とも）。汝南は、漢からの郡名、宜春県も、漢からの県名で、共に河南省汝南県。北宜春県（『捜神記』）は、その後漢から晋にかけての呼称。三王墓（『捜神記』）等と称される墓のことについては、『太平寰宇記』十二、河南道宋州宋城県（河南省商邱県）所引『晋北征記』（晋、伏滔の『北征記』か）に、「三王陵、在二県西北四十五里一。晋北征記云、魏恵王徙二都於此一号レ梁。王為二眉間赤任敬一所レ殺。三人同葬、故謂二三王陵一」と見え（西野貞治氏は、魏の恵王の卒年を周の顕王の三十四年〈前三三六年〉とする等の考証を行い、『水経注』十五、洛水注所載の三王陵との関連を説いて、いずれも河南省一帯の、北魏石棺の絵画共々北朝の伝承であることを指摘する〈「「鋳剣」の素材について」〉）、また、『太平寰宇記』一〇五の江西南道太平州蕪湖県に、「楚干将墳、在二県東北九里一。楚干将鏌鎁之子、復二父讐一。三人以二三人頭一共葬、在二宣城県一。即蕪湖也」とあり（蕪湖、蕪湖県、宣城県、共に安徽省）、或いは、『太平御覧』六十七所引『郡国志』（唐のそれか）に、「晋州臨汾県臭水池、下畜不レ飲。一名翻鑊池。即煮二眉間赤頭一処。鑊翻因レ成レ池、今水上猶有二脂潤一」とも見えて（臨汾県は山西省）、眉間尺譚の流布を窺わせている。

二二　眉間尺に対する客の献身を言う。

二三　この「云々」について、西野貞治氏は、「此の孝子伝（陽明本）は他書の記載をそのままに引用したものであることが考えられる」一証として、「眉間尺の条の終に、「云々」という省略を表わすの辞があるが、これは注釈書になるべく多くの異文を掲げて本文の欠を補わんとした三国志注や世説注に見えるもので、自作の文にはまず用いぬ辞である」と言われる（「陽明本孝子伝の性格並に清家本との関係について」、『人文研究』7-6、一九五六年）。陽明本の「云々」は、この一例のみ。船橋本は、34蔣詡、36曾参、41李善、44眉間尺の条末に四例、「云云」が見える。

二四　悪相は、凶兆。

二五　礩は、積石（土台石）だが、ここは石抱きの拷問を言うか。共に、陽明本には見えない表現。

二六　大賚は、注二四参照。

45 慈烏

【陽明本】

慈烏者鳥也。生於深林高巣之表、銜食供鶵口、不鳴自進。羽翮労悴、不復能飛。其子毛羽既具、将到東西、取食反哺其母。禽鳥尚尒。況在人倫乎。鴈亦銜食飴児、[1]児亦銜食飴母。此鳥皆孝也。

【船橋本】

[2]鴈烏者[3]鳥也。知恩与義之。鶵時哺子、老時哺母。反哺之恩、猶能識哉。何況人乎。不知恩義者、不如禽[4]鳥耳也。

慈烏《じう》は鳥なり。深き林の高き巣の表《うえ》に生ず。食を銜《ふく》[一]みて鶵《ひな》の口に供し、鳴[二]かざれども自ら進む。羽翮労悴《うかくろうすい》[三]し、復能《またよ》く飛ばず。其《そ》の子、毛羽既に具わり、将《まさ》に東西に到らんとし、食を取りて其の母に反哺《はんぽ》[四]す。禽鳥《きんちょう》すら尚尒《しか》り。況《いわ》んや人倫に在りてをや。鴈《がん》[五]も亦《また》、食を銜みて児を飴《やしな》う。児も亦、食を銜みて母を飴う。此の鳥、皆孝なり。

鴈[六]は鳥なり。恩と義とを知る。鶵の時、子を哺《やしな》い、老いし時、母を哺う。反哺の恩、猶《なお》能く識《し》れるかな。何ぞ況んや人をや。恩義を知らざる者は、禽鳥に如《し》かざるのみなり。

【校勘】1児、底本無、意により補う。 2鴈烏、底本これ以下、43東帰節女の末尾にあり、陽明本によって改める。 3者、底本空白、意により補う。 4鳥、底本「象」、意により改める。

文献資料 『小爾雅』、『孔叢子』三、『桓譚新論』（『太平御覧』四九一、九二七）、『春秋運斗枢』（『太平御覧』九二〇、清、葛其仁『小爾雅疏証』）、『水経注』十三灅水注、「典引」蔡邕注（『文選』四十八）、『蔡中郎集』二、後漢「漢故幽州書佐秦君神道石闕」（『文物』一九六五年四期）、『後漢書』五十七、成公綏「鳥賦序」（『太平御覧』九二〇）、『禽経』（『説郛』一〇七）、曹植「令禽悪鳥」（『芸文類聚』二十四）、梁武帝「孝思賦」（『広弘明集』二九上）、釈道恒「釈駁論」（『弘明集』六）、陽明本『孝子伝』序、『孝子伝』（『世俗諺文』及び、『三教指帰』成安注下。少異はあるが、いずれも陽明本系）、王勃「倬彼我系」（『王子安集』二）、『白氏六帖』八、白居易「慈烏夜啼」（『白氏長慶集』一）、同「阿崔」（同上二十八）、『杜工部詩』二十、『円鑑大師二十四孝押座文』（スタイン敦煌文献木刻1）、『冊府元亀』六二二、八三八、林同『孝詩』。『注好選』下34。

図像資料 1後漢武氏祠画象石（「孝烏」）、12和林格爾漢壁画墓（「孝烏」）、14泰安大汶口後漢画象石墓。

【注】

一 この文字については、30顔烏、注四参照。

二 鶵が鳴いて食を求めなくても、進んで与える意。

三　羽翮は、羽の根本。

四　反哺は、子が逆に母を養うこと。

五　烏と並んで鴈を孝鳥とすることは、『故円鑑大師二十四孝押座文』にも、「慈烏返哺猶懐感、鴻鴈纔飛便孝行」と見える。

六　鴈烏は、鴈と烏の意か。

【陽明本】
孝子伝巻下

【船橋本】
孝子伝　終

陽明本孝子伝　影　印

孝子傳
古抄本
全
近
コ
38

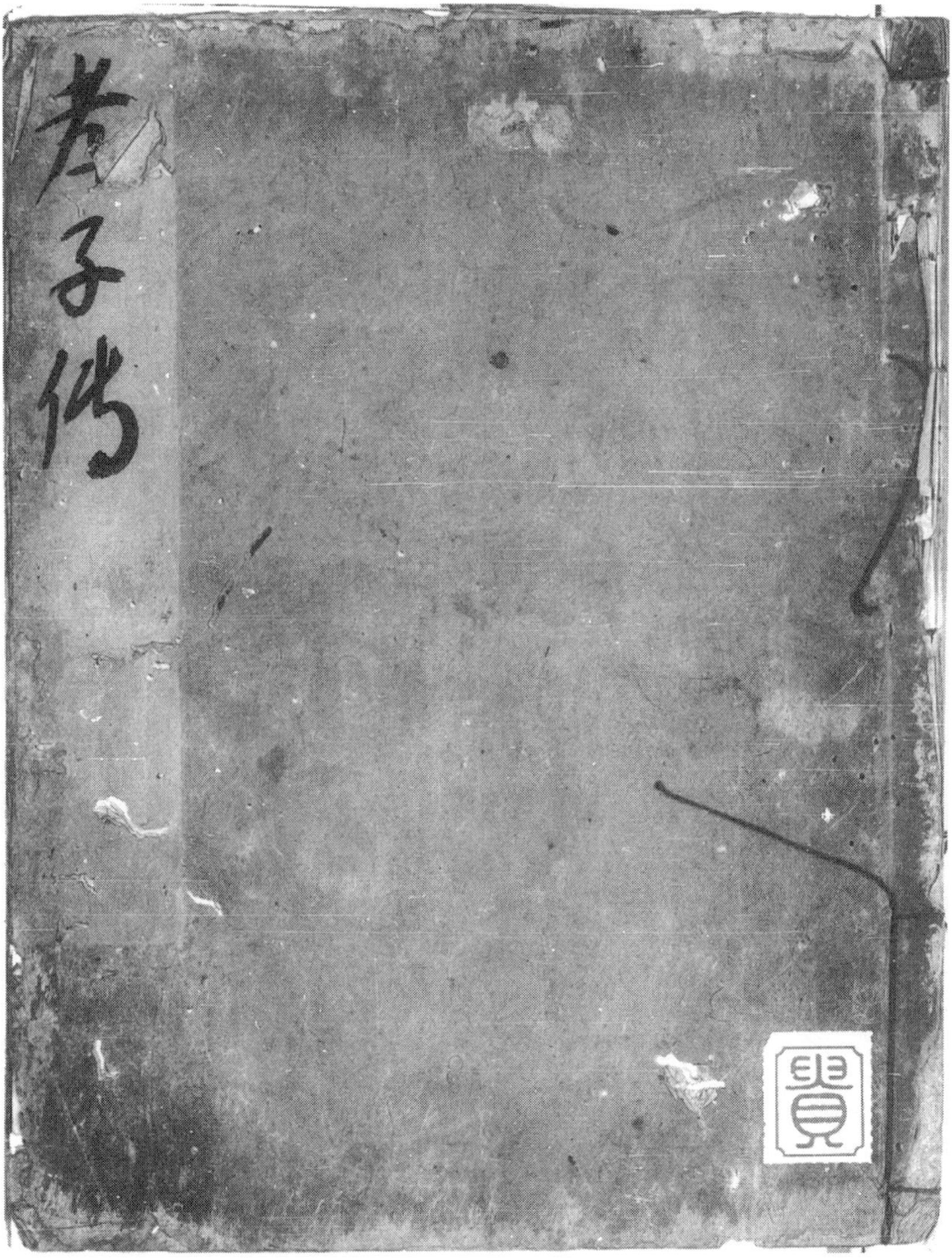
孝子傳

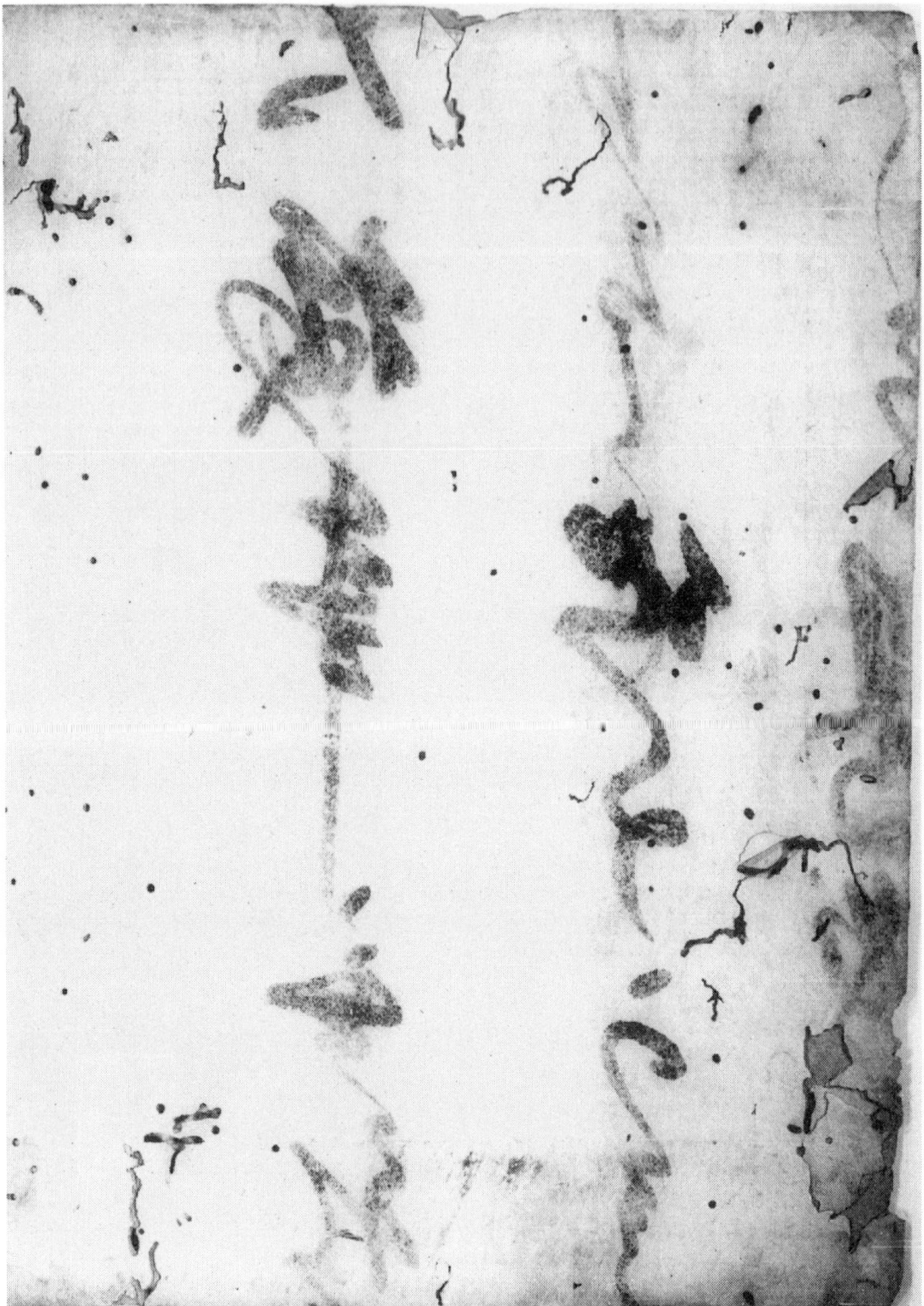

孝子傳一卷

蓋聞天生万物人㝡為尊立身之道先知孝順深識尊卑別於父母孝悌之揚名後生可不從慕夫為人子者二親在堂勤於供養和顏悅色不避艱辛孝心之至通於神明是以孟仁泣竹而筍生王祥扣冰而魚躍郭巨埋子而養親三州義士而感天況於真親可不供養乎父母愛子天性自然出入懷愁憂心如割故詩云無父何怙無母何恃欲報之

德昊天罔極父母之恩非身可報而其孝養豈得替乎烏知返哺鴈識銜飡禽鳥尚尒況於人哉故蔣詡徒盧以顯名子騫親言而布德帝舜孝行以全身丁蘭木母以感瑞此皆賢士聖之孝心將來君子之所慕也余不揆凡庸今錄衆孝分爲二卷訓示後生知於孝義通人達士幸不哂焉

孝子傳目録上

以上廿三人

孝子傳目録下

以上廿一人

孝子傳上

帝舜重花至孝也其父瞽瞍頑愚不別聖賢用後婦之言而欲殺舜便使上屋於下焼之乃飛下供養如故又使治井没井又欲殺舜〻乃密知便作傍穴父畢以大石填之舜乃泣東家井出因擾歴山以躬耕種穀天下大旱民無收者唯舜種者大豊父填井之後兩目清盲至市就舜余米舜乃以錢還置米中知是非一父疑是重花借人着朽井子

无所見後又余米對在舜前論賈未畢
父曰君是何人而見給鄙將非我子重
花耶舜曰是也即來父前相抱悲泣舜
以衣拭父兩眼即開明所謂爲孝之至
堯聞之妻以二女授之天子故孝經曰
事父母孝天地明察感動乾靈也
楚人董永至孝也少失母獨与父居貧
窮困苦傭賃供養其父常以鹿車載父
自隨着陰凉樹下一鋤一廻顧望父顏
色供養蒸々夙夜不懈父後壽終无錢

不葬送乃詣主人自買為奴取錢十千
葬送礼已畢還賣主家道逢一女求為
永妻永問之曰何所能為女答曰吾一
日能織絹十疋於是共到賣主家十日
便得織絹百疋用之自贖〻畢共辭主
人去女出門語永曰吾是天神之女感
子至孝助還賣身不得久為君妻也便
隠不見故孝經〻孝悌之志通於神明
此之謂也賛曰董永至孝賣身葬父事
畢无錢天神妻女織絹還賣不得久處

至孝通靈信哉斯語也
宜春人刑渠至孝也貧窮无母唯与父
及妻共居傭賃養父〻年老不能食渠
常哺之見父年老夙夜憂懼如履氷霜
精誠有感天乃令其髮白更黒齒落更
生也賛曰刑渠養父單獨居貧常作傭
賃以養其親躬自哺父孝謹恭懃父老
更壮感此明神
韓伯瑜者字都人也少失父与母共居
孝敬兼〻若有小過母常打之和顔悉

痛又得杖忽然悲泣母怪問之曰汝常
得杖不啼今日何故啼悲耶瑜答曰阿
母常賜杖其甚痛今日得杖不痛憂阿
母年老力衰是以悲泣耳非敢奉悲也
故論語曰父母之年不可不知一則以
喜一則以懼讃曰惟此伯瑜事親不違
恭懃孝養進致甘肥母賜笞杖感念力
衰悲之不痛泣啼濕衣
郭巨者家貧養母河内人也時年荒夫妻晝夜懃
作以供養母其婦忽然生一男子便共

議言今養此兒則廢母供事仍掘地埋
之忽得金一釜〻上題云黄金一釜天
賜郭巨於是遂致富貴轉孝養〻賛曰
孝子郭巨純孝至真夫妻同心致子養
親天賜黄金遂感明神善哉孝子富貴
榮身

楚人孝孫原谷者至孝也其父不孝之
甚乃厭患之使原谷作輦祖父送於山
中原谷復將輦還父大怒曰何故將此
凶物還答曰阿父後老復棄之不能更

作也顔父悔悞更往山中迎父率還朝夕供養更為孝子此乃孝孫之礼也於是閨門孝養上下无悪也

沛郡人魏陽至孝也少失母獨与父居孝養慇ヌ其父有利戟市南少年欲得之於路打奪其父陽乃叩頭懸令召問曰人打汝父何故不報為力不禁耶答曰今吾若即報怨恐正有飢渇之憂懸令大諾之阿父終没即斬得彼人頭以祭父墓州郡上表稱其孝德官不問其

罪加其禄位也
三州義士者各一州人也征伐徒行並
失郷土會宿道邊樹下老者言將不共
結斷金耶二少者敬諾遂為父子慈孝
之志信於真親也父欲試意勅二子於
河中立舎二子便晝夜輦土填河中經
旅三年波流飄蕩都不得立精誠有感
天神乃化作一夜又持一丸土投河中
明忽見河中土高數十丈延宇數十間
父子仍共居之子孫生長位至二千石

刀

家口卅余人今三州之民是也後以三
州爲姓也
河内人丁蘭者至孝也幼失母年至十
五思慕不已乃尅木爲母而供養之如
事生母不異蘭婦不孝以火燒木母面
蘭即夜夢語木母言汝婦燒吾面蘭乃
笞治其婦然後遣之有隣人借斧蘭即
啓木母〻顏色不悦便不借之隣人瞋
恨而去伺蘭不在以刀斫木母一臂流
血滿地蘭還見之悲號叫慟即往斬隣

人頭以祭母官不問罪加禄位其身賛
曰丁蘭孝至少喪二親追慕无及立木
母人朝夕供養過於事生親身没名在
万世惟真
朱明者東都人也兄弟二人父母既没
不久遺財各得百万其弟驕奢用財物
盡更就兄求分兄恒与之如是非一嫂
便忿恚打罵小郎明聞之曰汝他姓之
子欲離我骨肉耶四海女子皆可為婦
若欲求親者終不可得即便遣妻也

鹿

淮南人蔡順至孝也養母蔬又母詣隣
家酔酒而吐順恐中毒伏地嘗之啓母
曰非毒是酔耳時遭年荒採桑椹赤黒
二籃逢赤眉賊又問曰何故分別桑椹
二種順荅曰黒者餉母赤者自供賊還
以白米二斗牛蹄一双与順
放之賜完十斤其母既没順常在墓邊
有一白鹿張口向順来順則申臂採之
得一横骨鹿去後常得鹿羊報之所謂
孝感於天禽獸依德也
王巨尉者淮南人也兄弟二人兄年十

賊

二弟年八歳父母併没哭泣過礼聞者
悲傷弟行採薪忽逢赤眉賊縛欲食之
兄憂其不還入山覔之正見賊縛將欲
食兄即自縛往賊前曰我肥弟瘦請以
肥身易瘦身賊則嘆之而放兄弟皆得
免之賊更牛蹄一雙以贈之也
楚人老莱之者至孝也年九十猶父母
在常作嬰兒自家戯以悦親心着班蘭
之衣而坐下竹馬為父母上堂取漿水
失脚倒地方作嬰兒啼以悦父母之懐

故礼曰父母在言不稱老衣不絶純素
此之謂也賛曰老莱至孝奉事二親晨
昏定省供謹弥懃戯倒親前為嬰児身
訓道兼倫天下稱仁
宗勝之者南陽人也少孤十五年並喪
父母少有礼義毎見老者擔肩便為之
常獨得禽獸完分与郷親如此非一貧
依婦居乃通明五注郷人稱其孝感共
記之也
陳寔至孝養父母其年八十乃葬送之

海内奔赴三千人議郎蔡邕製碑文也
陽威者會稽人也少喪父共母入山採
薪忽為虎所迫遂抱母而啼虎即去孝
著其心也
孝女曹娥會稽人也其父肝能絃歌為
至婆神溺死不得父尸骸娥年十四乃
縁江號泣哭聲晝夜不絶旬有七日遂
解衣投水咒曰若值父尸骸衣當沉衣
即便沉娥即赴水而死縣令聞之為娥
立碑顯其孝名也　縣

毛義者至孝也家貧郡擧孝廉便人大歡喜郷人聞之咸曰毛義平生立行以不受天子之位今擧孝廉仍大歡悦如此不足重也及至母亡洲郡以公車近之義曰我昔應孝廉之命只為家貧无可供養母又命既亡復更仕於是郷人咸稱其孝也

歐尚者至孝也父没居喪在廬郷人遂虎又急投尚廬内尚以衣覆之郷人執戟欲入廬尚曰虎是惡獸當共除翦尚

逐

實不見君何他尋覓後得出日夕將死
庚來報曰此乃得大富也
衛國仲由字子路為姉著服數三年孔
子問曰何不除之對曰吾寡兄弟不忍
除也孔子曰先王制礼日月有限期可
已矣因即除之也
劉敬宣年八歳遭母晝夜悲哭賴是人
士莫不異之也　袁
謝弘微曹兄喪服已除猶蔬食有人問
之曰汝服已訖今將如此微答曰衣冠

之變礼不可踰生心之哀實未能已也
朱百年者至孝也家貧母以冬月衣常
无絮百年身忽无之共同孔顗爲友天
時大寒同往顗家顗設酒酔留之宿以
卧具覆之眠覺除去謂顗曰綿絮定煖
因憶母寒涙悌悲慟也

孝子傳上

孝子傳下

高柴者魯人也父死泣流血三年未嘗見齒故礼曰居父母之喪言不及義咲不哂也

張敷者年一歳而母亡至十歳問覔母家人云已死仍求覔母生時遺物乃得一畫扇乃蔵之玉匣每憶母開匣看之便流涕悲慟竟日不已終如此也

孟仁字恭武江夏人也事母至孝母好食笋仁常懃採笋供之冬月笋未抽仁

執竹而泣精靈有感筍為之生乃足供
母可謂孝動神靈感斯瑞也
呉時人司空公王祥者至孝也母好食
魚其恒供足忽遇氷結祥乃扣氷而泣
魚便自出躍氷上故曰孝感天地通於
神明也
姜詩者廣漢人也事母至孝母好飲江
水〃〃去家六十里便其妻常汲行負
水供之母又嗜魚膾夫妻恒求覔供給
之精誠有感天乃令其舎忽生涌泉味

縣　天

知江水毎旦輙出雙鯉魚常供其母之膳也為江陽令死民為立祠也

孝女外光雄者至孝也父堕水死失尸骸感憶其父常自號泣晝夜不已乃乗舩於海父堕處投水而死見夢与弟曰却後六日當共父出至期果与父相見持於水上郡縣令為之立碑文也

顔烏者東陽人也父死葬送躬自負土成墳不物他力精誠有感天乃使烏鳥助銜土成墳烏口皆流血遂取縣名烏

陽縣秦時之也王莽簒位改爲爲孝縣
也
許牧者呉寧人也父母亡没躬自負土
常宿墓下栽松栢八行造立大墳州郡
感其孝名其鄕曰孝順里鄕人爲之立
廟至今在焉也
魯國義士兄弟二人少失父以与後母
孝
居兄弟順懃於供養隣人酒醉罵辱其
母兄弟聞之更於慚恥遂往斂之官知
覿死開門不避使到其家問曰誰是凶

憎

身兒曰吾敎非弟又曰吾敎非兄使不
能法敎還白王又召其母問之母曰咎
在妾身訓道不明致兒爲罪又在老妾
非關子也王曰罪法當行母有二子何
增何愛任母母所言曰顧敎小兒王曰少者人
之所重如何敎之母曰小者自妾之子
大者前母之子其父臨亡之時曰此兒
小孤任妾撫育今不負亡夫之言冒王
聞之仰天嘆曰一門之中而有三賢一
室之内復有三義即併放之故論語云

父爲子隱子爲父隱用辭此也
閔子騫魯人也事後母々々无道子騫
事之无有怨色時子騫爲父御失轡父
乃撻之仍使後母子御車父罵之騫終
不自現父後悟仍撫其手々冷着衣々
薄不如晩子純衣新綿父乃悽愴因欲
追其後母騫涕泣諫曰母在一子單去
二子騫又遂止母怨悔也故論語云孝
哉閔子騫人得間於是其母又昆弟之
言此之謂也孔子飲酒有少過而欲敺

之騫曰酒者礼也君子飲酒通顔色小
人飲酒益氣力如何改之孔子曰善哉
將如何子之言也
蔣詡字劵卿与後母居孝敬蒸々未嘗
有懈後母无道憎詡日々滋孝敬之父
亡塋送留詡畳墓東詡為乃草舍以哭
其父又多栽松柏用作陰涼郷人並往
來車馬不絶後母嫉之更甚乃密以毒
藥飲詡々々食之不死又欲持刀殺之詡
夜夢驚起々有人殺我乃避眠處母果

刀

持刀斫之何着空地母後悔悟退而責
數曰此子天所生如何欲害是吾之罪
便欲自殺謝曰爲孝不致不令致母恐
罪猶子也母子便相謝遜因遂和睦乃
居貧舍不復出入也
伯奇者周丞相伊尹吉甫之子也爲人
慈孝而後母生一男仍憎嫉伯奇乃取
毒蛇納瓶中呼伯奇將殺小兒戲少兒
畏蛇便大驚叫母語吉甫曰伯奇常欲
殺我小兒君若不信試往其所看之果

見之伯奇在瓶虵焉又讒言伯奇乃欲非法於我父云吾子爲人慈孝豈有如此事乎母曰君若不信令伯奇向後薗取菜君可密窺之母先賷蜂置衣袖中母至伯奇邊曰蜂螫我即倒地令伯奇爲除奇即低頭捨之母即還白吉甫君伺見否父曰信之乃呼伯奇曰爲汝父上不慙天娶後母如此伯奇聞之嘿然无氣因欲自殞有人勸之乃奔他國父後審定知母詐即以素車白馬追伯

奇至津所問曰津吏曰向見童子赤白
美皇至津所不吏曰童子向者而度至
河中仰天歎曰飄風起号吹素衣遭去
乱号无所皈心欝結号屈不申為蜉尼
即㦲我身歌訖乃投水而死父聞之遂
悲泣曰吾子在哉即於河上祭之有飛
鳥來父曰若是我子伯奇者當入吾懐
鳥即飛上其手入懐中從袖出父之曰
是伯奇者當上吾車隨吾還也鳥即上
車隨還到家母便出迎曰向見君車上

啄

有悪鳥何不射殺之父即張弓取矢便射其後母中腹而死父罵曰誰殺我子乎鳥即飛上後母頭啄其目今世鵄梟是也一名鵂鶹其生兒還食母詩云知我者謂我心憂不知我者謂我何求悠々倉天伱何人哉此之謂也其弟名西奇

曾叅魯人也其有五孝之行能感通霊聖何謂為孝与父母共鋤菽設傷株一株叩其父頭見血恐父憂悔乃彈琴

自慨之是一孝也父使入山採薪經停
未還時有樂成子來覓之叅母乃齧脚
指叅在山中心痛恐母乃不和即歸問
母曰太安善不母曰无他遂具如向所
説叅乃尺然所謂孝感心神是二孝也
母患叅駕車往迎敀中途渇之遇見枯
井猶來无水叅以缾臨水爲之出所謂
孝感靈泉是三孝也時有隣境兄弟二
人更曰食母不令飴肥叅聞之乃廻車
而避不經其境恐傷母心是四孝也曾

有鵶梟之鳥反食其母恒鳴於樹曾子語此鳥曰可吞音去勿更來此鳥即不敢來所謂孝伏禽鳥是五孝也孔子使參往斉邊期不至有人妄言語其母曰曾參煞人須臾又有人云曾參煞人如是至三母猶不信便曰我子之至孝踐地恐痛言恐傷人豈有如此耶猶識如故須臾參還至了无此事所謂讒言至此慈母不投杼此之謂也父亡七日漿水不歷口孝切於心遂虚飢渇也妻死

甫

不更求妻有人謂参曰婦死已久何不
更娶曾子曰昔吉補用後婦之言喪其
孝子吾非吉甫豈更娶也
董黯家貧至孝雖与王奇並居二母不
相見忽會籬邊因語曰黯母汝年過七
十家又貧顔色乃得怡悦如此何荅曰
我雖貧食完衣薄而我子与人无悪
不使吾憂故耳王奇母曰吾家雖富食
魚又嗜饌吾子不孝多与人恐懼罹其
罪是以枯悴耳於是各還奇從外歸其

數　罹

母語奇曰汝不孝也吾問見董黯母年過七十顔色怡悦猶其子与羌悪故耳奇大怒即往黯母家罵云何故讒言我不孝也又以脚蹴之皈謂母曰児巳問黯母其云日〻食三斗阿母自不能食導児不孝黯在田中忽然心痛馳奔而還又見母顔色憔〻長跪問母曰何所不和母曰老人言多過矣黯巳知之於是王奇曰欽三牲且起取肥牛一頭欽之取佳完十斤精米一斗𤇆而膺之曰

人

中又致肥羊一頭佳宍十斤精米一斗熟而膺之夕又致肥猪一頭佳宍十斤精米一斗熟而膺之便語母曰食此令盡若不盡者我當用鋅剌母心曲戟鉤母頭得此言終不能食推盤擲地故孝經云雖日用三牲養猶為不孝也縣母八十而亡葬送礼畢乃嘆曰父母讎不共戴天便至奇家斫奇頭以祭母墓須臾監司到縛縣〻乃請以向墓別母監司許之至墓啓母曰王奇横苦阿母縣

羕天士志行已力既得傷儺身甘葅臨
甘監司見縛應當偁死舉聲聞咲目中
出血飛鳥翳曰禽鳥悲鳴或上顯辟或
上頭邊監司具知状奏王又聞之嘆曰
敬謝孝子薫顯朕寡德統荷万機而今
凶人勠逆又應治前令勞孝子助朕除
患賜金百斤加其孝名也
申生者晋獻公之子也兄弟三人中者
重呵少者夷吾母曰晋姜早亡而申生
至孝父伐麗狼得女一人便拜爲妃賜

姓驪氏名曰麗姫〻〻生孝名曰奚晉阜
子姫懐妬之心欲立其子晉以為家嫡
自欲譲之譖申生曰吾昨夜夢汝母飢
渇弊汝今宜以酒礼至墓而祭之云申
生涕泣具弁肴饌往塚以毒藥置祭食
中謂言申生祭訖食之則死而申生孝
子不能敢食將還獻父〻〻欲食之麗姫
恐藥毒中獻公即投之曰此物従外来
焉得輙食之乃命青衣嘗之入口即死
姫乃詐啼叫曰養子反欲殺父申生聞

大子聞之即欲自殺其臣諫曰何不自
理黒白誰明申生曰我若自理麗姫必
死父食不得麗姫則不飲臥不得麗姫
則不安父今失麗姫則有憔悴之色如
此豈爲孝子乎遂感激而死也
申明者楚兼相也至孝忠貞楚王兄子
名曰白公造逆无人能伐者王聞申明
賢躬以爲相申明不肯就命明父曰我
得汝爲国相終身之義也從父言往赴
登之爲相即便領軍伐白公〻聞申明

來果如自飯仍窓縛得申明父置一軍中使曰吾以執得汝父若來戰者我當殺汝父申明乃嘆曰孝子不爲忠〻臣〻不爲孝子私今捨父事君〻受君之祿而不盡節非臣之礼今日之事先是父之命知後受言遂戰乃勝百公即煞其父明領軍還楚王乃賜金千斤封邑万户申明不受飯家葬父三年礼畢自刎而死故孝經云事親以孝移於忠〻可移君此謂也

會堅字孟遊蜀郡城都人也其父名訟
信為縣令吏母慄任七月父秦使至袁
又轉縛量之歷十一主母生堅之後更
嫁余人堅問父何所在具語之郎韓母
而去歷涉七年行傭作往涉羌胡以求
其父至芳狼袁中仍得相見父子悲慟
行人見之无不殞淚於是戎袁便給資
糧放還國涉塞外五万余里之山川險
阻獨履涤林毒風鄣氣師子虎狼不能
傷也豈非至孝所感其靈扶祐哉於是

迎母還共居之也
李善者南陽家奴也李家人並卒死唯有一兒新生然其親族无有一遺善乃歴鄉隣乞乳飲哺之兒飲恒不足天照其精乃令善乳自汁出常得充足兒年十五賜姜姓李氏治喪送葬奴札无虧即郡縣上表加其孝行拜爲河内太守百姓咸歡孔子曰可以託六尺孤此之謂也

羊
羊公者洛陽安里人也兄弟六人家以

屠完爲業公少好學從於善行孝義聞
於遠近父母終沒葬送礼畢哀慕无及
北方大道路絶水漿人往来恒苦渴之
公乃於道中造舎提水設漿布施行士
如此積有年載人多諫公曰公年既衰
老家業粗足何故自苦一旦損命誰爲
慰情公曰欲善行損豈惜余年如此累
載遂感天神化作一書生語公曰何不
菜荅曰无菜種書生即以菜種与之公
掘地便得白璧一雙金銭一万書生後

種

白

又見公曰何不求妻公遂其言乃訪覓
妻名家子女郎欲求問皆嘆之曰汝能
得由璧一雙金銭一万者与公為妻公
果有之遂成夫婦生男女育皆有令德
悉為卿相故書曰積善余慶此之謂也
今北平諸羊姓並羊公後也
東歐節女者長安大昌里人妻也其夫
有仇〻人欲敎其夫聞節女孝令而有
仁義仇人執縛女人父謂女曰汝能呼
夫出者吾即放汝父若不然者吾當殺

之女歟曰豈有爲夫而令殺父哉豈又
亦仇人而殺夫乃謂仇人曰吾常共丈
在樓上寢夫頭在東窓以方便令夫向
西女自在東仇人果來斬將女頭去謂
是女夫明旦視之果是女頭仇人大悲
嘆感其孝烈觧惡无復來懐殺夫其夫
之心論語曰有殺身以成仁无求生以
害人此之謂也
眉間尺者楚人干將莫耶之子也楚王
夫人當暑抱鐵柱而感遂感鐵精而懐

任後乃生鐵精而王乃命干將作劔々
有雄雌將雄者還王留雌有舍王劔在
匣中鳴王問群臣々々曰此劔有雄雌
今看雄劔故鳴王怒即將殺干將々々
已知應死以劔内置屋前松柱中謂婦
曰汝若生男可語之曰出北戸望南山
石松上劔在中間後果生一子眉間一
尺年十五問母曰父何在母具説之郎
便思惟得劔欲報王々乃夜夢見一人
眉間一尺將欲殺我乃命四方能得此

入
送

人者當賞金千斤眉間尺遂入深山募
覓賢人勇忽逢一客又問曰君是孝子
眉間尺耶答曰是也客曰吾為君報讎
可不眉間尺問曰當須何物客答曰唯
須君劒及頭即以釼刎頭授与之客又
去便遂奏王聞之重賞其客便索鑊煑
之七日不爛客曰當臨面鑊咒見之即
便可爛王信以面之客乃以劒斬王頸
落鑊中共煑二頭相殉齧客恐眉間尺頭
猶自劒心頭入釜中一時俱爛遂不能

兮能分別仍以三鸒之今在淮南宜春
鸒也所謂夏憂人事成人之名云々
慈烏者烏也生於深林高巢之表銜食
供鶵口不鳴自進羽翮勞悴不復能飛
其子毛羽既具將到東西取食反哺其
母禽鳥尚尒況在人倫乎鷹烏銜食飴
兒烏銜食飴母此鳥皆孝也

孝子傳卷下

船橋本孝子伝　影　印

孝子傳
青松

孝子傳前後叢廣論所撰之叢也雄源之故事載之義見乎
此本己叢之故事漏脱而此序雑於京ノ右此本所載序三也

孝子傳 并序

原夫孝之至重者則神明應響感也信
之至深者則嘉聲無翼而輕飛也以是重華
忍怨至孝而遂膺堯讓得踐帝位也董永賣
身送終而天女踐忽贖奴役也加之奇類不
可勝計今拾四十五名者編孝子碑銘也号
曰孝子傳以為兩巻冀也有志之士披見
無倦永傳不朽云尓

孝子傳上巻

一舜字重華至孝也其父瞽叟愚頑不知凢
聖愛用後婦言欲殺聖子舜或上屋聖取
橋舜直而落如鳥飛或使掘深井出舜知
其心先掘傍穴通之隣家父以大石填井
舜出傍穴入遊歴山時父填石之後両目
精盲也舜自耕為事于時天下大旱黎庶
飢饉舜稼獨茂於是糴米之者如市舜後

母来買然而不知舜不敢其直毎度返
也父奇而所引後帰来至舜所問曰君降
恩再三未知有故舊耶舜答吾是子舜也
時父伏地流涕如雨高聲悔叫且奇且耻
爰舜以袖拭父涕而両目即開明也舜起
拝賀父執子手千哀千謝孝養如故終無
變心天下聞之莫不嗟嘆聖徳無匿遂践
帝位也

二八董永趙人也。性至孝也。少而母没。与父居
也。貧窮困苦。傭賃養父。父永常鹿車載父
着樹木蔭涼之下。一鋤一顧。見父顏色。數
進餚饌。肴選。不緩時。父老命終。無物葬殮。
永詣富公家。請云。父没無物葬送。我為
君作奴婢。得直。敬已礼。富公歎与銭十千。
收永葬之。齊事ホ乃永行。主人家路逢一
女。語永云。吾為君作婦。永云。吾是奴也。何

有然也。女云、吾亦知之。而慕然耳。來語共
詣主人家。主人問云、汝所為何也。女答云、
吾踏機月織十疋之絹。主人云、若填百疋、
免汝奴役。一旬之內織填百疋。主人如言、
良放免之。於時夫婦出門。婦語夫云、吾是
天神女也。感汝至孝、來而助救奴役。天地
區異、神人不同。豈人為汝婦。語已不見也。
三
郭巨者、河內人也。貧家無母、与父居也。傭

三四

養父亡畢不能飲食涙常嚼哺定省
之間見其裹幣悲傷爛肝項莫忌時蒼天
有感令父白髪變黒落歯更生矣之巻
奇徳如之也
韓伯瑜者宋人也少而父没与母共居養
母家ゝ瑜有少過母常加杖痛而不啼母
年老衰時不罰痛而瑜啼之母奇問云我
常打汝然不啼今何故泣瑜諾云昔被杖

雖痛能忍今日何不痛爰知母年衰弱耳
以是悲啼不敢有怨母知子孝心之厚還
自共哀痛之也
四五
郭巨者河内人也父無母存供養懃々於
年不登而人庶飢困爰婦生一男巨云養
之者恐有老養之妨使母抱児共行山
中堀地将埋児底金一釜々上題云黄金
一釜天賜孝子郭巨於是因児獲金不埋

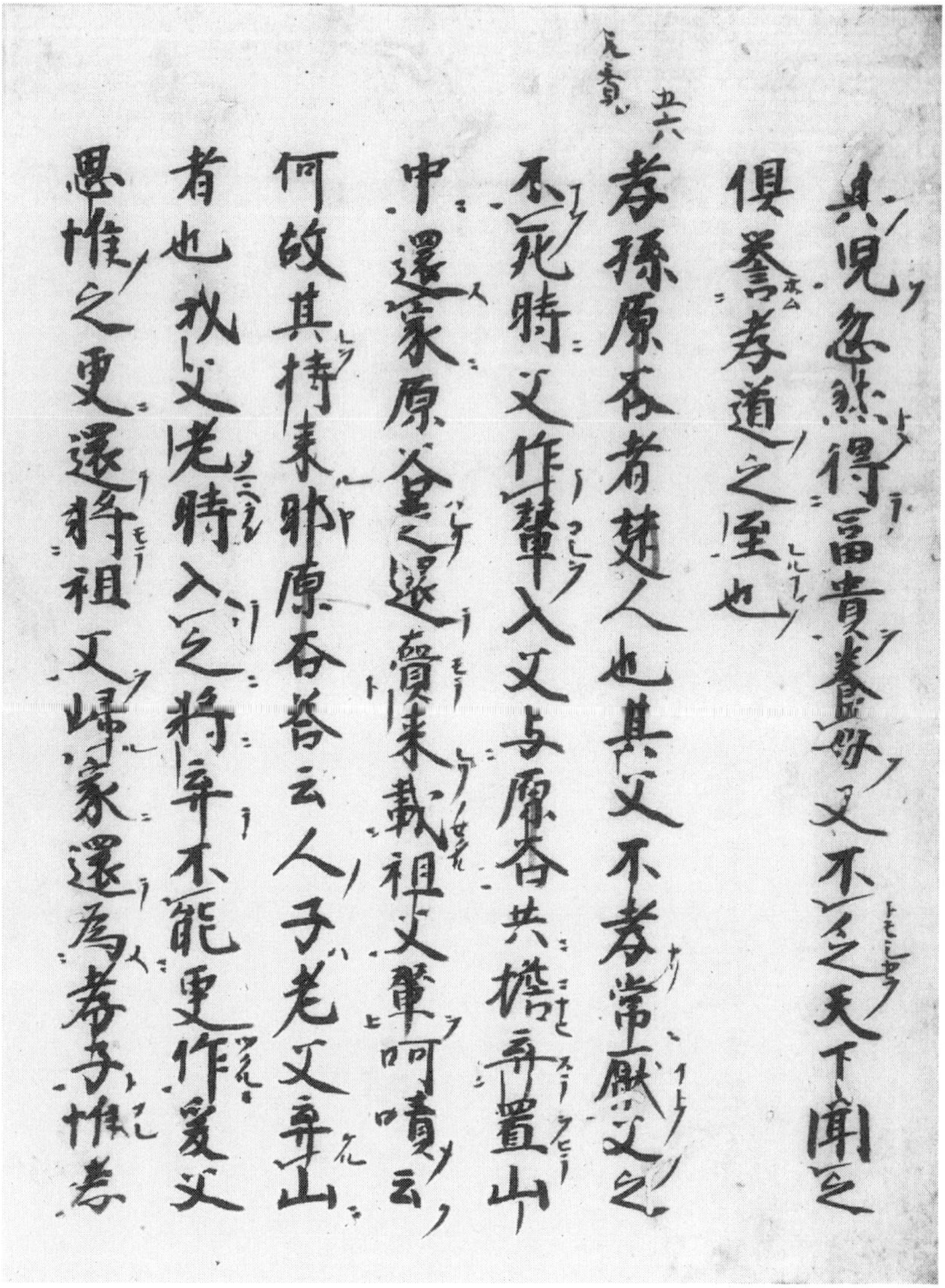

其児忽然得富貴養母父不之天下聞之
倶誉孝道之至也

五六
孝孫原谷者楚人也其父不孝常厭父之
不死特父作輦入父与原谷共擔弃置山
中還家原谷走還賷来載祖父輦呵嘖云
何故其持来耶原谷答云人子老父弃山
者也我父老時入之将弃不能更作爰父
愚惟之更還将祖父帰家還為孝子惟孝

孫原谷之方便也挙世聞之善哉原谷施慈
祖父之命父救父之二世罪苦可謂賢人
而已

六七
魏陽者沛郡人也少而母亡与父居也養
父敬〻其父有利戟時壮士相市南路打
奪戟矣其父叩頭於時県令聞之召陽問
云何故不報父仇陽答云如今報父敵者
令父致飢渇之憂父没之後遂斬敵頭以

祭又墓則縣聞之不推其罪稱其孝徳加
以祿位也
七八
三州義士者各一州人也各棄郷土至會
一樹之下相共同宿也於時一人問云汝
何勿《イトコヨリ》所來何勿所去皆互問答曰爲求生
活離家來兩耳今吾三人必有因縁故結
斷金其最老一人爲父廿人一人爲子各
唯諾已尓後桂蘭之心倍於眞親未得之

財彼粃不別孝養之美猶踰骨肉爰父欲
試子等心作千子云河中建舎以為居處
奉敬運土填河每人漂流經三箇年不得
填作爰二子歎云我等不孝不叶父命海
中之玉豈為耶世上之珎亦為誰也而未
造小舎我等為人哉憂歎寢夜夢見一人
持壊投於河中明旦見之河中填土數十
丈建屋數十宇見聞之者皆共奇云丈夫

孝敬天神感應河中涌出一夜建舎使父
安置其家孝養感之天下聞之莫不嘆息
其子孫長為二千石食口三十有餘以示
則為姓也夫雖非親父至丹誠之心為父
神明之感在近何况骨肉之父哉四
海之人見之鑒而已
丁蘭者河内人也芳少母没至十五歳思
慕阿嬢不獲忍忘尅木為母朝夕供養宛

如生母出行之時必諮而行還来亦陳慇
懃不幾蘭婦性而常此為厭不在之間
以火焼木母面蘭入夜還来不見木母顔
其夜夢木母之語婦焼吾面蘭見明旦實
如夢語即罸其婦永悪莫寵又有隣人借
斧蘭啓木母見木母顔色不悦不与借
也隣人大忿伺蘭不在以大刀斬木母一
臂血流満地蘭還来見之悲傷號哭即往

斬隣人頭以祭母墓官司聞之問其罪加
以禄位然則雖堅木為母致孝而神明有
感亦血出中至孝之故寛宥死罪孝敬之
美永傳不朽也
朱明者東都人也有兄弟二人父母没後
不久分財各得百万其弟驕慢早盡已分
就兄乞求兄恒与之如之數度其婦忿懟
打罵小郎明聞之日汝他姓女也是吾骨

肉也四海之女皆可爲婦骨肉之後不可
得遂追其婦永不相見也
十七
蔡順者南人也養母躬ゝ母詣隣家酔酒
而吐順恐中毒伏地嘗吐順啓母曰非毒
於時年不登不免飢渴順行採桑實赤黒
各別之忽赤眉賊来値順欲食乃賊云何
故桑實別兩色耶答曰色黒味甘以可供
母色赤未熟此爲己於時賊歎云我雖

賊也亦有父母汝為母有心何敢食哉即
放免之使与宛十斤其母沒後順常居墓
邊護母骨髋時一白虎張口而向順来順
知虎心中有横探虎喉取出一横骨虎知恩
常送死鹿也禽賊猛虎猶知恩義何况仁
人乎也

廿二　後漢列傳廿九趙孝傳
王巨尉者汝南人也有兄弟二人兄年十
二弟八歳也父母亡後泣血過礼聞者断

腸爰弟行山採薪忽遭赤眉賊欲致食之
兄憂才不来走行於山乃見為賊所食兄
即自縛進跪賊前云我肥弟痩乞以肥替
痩賊即嘆之兄弟共免更贈牛蹄一雙仁
義故忽免賊害乎

十三
老莱云者楚人也性至孝也年九十而猶
父母存爰莱着斑襴之衣乘竹馬遊庭或
為供父母齎漿堂上倒階而啼声如嬰児

十三四

悦《ヨロコハシム》父母之心也

宋《ソウ》勝者南陽人也年十五時父母共没孤

露無帰悲戀父母坼時無已《ヤムコト》尒乃見老者

則礼敬宛如父母随堪力則有供養之情

郷人見之無不嘆息也

十四五

陳寔者至孝養兼父母各八十亦共

命終海内衰之三千之人各争立碑頌孝

之義與《トモニ》代不朽《キウセ》也

十五

楊威者會稽人也廿年父没与母共居於
時入山採薪忽尒逢虎威跪虎前泣啼云
我有老母亦無養子只以我獨怙《タノム》作衣食
若無我者以致餓死時虎閉目低《タレ》頭弃而
却去也

十六

孝女曹《サウ》娥者會稽人也其父肝能《ノウ》事絃謌
於時所引《ヒク》巫婆乗艇浮江船覆《クツカヘリ》没江曹娥
時年十四臨江匍匐泣哭《コク》七日七夜

不斷其聲至其七日脱衣咒曰若値父尸
骸衣當沉之爲衣即沉者娥投身江中也
女人悲父不惜身命懸命聞之傚娥立碑
表其孝也

漢人　十七

毛義者至孝貧家蔡欲孝廉不欲世榮爰
（後漢列傳ニ見タリ　但司徒ニハ不誤）
郷人聞云毛義貧而不愛天子之位孝廉
之聲不足爲董母没之後州縣近軍於時
義曰我昔欲孝廉之名如今執公家車遂

不来也

十八　九

歐尚者至孝文没居喪於時郷人逐虎々

迫走入尚廬尚以衣覆虎郷人以戟欲突

尚曰虎是悪獸尚當共可殺豈敢還哉不

見不来確爭不出郷人皆退日暮出虎爰

虎知其恩恒送死鹿遂得大富也

十九　廿

仲由字子路姉亡着服三年孔子問曰何

故不脱子路對曰吾寡少兄弟不忍除也孔

女曰先王制礼日月有限従制可而已因
則除之母喪晝夜悲哭未甞塩露菜蔬不
飡不布衣

七一
劉敬宣者年八歳而其衣不服苫廬居謝
弘《コウ》徽《ヒ》者遺兄喪除服已猶食菜蔬有人問
云汝除服已何食菜蔬徽答曰衣冠之変
礼不可踰骨肉之哀猶未能已也

七二
朱百年者至孝也貧家困苦於特百年詣

朋友之家友饗之年醉而不還時大寒也
友以衾覆年驚覺而知被覆也即脱却不
覆友問脱由年答曰何切寒宿也我何得
煖乎聞之流涕悲慟也

孝子傳下巻

廿三

高柴者衛人也父死泣血三年未嘗露歯見父母之恩甘人同蒙悲傷之礼唯此高柴也

廿三 家人

張敷者生一歳而母没也至十歳覓見母家人云早死無也於時敷悲痛云阿母存生之時若為吾有遺財乎家人云有一畫扇敷得之弥以泣血戀慕無已毎日見扇

毎見断腸見後収置於玉匣中其児不見
母頻亦不知恩義然而自知懐悲見聞之
者亦莫不痛也

廿五
孟仁者江夏人也事母至孝母好食笋仁
常勤供養冬月無笋仁至竹園執竹泣而
精誠有感笋為之生仁採供之也

廿六
王祥者至孝也為呉時司空也其母好生
魚祥常勤仕至于冬節池港凍不得要魚

祥臨池扣氷泣而氷砕魚踊出祥採供
母

廿七

姜詩者廣漢人也事母至孝也母好飲江
水江去家六十里婦常汲供之又眷魚膾
夫婦恒求供之於時精誠有感其家庭中
自然出泉鯉魚一雙日〻出之即以此常
供天下聞之孝敬所致天則降冥恩耳泉涌
庭生魚化出也人之爲子者以明鑒之也

廿八 後漢列女傳

孝女叔先雄者至孝也其父隨水死也不
得尸骸雄常悲哭乗孤舟之乃見水底有
尸雄投身入其當死也於時夢中告弟云
却後六日与父出見至期果出親戚相哀
郡縣痛之為之立碑也

廿六 廿九

顔烏者東陽人也父死葬送躬自履直築
墓不加他力於時其功難成精信有感烏
鳥數千銜塊加墳墓忽成尓廼烏口流血

魂皆滌血以是爲縣名曰烏陽縣王莽之
時改爲烏者縣也

廿七 卅
許牧呉寧人也父母終亡收自負土作墳
墳下栽松栢八行遂成大墳郡縣感之
其至孝郷名曰孝順里人爲之立廟于
今猶存也

廿八 卅一
魯有義士兄弟二人幼時父母没与後母
居兄弟懃〻孝順不懈於時隣人酔来詈

耻其母両男聞之往致詈人憂自知犯罪
開門不避遂官使来推鞫致由兄曰吾殺
弟曰不兄當吾殺之彼此牙譲不得決罪
使者還白王王召其母問依實申之其母
申云適《トカ》在其身不能孝順令子犯罪猶在
吾不在子咎王曰罪法有限不得代罪其
子二人斬《キル》以一人何愛以不孝斬母申云
望也殺サ者王曰サ子者汝所愛也何故

然申母申云廿肴妾子長者前母子也其
父命終之時語妾云此子無母我亦死也
孤露無所我死而念之不安於時妾語其
父云妾受養此子以果為恩父諾然即
命終也其言不忘所以白王仰天歎云一
門有三賢一室有三義哉即時從息赦也

卅二

閔子騫曽人也事後母〻〻無道悪
騫然而無悪色於時父載騫出行子騫御

車數落其轡父怪執看寒如凝氷已知依
薄父大慱之欲遂後母蹇涕諫曰母有一
子若母去者二子寒也父遂留之母無悪
心也
廿九 卅三 蔣章訓字元卿与後母居孝敬蒸々未嘗
有緩後母無道恒訓為憾訓悉之父喪還
造草舎居多栽松栢其蔭茂盛郷里之人
為休息往還車馬亦為憩於是後母嫉

妬甚於前時以毒入酒将来令飲訓飲不
死或夜持刀欲殺訓驚不害如之數度遂
不得害爰後母歎曰是有護吾欲加害此
吾過也便欲自殺訓諫不已還從母懐仁
遂為母子之義也云々

卅四

伯奇者周丞相尹吉甫之子也為人孝慈
未嘗有悪於時後母生一男始而憎伯奇
或取蛇入瓶令賚伯奇遣小児所小児見

之畏怖泣叫後母語父曰伯奇常欲敎吾
子若君不知乎佳見畏物父見襟中果所
有勉父曰吾子為人一無悪豈有之哉母
曰若不信者吾与伯奇往収園採菜君窺
可見於時母竊取蜂置袖中至園乃母倒
地云吾懐入蜂伯奇走寄探懐掃蜂於時
母還問君見以乎父曰信之父召伯奇曰
汝我子也上恐乎天下耻乎地何汝犯後

母砌伯奇聞之五内無主既而知之後母
讒謀也雖諍難信不如自殺有人誨云無
罪徒死不若逃奔他國伯奇遂逃於時父
知後母之讒馳車逐行至河津問津吏〻
曰可愛童子渡至河中仰天嘆曰我不計
之外忽遭蜂難離家浮蕩無所歸趣不知
所向謂已即身投河中沒死也父聞之心
絶悲痛無限尓乃曰吾子伯奇含怨投身

嗟〻雪悔歎於時飛鳥至吉甫之前
甫曰我子若化鳥歟若有然者當入我懐
鳥即居甫手亦入其懐從甫出也又又曰
吾子伯奇之化而居吾車上順吾還家鳥
居車上還到於家後母出見曰噫悪鳥也
何不射殺又張弓射箭不中鳥當後母膝
忽然死亡鳥則居其頭啄穿面目尓乃高
飛也死而報敵所謂飛鳥是也鵄所不養

養母長而還食母也

廿一
廿五

曾参者魯人也性《ヒトヽナリ》有五孝除藤草誤損一
株又打其頭破出血又見憂傷参弾琴
之令父悦曰此是一孝也参住山採薪時
朋友来也乃噛自指参動心走還問曰母
有何恙母曰吾無事唯来汝友曰茲吾馳
心耳是二孝也行路之人渇而慇之臨井
無水参見之以瓶下井水満溢出以休其

渴也是三孝也隣境有兄弟二或人曰此
人等有飢饉之時食已母参聞之乃廻車
而避不入其境是四孝也曽有鵄梟聞之
聲者莫不爲厭参至前曰汝聲爲諸人厭
宜韜之勿出鳥乃聞之遂去又不至其郷
是五孝也参父死也七日之中漿不入口
日夜悲慟也参妻死守義不娶或人曰何
不娶耶参曰昔者吉甫誤信後婦言滅其

孝子吾非吉甫豈更娶妻身不娶云云
卅二 卅六 董黯家貧至孝也其父早没也二母並存
一者弟王奇之母董黯有孝也王奇不孝
也於時黯在田中忽然痛心奔還于家見
母顏色問曰阿孃有何患耶母曰無事於
時王奇母語子曰吾家富而無寧汝与人
惡而常恐離其罪寢食不安日夜為愁董
黯母者貧而無憂為人無惡心門則有孝於

則有義安心之喜實過千金也王奇聞之
大忩致三生作食一日三度与踏之母尓
郎曰若不喫盡當以鋒突汝胃腹轉載判
母頸母郎向悶絶遂命終也時母年八十
葬礼手後踏至奇家以其頭祭母墓官司
聞之曰父母与君敵不戴天則奏具状四
朕以寛德纔荷万機今孝子致孝朕可助
垣則賜以金百斤也

卅三 廿七

申生晋献公之子也兄弟二人中者重耳
小者夷吾《イコ》母云齊姜《キヤウ》其身早亡也申生孝
於時又王伐麗《リ》戎《ジウ》得一女便拜為妃賜姓
則驪《リ》氏名即麗姫々生子名曰奚齊《ケイサイ》愛姫
懐妬《ソネム》心謀《ハカリ》却申生欲立奚齊姫語申生云
吾昨夜夢見汝母飢渴之苦宜以酒至墓
所祭之申生聞之流涕辨備饌以毒入
其酒中乃語申生云祭畢即飲其酒是礼

也申生不敢歆其前將來獻父々欲之姫
抑而云外物不輙用乃試令歆青衣即死
也於特姫詐泣白父養子々欲殺父耶申
生聞之即欲自殺其臣諫云死而入罪不
如生而表明也申生云我自理者驪姫
無驪姫者公亦不安為孝之意豈有遂乎
遂死也

卅八
申明者楚丞相也至孝忠信楚王兄子曰

流布本巻三申鳴傳ミヨ　卅八

公造、無人服儀、楚王聞申明賢也而聘
欲為相、申明不肯就、命王曰朕得汝為國
終身之善也、於時申明随父言行而為相
即領軍征白公所、白公聞申明来之、畏傳
申明之父、置一軍之中、即命人云吾得汝
父、若汝来迫者、當殺汝父、乃申明嘆曰孝
子不忠ゝ不孝、我捨父奉君、已食君禄、不
尽忠節、遂向斬白公、ゝ殺申明父、申明

即願軍還後命之訖王譽其遠節賜金十
斤村邑万戸申明不受還家三年礼畢自
判而死也

禽堅字孟遊蜀郡人也其父名信為縣吏
母懐妊七月父奉使至夷々轉傳賣之歴
十一ケ年母生禽堅々復改嫁也堅生九歳
而問父所在母具語之堅聞之悲泣欲尋
父所遂向夷境備作傭賃粮求歴七ケ年達

至父前、父子相見執手悲慟、見者斷腸莫
不哀傷。於是戎之君悵歎放還、兼賜資粮。
還路塞外万余里、山川險阻、師子虎狼縱
横無數、毒氣害人、存者寡也。禱請天地、懷
向本土、舍堅至孝之者、令父母國親踈開
友、再得相見。抽夷城之奴、爲花夏之臣。母
後返還、父母他故、彼此無悪。善中之孝、豈
如堅乎也。

後漢卅六
四十
獨行傳

李善者南陽李孝家奴也於時家長家母
子孫駈使遭疫悉死但遺孾兒并一奴名
善爰乞隣人乳恒哺養之其乳汁不得足
之兒猶啼之於時天降恩命出善乳汁日
夜乳足之爰兒年成長自知善為父母而生
長之由至十五歳善賜李姓郡縣上表顕
其孝行天子諸侯誉其好行拜為河内太
守善政踰人百姓敬仰不聞之莫不悲

歎云云

廿七 廿二

羊公者洛陽安里人也兄弟六人屠害為
業第六人屠兒為業六女郎右羊公殊有
道心不似諸兄置以小水路絶誠之處往
還之徒苦渇殊難羊公見之於其中路建
布施舎汲水設漿施於諸人夏冬不緩自
荷忍苦有人諫曰一生不幾何故身命苦
日敘老年血親為護無才罪不蔵弥勤夜

有人聲曰何不種菜云曰無種子即与種子云得種耕地在地中白壁二枚金銭一有又曰何不求妻云未要之間縣家女子送書其書云妾為君婦公許諾之女即来之為夫婦並去有信不備身力忍蒙天感自然富貴積善餘慶豈不謂之哉

四十八

東頭郎女者長安同里人之妻也其夫為人有敵々人欲殺夫来覓得妻之父女聞

前縛父出門也仇語女曰不出汝夫將殺
汝父謂仇云豈由夫殺父妾常寢樓上夫
東首妻西首宜寢後來斬東首也於是仇
人既知於時歸方便而相換常方歸東首
也仇來斬東首賷之至家明旦視之此女
首也爰仇人大傷曰嗟乎悲哉真婦代夫
捨命乃解仇心來如骨肉也鴈烏鳥也
知息与義之鵄時哺子老時哺母反哺之

愚猶能識哉何況人乎不知恩義者不如禽鳥耳也

（四十三）卅九

眉間尺者楚人也父干將莫耶楚王夫人當暑着常抱鐵柱鐵精有感遂乃懐姙後生鐵精王奇曰惟非凡鐵特召莫耶令作寶劔莫耶蒙命退作兩劔上王得之收其劔鳴之王怪問群臣〻〻奏云此劔有雄雌耶着有然者是故所吟也王大忿欲縛莫

耶來到使者之間莫耶語婦云吾今夜見
悪相必来天子使忽當磑上汝所任子若
有男者成長之日語曰見南前松中語已
出乎小戸入乎南山隠大石中而死也婦
後生男至年十五有眉間一尺名号眉間
尺於時母具語父遺言思惟得剣欲報父
敵於時王夢見有眉間一尺者謀欲殺朕
乃命四方云能縛之者當賞千金於時眉

間尺聞之逃入深山藂覓賢勇之士忽然
逢一客〻問云君眉間尺人耶答曰是也
客曰吾為君報讎眉間尺問曰客用何物
客曰可用君頭并利劔也眉間尺則以劔
斬頭授客已客得頭上楚王〻如募加大
賞頭授客煮七日不爛客奏其然狀王奇
面臨鑊王頭落入鑊中二頭相噬客曰恐
弱眉間尺頭於時劔投入鑊中兩頭共爛

客久臨鑊斬入自《ヲノツカラ》頭三頭相混不能分別
於時有司作一墓葬三頭今在汝南亘南
縣也

孝子傳　終

右孝子傳上下雖有烏魯焉馬之誤繁多先
全書寫畢列勘本書令改易之可者乎此書
毎誦讀涕泣如雨嗚乎夫孝者仁之本哉
天正才八秊正二十又五　孔徒從三位清朝臣枝賢

此序並諸四十五名此本有卅九名漏脱欲以他本可補入焉又或人云有孝子卅八名世間流
布二十四孝者是其本歟云々

船橋本孝子伝　元後表紙

図像資料　孝子伝図集成稿

1　舜

図一は、帝皇図の内のものだが、榜題「帝舜名重華、耕於歴山、外養三年」は、孝子伝、二十四孝と深く関わる。図二は、焚廩図（賈慶超『武氏祠漢画石刻考評』〈山東大学出版社、一九九三年〉、蔣英炬、呉文祺『漢代武氏墓群石刻研究』〈山東美術出版社、一九九五年〉）。南武陽功曹闕（紀元八七年）、東闕の西面一層に、酷似した図像があり（「□士《（子）》」「信夫」「孺子」と榜題する。『漢代画象全集』初編〈巴黎大学北京漢学研究所、一九五〇年〉図二一六、七）、一考を要する（松永美術館にも、図一に酷似した画象石が所蔵される。長廣敏雄『漢代画象の研究』〈中央公論美術出版、一九六五年〉五十四頁参照）。図三、図五は掩井図で、図三の右は、「右端に家がある。これが東家であろう。その中に坐するのは変文の東家の老母であろう」（西野貞治「陽明本孝子伝の性格並に清家本との関係について」、『人文研究』7－6、一九五六年）と言われる。図五の左には、石を担ぐ瞽叟と地面を踏み固める象、隣井から脱れる舜、右には、尭の二女（娥皇、女英）が描かれている（奥村伊九良「孝子伝石棺の刻画」、『瓜茄』4、一九三七年）。図四は、舜（左）、継母（右）を描くのみ。8C. T. Loo旧蔵北魏石床の図（榜題「舜子謝父母不在《（死）》」）によると、舜が父母に「不在」を詫びている図らしい。図六は、焚廩掩井図で、構図の図五に酷似していることに注意すべきである。図七―十四は、両孝子伝の内容をほぼ完全に再現している。中で、当図が「金銭一枚」のモチーフを有することなどは（図八右上の榜題に、「使舜逃井灌徳《（得）》金銭一枚銭賜□《（塡）》石田時」と見える）、このモチーフが北魏、太和（四七七―九九）年間以前に溯る、古いものであることを示す。図十五は、二十四孝図の内。話の内容が、歴山における、舜の象耕鳥耘の奇跡へと変化していることが分かる。

1舜　図一　1後漢武氏祠画象石

図二　1後漢武氏祠画象石

図三　5ボストン美術館蔵北魏石室

図四　6ミネアポリス美術館蔵北魏石棺

図五　7ネルソン・アトキンズ美術館蔵北魏石棺

図六　17北魏司馬金竜墓出土木板漆画屏風　一・二塊表一図

図七　19寧夏固原北魏墓漆棺画（一）　左側上欄

図八　19寧夏固原北魏墓漆棺画（二）

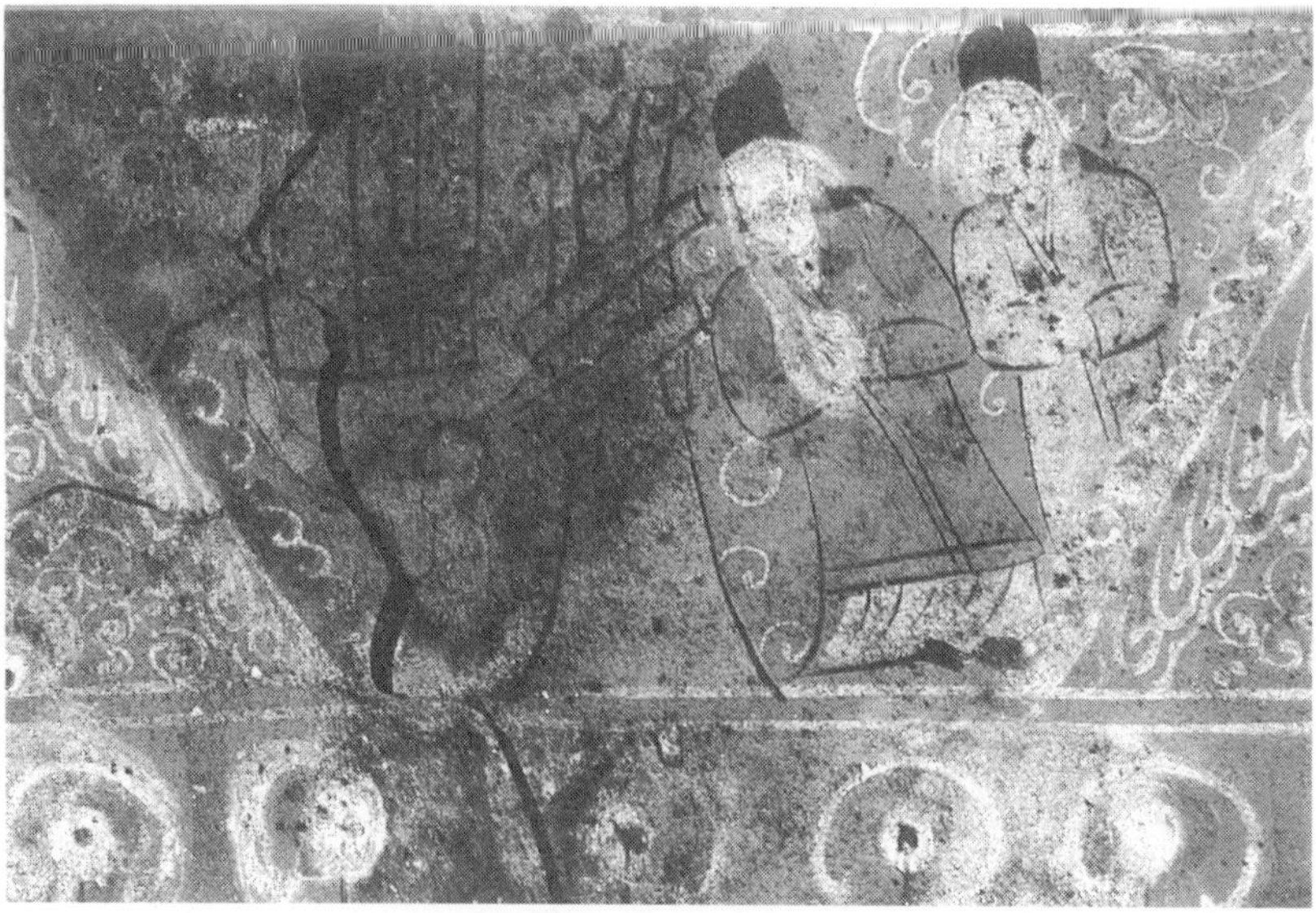

図九　19寧夏固原北魏墓漆棺画（三）

図十　19寧夏固原北魏墓漆棺画（四）

図十一　19寧夏固原北魏墓漆棺画（五）

図十二　19寧夏固原北魏墓漆棺画（六）

図十三　19寧夏固原北魏墓漆棺画（七）

図十四　19寧夏固原北魏墓漆棺画（八）

図十五　山西稷山金墓馬村M４陶塑（二十四孝図）

2　董永

後漢、南北朝期の董永図（図一―図六）は、鹿車（小さな車）に乗る父と、その父を供養しつつ耕作する董永を描く。図一右端、「樹の右に一小児の攀援して上らんと欲するものあるのは……董永と天女の間に董仲といふ子のあつた伝承を後漢まで引上げ得る」、「上に飛行の一人こそ……天の織女を示す」と言われることは（西野貞治「董永伝説について」、『人文研究』6-6、一九五五年）、注意を要する。西野氏は、父の生前、織女が天降る董永譚の存在を、想定されているのである。すると、図六、車の左の子供も董仲か。董仲は、渋川版御伽草子『二十四孝』の挿絵などにも描き込まれている。天女は、図二左（車の向こう）、図三右、図四中央にも見える。もっとも、図四の中央は、董永の重出と見る説もある（長廣敏雄『六朝時代美術の研究』〈美術出版社、一九六九年〉二〇一頁）。図五、六は、董永図ながら、榜題を丁蘭に誤った上、趙狗図の榜題と入れ違えてしまっている（王恩田「泰安大汶口漢画像石歴史故事考」、『文物』92-12、一九九二年）。図七は、唐代のもので、左に董永、右に天女が造型されている。図八は、二十四孝図の内。天女が雲に乗り、董永の許を去ろうとする場面を表わす。なお二十四孝図には、槐《えんじゅ》の木を描き添えるものも多い（董永と天女は、「槐陰樹下」〈『董永遇仙伝』〉、「槐陰会所」〈『趙子固二十四孝書画合璧』〉で出会い、別れている。金田純一郎「董永遇仙伝覚書」〈『女子大国文』9、一九五八年〉参照）。

2董永　図一　1後漢武氏祠画象石

図二　5ボストン美術館蔵北魏石室

図三　7ネルソン・アトキンズ美術館蔵北魏石棺

図四　9ネルソン・アトキンズ美術館蔵北斉石床

図五　14泰安大汶口後漢画象石墓（一。榜題は趙狗、丁蘭）

図六　14泰安大汶口後漢画象石墓（二）

図七　陝西歴史博物館蔵三彩四孝塔式缶

図八　山西稷山金墓馬村Ｍ４陶塑（二十四孝図）

3 邢　渠

図一―図五は、いずれも刑渠哺父図。哺は、養うこと、口移しに食物を与え育てることで、図一、二、四においては刑渠が箸、図五においては匙を用いている（図二は刑渠が左手で箸を使う）。図二左には食器を手にする人物、図五右には「孝婦」が描き添えられている（渠「孝婦」で、刑渠の妻か）。図三は、食物を口移しにしようとする図であろう。当話と非常によく似た話に、趙狗哺父譚があり（師覚授『孝子伝』）、武氏祠画象石、泰安大汶口後漢画象石（2董永、図五、六。榜題「孝子趙苟」「此苟𦧲父」。𦧲《とう》は、䑙の異体で、歠、即ち、哺に同じ）等に描かれているが、榜題がないと、両話の図を見分けることは、極めて難しい。

3邢渠　**図一**　1後漢武氏祠画象石

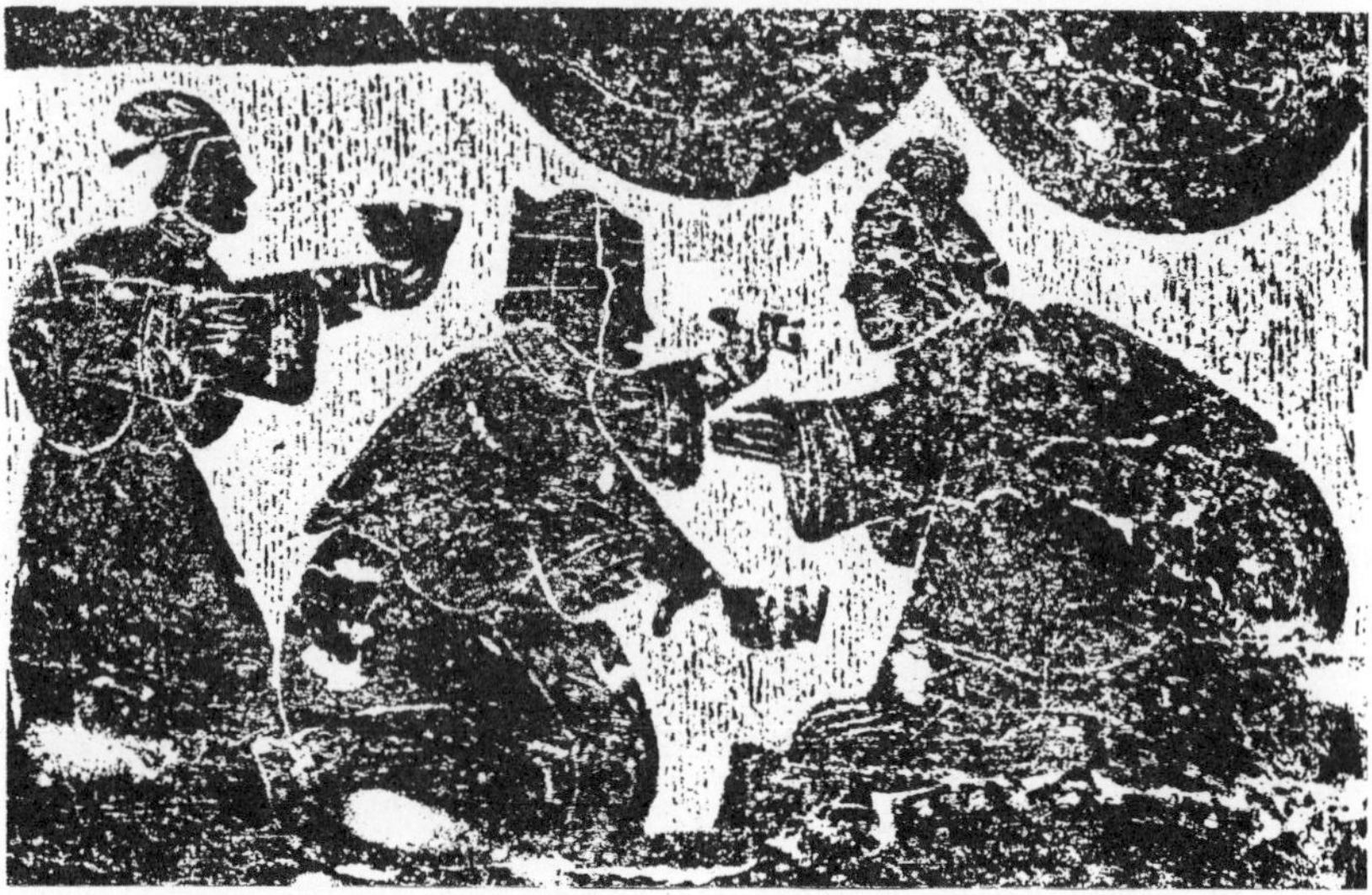

図二　1後漢武氏祠画象石　前石室十三石

図三　1後漢武氏祠画象石　左石室八石

図四　2開封白沙鎮出土後漢画象石

図五　3後漢楽浪彩篋

4　韓伯瑜

伯瑜譚を伝える孝子伝テキストは、両孝子伝のみであることに、注意する必要がある。図一—図三はいずれも杖を突いて立つ母と、拱手して跪く伯瑜を描いている。図三左の伯瑜は泣いている。図四左の母は、坐って杖を右肩の上に上げ、左手で伯瑜を指差しており、図の右の伯瑜は、右向きに立って拱手し、顔のみ母の方を向いている。図二右端に一人物を添えるが、誰であるかは分からない。16安徽馬鞍山呉朱然墓出土伯瑜図漆盤に、「楡母、伯楡、孝婦、楡子、孝孫」を描いた例がある。

4韓伯瑜　図一　1後漢武氏祠画象石

図二　1後漢武氏祠画象石　前石室七石

図三　2開封白沙鎮出土後漢画象石

図四　6ミネアポリス美術館蔵北魏石棺

5　郭　巨

図一は、中央に父を描き添える。手前に金釜があり、母（左端）、郭巨（右端）は、共に拱手している。図二は左下に、金釜を掘り出した郭巨と妻（跪いて子供を抱く）、その上に金釜を運ぶ夫婦、その右に夫婦と老母を描く。図三、図四も、金釜を掘り出した郭巨と、子供を抱いた妻を描いている（図三右端は、母であろう）。図四は、文字が裏返っている。図五左は、屋内で母に仕える郭巨（榜題「孝子郭距供養老母」）、図六右は、子供を埋めに出掛ける夫婦、左は金釜を掘り出した郭巨を描く。図七は、左端が郭巨、右端が妻と母らしい。「黄金贈之」の下に見えるのが、黄金の造型であろう。その榜題「穿得深三尺、妻更交深一尺敢得」は独特で、『今昔物語集』九1の、「三尺許リ堀ル時ニ、底ニ鋤ノ崎ニ固ク当タル物ノ有リ……強ニ深ク堀ル。猶責メテ深ク堀テ見レバ」に通じるものがある。

5郭巨　**図一**　6ミネアポリス美術館蔵北魏石棺

図二　7ネルソン・アトキンズ美術館蔵北魏石棺

図三　9ネルソン・アトキンズ美術館蔵北斉石床

図四　10鄧県彩色画象甎

図七　陝西歴史博物館蔵三彩四孝塔式缶

図五　19寧夏固原北魏墓漆棺画（一）　左側上欄

図六　19寧夏固原北魏墓漆棺画（二）

6 原谷

図一、二は、中央に担架を持つ原谷、右に父、左に棄てられた祖父を描く。祖父は杖を持つことが多い（図二、図四、図五左など）。図五右、図六左、図七には、担架で山に運ばれる祖父、図一左、図二左、図四右、図五左、図六右下、図八左には、棄てられ悄然とする祖父が描かれている。図二左、図六右下の祖父や、図四、図八の構図の酷似することが、注目される。図五の原谷は、担架を持ち帰ろうとしており、図一、図二は、その担架をめぐり、父と問答している場面であろう。図三は、9丁蘭（図五）の左、41李善（図二）の右に描かれたもので、「孝孫」榜題はあるものの、原谷図かどうか定かでない。暫く独立話とする吉川幸次郎氏の見解（「楽浪出土漢匽図像攷証」〈全集6、筑摩書房、一九六八年〉三八三頁）に従い、原谷図と見ておく。

6原谷　**図一**　1後漢武氏祠画象石

図二　2 開封白沙鎮出土後漢画象石

図三　3 後漢楽浪彩篋

図四　6ミネアポリス美術館蔵北魏石棺

図五　７ネルソン・アトキンズ美術館蔵北魏石棺

図六　９ネルソン・アトキンズ美術館蔵北斉石床

図七　18洛陽北魏石棺

図八　22洛陽北魏石棺床

7 魏陽

図一の右はならず者（魏陽《（湯）》の父から奪った戟《ほこ》を振り上げるか）、中央は父、左は魏陽で、魏陽父子は跪き、許しを乞うている。図二は、右から侍郎、魏陽、父、令君（県令）令妻、令女、書郎（青郎か）を描く。図二は、魏陽父子が県令に事情を尋ねられている場面らしい。魏陽図は、12和林格爾後漢壁画墓にも見える（榜題「魏昌父」「魏昌」）。魏陽譚は両孝子伝の他、逸名『孝子伝』（『太平御覧』四八二。魏湯に作る）、蕭広済『孝子伝』（『太平御覧』三五二。魏陽に作る）の伝存が確認されるが、令君（県令）が登場するのは両孝子伝のみ、書郎が登場するのは逸名『孝子伝』のみとなっていて、孝子伝テキストの複雑な分岐を孝子伝図から窺うことが出来、両孝子伝殊に陽明本の、漢代に溯る古い伝承を存していることが、知られる。本図については、東野治之「律令と孝子伝—漢籍の直接引用と間接引用—」（『万葉集研究』24、二〇〇〇年）参照。

7魏陽　図一　1後漢武氏祠画象石

図二 3 後漢楽浪彩篋

8　三州義士

図一は、管見に入った唯一の三州図で、「三州孝人也」の榜題を有する、極めて貴重なものである。右が父、中央に跪き、左に立って拱手しているのが、その子供となった二人であろう。三州譚を伝えるものとしては、両孝子伝の他、蕭広済『孝子伝』（『太平御覧』六十一等）、逸名『孝子伝』（『太平広記』一六一等）があるが、後漢時代の本図が晋の蕭広済のそれに拠った筈はないから、漢代孝子伝の姿を窺わせるものとして、両孝子伝を含む逸名『孝子伝』の存在が、改めて注目されることになる。

8三州義士　図一　1後漢武氏祠画象石

9　丁　蘭

図一の榜題に、「立木為父」、図四のそれに、「丈（木）人為像」、図五に、「木丈人」、図八に、「此丁蘭父」などとあることに注意すべきである（12和林格爾後漢壁画墓にも、「木丈人」とある。丈人は、老人、岳父〈妻の父〉などの意）。父の像を作ったとする孝子伝（及び、丁蘭譚の文献資料）は、管見に入らず（孫盛『逸人伝』〈『太平御覧』四一四〉に、「少喪㆓考妣㆒……刻㆑木……親形」とある。考は、亡父、妣は、亡母のこと）、現存孝子伝丁蘭譚の、漢代孝子伝の形に溯るもののないことを、示すかの如くである（曹植の「霊芝篇」に、「丁蘭少失㆑母……丈人為泣血」と言うが、この「丈人」は、老人〈の像〉のことであろう）。晋、王嘉の『拾遺記』一に、「冀州之西二万里、有㆓孝養之国㆒……有㆓親死㆒者、剋㆑木為㆑影、事㆑之如㆑生」とある伝承なども含め、漢代以前の丁蘭譚の出自が興味深い。図一、二、三の木像が異様で、木像がこの世のものならぬことを表している。図一右上、図二左の人物は、隣人か。図四は、ただ立木が描かれ、中央に広げられた工具を使って、これから像を刻もうとする丁蘭を描く。漢代の丁蘭図が木父を描くのに対し、南北朝期のそれは専ら木母となる（図六、図七）。さらに二十四孝図では、『全相二十四孝詩選』に、「刻㆑木為㆓父母㆒」と言う如く、二親像を描くものも出現する。図六は、解釈が難しい。右に立つのが丁蘭で、その左に坐すのが木母であろうが、画面左の三人は誰か。三人の左右は同じ女性のようで、或いは、劉向『孝子伝』（『法苑珠林』四十九）の、「妻頭髪自落……然後謝㆑過。蘭移㆓母大道㆒、使㆓妻従服三年拝㆒㆑伏」などの場面を描いたものか。図八は、「孝子丁蘭父」「此丁蘭父」という榜題二行が残されるのみで、図はない（2董永、図五、図六参照）。

9丁蘭　図一　１後漢武氏祠画象石

図二　１後漢武氏祠画象石　前石室十三石

図三　１後漢武氏祠画象石　左石室八石

図四　２開封白沙鎮出土後漢画象石

図五　3後漢楽浪彩篋

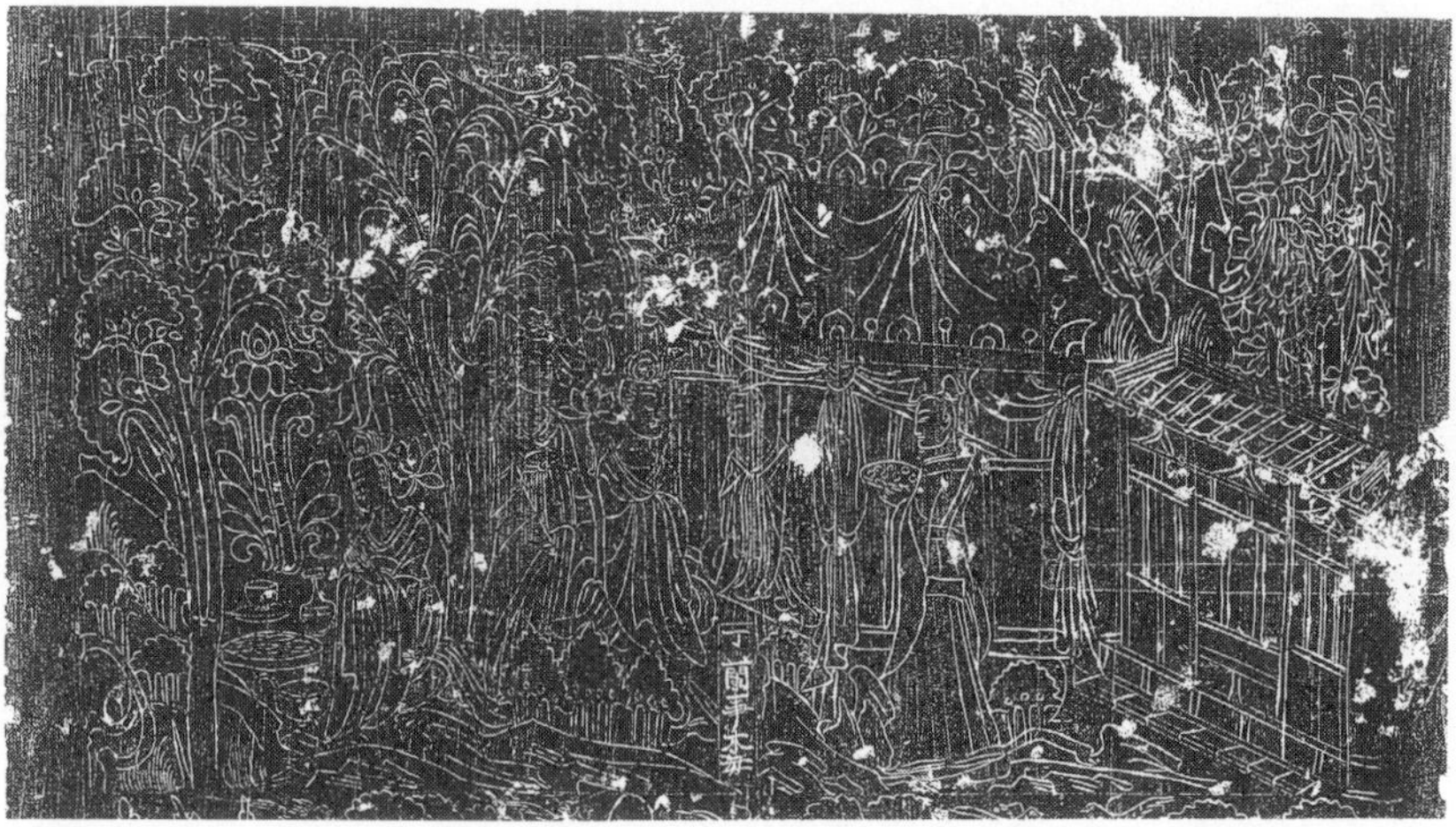

図六　5ボストン美術館蔵北魏石室

図七　6ミネアポリス美術館蔵北魏石棺

図八　14泰安大汶口後漢画象石墓（図柄は趙狗）

10　朱　明

図一は、管見に入った唯一の朱明図である。右から、「朱明」「朱明弟」「朱明児」（下欄）「朱明妻」と榜題する。本図については、西野貞治氏の陽明本に拠る、「これによつてはじめて、左端の威気高になるは朱明の妻が義弟を責めてそのため離別を申渡される姿勢で、その右の小婦人を瞿中容（溶）は朱明の子を負う者としたが、シアバンヌも言う如く朱明の子で、母にすがつて別を惜しむ姿であり、その右の朱明の弟は兄に向つて嫂の仕打を告げる所で、朱明は弟への仕打ちを聞いて離別を妻に申し渡すところという画題の説明が可能になる」（「陽明本孝子伝の性格並に清家本との関係について」）との説に全てが尽くされている。氏も指摘されたように、朱明譚を録する孝子伝また、文献資料は両孝子伝のみとなっており（唐、陸広微『呉地記』、宋、范成大『呉郡志』三十一等所見は異伝で図と合わない）、本図は両孝子伝によってしか説明出来ないことに、改めて注意したい。

10朱明　**図一**　1後漢武氏祠画象石

11 蔡　順

図一、図三は、飛火譚（母の棺が焼けるのを、蔡順が身を以って防いだ話。19寧夏固原北魏墓漆棺画にも）、図二は、畏雷譚（生前雷を畏れた母の墓を、蔡順が雷から守る話）を描くが、飛火譚、畏雷譚を収める孝子伝は、管見に入らない（その二話は、『後漢書』三十九周磐伝の付伝などに見えている）。飛火譚、畏雷譚を収める孝子伝があった筈で、例えば『類林雑説』一2所収の蔡順譚などがそれらしく思われるが、惜しむらくは、出典を記さない（西夏本『類林』欠）。図一は左から、図三は右から火が迫っている。図一の、棺に伏す蔡順の優美な姿が、印象に深い。なお図一、図三について、図三は、粉本の段階における二連図の後半を描き分けたものと見る、興味深い説がある（長廣敏雄『六朝時代美術の研究』一九三、四頁）。即ち、石刻の孝子伝図には、「絹本か紙本であらかじめ製作せられていた」粉本があって、そこから工人により「石刻の原本がえらばれ」たとするもので、その粉本では、図三の前に図一があって、図三は図一と組み合わされて「はじめて〝孝子蔡順図〟という作品が完結する」と見る説である。そして、長廣氏は、「絹本・紙本の原作と石刻の複製とのあいだに、原作者の本質的な意図に無関心な複製をつくった工人の選択の無造作さが介入することも考えられよう」と言われている。図四は、二十四孝図の内。分椹譚を描いている。次条の12王巨尉図、また、二十四孝図の趙孝宗図（12王巨尉、図三）と酷似するが、赤眉の賊に囲まれた蔡順（左から二人目）の右横に置かれた籠が、当図の蔡順図であることを示している。

11蔡順　図一　7ネルソン・アトキンズ美術館蔵北魏石棺

図二　8C.T.Loo旧蔵北魏石床

図三　9ネルソン・アトキンズ美術館蔵北斉石床

図四　山西稷山金墓馬村M1甎雕（二十四孝図）

12　王巨尉

王巨尉譚は、逸名『孝子伝』(『太平御覧』五四八)にも載るが、幼くして父母を亡くし、墓を離れなかった話で、図一、図二に纏わる話を伝えるのは、両孝子伝のみである(源泉は共に、『東観漢記』十六、『後漢書』三十九)。奥村伊九良氏は、図一の榜題について、7ネルソン・アトキンズ美術館蔵北魏石棺の、「他の五孝子は皆名を記してゐるのに王琳のみ字を記すとは不統一である、といふ考へも起る」(「孝子伝石棺の刻画」)と言われたが、西野貞治氏は、陽明本の「記述によつて、王琳のことがその字を以てのみ伝えられた事も判明するのである」とされる(「陽明本孝子伝の性格並に清家本との関係について」)。図一左は、赤眉の賊に捕えられた兄弟、右は、「放二兄弟一、皆得レ免レ之。賊更牛蹄一双、以贈レ之也」(陽明本)という場面を描く。従って、兄弟の持つ袋の中身は、褒美としての「牛蹄一双」である。さて、「釈放された兄弟が袋の様なものをかたげてふり返り乍ら行くのは何を意味するか。東観漢記……にはこのことはのべてゐない」(奥村氏前掲論文)と言われるように、『東観漢記』『後漢書』など、当話の源泉に当たるものにはこのことがなく、図一右に該当するのは、両孝子伝の記述のみとなっている。図二は、例えば長廣敏雄氏『六朝時代美術の研究』に、両孝子伝39申明図とされているが、申明図に関しては、図像化された例が見当たらないこともあり、奥村氏の意見に従って、王巨尉図と考えたい。その図は、弟の捕えられた場面であろう。図三は、二十四孝図の内の、趙孝宗図。同じ話柄を有し、図像も酷似する(また、11蔡順、図四参照)。源泉もまた、『東観漢記』『後漢書』で、逸名『孝子伝』もあったらしい(『類林雑説』二ノ9)。

12王巨尉　図一　7ネルソン・アトキンズ美術館蔵北魏石棺

図二　9ネルソン・アトキンズ美術館蔵北斉石床

図三　山西稷山金墓馬村M１甎雕（二十四孝図、趙孝宗）

13　老萊之

図一、図二の右が老萊之で、「為₂父母₁上ㇾ堂取₂漿水₁、失脚倒ㇾ地」（陽明本）の様子を描いたものであろう。図四下、図五左も同様に考えられる。図一の右から二人目は、老萊之の妻であろうか（瞿中溶『漢武梁祠画像攷』三）。その妻や、図二の老萊之（杖を突く）は、共に丸い盆に載せた食器を持っている。図三左の老萊之は、「百歳」（両孝子伝「年九十」）にして童形に作られ、舞うが如く戯れる姿が印象的である（陽明本「常作₂嬰児₁、自家戯」、『全相二十四孝詩選』「戯舞学₂嬌痴₁」）。図三の中央、図四の右下に、玩具の鳥車が見えるのは、逸名『孝子伝』（『初学記』十七）の、「弄₂鶵鳥於親側₁」に拠るものであろう（徐広『孝子伝』にも。『列女伝』〈『芸文類聚』二十〉に、「或弄₂烏鳥於親側₁」とも言う）。『中原文物』二〇〇二－6に、新鄭市博物館蔵の後漢の鳩車（銅鳩車。一九八五年出土）が載る。

13老萊之　**図一**　1後漢武氏祠画象石

図二　1後漢武氏祠画象石　前石室七石

図三　6ミネアポリス美術館蔵北魏石棺

図四　9ネルソン・アトキンズ美術館蔵北斉石床

図五　10鄧県彩色画象甎

16 陽威

陽威図は管見に入らない。図一は、参考として掲げた、二十四孝図の楊香図で、話柄が酷似する。南葵本『孝行録』24「楊香跨虎」には、次のように言う。

楊香、魯国人也。笄年、父入二山中一。被二虎奮迅一、欲レ傷二其父一。空手不レ執二刀器一、無二以禦一レ之、大叫二相救一。香認二父声一、匍匐奔走、踊跨二虎背一、執レ耳叫号。虎不レ能レ傷二其父一、負レ香奔走、困而斃焉

笄年《けいねん》は、女子の成人したことを言い、楊香は女性であることが分かる。楊香譚の源泉は、劉宋、劉敬叔の『異苑』十、逸名『孝子伝』(『太平御覧』八九二)などで、『太平御覧』四一五所引の『異苑』に、「楊豊……息女香」とある(今本『異苑』は、「息名香」)。図は、楊香が虎に跨がり、耳を摑んで取り拉いでいる場面を描いている。

16陽成　**図一**　山西稷山金墓馬村Ｍ４陶塑（二十四孝図、楊香）

17　曹　娥

孝子伝図としての曹娥図は、管見に入らない。図一は、二十四孝図の内。『孝行録』3「孝娥抱屍」によれば、曹娥は、「遂投㆑江而死。抱㆓父屍㆒而出」（南葵本）と言う。図の左が曹娥で、袖で顔を覆って泣く姿は、二十四孝図の曹娥の定型となっている。右下の波間に父の屍（頭蓋骨と骨二本）が浮き上がっている。

17曹娥　**図一**　曲沃97東韓１号墓甎雕（二十四孝図）

26　孟　仁

孝子伝図としての孟仁図は、管見に入らない。図一は、二十四孝図の内。図一は、孟仁が、「往二竹中一、泣而告レ天、須臾出二筍数莖一」（南葵本『孝行録』7）という場面を描く。竹の根元に三本の笋の生えているのが見える。

26孟仁　**図一**　山西稷山金墓馬村Ｍ４陶塑（二十四孝図）

27　王　祥

孝子伝図としての王祥図は、管見に入らない。図一は、二十四孝図の内。図一は、「祥解レ衣臥レ氷、以求レ之。氷自解、双魚《（鯉）》躍出」（南葵本『孝行録』9「王祥氷魚」）という場面を描く。場面左下、鯉が二匹、氷の溶けた水面から躍り出ようとしている。

27王祥　**図一**　山西稷山金墓馬村Ｍ４陶塑（二十四孝図）

28　姜　詩

孝子伝図としての姜詩図は、管見に入らない。図一は、二十四孝図の内。左が姜詩、右が母である。二十四孝図のそれには、水を汲む器と妻を添えるものもある。

28姜詩　**図一**　山西沁県金代甎雕墓（二十四孝図）

33　閔子騫

図一は、車上右が「子騫後母弟」、左が「子騫父」、車の左に跪くのが閔子騫である。図二、図三は、殆ど同じ構図をしていて、右から後母、閔子騫、父（図三は、父、閔子騫）、車上が「後母子」（図三榜題）となっており、何らかの漢代孝子伝図の粉本のあったことを、強く示唆する。殊に注目すべきは、図一―図三に描かれた、車上の後母の子で、このことを記すのは、左の師覚授『孝子伝』（『太平御覧』四一三）と陽明本の二本のみである。

・父使二損御一、冬寒失レ轡。後母子御、則不レ然。父怒詰レ之（師覚授『孝子伝』）

・時子騫為二父御一、失レ轡。父乃怪レ之、仍使二後母子御一レ車、父罵レ之（陽明本）

『韓詩外伝』（『類説』三十八）の、「父帰、呼二其後母児一、持二其衣一、甚厚」、『説苑』（『芸文類聚』二十）の、「父則帰、呼二其後母児一、持二其手一、衣甚厚温」などは少しく異なり、船橋本はそのことを記さない。閔子騫譚は、逸名『孝子伝』（『太平御覧』三十四、八一九）、徐広『孝子伝』の他、様々なものに見えるが、そのことに触れる文献資料は、管見に入らない。さて、貴重なのが図三左から二つ目の榜題、「後母子御」で、この榜題は上記の如き、いずれかの孝子伝に拠ったものに相違ない。それは図一―図三より後の劉宋、師覚授の『孝子伝』であった筈がないから、残るは陽明本のみとなる。そして、例えば陽明本上記は、漢代孝子伝の面影を留める部分と思われ、師覚授『孝子伝』も、そのような孝子伝に取材したものと考えられる。同じことは、36曾参図などについて、さらに明確な形で確認することが出来る。図四左は、後母であろう。図五は、左の乳の上に跪く子供が閔子騫か。図五また、36曾参、図三に関しては、山川誠治「曾参と閔損―村上英二氏蔵漢代孝子伝図画像鏡について―」（『佛教大学大学院紀要』31、二〇〇三年）参照。

33閔子騫　図一　１後漢武氏祠画象石

図二　１後漢武氏祠画象石、前石室七石

図三　２開封白沙鎮出土後漢画象石

図四　6ミネアポリス美術館蔵北魏石棺

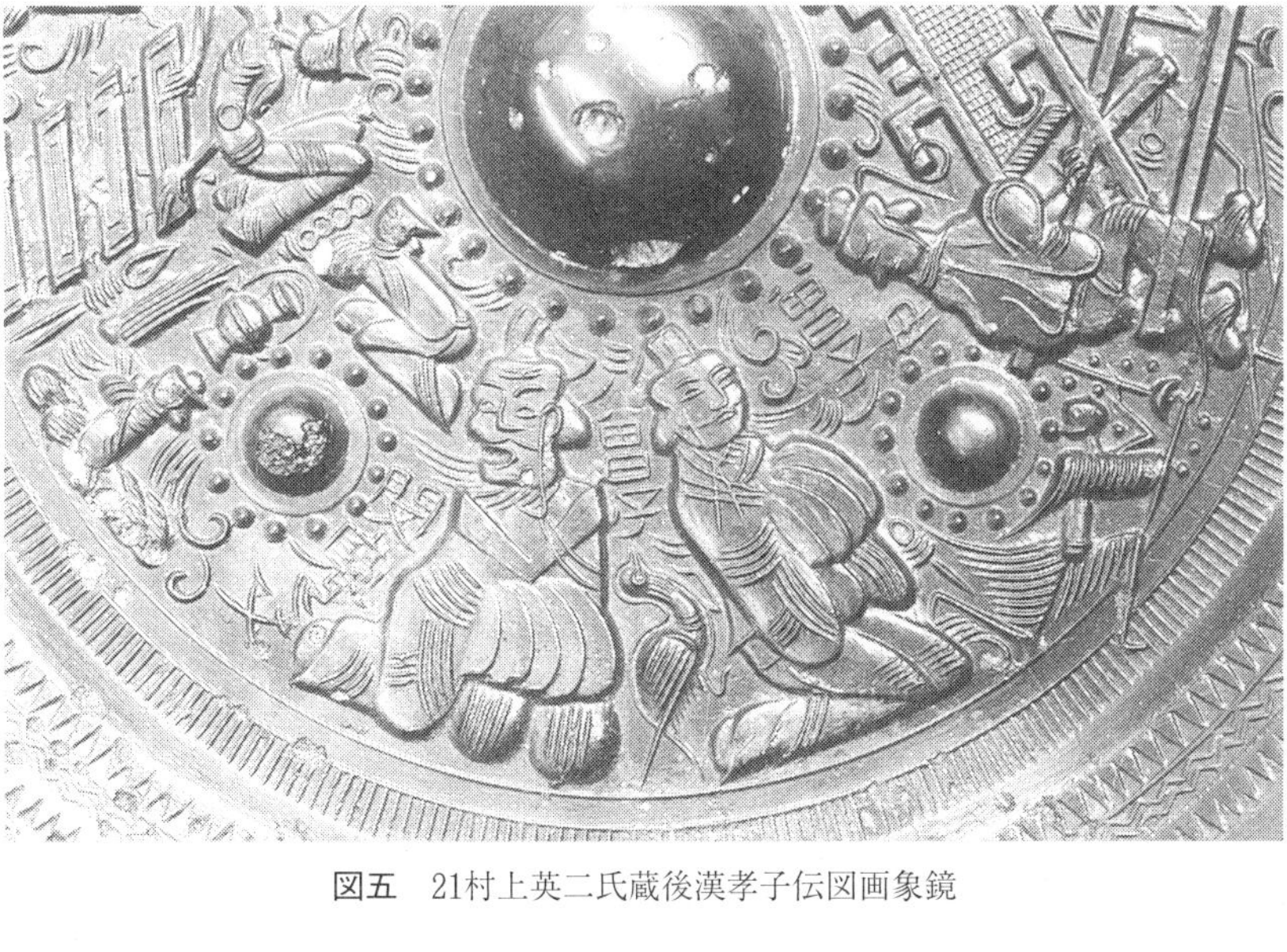

図五　21村上英二氏蔵後漢孝子伝図画象鏡

35　伯　奇

漢の景帝の子、魯の恭王餘の建てた霊光殿には、孝子伝図が描かれていたようだ。そのことは、『文選』十一に収める後漢、王延寿の「魯霊光殿賦一首幷序」に、

　下及二三后婬妃乱主忠臣孝子烈士貞女一、賢愚成敗、靡レ不二載叙一

とあることによって知られる。そして、晋の張載が、その「孝子」に注し、

　孝子、申生伯奇之等

と述べている所から（李善注所引に拠る）、早く晋以前、申生、伯奇譚を収める孝子伝の存在していたことが疑いない。ところが、中国本土においては、その後全ての孝子伝が滅びてしまい、特に申生、伯奇については、目下『類林』の逸文を僅かな例外として、その孝子伝としての所伝を知らない。このような状況を見る時、申生、伯奇の所伝を二つながら備える陽明本（また、船橋本）というものの文学史的価値を、改めて認識させられることになる。その意味で、図一―図三に掲げた伯奇図は、いずれも孝子伝図と孝子伝の深い関わり、また、陽明本の成立を窺わせる、興味深い図像資料と言えよう。

図一、二は、6ミネアポリス美術館蔵北魏石棺における、一連の伯奇図である（図一、榜題の「耶父」は、父耶〈父爺〉で、父のこと）。注目すべきは、「孝子伯奇母赫児」と榜題する図二で、中央の瓶から蛇が頭を出しているから、本図は、陽明本の伯奇譚における蛇の話、

伯奇者、周丞相尹（伊尹）吉甫之子也。為レ人慈孝。而後母生二一男一。仍憎二嫉伯奇一。乃取二毒蛇一、納二瓶中一。呼二伯奇一将レ殺、

小児戯。小児畏レ蛇、便大驚叫。母語二吉甫一曰、伯奇常欲レ殺二我小児一。君若不レ信、試往二其所一看レ之。果見レ之、
伯奇在二瓶蛇一焉

を描いたものに相違ない（同様のものが、22洛陽北魏石棺床にも見える）。ところが、伯奇譚におけるこの蛇の話は、極めて稀覯に属し、目下『類林雑説』一4所引の逸名『孝子伝』以外に記載を見ないのである（西夏本『類林』二9にも。但し、冒頭欠）。蛇の話は目下、孝子伝固有の話の如く思われ、本図なども、陽明本系『孝子伝』のそれに基づいて描かれたものであろう。図一の左は父の尹吉甫、右は伯奇、図二の左は伯奇の後母、右は弟である。図三は、化鳥譚を描く。騎上の尹吉甫の肩に、化鳥が止まっている。本図の右には、図四の摸図に見られる如く、尹吉甫が後母を射殺する場面などの一部も残る。化鳥譚（曹植の「令禽悪鳥論」のそれが名高い）を載せる孝子伝は、両孝子伝のみであり、図一、二の制作年代が北魏正光五年（五二四）、図三のそれが太和年間（四七七―九九）頃とされる所から、陽明本当話の成立は、おそらく五世紀以前に溯る。また、1舜、図二の右は、化鳥を射る後母（『太平御覧』九二三所引「令禽悪鳥論」に、「吉甫命二後妻一載弩二射之一」と見える）を描いたものらしい。同様の図柄は、14嘉祥南武山後漢画象石、嘉祥宋山一号墓四石、八石（また、南武陽功曹闕東闕西面一層、松永美術館蔵後漢画象石）などにも見出すことが出来る。それらは或いは、魯の霊光殿に描かれていたという伯奇図を偲ばせるものかもしれない。さらに、曹植の「令禽悪鳥論」やその武氏祠画象石が、陽明本当話の源流に拠ろうことについては、黒田彰「伯奇贅語―孝子伝図と孝子伝―」（『説話論集』12、清文堂出版、二〇〇三年予定）を参照されたい。

35伯奇　図一　6ミネアポリス美術館蔵北魏石棺（一）

図二　6ミネアポリス美術館蔵北魏石棺（二）

図三　19寧夏固原北魏墓漆棺画　右側上欄

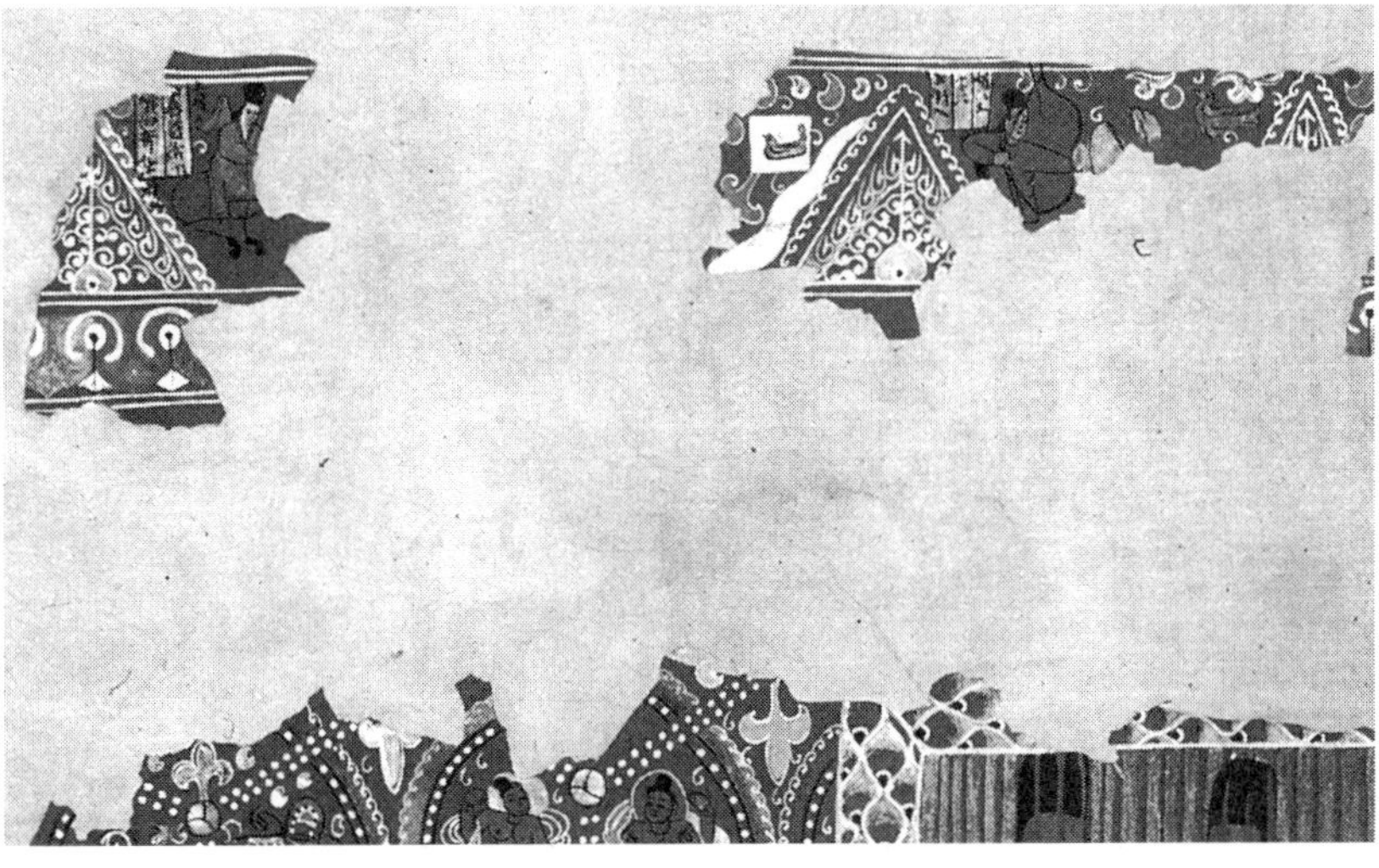

図四　19寧夏固原北魏墓漆棺画（摸図）

36　曾　参

陽明本36曾参における投杼譚、

孔子使二参往レ斉、過レ期不レ至。有二人妄言一、語二其母一曰、曾参殺レ人。須臾又有レ人云、曾参殺レ人。如レ是至レ三、母猶不レ信。便曰、我子之至孝、践レ地恐痛、言レ恐レ傷レ人。豈有レ如レ此耶。猶織（識）如レ故。須臾参還至了、无二此事一。所謂讒（纔）言至レ此、慈母不レ投レ杼、此之謂也

を図像化した、後漢時代の孝子伝図が二点、現存する。それが図一、図三である。両図は構図が酷似し、しかも共に左から閔子騫図に続くことから（33閔子騫、図一、図五〈12和林格爾後漢壁画墓も〉。また、図二、図三参照）、共通の粉本のあったことを窺わせ、頗る興味深いが、投杼譚を載せる孝子伝は、唯一陽明本のみであることに注目したい（船橋本は、投杼譚を欠く。源流は『戦国策』秦策、敦煌本『春秋後語』、『史記』甘茂伝等）。加えて、図一下部の榜題、「讒言三至、慈母投杼」は、陽明本の、「讒言至レ此、慈母不レ投レ杼」と酷似し（「慈母」の語は、『戦国策』に、「而三人疑レ之、則慈母不レ能レ信也」と見える）、共々に陽明本の本話が、漢代孝子伝の流れを汲むものであることを、強力に示唆する。図二は、かつて長廣敏雄氏が董永図とされたものだが（『六朝時代美術の研究』一九七頁―）、曾参図と見たい。左端は三度の讒言を聞いて駆け出した母であろう（例えば『史記』に、「其母投レ杼下レ機、踰レ牆而走」とある。中央の機を織る母と重出させている）。右は嚙指譚における、薪を運ぶ曾参か（図六参照）。図四は、弾琴譚（左端が琴を弾く曾参、右端が父）、図五は、感泉譚（左端が曾参、右端が母）を描く、二連の図。図六は、二十四孝図の内。嚙指譚に基づく。右が母、左が曾参で、二束の薪を添えることが定型化している。

36曾参　図一　1後漢武氏祠画象石

図三　21村上英二氏蔵後漢孝子伝図画象鏡

図二　9ネルソン・アトキンズ美術館蔵北斉石床

図六　山西稷山馬村金墓M 4 陶塑（二十四孝図）

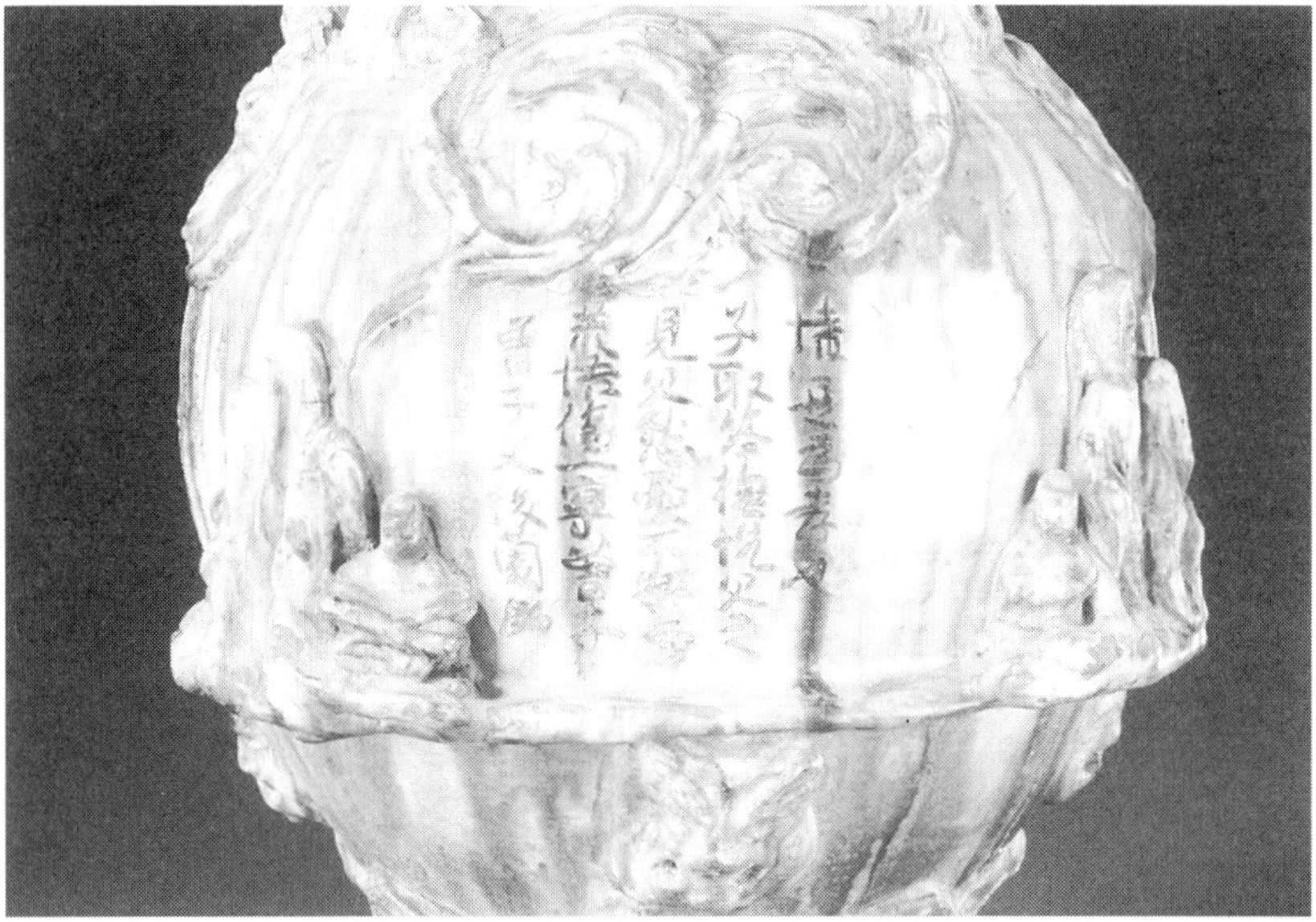

図四　陝西歴史博物館蔵三彩四孝塔式缶

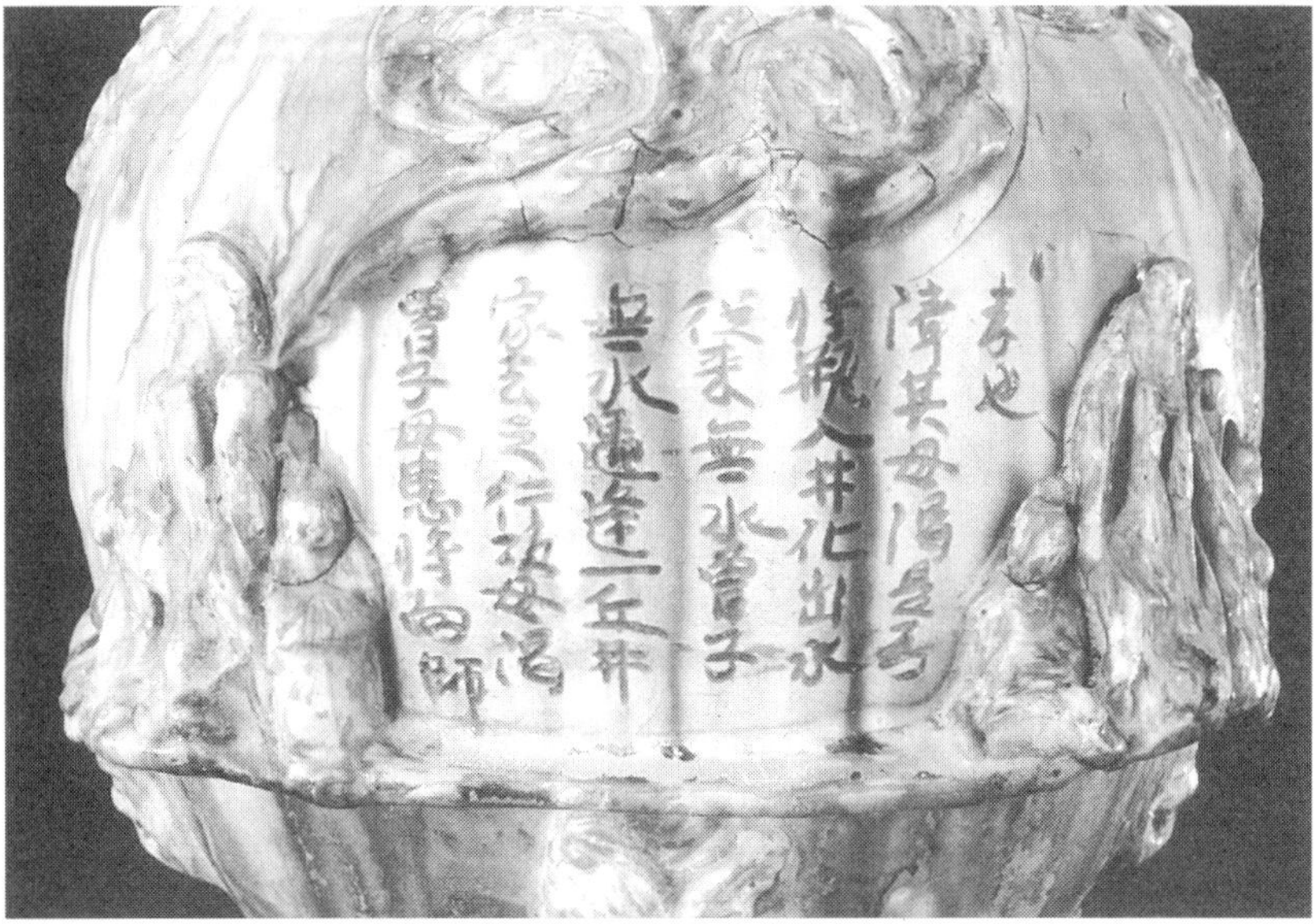

図五　陝西歴史博物館蔵三彩四孝塔式缶

37　董黯

董黯譚を載せる孝子伝は、両孝子伝のみ。内、船橋本には大きな省略、改変があることに注意しなければならない。そのことも含め、図一について、始めて陽明本を用い、その内容を解明された西野貞治氏の功績は大きい（「陽明本孝子伝の性格並に清家本との関係について」）。まず図一の榜題、「董晏母供王寄母語時」は、陽明本の董黯譚冒頭における、黯母と奇母との、両母の対話場面を指している（晏は、黯の宛字）。図一右、屋外に立つのは董黯、屋内に坐すのは黯母である。その左、屋内に立つのは王奇、その左に坐すのは奇母で、二人の間に三牲の食事が置かれている。右が黯の家、左が奇の家である。左端、屋外に立つのは、侍女であろう（西野氏は両端に立つ二人を黯母とされるが、髪型が異なる。右の人物は双髻の少年で、別人と見るべきである。また、氏は、両屋内に坐す二人を、同じ奇母とされている）。中国において本図を、『漢書』東方朔伝などに記される、董偃と館陶公主の話として説明する（『中国画像石全集』8石刻線画〈中国美術分類全集、河南美術出版社、山東美術出版社、二〇〇〇年〉等）のは、失考とすべきである。図三、四、五は三連図で、原石は左から図二、四、五となっている。図三が図一の右、図四が図一の左に当たり、図三、四は、丁度図一の左右を入れ替えた形となる。図三、左端屋内に坐すのが黯母、その右下に跪くのが董黯である。図四、左から二人目、帳の前に坐すのが奇母、その右下に長剣を佩いて立つのが王奇である。図四左下には、三牲を表わす牛、羊、猪が描かれている。図一の奇母の持つ団扇が、図四左端の侍女の持ち物として描かれているのも、両図の関わりを示すものであろう。長廣敏雄氏は、図四を船橋本により解説されるが（『六朝時代美術の研究』二〇三頁―）、前述の如く船橋本には省略、改変があって、適当でない。さて、長廣氏は、図三、五を、「不明」、仮に「塚にむかい拝礼する図」等とされたが、図三は、図一董黯図の右半に当たるもの、また、図五は、董黯による黯母の葬礼の場面（陽明本「黯母……亡、葬送礼畢」）と見たい。このように、一話を三連の図とする例としては、和泉市久保惣記念美術館蔵北魏石床、右側石（郭巨譚を三連図とする。個人蔵）などを上げることが出来る。図二については、榜題の「董懢」は、董黯の宛字かと思われるが（黯字は、晏〈図一〉の他、黮〈『法苑珠林』四十九〉、黶〈敦煌本『事森』〉、壓〈丁蘭本『父母恩重経』〉なども宛てられる）、「孝子董懢与父犢《独》居」という榜題自体は、例えば8C. T. Loo旧蔵北魏石床、2董永の榜題「孝子董永与父独居」と酷似する（図は異なる）。董永図とすれば、右牀上の人物が父となるが、髪型を見ると、母のようである（13老萊之、同じミネアポリス美術館蔵北魏石棺の図三、右の父母の髪型を参照）。榜題右の箪様の器が或いは、三牲の容器を表わすかと思われるが、なお後考に俟ちたい。董黯図に関しては、黒田彰「董黯賛語―孝子伝図と孝子伝―」（『日本文学』51-7、二〇〇二年）参照。

図二　6ミネアポリス美術館蔵北魏石棺

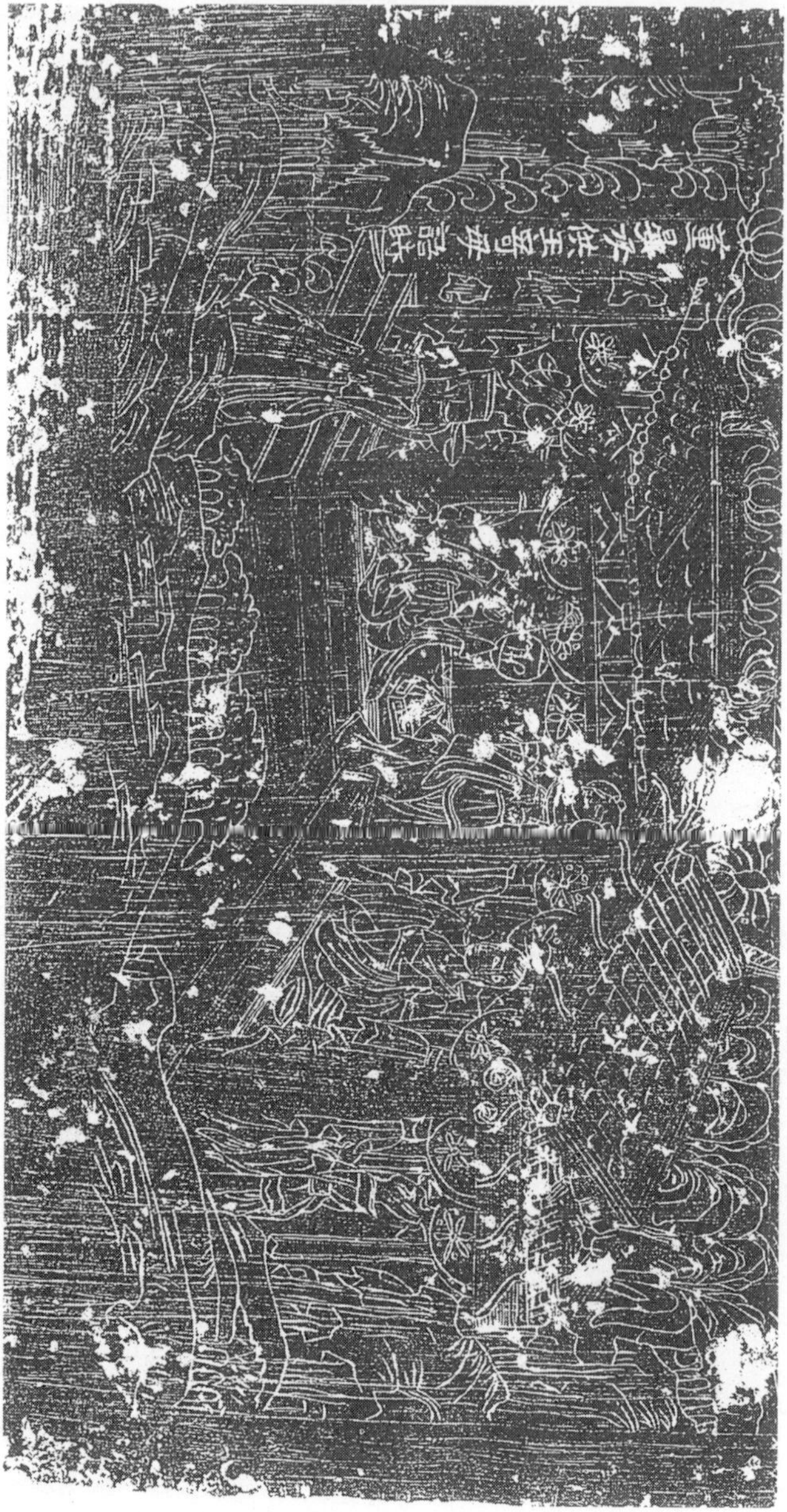

37董黯　図一　5ボストン美術館蔵北魏石室

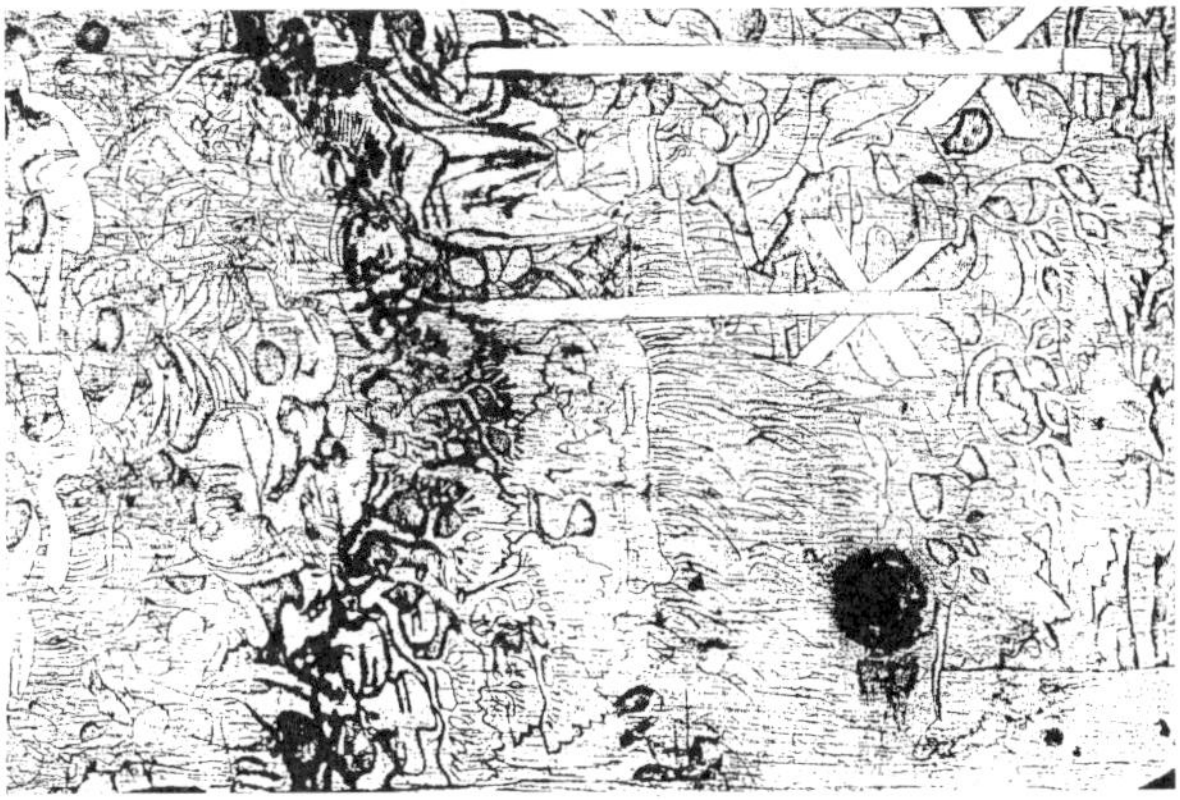

図五　9ネルソン・アトキンズ美術館蔵北斉石床

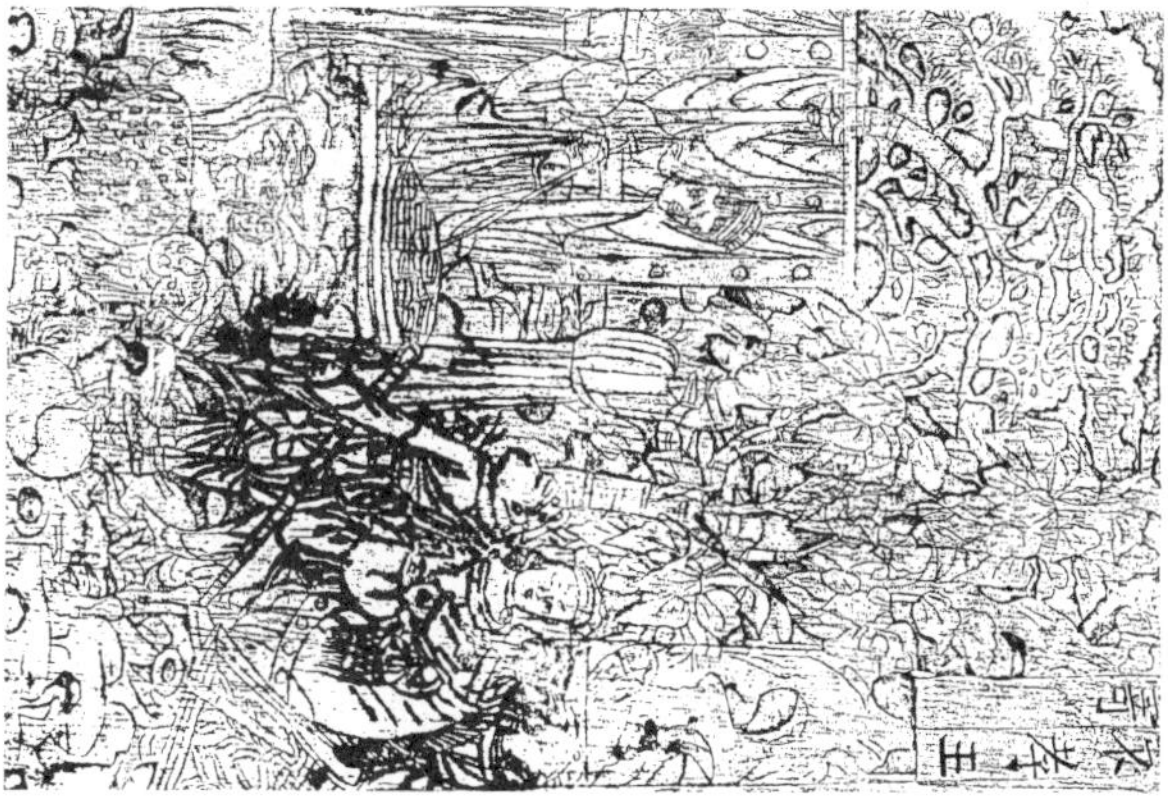

図四　9ネルソン・アトキンズ美術館蔵北斉石床

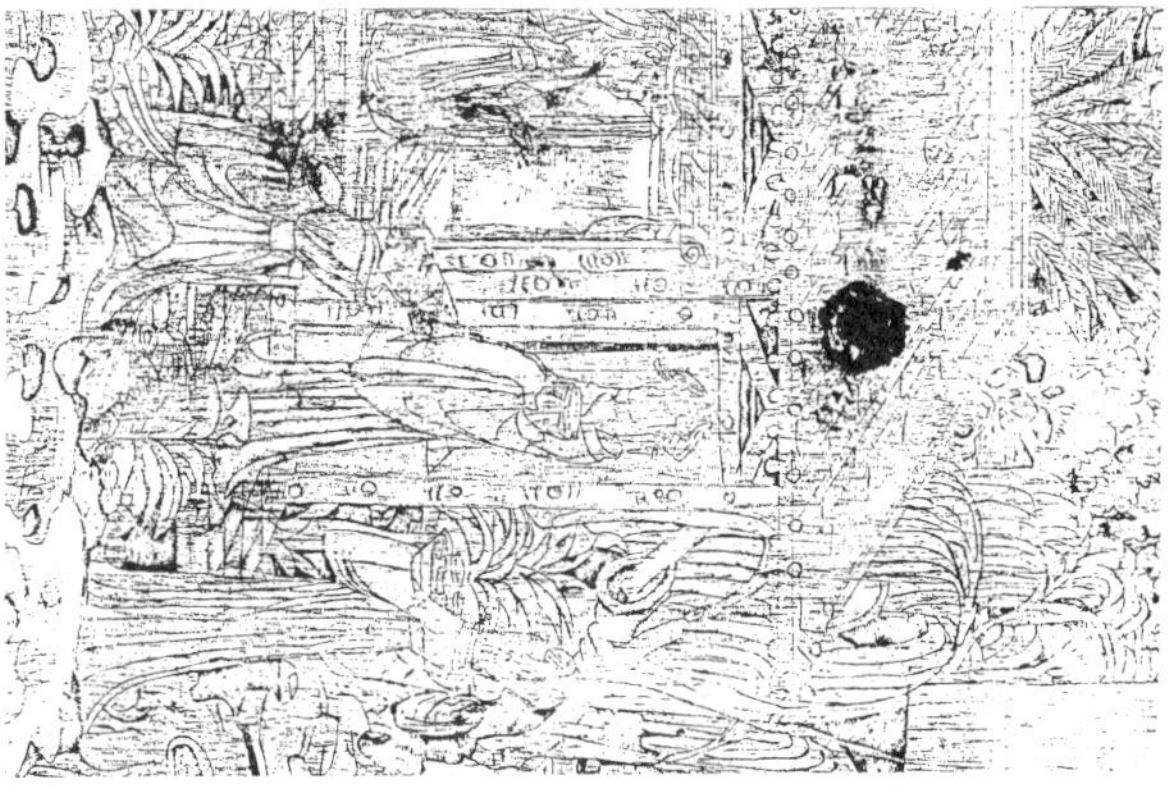

図三　9ネルソン・アトキンズ美術館蔵北斉石床

38　申生

図一―図五は全て、38申生譚における驪姫の陰謀の一齣、申生が父献公に奉った食事の毒改めの場面を描く。源泉の一に当たる、『史記』晋世家に、「献公欲レ饗レ之。驪姫従レ旁止レ之曰、胙所二従来一遠。宜レ試レ之。祭レ地、地墳。与レ犬、犬死。与二小臣一、小臣死」、と記す所、また、『春秋穀梁伝』僖公十年に、「君将レ食。麗姫跪曰、食自レ外来者、不レ可レ不レ試也。覆二酒於地一、而地賁。以レ脯与レ犬、犬死」などとする所である（図一、二には、犬が描かれない）。

図一―図五は、これまで申生図であることが全く知られなかったもので、それらが申生図であることを明らかにしたのは、近時の王恩田「泰安大汶口漢画像石歴史故事考」（『文物』92―12、一九九二年）であった。即ち、氏は、図二の榜題、「此浅(献)公前婦子」「此晋浅(献)公見離(麗)算」「此後母離居(麗姫)」を解読することによって、図一―図五が申生図に外ならないことを、始めて突き止められたのである（図三、四については、既に一九八四年の劉敦愿氏による指摘があると言う）。

図三―図五は、毒の入った胙《ひもろき》（供え物の肉）を、地面に置くと地面が盛り上がり、犬に食わせると犬が死に、小臣に食べさせると小臣が死んでしまうという記述（『史記』）における、胙を犬に与えた場面を描いている。さて、問題は、両孝子伝にはこの記述が存しないことである（陽明本「々〔父〕欲レ食レ之。麗姫恐三薬毒中二献公一、即投レ之曰、此物従レ外来。焉得二輙食一レ之。乃命二青衣一、嘗レ之入レ口、即死」。船橋本は、毒酒とする）。図三―図五は、孝子伝に拠ったものではないのだろうか。実は、これらの図に該当する記述をもつ、孝子伝の逸文が存する。それが『類林雑説』一―1所引の逸名『孝子伝』である。その本文を示せば、次の通りである。

献公先娶二斉女一為レ后。生二太子申生一。斉女卒。乃立二孋姫一為レ后。生二子奚斉及卓子一。孋姫欲下立二奚斉一為中太子上、讒二申生於公一曰、妾昨夜夢、申生之母従レ妾乞レ食。公信レ之。即令下申生往二其母墓一祭上レ之。申生祭還。孋姫潜以二毒薬一安二肉中一。申生欲レ上二公祭肉一。姫謂レ公曰、蓋聞食従レ外来、可レ令三人嘗二試之一。公以レ肉与レ犬、犬死。与レ婢婢死。姫曰、為二人之子一者、乃如レ此乎。公以二垂老之年一、不レ得二終天之年一。而欲二毒薬殺一、而早図二其位一。此時非二但殺一レ公、亦当レ及二于諸子一。請将二一子一自二殞於狐狢之地一。無為被三太子見二其魚肉一也。公大怒、賜二申生死一。大夫里克謂二申生一曰、何不二自治一。申生曰、吾父老矣。臥不レ得レ姫、則不レ安。食不レ得レ姫、則不レ飽。吾若自治、公則殺レ姫。為二人之子一者、殺二父所一レ安、非レ孝也。遂自縊而死。出二孝子伝一

右記逸名『孝子伝』には、「公以レ肉与レ犬、犬死」とあり、やはり図三―図五に該当する記述をもつ、孝子伝のあったことが分かる（但し、『類林雑説』所引逸名『孝子伝』では、申生が「自縊而死」とあり〈『春秋左氏伝』に、「縊二于新城一」と見える〉、例えば図二―図四の、申生が短剣を喉に擬すのと合わない〈陽明本「即欲二自殺一」、『穀梁伝』「吾寧自殺……刎レ脰而死」等〉）。加えて、右記の逸名『孝子伝』の陽明本に酷似することが興味深い。さて、両孝子伝には見えないものの、我が国にもかつて、同じような孝子伝の行われたことを示す、徴証がある。東京大学文学部国語研究室蔵『和漢朗詠集見聞』上、春、躑躅「寒食家応」注に、「献公大喜ニテ、服セントシ玉フ。時ニ后ノ玉ヒケルハ、外ヨリ来リタルニ、何ナル物ニテカ有覧。先犬ニ与テミ玉ヘトテ、犬ニ与ルニ、后、兼毒ヲ入玉ヒシカハ、死ヌ。サレハコソトテ、小臣ニ与ルニ、小臣則死」とあり、「七十余人ノ孝子伝ニノセタリ」と言うものがそれである。すると、1舜において、19寧夏固原北魏墓漆棺画図八に描かれた「金銭一枚」のモチーフが、両孝子伝に見えず、『三教指帰』成安注上末（「舜帯二銀銭五百文一」）や、明らかに陽明本系を引いたと思しい『普通唱導集』下末（「帯二銀銭五百文一」）などの逸名『孝子伝』に見えるのと同じことが、起きていることになる。両孝子伝、殊に陽明本は古いものであるが、

その本文の成立の単純でないことを示す、一例であろう。或いは、早い段階における、陽明本の脱落ではなかろうか。

図一は、『石索』による摸図。中央右が献公、その右が奚斉、中央左が申生、その左が麗姫であろう。左右両端は、侍者か。図二は、右から里克（『類林雑説』所引逸名『孝子伝』）、申生、献公、麗姫であろう。図三は、右から麗姫、奚斉、献公、申生、里克、侍者（二人）、図四は、右から里克、申生、献公、奚斉、麗姫、図五は、右から麗姫、奚斉、里克、申生、献公（中央）、侍者（三人）であろうか。ともあれ、1後漢武氏祠画象石以下に、申生図の存することが明らかとなったことの文学史的、美術史的意義は、限りなく大きい。図一―図五を通観すると、およその構図が一致しており、おそらく共通の粉本に基づくことが知られる。漢代、魯の霊光殿に描かれた申生図も、同様の図柄のものであった可能性が高い（35伯奇図参照）。

38申生　図一　1後漢武氏祠画象石

図二　14泰安大汶口後漢画象石墓

図三　14嘉祥宋山一号墓

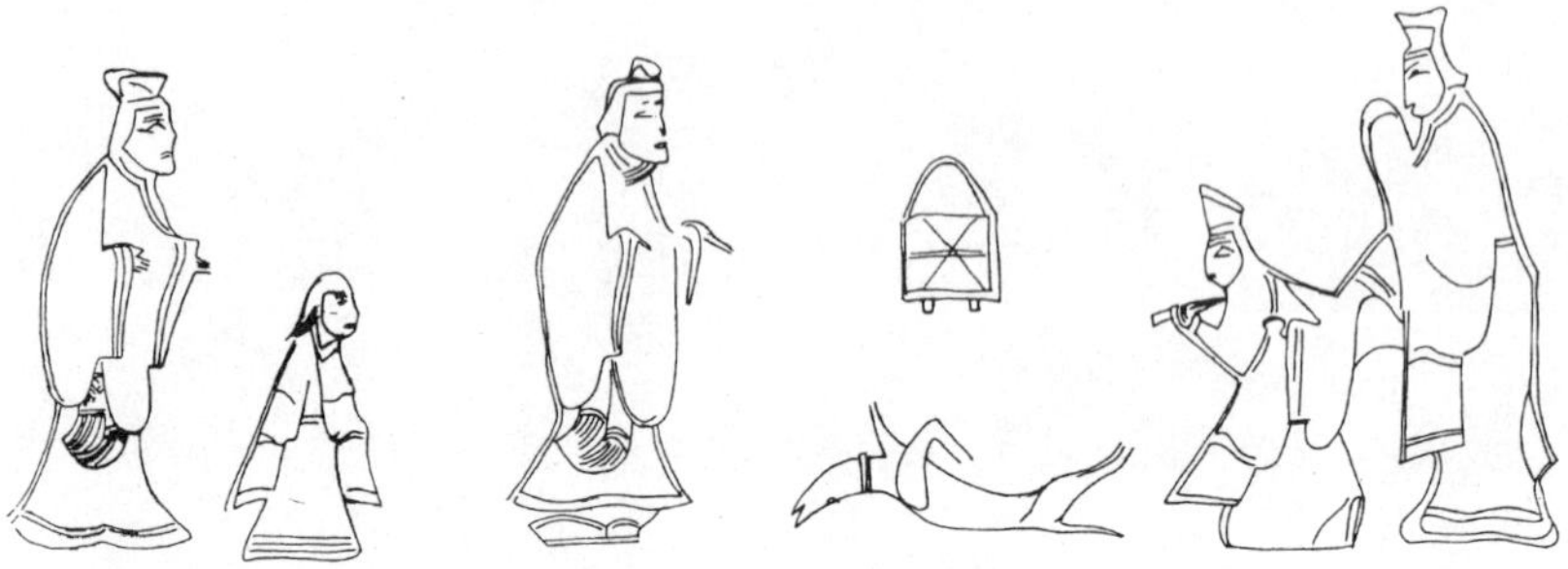

図四　14嘉祥宋山二号墓

図五　14山東肥城後漢画象石墓

41 李　善

李善譚を収める孝子伝は、両孝子伝41及び、『琱玉集』十二所引逸名『孝子伝』の二種が存している（源泉は『東観漢記』十七等）。図一は、右の人物が難解で、「蓋奴婢欲㆘取㆓其孤㆒去㆖。故善乃長跪哀求之意耳」（瞿中溶『漢武梁祠画像考』六）によれば、主家の児を連れ去ろうとする奴婢となる。左が李善。図二は、右が李善で、左が主家の児。「大家」は、奴婢の李善から家主を呼んで言う語である（吉川幸次郎「楽浪出土漢匳図像考証」三八三頁）。なお漢代の李善図は、12和林格爾後漢壁画墓にも描かれているが（榜題「李□」「□君」）、破損が甚しい。図三は、右が李善で、子供を抱いている。左は成長した主家の児であろう。図三の榜題中、「詔拝河内太守」とある箇所が興味深く、このことは両孝子伝にしか見えない（両孝子伝「拝為㆓河内太守㆒」）。図三の墓主司馬金竜は、太和八年（四八四）に没しているから（墓誌）、両孝子伝のこの所伝は、確実に五世紀以前に溯るものと考えられる。と同時に、両孝子伝、特に陽明本が、やはり北魏の孝子伝図と密接な関わりをもっていることに、改めて注目すべきである。

41李善　図一　1後漢武氏祠画象石

図二　3後漢楽浪彩篋

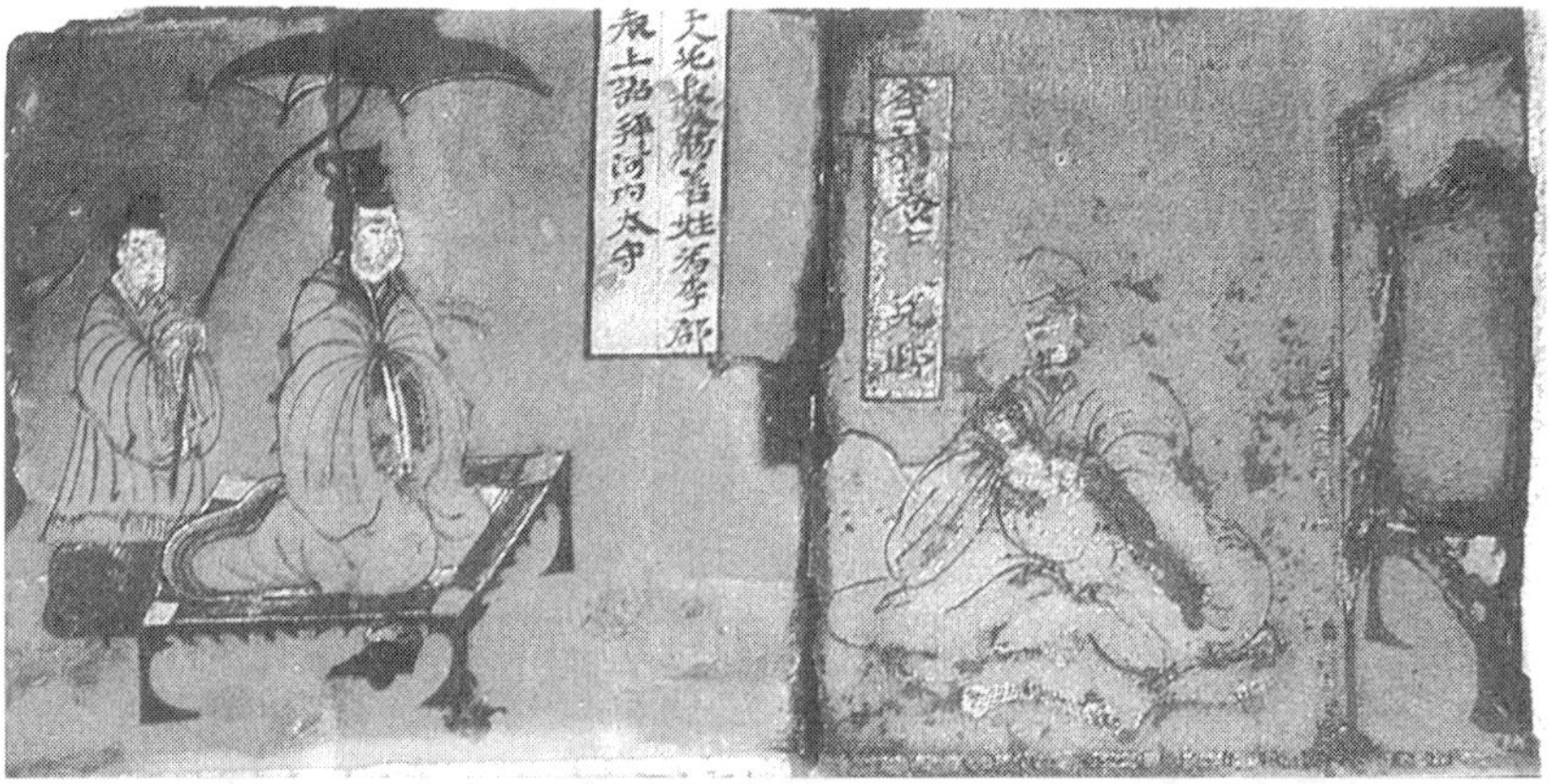

図三　17北魏司馬金竜墓出土木板漆画屛風　一・二塊裏一図

42　羊　公

図一は目下現存唯一の羊公図として、極めて貴重なもので、「義漿羊公」「乞漿者」と榜題する。右が羊公、左が漿を乞う者、中央に漿を容れた瓶があり、上に漿を汲む酌子が置かれている。左の人物（天神の化した書生）は、羊公に何かを渡そうとしており、両孝子伝によれば、それは菜の種である。羊公の表記は、文献により種々であるが、「羊公」と表記する孝子伝は、両孝子伝のみ。榜題の「義漿」の語は、『太平御覧』八六一所引の逸名『孝子伝』に見えている。また、「義漿」の語は東晋、干宝の『捜神記』十一の羊公譚にも記されているが、後漢の本図が既にそれを録している所から、『捜神記』は何らかの孝子伝に拠ったものと考えられる。羊公図及び、その孝子伝との関係については、解題「孝子伝図と孝子伝—羊公賛語—」参照。

42羊公　**図一**　1後漢武氏祠画象石

43　東帰節女

図一は、武梁祠画象石の列女伝図の内。12和林格爾後漢壁画墓にも、「□師□女」と榜題する図が残されている。但し、列女伝と孝子伝とは関わりが深く、その分岐は非常に微妙とすべきであろう。東帰節女譚を載せる孝子伝は、両孝子伝のみである。「東帰節女」は、「京師節女」が正しく、京師の古体の「東歸」「京師」を誤ったものだが、図一の榜題「京師節女」の表記の、「東帰節女」に似ることが興味深い（西野貞治「陽明本孝子伝の性格並に清家本との関係について」四十八頁、註②参照）。屋内牀上に臥すのが節女、「怨家攻者」と榜題する左の人物（夫の仇人）が、夫の位置に臥した節女を、将に襲おうとしている。

43東帰節女　**図一**　1後漢武氏祠画象石

44　眉間尺

図一は、榜題による明徴のある唯一の眉間尺図。榜題「眉間赤」の表記は、『太平御覧』三四三所引逸名『孝子伝』の、「眉間赤、名赤鼻」と一致する。図一は、右が眉間尺、左がその妻、中央の塚は、父干将の墓であろう。右に坐す眉間尺の冠物が特徴的である。眉間尺の妻が登場する眉間尺譚は存せず、孝子伝図として描き添えられたものと思われる（5郭巨、図一、また、黒田彰「鍍金孝子伝石棺続貂―ミネアポリス美術館蔵北魏石棺について―」〈『京都語文』9、二〇〇二年〉参照）。

44眉間尺　**図一**　6ミネアポリス美術館蔵北魏石棺

45　慈　烏

烏は、反哺孝行の鳥として知られるが、孝子伝に立項された慈烏は、両孝子伝当条に見られるもののみである。図一は、「孝烏」と榜題し、木に止まった慈烏を描いている。『漢代画象の研究』八十六頁に、「画面としてまとまりが悪いが、独立の情景とみるほかない」として、船橋本30顔烏を引くのは失考とすべく、船橋本の慈烏条が、43東帰節女に続け書きされ、見分け難くなっている上、書出しを「鴈烏」とすることによる勘違いか。慈烏図は、12和林格爾後漢壁画墓（榜題「孝烏」）などにも描かれ、陽明本当条が漢代孝子伝の面影を留めることを示す、恰好の一例となっている。慈烏は、図一では、左から哺父をテーマとする趙狗に続き、14泰安大汶口後漢画象石墓では、やはり趙狗図の右に、嘴を合わせた二鳥として描かれ（38申生、図二）、12和林格爾後漢壁画墓では、左から3邢渠に続いていることが興味深い。

45慈烏　**図一**　1後漢武氏祠画象石

図像資料　孝子伝図集成稿　出典一覧

舜

図一　容庚『漢武梁祠画像録』、考古学専集13、北平燕京大学考古学社、一九三六年

図二　劉興珍、岳鳳霞編、邱茂訳『中国漢代の画像石—山東の武氏祠』、外文出版社、一九九一年、図一七六

図三　『中国美術全集』絵画編19石刻線画、上海人民美術出版社、一九八八年、図七

図四　写真

図五　『瓜茄』4、一九三七年

図六　『中国美術全集』絵画編1原始社会至南北朝絵画、人民美術出版社、一九八六年、図一〇〇之一

図七—十四　寧夏固原博物館『固原北魏墓漆棺画』、寧夏人民出版社、一九八八年

図十五　山西省考古研究所『平陽金墓甎雕』、山西人民出版社、一九九九年、図二四五

董永

図一　容庚『漢武梁祠画像録』、考古学専集13、北平燕京大学考古学社、一九三六年

図二　『中国美術全集』絵画編19石刻線画、上海人民美術出版社、一九八八年、図六

図三　『瓜茄』4、一九三七年

図四　長廣敏雄『六朝時代美術の研究』、美術出版社、一九六九年、図五二

図五、六　山東石刻芸術博物館『山東石刻芸術選粋』漢画像石故事巻、浙江文芸出版社、一九九六年

図七　陝西歴史博物館提供の写真

図八　山西省考古研究所『平陽金墓甎雕』、山西人民出版社、一九九九年、図二五六

邢渠

図一　容庚『漢武梁祠画像録』、考古学専集13、北平燕京大学考古学社、一九三六年
図二、三　劉興珍、岳鳳霞編、邱茂訳『中国漢代の画像石―山東の武氏祠』、外文出版社、一九九一年、図一二四、一七九
図四　シャヴァンヌ、Mission archéologique dans la Chine septentrionale, Tome I, Première partie,
La sculpture a l'époque des Han, Paris, 1913, 図一二七一
図五　朝鮮古跡研究会『楽浪彩篋冢』、便利堂、一九三四年、図四八

韓伯瑜

図一　容庚『漢武梁祠画像録』、考古学専集13、北平燕京大学考古学社、一九三六年
図二　劉興珍、岳鳳霞編、邱茂訳『中国漢代の画像石―山東の武氏祠』、外文出版社、一九九一年、図一一三
図三　シャヴァンヌ、Mission archéologique dans la Chine septentrionale, Tome I, Première partie,
La sculpture a l'époque des Han, Paris, 1913, 図一二七一
図四　写真

郭巨

図一　写真
図二　『瓜茄』4、一九三七年
図三　長廣敏雄『六朝時代美術の研究』、美術出版社、一九六九年、図四五
図四　写真
図五、六　寧夏固原博物館『固原北魏墓漆棺画』、寧夏人民出版社、一九八八年
図七　陝西歴史博物館提供の写真

原谷

図一　容庚『漢武梁祠画像録』、考古学専集13、北平燕京大学考古学社、一九三六年
図二　シャヴァンヌ、Mission archéologique dans la Chine septentrionale, Tome I, Première partie,

La sculpture a l'époque des Han, Paris, 1913, 図一二七一

図三　朝鮮古跡研究会『楽浪彩篋冢』、便利堂、一九三四年、図四八

図四　写真

図五　『瓜茄』4、一九三七年

図六　長廣敏雄『六朝時代美術の研究』、美術出版社、一九六九年、図四六

図七、八　『中国画像石全集』8（中国美術分類全集）石刻線画、河南美術出版社、山東美術出版社、二〇〇〇年、図六二、七六

魏陽

図一　容庚『漢武梁祠画像録』、考古学専集13、北平燕京大学考古学社、一九三六年

図二　朝鮮古跡研究会『楽浪彩篋冢』、便利堂、一九三四年、図四八

三州義士

図一　容庚『漢武梁祠画像録』、考古学専集13、北平燕京大学考古学社、一九三六年

丁蘭

図一　容庚『漢武梁祠画像録』、考古学専集13、北平燕京大学考古学社、一九三六年

図二　劉興珍、岳鳳霞編、邱茂訳『中国漢代の画像石—山東の武氏祠』、外文出版社、一九九一年、図一一三

図三　『漢代画象全集』二編、巴黎大学北京漢学研究所、一九五一年、図一六二

図四　シャヴァンヌ、Mission archéologique dans lε Chine septentrionale, Tome I, Premièle partie, La sculpture a l'époque des Han, Paris, 1913, 図一二七一

図五　朝鮮古跡研究会『楽浪彩篋冢』、便利堂、一九三四年、図四八

図六　『中国美術全集』絵画編19石刻線画、上海人民美術出版社、一九八八年、図七

図七　写真

図八　山東石刻芸術博物館『山東石刻芸術選粋』漢画像石故事巻、浙江文芸出版社、一九九六年

朱明

図一　容庚『漢武梁祠画像録』、考古学専集13、北平燕京大学考古学社、一九三六年

蔡順

図一　『瓜茄』4、一九三七年

図二　C.T.Loo & Co, An Exhibition of Chinese Stone Sculptures, New York, 1940

図三　長廣敏雄『六朝時代美術の研究』、美術出版社、一九六九年、図四八

図四　山西省考古研究所『平陽金墓甎雕』、山西人民出版社、一九九九年、図二七〇

王巨尉

図一　『瓜茄』4、一九三七年

図二　長廣敏雄『六朝時代美術の研究』、美術出版社、一九六九年、図四九

図三　山西省考古研究所『平陽金墓甎雕』、山西人民出版社、一九九九年、図二六九

老萊子

図一　容庚『漢武梁祠画像録』、考古学専集13、北平燕京大学考古学社、一九三六年

図二　山東石刻芸術博物館『山東石刻芸術選粋』漢画像石故事巻、浙江文芸出版社、一九九六年

図三　写真

図四　長廣敏雄『六朝時代美術の研究』、美術出版社、一九六九年、図四七

図五　河南省文化局文物工作隊『鄧県彩色画象甎墓』、文物出版社、一九五八年、図一八

陽威

図一　山西省考古研究所『平陽金墓甎雕』、山西人民出版社、一九九九年、図二五二

曹娥

図一　山西省考古研究所『平陽金墓甎雕』、山西人民出版社、一九九九年、図三〇一

孟仁
図一　山西省考古研究所『平陽金墓甎雕』、山西人民出版社、一九九九年、図二六〇

王祥
図一　山西省考古研究所『平陽金墓甎雕』、山西人民出版社、一九九九年、図二五〇

姜詩
図一　『文物』2000-6、64頁図九

閔子騫
図一　容庚『漢武梁祠画像録』、考古学専集13、北平燕京大学考古学社、一九三六年
図二　劉興珍、岳鳳霞編、邱茂訳『中国漢代の画像石―山東の武氏祠』、外文出版社、一九九一年、図一一一
図三　シャヴァンヌ、Mission archéologique dans la Chine septentrionale, Tome I, Premièle partie, La sculpture a l'époque des Han, Paris, 1913, 図一二七一
図四　写真
図五　写真

伯奇
図一、二　写真
図三、四　寧夏固原博物館『固原北魏墓漆棺画』、寧夏人民出版社、一九八八年

曾参
図一　容庚『漢武梁祠画像録』、考古学専集13、北平燕京大学考古学社、一九三六年
図二　長廣敏雄『六朝時代美術の研究』、美術出版社、一九六九年、図五三
図三　写真

図四、五　陝西歴史博物館提供の写真

図六　山西省考古研究所『平陽金墓甎雕』、山西人民出版社、一九九九年、図二六六

董黯

図一　『中国美術全集』絵画編19石刻線画、上海人民美術出版社、一九八八年、図六

図二　写真

図三、四、五　長廣敏雄『六朝時代美術の研究』、美術出版社、一九六九年、図五六、五五、五四

申生

図一　『石索』三

図二　山東石刻芸術博物館『山東石刻芸術選粋』漢画像石故事巻、浙江文芸出版社、一九九六年

図三　拓本

図四　『文物』92－12、76頁図三

図五　『文物参考資料』58－4、36頁図二

李善

図一　『石索』三

図二　朝鮮古跡研究会『楽浪彩篋冢』、便利堂、一九三四年、図四八

図三　『中国美術全集』絵画編1原始社会至南北朝絵画、人民美術出版社、一九八六年、図一〇〇之二

羊公

図一　容庚『漢武梁祠画像録』、考古学専集13、北平燕京大学考古学社、一九三六年

東帰節女

図一　容庚『漢武梁祠画像録』、考古学専集13、北平燕京大学考古学社、一九三六年

眉間尺

図一　――写真

慈烏

図一　――容庚『漢武梁祠画像録』、考古学専集13、北平燕京大学考古学社、一九三六年

解題

孝子伝図と孝子伝

――羊公贅語――

黒田　彰

一

十一世紀頃成立の仲文章に先立つ幼学書、童子教第一二二句以下に、①「此等人者皆、父母致㆓孝養㆒、仏神垂㆓憐愍㆒、所望悉成就」（一三一、二句）の例として、次のような一連の句が見える。②

121 郭巨為㆑養㆑母、堀㆑穴得㆓金釜㆒、
122 姜詩去㆑婦自、汲㆑水得㆓庭泉㆒、
123 孟宗哭㆓竹中㆒、深雪中掘㆑笋、
124 王祥歎叩㆑氷、堅凍上踊㆑魚、
125 舜子養㆓盲父㆒、涕泣開㆓両眼㆒、
126 刑渠養㆓老母㆒、嚙食成㆓齢若㆒、
127 董永売㆓一身㆒、備㆓孝養御器㆒、
128 楊威念㆓独母㆒、虎前啼免㆑害、
129 顔烏墓負㆑土、烏鳥来運埋、
130 許牧自作㆑墓、松栢生作㆑墓、
131 此等人者皆、父母致㆓孝養㆒、
132 仏神垂㆓憐愍㆒、所望悉成就

右が、我が国にのみ伝存する完本の古孝子伝二種、即ち、陽明本（伝来は、天平五〈七三三〉年以前③）、船橋本（伝

来は、七〇〇年以前であろう④）両孝子伝の5郭巨条以下に拠ったものであることは⑤、次の対応などから直ちに明らかと言えよう（上段は童子教の句数、下段は両孝子伝の条数と孝子名）。

121——両孝子伝5郭巨
122——同28姜詩
123——26孟仁
124——27王祥
125——1舜
126——3刑渠
127——2董永
128——16陽威
129——30顔烏
130——31許孜（牧）

右の十条を含め、「童子教に引く中国故事全二十六条（勧学十四条、孝養十二条）中、十八条までが注好選集に収載されている」ことに注目した今野達氏が、

童蒙は童子教によって故事を学ぶが、必ずしも典拠の本文に接するわけではない。注好選集の編者は多分そうした実情を踏まえて、その欠を補うべく、童子教から要項を選び出してその典拠を注記したのであろう

と指摘されていることを踏まえるならば⑥、両孝子伝が注好選上巻「舜父盲明」第四十六以下、今昔物語集巻九震旦付孝養「郭巨孝二老母一得二黄金釜一語」第一以下に収載され⑦（共に船橋本系）、また、日本霊異記⑧、東大寺諷誦文稿（85

行以下）、安居院流表白⑨、及び、言泉集亡父帖「董永売身」以下、普通唱導集下末孝父篇「重花稟位」以下（概ね陽明本系）、内外因縁集「高柴泣血事」以下、私聚百因縁集巻六・七「董永事ノ父孝也」以下、さらに宇津保物語俊蔭巻⑩、宝物集巻一、沙石集巻三・6などに収録されるに至る⑪、幼学（注釈）、唱導、説話集を繋ぐ機制というものが見えてこよう。

童子教と共に、㈠故事・成語等を学び覚えるもので、㈡詩形態——毎句定字数、有韻——であって、暗誦に適し、㈢その本文を引っかかりとして、詳細は注として説明されているのに就いて知ることを得ることを特徴、性質とする古代幼学書として、四部の書、三注と称されるものがある⑫。四部の書とは、千字文（または、新楽府）、百詠、蒙求、和漢朗詠を指し、三注は千字文、蒙求、胡曾詩の注を言うが、その四部の書の一、和漢朗詠集雑、懐旧に、

王子晋之昇レ仙、後人立二祠於緱嶺之月一
羊太傅之早レ世、行客墜二涙於峴山之雲一

という句が収められている（安楽寺序、源相規）。当句について、和漢朗詠集古注釈を代表するものの一で、鎌倉初期成立と見られる永済注は、次のように言う⑬。

此序ハ、筑紫ノ安楽寺、菅丞相ノ御廟ニテ、作文ハヘリケルニ、肥後ノ守源相規カ、ケル序也。文粋第十一ニアリ。上句、王子晋カ事、上ニアリ。コノ人、仙ヲエテ、サリテノチ、候氏山ニカヘリキタリテ、笙ヲフキタリシトコロニ、ノチノ人、カレカタメニ、祠《ヤシロ》ヲタテタリシ也。祠トイハ、廟堂ナリ。下句、羊太傅トイハ、羊祜《コ》、字、雍伯《キヨウハク》、洛陽安里ノ人也。此人、孝養ノコ、ロフカクシテ、又、ミノオモアリケリ。其名アラハレテ、ツヒニ

太傅ニイタリニケリ。父母ウセニケレハ、无終山ト云山ニ葬シテ、チ、ハ、ノタメニコソ、イノチハオシカリツレ、イマハイキテナニ、カハセムトテ、身ヲナケテウセニケリ。其徳ヲ碑文ニツクリテ、峴山ト云山ノフモトニタテタリシカハ、ユキカフ人、ミナ碑ヲミテ、ナミタヲナカシケリ。仍《ヨテ》、堕《タ》涙ノ碑トソナツケタリケル。ナミタヲ、トス碑《ソトハ》トイフナリ。其心ヲツクレル也。スヘテ言ハ、今、菅丞相ノ廟モ、彼子晋、羊祜カアトノヤウニナムアルト云ナリ。世ハコトナレト、ヲモムキハ、カハラスト云也。或云、アル人、安楽寺ニテ、月ノアカキヨ、ナヲシキタル人ノ、此ノ句ヲ詠シテ、タチタリケル、タレナラムトミケレハ、カキケツヤウニウセニケリ。天神ノ、此句ヲ感シテ、形ヲアラハシテ、詠セサセタマヒケルトソ、時ノ人申シケル　（永青文庫本）

ところが、上句はとにかく、下句傍線部に関しては今日、永済注の言うようには解されていない。例えば大曾根章介氏は、当句を、

菅公が太宰府の廟に祀られ徳を慕われることに比す

ものとし、

昔、王子晋は、仙人となって昇天したが後に一度緱氏山《こうしざん》に来て留まったので、後《のち》の人達はここに祠《ほこら》を立ててその霊を祀《まつ》り、晋の太傅羊祜《ようこ》は、生前峴山《けんざん》の風景を愛したので彼が早死した後、土地の人々は碑を立て、旅人もそれを見て涙をおとした

と解釈されている（新潮日本古典集成『和漢朗詠集』）。そして、問題の下句「羊太傅」については、

晋の羊祜。死後侍中太傅を追贈されたが、生前峴山の風光を愛し終日置酒言詠した。死後、襄陽の百姓は彼が平生遊憩した所に碑を立てて祀り、碑を望む者は涙を流したので堕涙碑《だるいひ》と名づけられた（『晋書』羊祜伝）

と注されているのである。つまり永済注は、下句の羊太傅を、羊雍伯のことと誤解してしまっている（羊太傅即ち、

羊祜の字は叔子〈晋書〉）。ともあれ、当句に関するこの誤解は影響が大きく、例えば書陵部本系の東洋文庫本朗詠注、また、日詮抄や京大菊亭本『郢曲』同注に踏襲される他、[14]何より永済注が寛文十一（一六七一）年北村季吟刊、和漢朗詠集註に用いられたことから、羊祜を羊雍伯とする説は近世を通じ、広く流布し続けることになった。そして、当説を受け継いだ享和三（一八〇三）年刊、高井蘭山の『和漢朗詠国字抄』、天保十四（一八四三）年刊、山崎美成の『頭書講釈和漢朗詠集』などが、さらにその誤解を増幅する。永済注――部が、両孝子伝42の羊公を羊祜のことと勘違いしたらしいことは、例えば陽明本の、

羊公者、洛陽安里人也……公少好レ学、修二於善行一、孝義聞二於遠近一。父母終没、葬送礼畢、哀慕无レ及……人多諫レ公曰、公年既衰老、家業粗足、何故自苦。一旦損レ命、誰為慰レ情。公曰、欲二善行一損、豈惜二余年一

を見れば明らかであろう。朗詠注が孝子伝を参看したことは、例えば書陵部本系の書陵部本朗詠注雑、将軍「雄剣在腰」注末に、

孝子伝ニ見タリ

等とあることからも知られるが、[15]永済注――部は、陽明本系孝子伝に拠るものらしい。しかし乍ら、羊祜を羊雍伯とする永済注の勘違いは、まず雍伯の分かりにくさに加え、羊祜が羊公と称されること等もあって、強ちに責められるものでもない。例えば抱朴子内篇微旨に、

羊公積レ徳布施、詣二乎皓首一、乃受二天墜之金一

とされる羊公は、逆に雍伯のことに他ならないが、現代の王明氏による『抱朴子内篇校釈』のその注〔三四〕も、

羊公、晋羊祜

と、[16]永済注同様の勘違いをしていることは、羊公についての誤解の深刻さを物語るものであろう。羊公（雍伯）とは、

一体どのような人物なのだろうか。小論においては、その羊公を中心に、孝子伝図と孝子伝をめぐる問題の一、二を取り上げてみたい。

二

後漢武氏祠画象石二石3層に、

　義漿羊公

　乞漿者

と榜題された図がある。

右の人は上に「義漿羊公」と銘記があるから、いうまでもなく主題の羊公、左の人は「乞漿者」とあって、漿を求める者である。二人の間に壺がある。漿の容器である。その上には大型の杓子がある。漿を汲むものであると内容の説明される図である[17]（図版参照）。当図は夙に西野貞治氏の指摘された如く[18]、両孝子伝42羊公と深く関わる。両孝子伝42羊公は、次のように言う（返り点、句読点を施す。船橋本の返り点は改め、送り仮名等を暫く省く）。

陽明本

羊公者、洛陽安里人也。兄弟六人、家以レ屠レ完為レ業。公少好レ学、修二於善行一、孝義聞二於遠近一。父母終没、葬送礼畢、哀慕无レ及。北方大道、路絶二水漿一、人往来恒苦二渇之一。公乃於二道中一造レ舎、提レ水設レ漿、布二施行士一。如レ此積有二年載一。人多諫レ公曰、公年既衰老、家業粗足、何故自苦。一旦損レ命、誰為慰レ情。公曰、欲二善行一損、豈惜二余年一。如レ此累レ載。遂感二天神一化作二一書生一。謂レ公曰、何不レ種レ菜。荅曰、无二菜種一。書生即以二菜種一与レ之。

武氏祠画象石　羊公図

公掘レ地、便得二白璧一双金銭一万一。書生後又見レ公曰、何不レ求レ妻。公遂二其言一、乃訪二覓妻名家子女一。即欲二求問一、皆咲(嘆)レ之曰、汝能得二白璧一双金銭一万一者、与レ公為レ妻。公果有レ之、遂成二夫婦一、生二男女一育。皆有二令徳一、悉為二卿相一。故書曰、積善余慶、此之謂也。今北(比)平諸羊姓、並承(羊歟)二公後一也

船橋本

羊公者、洛陽安里人也。兄弟六人、(屠害為業第六人屠完為業)屠レ完為レ業。六少郎、名羊公。殊有二道心一、不レ似二諸兄一。爰以二北大路絶(施誠)水之処一、往還之徒、苦渇殊難。羊公見レ之、於二其中路一、建二布施舎一。汲レ水設レ漿、施二於諸人一。夏冬不レ緩、自荷忍苦。有人謀曰、一生不レ幾、何弊二身命一。公曰、我老年無レ親、為レ誰愛レ力。累レ歳弥懃。夜有二人声一曰、何不レ種レ菜。公曰、無二種子一。即与二種子一。公得レ種耕レ地、在二地中白璧二枚金銭一万一。又曰、何不レ求レ妻。公求要(来)之間、県家女子送レ書。其書云、妾為二公婦一。公許二諾之一。女即来レ之、為二夫婦一。羊公有レ信、不レ惜(借)二身力一。忽蒙二天感一、自然富貴。

積善余慶、豈不レ謂レ之哉

この話は、孝子伝における孝と天との関係、取り分け親の無き佼、孝を全うした孝子に現われる天感をテーマとする、古い物語であろうと思われる。そして、特に羊公が一旦本貫の地を捨てて流離し、その天感によって別の土地で新たな宗族の始祖となることが記される点、8三州義士と共通することが、非常に興味深い。ところで、後漢武氏祠画象石の羊公図と両孝子伝42羊公との関わりは、果してどうなっているのであろうか。両者の具体的な関係を明らかにすべく以下、両孝子伝羊公譚の源流を聊か溯ってみたい。

管見に入った羊公譚を記す文献としては、左の如きものがある。書名を列記すれば、次の通りである。

・史記貨殖伝
・漢書貨殖伝（文選西京賦及び、注、白氏六帖七・9、二十四・2等にも）
・二十巻本捜神記十一・285
・抱朴子内篇微旨、外篇広譬
・范通燕書（元和姓纂五所引）
・陽氏譜叙（水経注十四所引）
・水経注十四鮑丘水注（太平御覧四十五所引は異文）
・漢無終山陽雍伯天祚玉田之碑（東漢文紀三十二所引）
・庾信集二「道士歩虚詞」十首の七

・神異記（敦煌本不知名類書甲所引）
・梁元帝孝徳伝（太平広記二九二所引）
・梁元帝全徳志序（芸文類聚二十一、金楼子五等所引）
・陽瑾墓誌（仁寿元〈六〇一〉年十一月二十九日。『漢魏南北朝墓誌集釈』八隋、図版四〇七所収）
・釈彦琮「通極論」（広弘明集四所引）
・晋書孝友伝序
・白氏六帖二・57、五・5
・玄怪記（宛委山堂本説郛一一七所引）
・祥異記（宛委山堂本説郛一一八所引）
・仙伝拾遺（太平広記四所引）
・続仙伝（玉芝堂談薈十七所引）
・古今合璧事類備要続集五十六
・氏族大全二、八
・韻府群玉一、二、六、十九
・両孝子伝42
・逸名孝子伝（北堂書鈔一四四、芸文類聚八十二、敦煌本新集文詞九経鈔、太平御覧八六一、九七六、広博物志三十七、編珠四、淵鑑類函三九八等所引）

・徐広孝子伝10

羊公について最も早く言及するのは、史記及び、漢書であろうか。即ち、史記貨殖列伝に、

販ㇾ脂、辱処也、而雍伯千金。売ㇾ漿、小業也、而張氏千万（脂売《あぶらう》りは恥ずべき商売であるが、雍伯はそれによって千金を得た。飲み物売りは小さな商売であるが、張氏はそれによって千万長者になった）[19]

と言い、漢書貨殖伝に、

翁伯以㆓販脂㆒而傾㆓県邑㆒、張氏以㆓売醬㆒而隃ㇾ侈（翁伯は脂を売って県邑の人々をしのぎ、張氏は醬を売って分に過ぎた贅沢をし〔た〕[20]）

と言う雍伯（史記）、翁伯（漢書）は、羊公のことであろうとされている（瞿中溶『漢武梁祠堂石刻画像攷』四）。しかし、両書共、それを決して羊公（武氏祠画象石、両孝子伝）とは言わないことに、注意すべきである。

両孝子伝羊公譚の記述と深い関わりをもつと見られるのは、晋、干宝撰の捜神記であろう。今、二十巻本捜神記十一285の本文を示せば、次の通りである。

楊公伯雍、雒陽県人也。本以㆓儈売㆒為ㇾ業。性篤孝。父母亡、葬㆓無終山㆒、遂家焉。山高八十里、上無ㇾ水、公汲ㇾ水、作㆓義漿於坂頭㆒、行者皆飲ㇾ之。三年、有㆓一人就ㇾ飲、以㆓一斗石子㆒与ㇾ之、使㆘至㆓高平好地有ㇾ石処㆒種㆖ㇾ之、云、玉当ㇾ生㆓其中㆒。楊公未ㇾ娶、又語云、汝後当ㇾ得㆓好婦㆒。語畢不ㇾ見。乃種㆓其石㆒。数歳、時時往視、見㆔玉子生㆓石上㆒、人莫ㇾ知也。有㆓徐氏者㆒、右北平著姓、女甚有ㇾ行、時人求、多不ㇾ許。公乃試求㆓徐氏㆒。徐氏笑以為ㇾ狂、因戯云、得㆓白璧一双㆒来、当ㇾ聴ㇾ為ㇾ婚。公至㆓所ㇾ種玉田中㆒、得㆓白璧五双㆒、以聘。徐氏大驚、遂以ㇾ女妻ㇾ公。天子聞而異ㇾ之、拝為㆓大夫㆒。乃於㆓種ㇾ玉処㆒、四角作㆓大石柱㆒、各一丈、中央一頃地、名曰㆓玉田㆒（楊伯雍公は洛陽県

〈河南省〉の人である。もとは仲買人をしていた。生まれつき孝心が篤く、父母が亡くなって無終山〈河北省薊《けい》県の北にある山〉に葬ってからは、そこに居を構えた。そこは十五里ものぼった山の上のこととて、水がない。公は水を汲んで来て坂道の途中に置き、ふるまい水としたので、通りかかる人はみな喉をうるおした。こうして三年たったある日、一人の男が立ち寄って水を飲むと、石ころを一斗くれて、これを高くて平らなよい土地で、石のあるところまで持って行き、そこへ播くようにと命じ、「そうすれば玉が生えて来るはずだ」と言う。当時楊公はまだ結婚していなかったが、その男はさらに、「お前さんはやがていい奥さんをもらうだろうよ」と言い終ると、見えなくなってしまった。そこでもらった石を播き、数年のあいだいつも見まわりに行っていた。すると玉の芽が石の上に生えて来たが、このことを知っているものはなかった。当時、徐氏という家があった。もとは右北平〈河北省〉の名家で、そこの娘はしごく行儀正しかったが、いろいろと縁談を持ちこむ人があるのに、なかなか承知しなかった。楊公はそこで、ものは試しと徐氏に申し込んでみたところ、徐氏はあざ笑ってきちがいあつかいにし、からかい半分に言った。「白璧一対を都合して来たら、娘との結婚を許してやろう」。すると公は玉のたねを播いた畑に行って五対の白璧を取り、それを結納品として贈ったので、徐氏はたいそう驚き、娘を公の嫁にした。天子はこの噂を聞いて、世にも珍しいことだと思い、公を大夫に任命した。そして玉が芽生えた土地の四隅に高さ一丈もある石柱を立て、その中央の一頃〈頃は面積の単位。一頃は一〇〇畝。一畝は二四〇歩。一歩は二五平方尺〉の地所を玉田と名づけたのであった[21]

右記捜神記が両孝子伝と深く関わっていることは間違いない。しかし乍ら、武氏祠画象石、両孝子伝の羊公を、楊公伯雍とすることを始め、両孝子伝と二十巻本捜神記との微妙な食い違いも少なくない。例えば陽明本における、公が「安里」の生まれであることや、公に「兄弟六人」のいたこと、公の前に「天神」が「一書生」と化して現われたこと、また、公が璧のみならず「金銭一万」を得たことや、公の子孫の出世したこと等は、捜神記に見えない。逆に、捜神記における、公が父母を「無終山」に葬り住んだことや、公の求めた女子が「徐氏」の娘であったこと、また、公が「天子」に召されて「大夫」となったことや、「玉田」の謂れのこと等は、陽明本（船橋本）に見当たらない。また、公の業の「屠完」（両孝子伝）を「儈売」（捜神記。儈《かい》は仲買い）とし、公の与えられた「菜種」（陽明本）を「一斗石子」（捜神記）とする等の異同も目立つ。中で、両孝子伝不見の「義漿」の語（義漿《ぎしよう》は、人に施す飲物）の捜神記に備わることは、武氏祠画象石榜題との関わりを示すものとして、注目すべきであろう。さて、二十巻本捜神記は、例えば西野氏が、「現存二十巻本は諸書所引の残文を綴合せ他説を加へたものであらうと思ふ。が捜神記が全然佚亡してゐたのではなくて一部は残存してゐたものとではなからうか。そしてその残存した篇に、類書其他より捜神記の文と思はれるものを引抜いて綴合せその不足を補ふ為に他書の説話をも竄入し、晋書の本伝と符合せしめる為に二十巻に編輯したものであり、巻次は概ね太平広記の目に倣つてゐる様である……編輯の時期は明かではないが南宋以後で……二十巻本は以上の如き編輯経過を経てゐるが、その骨子をなす説話は……唐宋の類書よりの録出であれば、唐代の捜神記通行本の面影は二十巻本によつて充分に伺ひ得るものである」とされているように、[22]右記本文を、直ちに晋の干宝のものと見ることは出来ないであろう。そのことは、例えば二十巻本捜神記が、羊公（両孝子伝）を楊公伯雍に作ることについて、後述の如く諸書に引かれる捜神記に異同の甚だしいことからも（その内には、両孝子伝同様、羊公に作るものがある〈太平御覧八〇五所引等〉）、窺い知られるのである。諸書に引用された捜神記は、枚挙に遑がないが、その主なものを以下、一覧として掲げておく。

・水経注十四鮑丘水注

・芸文類聚八十三
・敦煌本類林DX.6116
・初学記八
・蒙求503古注（蒙求和歌五）、準古注、新注
・敦煌本語対二十・8
・太平御覧四十五、四七九、五一九、八〇五、八二八
・太平寰宇記七十
・事類賦九
・類説七
・紺珠集七
・錦繡万花谷前集十八
・古今事文類聚続集二十六
・古今合璧事類備要前集六十一
・古今合璧事類備要外集六十二
・海録砕事十五
・書言故事一
・施註蘇詩二十一（徐鉉捜神記）
・山谷内集詩注一

・山谷外集詩注一
・韻府群玉十九
・唐音四
・山堂肆考十六
・編珠三
・淵鑑類函二四六、三一一、三三五、三六三
・幼学指南鈔二十三

捜神記と同じく晋、葛洪撰抱朴子にも二箇所、羊公に関する記載がある。その内篇微旨に、

羊公積レ徳布施、詣二乎皓首一、乃受二天墜之金一

外篇広譬に、

羊公積レ行、黄髪不レ倦、而乃墜金雨(爾)集

と記されるものである（皓首、黄髪は、共に老いる意）。共に主人公を羊公に作り、羊公が老年まで善行を積み続けたことや、天が璧でなく「金」を授けたとすること、また、殊に内篇微旨に、羊公の行いに関し、「布施」の語を用いていることに、注意を払っておきたい。

元和姓纂五に引く范通燕書の記述は、実に興味深い（范通燕書は未詳。范亨燕書か）。その本文を示せば、次の通りである。

周末陽翁伯適二北燕一、遂家二無終一。秦置二右北平一、因為二郡人一。漢有二陽雍一、於二無終山一立二義漿一、有人遺二白石一、令レ

種レ之、生レ玉、因号二玉田陽氏一。見二范通燕書一

右によれば、陽翁伯は周末の人であり、陽雍は漢の人物であって、共に無終山（河北省玉田県）に移り住んではいるが、別人らしい。そして、所謂種玉譚は、漢の陽雍のこととされている。この范通燕書と同様の記述をもつのが、水経注十四鮑丘水注に引かれる陽氏譜叙である（鮑丘水は白河、旧察哈爾《チヤハル》省〈現内蒙古自治区〉赤城県に源を発する）。その本文を示せば、次の通りである。

陽氏譜叙言、翁伯、是周景王之孫、食二采陽樊一。春秋之末、爰二宅無終一。因二陽樊一而易レ氏焉。愛レ人博施、天祚二玉田一。其碑文云、居二于県北六十里翁同之山一、後潞徙二于西山之下一、陽公又遷二居焉一。而受二玉田之賜一、情不レ好レ宝、玉田自去。今猶謂レ之為二玉田陽一

陽氏譜叙によると、翁伯は周景王（治、前五四四－前五二一）の孫で、春秋末（前五世紀末頃）無終山に移住して、陽樊（河北省玉田県）を知行し、因って、氏を陽に改めたと言う。また、その碑文によれば、翁伯（陽翁伯）は翁同山（無終山のこと。太平寰宇記七十に、「無終山、一名翁同山」とある）に住んだが、後に陽公もまた、そこに移り住んだようで、この陽公が范通燕書に言う漢の陽雍のことであろう。故に、水経注に言う、

無終山……山有二陽翁伯玉田一、在三県西北有二陽公壇社一、即陽公之故居也

の、陽翁伯と陽公とは、別人と見られる。[23] 但し、陽氏譜叙においては、范通燕書とは逆に、種玉譚が翁伯に帰属させられている。また、陽公は宝を嫌い、ために玉田は消滅したと言う。なお太平御覧四十五に見える水経注の、

又水経云、翁伯、周末避レ乱、適二無終山一。山前有レ泉、水甚清。夏嘗澡浴、得二玉藻架一双於泉側一

は（今本不見）、范通燕書に酷似するが、一方、その種玉譚は、珍しい異伝となっていて、後述仙伝拾遺に通じる面がある。

降って、庾信集二「道士歩虚詩」十首の七に、

竜山種㆓玉栄㆒

の句がある。庾開府集箋註三等、その注として、捜神記の本話を引くものが多い。

目を南朝へ転じると、神異記（玉孚神異記か）や梁元帝孝徳伝等、両孝子伝、殊に陽明本と関わりの深い資料が存するが、梁元帝孝徳伝等については後程検討することとして、引き続き隋唐期を中心とする羊公譚の流れを、点綴しておこう。広弘明集四に引かれる釈彦琮「通曲論」には、

羊公白玉

の句が見え、同様に晋書孝友伝序には、

陽雍標㆓蒔㆑玉之祉㆒

の句があるが、共に何らかの孝子伝に拠った可能性が高い。また、白氏六帖二・57には、

種〈陽雍伯種㆑石生㆑玉〉

同五・5には、

義漿得玉〈雍伯〉

とも見える。

唐、徐鉉の玄怪記（宛委山堂本説郛一一七所収）に記された羊公譚を示せば、次の通りである。

陽雍伯嘗設㆓義漿㆒、以給㆓行旅㆒。一日有㆓行人㆒、飲訖、懐中出㆓石子一升㆒、与㆑之曰、種㆑此。可㆘生㆓美玉㆒幷得㆗好婦㆖。如㆓其言㆒、種㆑之。有㆓徐氏女㆒、極美。試求㆑之、徐公曰、得㆓白璧一双㆒、即可。乃於㆓所㆑種処㆒、得㆑璧。遂妻㆑之

及び、闕名祥異記（未詳。宛委山堂本説郛一一八所収）にも、次のような羊公譚が載る。

陽雍伯嘗設二義漿一、以給二行旅一。一日有人飲訖、懐中取二石子一升一、与レ之曰、種レ此。可下生二美玉一并得中好婦上

共に捜神記の系統のものと見て良いであろう。

太平広記四に引く仙伝拾遺（前蜀、杜光庭のそれか）の逸文は、同じく捜神記の系統のもの乍ら、神仙色が一段と濃い。その本文を示せば、次の通りである。

陽翁伯者、盧竜人也。事レ親以孝。葬二父母於無終山一。山高八十里、其上無レ水。翁伯廬二於墓側一、昼夜号慟。神明感レ之、出二泉於其墓側一。因引レ水就二官道一、以済二行人一。嘗有二飲レ馬者一、以二白石一升一与レ之。令二翁伯種一レ之、当レ生二美玉一。果生二白璧一、長二尺者数双。一日、忽有二青童乗レ虚而至一。引二翁伯一至二海上仙山一、謁二群仙一。曰、此種レ玉陽翁伯也。一仙人曰、汝以孝二於親一、神真所レ感。昔以二玉種一与レ之、汝果能種レ之。汝当二夫婦倶一レ仙、今此宮即汝他日所レ居也。天帝将レ巡二省於此一、開二礼玉十班一、汝可レ致レ之。言訖、使二仙童与倶還一。翁伯以二礼玉十班一、以授二仙童一。北平徐氏有レ女、翁伯欲二求婚一。徐氏謂二媒者一曰、得二白璧一双一可矣。翁伯以二白璧五双一、遂婿二徐氏一。数年、雲竜下迎、夫婦倶昇天。今謂二其所居一為二玉田坊一。翁伯仙去後、子孫立二大石柱於田中一、以紀二其事一。出二仙伝拾遺一

陽翁伯を盧竜の人とするのが目に付き（盧竜は河北省盧竜県）、種玉譚に太平御覧四十五所引水経注へ通じるもののあることは、前述の如くである（陽翁伯を、楊雍伯に作るものがある〈錦繡万花谷前集十八所引〉。但し、出典は「太平広記」である）。もし陽翁伯が洛陽生まれ（捜神記等）でなく、盧竜生まれであるならば、その陽翁伯は、捜神記の楊公伯雍等とは別人となろう（例えば王世貞の弇州四部稿一六二、宛委余編七などに、「種レ玉得レ妻之陽、前有二洛陽雍伯一、後有二盧竜翁伯一」と言う）。

仙伝拾遺に似るものに、玉芝堂談薈十七所引の続仙伝がある。その本文を示せば、次の通りである。

続仙伝、盧竜陽翁伯引レ水、以済二行人一。有人遺以二白石一升一。種レ之、生二美玉一。後以二白璧五双一、婚二于北平徐氏一。
数年、雲車下迎、夫婦倶昇天

続仙伝は南唐、沈汾撰のものかと思われるが、道蔵所収のそれ（三巻本）や旧小説所収のそれ（一巻本）には見当たらない㉔。

三

両孝子伝、取り分け、陽明本孝子伝羊公譚の成立を考える上で、看過し難い重要な資料の一が、太平広記二九二所引の梁元帝孝徳伝の逸文であろう。ここで、陽明本孝子伝と梁元帝孝徳伝との関係について、少し考えてみたい。まず梁元帝孝徳伝の本文を示せば、次の通りである。

魏陽雍、河南洛陽人。兄弟六人、以二傭売一為レ業。公少修レ孝、敬遶二于遐邇一。父母歿、葬礼畢、長慕追思。不レ勝二心目一、乃売二田宅一。北徙下絶二水漿一処上、大道峻坂下為レ居。晨夜輦レ水、将給二行旅一。兼補二履屩一、不レ受二其直一。如レ是累レ年不レ懈。天神化為二書生一、問曰、何故不レ種レ菜以給一。答曰、無レ種。乃与レ之数升。公大喜、種レ之。其本化為二白璧一、余為レ銭。書生復曰、何不レ求レ婦。答曰、年老、無二肯者一。書生曰、求二名家女一、必得レ之。有二徐氏一、右北平著姓。女有二名行一、多求不レ許。乃試求レ之。徐氏笑レ之、以為二狂僻一。然聞二其好善一、戯答レ媒曰、得二白璧一双銭百万一者、与婚。公即具送。徐氏大愕、遂以妻レ之。生二十男一、皆令徳俊異、位至二卿相一。今右北平諸陽、其後也。

出二孝徳伝一

梁元帝にはもう一つ、全徳志序（芸文類聚二十一、金楼子五等所引）において、本話に言及する箇所があるので、併せてそれを紹介しておく。梁元帝全徳志序の本文を示せば、次の通りである。

陽雍双璧、理帰二玄感一(元)

ところで、陽明本孝子伝と梁元帝孝徳伝との関係については、西野貞治氏に論があり、西野氏は、次のように述べられた㉕（私に㈠－㈣を付す）。

㈠そして此の孝子伝と孝徳伝では、兄弟が六人あつたこと、天神が書生に化けたこと、子が悉く卿相となつたこと、今の北平に公の家系が続いているという記述が共通し、而かもその文章の表現までも孝子伝の「公少好学、修於善行、孝義聞於遠近」が孝徳伝では「公修孝、敬達于遐邇」とする如く類似する部分が頻出し、孝子伝が孝徳伝を稍平易に書直したものかと疑われるのである。㈡ところで孝子伝に羊公とあるのが、孝徳伝で陽雍とあるのは如何な訳であろうか。羊字は古くから陽の外楊ともに通用される用例が多いが……この説話の羊公は正しくは陽公と書すべきであることが明らかである。そして北平の陽氏の一族は、累世北朝に仕えた漢族の望門であることは史伝で明らかであるから、南朝の元帝には勿論敵にあたる訳である。従つて、その陽氏の始祖とされる陽公雍伯の公・伯等一応敬称としての意味を持つ辞は省いたと思われ、陽雍とした所以も明らかとなるのである。㈢然しながら孝子伝と孝徳伝とを仔細に検討すると相当に異る部分も見出される。それは孝徳伝では、その家業を営売として捜神記の儈売とするのを略襲つているのに、孝子伝では屠肉を業とすることであり、㈣又孝徳伝では水漿を行人に給するとするのを孝子伝では布施するとすることである。更にこの孝子伝では、人々が羊公に対して布施の無意味なるを諌め羊公と問答する一齣が附加されていることである。布施は言う迄もなく財物を他に施与する意の仏語であるから、この変改された部分が仏教的意義を持つものであることは、容易に理解される……そしてこの孝子伝は六朝末期の北朝成立の孝子伝の形態を承襲していること、この羊公話は北朝名望の始祖伝説として北朝に伝播したこと、福田思想に基く社会事業が北朝の魏に盛に行われたこと……羊公の名が翁伯となるのは北朝に始まること等から、この説話は孝徳伝乃至その基いた伝承を、仏教の福田思想の影響を受け、或は漢書の翁伯のことを導入れて、かく変改したものに断じたい

今、上掲西野氏の陽明本に関する論点を、次の四点に分けて、考えることにしたい。

(一)梁元帝孝徳伝との関連

(二)「羊公」の表記

(三)羊公の家業

(四)「布施」の語について

以下、(一)―(四)の順を追って、検討してゆく。

(一)梁元帝孝徳伝との関連についての、氏の指摘は、非常に重要である。殊に氏が、「此の孝子伝と孝徳伝では、兄弟が六人あったこと」以下の「記述が共通し、而かもその文章までも……類似する部分が頻出」するとされたことは看過し得ず、慎重に考察する必要がある。氏の指摘通り、確かに陽明本と梁元帝孝徳伝との関連は、例えば冒頭の、

・羊公者、洛陽安里人也。兄弟六人、家以㆑屠㆑完為㆑業。公少好㆑学、修㆓於善行㆒、孝義聞㆓於遠近㆒。父母終没、葬送礼畢、哀慕无㆑及　(陽明本)

・魏陽雍、河南洛陽人。兄弟六人、以㆓庸売㆒為㆑業。公少修㆑孝、敬遶㆓于遐邇㆒。父母歿、葬礼畢、長慕追思　(梁元帝孝徳伝)

から、結びの、

・遂成㆓夫婦㆒、生㆓男女㆒育。皆有㆓令徳㆒、悉為㆓卿相㆒……今北(此)平諸羊姓、並承《羊歟》㆓公後㆒也　(陽明本)

・遂以妻レ之。生二十男一。皆令徳俊異、位至二卿相一。今右北平諸陽、其後也（梁元帝孝徳伝）

に至るまで、ほぼ逐語的に両者の対応が認められ、また、両書には、氏御指摘の記述の他、天神の化した書生が二度、公を訪うこと（「書生。謂レ公曰……書生後又見レ公曰」〈陽明本〉、「書生、問曰……書生復曰」〈梁元帝孝徳伝〉）など、両書以外のものには見られないプロットが存し、陽明本孝子伝と梁元帝孝徳伝とが無関係であることは、一寸考え難いのである。且つ、両書の関連は、或いは、直接的なものである可能性が非常に高い。さて、氏は、両書の関連について、「孝子伝が孝徳伝を稍平易に書直したものか」とし、さらに、陽明本の「この説話は孝徳伝乃至その基いた伝承を……かく変改したものに断じたい」とされたが、何より陽明本の「羊公」の名が、梁元帝孝徳伝の「魏陽雍（全徳志序には「陽雍」とある）から出たものとは思われず、また、後述の如く、後漢武氏祠画象石にも見える、陽明本の羊公の方が、むしろ本話の古い形を留めるものと見られること等から、氏の結論とは逆に、梁元帝孝徳伝が陽明本ないし、その源流に取材したものと考えたい。

(二)「羊公」の表記については、まず史記の雍伯、漢書の翁伯とのくい違いに始まって、その表記が実に多様であることを、確認しておく必要がある。その表記の異同のおよその数は、以下の通り二十種近くに及ぶ（（　）内に主な出典を示した）。

・雍伯（史記貨殖伝）
・翁伯（漢書貨殖伝）
・陽公雍伯（捜神記〈太平御覧五一九、書言故事一、唐音四等所引〉）

・楊公雍伯（捜神記〈敦煌本類林DX. 6116、古今合璧事類備要前集六十一、淵鑑類函三一一等所引〉）
・楊公伯雍（二十巻本捜神記十一）
・羊公雍伯（捜神記〈芸文類聚八十三、太平御覧四七九、八〇五等所引〉、古今合璧事類備要続集五十六）
・陽雍伯（漢無終山陽雍伯天祚玉田之碑、捜神記〈太平寰宇記七十、類説七、紺珠集七等所引〉、白氏六帖二等）
・陽翁伯（范通燕書〈元和姓纂五所引〉、水経注十四鮑丘水注、仙伝拾遺〈太平広記四等所引〉等）
・楊雍伯（捜神記〈錦繡万花谷前集十八、淵鑑類函二四六所引〉）
・楊伯雍（捜神記〈初学記八、編珠三、淵鑑類函三三五所引〉）
・羊雍伯（神仙伝〈唐詩鼓吹六所引〉、韻府群玉十九）
・洛陽公（逸名孝子伝〈北堂書鈔一四四、芸文類聚八十二、広博物志三十七等所引〉）
・陽雍（范通燕書〈元和姓纂五所引〉、梁元帝孝徳伝〈太平広記二九二所引〉、梁元帝全徳志序〈芸文類聚二十一等所引〉等）
・楊雍（神異記〈敦煌本不知名類書甲所引〉、逸名孝子伝〈敦煌本新集文詞九経鈔所引〉）
・陽翁（捜神記〈太平御覧四十五所引〉）
・伯雍（捜神記〈初学記八、淵鑑類函三三五所引〉）
・陽公（捜神記〈太平御覧五一九、蒙求503古注、敦煌本語対二十・8《P.2524》等所引〉、陽氏譜叙〈水経注十四鮑丘水注所引〉、逸名孝子伝〈太平御覧八六一等所引〉等）

・楊公（二十巻本捜神記十一、捜神記〈敦煌本類林DX. 6116、敦煌本語対二十・8《S・78》、古今合璧事類備要前集六十一等所引〉、漢書〈類林雑説七等所引〉等）

・羊公（捜神記〈太平御覧八〇五、事類賦九、幼学指南鈔二十三等所引〉、抱朴子内篇微旨、外篇広譬、両孝子伝等）

陽明本の羊公の表記に関し、西野氏は、結論的に「この説話の羊公は正しくは陽公と書すべきであることが明らかである」と言われたが、[26]果してそうなのだろうか。この問題は、単純ではないようである。例えばまず、羊公譚の最古の記述と思しい史記の雍伯、漢書の翁伯と、羊公とが同じ人物を指そうことについては、早くに清、瞿中溶の『漢武梁祠堂石刻画像攷』四が、

今、雍伯之姓、石刻、芸文類聚〔所引捜神記〕皆作レ羊。捜神記作レ楊、而水経注又作レ陽。可レ知三羊楊羊陽三姓実同出二一原一……史記作二雍伯一、漢書作二翁伯一、正与二此楊雍伯一同

と指摘しているが、雍伯（史記）、翁伯（漢書）の姓などに関しては、事実上不明とすべきものであろう（雍、翁の姓もある〈元和姓纂一等〉）。羊公の姓が陽（楊）となるのは、六朝以降と見られるが、その最も早い部類に属する、二十巻本捜神記の本文そのものが、疑わしいものであることは、前述の如くである。従って、「楊公伯雍」（二十巻本捜神記）の表記も、捜神記本来のそれとは言い切れず、現に諸書に引かれた捜神記の内には、「羊公雍伯」（芸文類聚八十三等所引）、「羊公」（太平御覧八〇五等所引）などと表記する、異文が存しているのである。六朝期になって史記、漢書の雍伯、翁伯を陽氏に結び付ける所説が現われ、陽翁伯と陽雍（陽公）を別人としたり（范通燕書、陽氏譜叙、水経注）、種玉譚をその陽翁伯や（陽氏譜叙、水経注）、或いは、陽雍に配したり（范通燕書）、また、種玉譚の異伝が生じて（太平御覧四十五所引水経注）、それが後の仙伝拾遺に繋がることなどは、先に見た通りである。そし

て、六朝以前に溯る、陽氏と本話を結び付ける文献というものは、管見に入らない。ところが、羊公の表記は、捜神記と同時代の晋、葛洪の抱朴子内篇、外篇に見え、さらに後漢武氏祠画象石に見える所から、古く漢代に溯るものであることが確かである。従って、氏の、「この説話の羊公は正しくは陽公と書すべきである」とは言えず、むしろ羊公の表記の方こそ原形を留めるものと思われるのである（「羊氏家伝」というものも古くあったらしいが〈姓解一所引〉、惜しむらくは伝わらない）。なお氏が、「そして北平の陽氏の一族は、累世北朝に仕えた漢族の望門であることは史伝で明らかであるから、南朝の元帝には勿論敵にあたる訳である。従つて、その陽氏の始祖とされる陽公雍伯の公・伯等一応敬称としての意味を持つ辞は省いたと思われ、陽雍とした所以も明らかとなるのである」と述べられた、梁元帝孝徳伝「魏陽雍」表記の原拠については（全徳志序に「陽雍」とあるので、梁元帝が本話を陽雍のものと認識していたことは間違いない。梁元帝は、陽雍を三国時代魏の人物と捉えたか）、陽明本の羊公、或いは、後述逸名孝子伝の「洛（北平）陽公」（芸文類聚八十二所引（一は太平御覧九七六）、「洛陽陽公」（太平御覧八四一所引）などを、氏の言われる如く改めたものと見ておきたい。

「孝子伝と孝徳伝とを仔細に検討」された西野氏が、両書に「見出される」「相当に異る部分」として上げられたのが、㈢羊公の家業、及び、㈣「布施」の語についての問題である。ここでは、氏が、「孝徳伝では、その家業を営売として捜神記の儈売とするのを略襲つているのに、孝子伝でけ屠肉を業とする」と言われた、㈢羊公の家業の問題を考えておきたい。羊公の家業に諸種の記載があることに関し、氏はまた、羊公についての論の結び近くで、陽明本が孝徳伝の「営売の代りに屠殺業を持ち来ら」したものとし、それを「この孝子伝」に「加えられた」「改編」と見て、次のように指摘されている。

類林雑説（報恩篇第四二）には漢書と称する俗書に見える羊公の説話を掲げているが、それにはこの孝子伝の屠肉とするのと異つて売鱠としている。これは捜神記（御覧四七九）には儈売とあるその儈が鱠と同音であることから誤つて用いられたかとも思うが鱠は膾の通用字（干録字書）で、細切肉であるから、売鱠は屠肉と隔る事遠からぬ職業であつて、この孝子伝の記述への転移も考え得る。屠肉への転移については、尚一層近い経路として史記貨殖列伝の「販脂辱処也、而雍伯千金、売漿小業也、而張氏千万」とあり、漢書はそれを「翁伯以販脂而傾県邑、張氏以売醤而隃侈」とすることが注意される。即ち史記漢書の記述とこの羊公説話の共通点は、雍伯が翁伯へと変化し、また史記漢書は別人張氏のこととするが、漿のことに触れることである。瞿仲溶も此の事に着眼して史記漢書に見える所は羊公のことであつて、その相異は伝説の同じからぬことによるものとしている（瞿中溶前掲書巻四）。これは推論に止るが説話の発達を考える上で甚だ示唆に富むものである

陽明本を孝徳伝の改編と見ることはさておき、羊公の家業に関する氏の右の指摘は、概ね従うべきものと思われるが、今改めて羊公の家業を一覧として示せば、次の如くになるであろう。

(イ)販脂（油売り。史記、漢書）
(ロ)儈売（仲買い。捜神記）
(ハ)傭売（身売り。梁元帝孝徳伝）
(ニ)屠肉《（完）》（屠殺業。両孝子伝）
(ホ)売鱠（なます売り。類林雑説所引「漢書」）

羊公の家業のことは、略して記さない文献も多い。

まず(ホ)に関し、少し説明しておく必要がある。唐、于立政撰類林（散逸）を再編したと見られる金、王朋寿の類林雑説七報恩篇四十二に、「出二漢書一」と言う、右のような羊公譚が見える。[27]その本文を示せば、次の通りである（嘉

業堂叢書本に拠り、陸氏十万巻楼本影金写本を参照した)。

楊公〈字雍伯、洛陽人。少時売レ鱠為レ業。父母亡、葬二於〔無〕終山一。山高八十里、伯於二坂頭一、致二義漿一。経(終)二三年一、忽有人就レ伯飲。飲訖、出二懐中石子一、与レ之。謂レ伯曰、種二此石一、当レ得レ玉。君必富、又得二好婦一。語訖而去。伯如二其言一、経二二年一。伯往二所レ種地一、看三地中有二玉子生一。(玖)北平徐氏有二好女一、未レ嫁。伯試求レ之。徐氏笑曰、但得二玉一双一、与レ子為レ婚。伯於レ是於二田中一、得二美玉一双一、与二徐氏一。徐氏大驚、遂以レ女妻レ之。出二漢書一〉

右の末尾注記に見える「漢書」について、氏は、「漢書と称する俗書」とされたが、㉘その「漢書」は、どうやら捜神記を指すものらしい。敦煌本類林DX. 6116には、右の「漢書」に酷似する記述が、「出二捜神記一」として見える。敦煌本類林の本文を示せば、次の通りである。

楊公、字雍伯、洛陽人。父母終、葬二於無終山一。高□(八)十里、公於二阪頭一置二義漿一、以給二行人一。経二三年一、有二一人一就レ公飲。々訖、出(出出)二懐中石子一升一、与レ之。謂レ公曰、種二此石一、当レ生レ玉。又富貴、幷得二好婦一。語訖即去。公種レ之一年、往看二地有レ玉状一。北平徐公大富。有レ女未レ嫁。陽公故往求レ之。徐氏笑曰、卿得二璧玉一□(双)一、可二与為一レ婚。陽公於レ是至レ田、取得二白璧一双一、以遺レ之。徐公大驚、遂以レ女妻二陽公一。北平陽、即其□□(後也)。□(後)漢人。出二捜神記一

類林雑説の楊公条は、敦煌本類林の如きものを出所としようと思われ、従って、その「漢書」はやはり、捜神記の一伝を言うものと見て良いであろう。すると、捜神記には、㈺儈売（二十巻本等）の他、㈭売鱠とするものもあったことになる（但し、敦煌本類林には不見。また、西夏本類林七報恩篇三十五「楊公」（「此事漢書中説」）には、「売二魚鱠一」とする。㉙敦煌本語対二十・8の乙巻S. 78所引捜神記は、「鱠売」に作る）。

両孝子伝における羊公の家業、㈡屠肉は、氏の指摘の如く、おそらく捜神記の一伝を承けたと見られる、類林雑説

の㈭売鱠に近い（鱠《なます》は、膾で、細切れの生肉のこと。共に肉屋の意。但し、西夏本類林「売二魚鱠一」なら、魚屋）。そして、それらはまた、当然史記、漢書の㈠販脂（油売り）に通じるであろう（脂は、獣の油）。それに対し、梁元帝孝徳伝の㈧傭売（傭売は、売庸で、身を売って働くことであろう。また、傭売は、儈売の誤写とも見得る）、捜神記の㈠儈売（仲買い。敦煌本語対 S. 78「繪売」は、その訛伝か）は、やや遠い。中で、氏が、羊公の論の結びにおいて、「羊公の名が翁伯となるのは北朝に始まること」を踏まえ（前掲、陽氏譜叙等参照）、陽明本が「漢書の翁伯のことを導入れて」、傭売（梁元帝孝徳伝）を屠肉へと「変改した」とされることは、氏による陽明本が「六朝末期の北朝成立の孝子伝の形態を承襲している」という、重大な問題提起とも関わること乍ら、陽明本が南朝に行われていた可能性も視野に入れ（梁元帝孝徳伝等）、認めることは出来ない。さて、羊公の家業に関しては、漢代以降、六朝にかけて、

販脂――屠肉――売鱠（売魚鱠）

という一流を形成しつつ、なお儈売、傭売等、多様な諸説を生じたものであろう。

四

陽明本孝子伝と梁元帝孝徳伝との「相当に異る部分」の第二として、西野氏は、陽明本に見える、㈣「布施」の語についての問題を取り上げ、「又孝徳伝では水漿を行人に給するとするのを孝子伝では布施するとする……布施は言う迄もなく財物を他に施与する意の仏語であるから、この変改された部分が仏教的意義を持つものであることは、容易に理解される」と言われる。加えて、仏教史上における福田の意義を始めて闡明した、常盤大定氏による不朽の論

攷「仏教の福田思想」を援用しつつ㉚、氏は続けて、次のように述べられた。

そして羊公の慈善の行を布施と見る時に、屠肉業をかかげた謂も亦明かとなる。六朝末仏教の興隆に伴い、南朝北朝共に戒律が厳密を極め、殺生を事とする屠殺・狩猟等の業が罪悪視されたことは、広弘明集慈済篇に見られる、沈約の究竟慈悲論、同類の与何胤論止殺書、梁武帝の断殺絶宗廟犠牲詔、断酒肉文、顔之推の誡殺家訓等の諸篇によつて察せられる。そしてかかる時期に営売の代りに屠殺業を持ち来らす事は、仮令屠肉の如き罪業の深い仕事に従事しても、一旦発心して布施の善行を積めば、やがてその施物が福田となつて無上の福を得ることを説くもののようである。福田とは、之を供養する事によつて我が将来の福を生ずること、猶田地の収穫あるが如きに喩えた語である。仏教に於て福田と言われるのは本来は出世間道にある、施さるべき聖賢に対して起つたものであるが、次第にその範囲を広め、施物を直接福田と呼ぶようになつた（常盤大定博士、続支那仏教研究所収、仏教の福田思想）。その福田と見られるものについて東晋仏陀跋陀羅訳、摩訶僧祇律四には、功徳日夜に増し、常に天人中に生れしめる人法四条を挙げるが、第一条の曠路に好井を作ること、第二条の園果を種植することは羊公の義漿の行がその第一条に、また種菜のことが第二条に当るが如くであり、玉田の賜を得て好婦を娶るを得たことを以て、天人中に生れる福徳の平俗な解釈をなしたものと思う……そして屠殺業者の如く、仏教の教からは悪者と見られる職業に従つた人物が贖罪の為に布施を行つた例は、屠殺しようとした猪が命乞をし、その声に隣人等は兄弟の争かと来て見れば猪であつたという奇蹟から、発心して宅舎をすてて寺として合家入道した劉胡兄弟の話（洛陽伽藍記巻二）がある。そしてその布施の為に大福を得た例は、若い時狩猟好きであつたが、一旦仮死して地獄の苦報を見てから発心し、出家して福業に勤めた結果、皇帝建立の三層塔下から阿育王の塔を発見したという慧達の話（高僧伝巻十三）等が見られる。かかる例から見て羊公の説話もこのような時代には容易に

この孝子伝の如き改編が加えられたかと思考する
そして、氏は、陽明本に見える布施の語を、「仏教の福田思想の影響を受け」たことによる、梁元帝孝徳伝からの「変改」と結論付けられたのである。最後に、氏のこの布施をめぐる御論を検討しておく。まず氏の説は、陽明本の、

北方大道、路絶二水漿一、人往来恒苦二渇之一。公乃於二道中一造レ舎、提レ水設レ漿、布二施行士一。如レ此積有二年載一

と、梁元帝孝徳伝の、

不レ勝二心目一、乃売二田宅一。北徙下絶二水漿一処上、大道峻坂下為レ居。晨夜輦レ水、将給二行旅一。兼補二履屩一、不レ受二其直一。如レ是累レ年不レ懈

とを比較して、陽明本が、梁元帝孝徳伝の「将給二行旅一」を、「布二施行士一」と改変したとされるものである。梁元帝孝徳伝にある、羊公が田地や家宅を売り払ったことや（陽明本は後に、「家業粗足」と言っている。羊公が財産家であったことを推測させる、興味深い部分である）、履屩《りきやく》（わらぐつ）を無料で修理したこと（太平御覧九七六等所引逸名孝子伝に、「補二履屩一、不レ取二其直一」、太平御覧五一九所引捜神記に、「常為レ人補レ履、終不レ取レ価」と見える）が、陽明本に見えないなど、小異はあるが、両書は概ね同じことを記したものと言って良いであろう。さて、陽明本は、態々仏教語である「布施」を用いて、梁元帝孝徳伝の「将給二行旅一」を言い換えたのであろうか。そうとは考え難い明徴がある。それが、先に触れた晋、葛洪撰の抱朴子である。前述の如く、抱朴子には二箇所、羊公に言及した部分があって、一つは内篇微旨に、

羊公積レ徳布施、詣二乎皓首一、乃受二天墜之金一

と記すものであり、もう一つは外篇広譬に、

羊公積レ行、黄髪不レ倦、而乃墜金雨（爾）集

と記すものである。共に羊公が老年に至るまで、善行を積み続けたことに対し、天が金を降し報いたことを言うが、特に内篇微旨に、

羊公積レ徳布施

と記すことは、羊公譚に布施の語を用いることが、晋代以前に溯ることを示し、貴重とすべきであろう。布施《ふし》は、そもそもが漢語なのであり（人に物を与える意。墨子九、荘氏雑篇外物、荀子二十、韓非子十九等に用例がある）、それが後に仏教語、布施《ふせ》として広く用いられるようになったものである。後述のように、仏教の布施を裏付ける福田思想が一般化するのは、六朝末期のことであり、また、抱朴子と原拠との関係から、抱朴子の「布施」の語を、仏教語と見ることは出来ないのである㉛。そして、陽明本の「布二施行上一」は、抱朴子の「積レ徳布施」と同じ流れにあるもの、ないし、それに先立つものと捉えられ、梁元帝孝徳伝を変改したものとは、一寸考え難い。以下、このことを少し具体的に考察してみよう。

西野氏は、前述羊公の家業が、陽明本で「屠肉（完）」とあることに関し、「そして羊公の慈善の行を布施と見る時に、屠肉業をかかげた謂も亦明かとなる」として、「六朝末仏教の興隆に伴い……営売〔梁元帝孝徳伝〕の代りに屠殺業を持ち来らす事は、仮令屠肉の如き罪業の深い仕事に従事しても、一旦発心して布施の善行を積めば、やがてその施物が福田となつて無上の福を得ることを説くもののようである」と述べ、陽明本が傭売（梁元帝孝徳伝）を屠肉に改めた根拠として、布施を代表とする福田思想を据えられたのであった。そして、その福田思想と陽明本との具体的な関わりについては、

その福田と見られるものについて東晋仏陀跋陀羅訳、摩訶僧祇律四には、功徳日夜に増し、常に天人中に生れしめる人法四条を挙げるが、第一条の曠路に好井を作ること、第二条の園果を種植することは羊公の義漿の行が第

一条に、また種菜のことが第二条に当るが如くであり、玉田の賜を得て好婦を娶るを得たことを以て、天人中に
　生れる福徳の平俗な解釈をなしたものと思う

と説明されたのである。しかし、まず摩訶僧祇律の「第一条の曠路に好井を作ること」（「曠路作㆓好井㆒」）が、「羊公の義漿の行」「に当る」と言うことは出来ない。例えば陽明本の「提㆑水設㆑漿」、梁元帝孝徳伝の「輦㆑水、将給」、捜神記の「汲㆑水、作㆓義漿㆒」などは、皆同じことを言っているが、それは羊公が水を運び、人々に施したことを言うのであって、所謂曠路好井、義井を作ることとは違う（敢えてそれに近いものを上げるとすれば、常盤氏の指摘された、「施食与漿」〈宋高僧伝二十九〉か）。取り分け、捜神記の「義漿」は珍しい言葉であり、晋代の表現と見られるが、義漿の語はまた、後漢武氏祠画象石榜題に記されているから、漢代に溯る内容をもつ語なのであって、羊公譚におけるそれは、晋の訳経の浸透後に成立してくる福田思想（常盤論文を閲するに、義井の最も早い例は、天監十五〈五一六〉年の梁天監井とされている）ないし、仏教とは無関係の行為としなければならない。常盤氏は、「然し、仁義を以て人生経綸の根本義とする儒教を有する支那にあつては、仏教の福田思想によらずとも、義を冠する種々の施設があるべきである。義穀・義倉・義田・義荘の如きが、それである」と言い、例えば「義穀については……これは、仏教の影響より来たものであるとは思はれぬ」、「義倉については……これもまた必ずしも福田思想と言ふの要がない」、「義田・義荘は……これまた特に仏教の福田思想といふに及ばぬと思ふ」とされているが、㉜義漿は、その一例と見ることが出来る。次に、摩訶僧祇律「第二条の園果を種植すること」（「種㆓植園果㆒施」）が、「羊公の……種菜のこと」「に当る」とされることも、彼は果物を言い、此れは野菜を言う点、正確には一致しない（捜神記は石とする）。梁元帝孝徳伝には、書生の言葉として、「何故不㆓種㆑菜以給㆒」とあるから、菜も行人に供されたものらしいが、西夏本類林の「菜漿飲水（菜汁水）」によると、㉝その菜はスープの素材のようだ。第三に、氏が、「玉田の賜を得て好婦を

娶るを得たことを以て、天人中に生れる福徳の平俗な解釈をなしたものと思う」と述べられたことは、陽明本、梁元帝孝徳伝、捜神記等、大筋に殆ど差がないから、またしても、捜神記の「玉田の賜を得て好婦を娶るを得た」話を、福田思想の影響下にあるものと想定することとなり、始めの場合同様、そのことには無理が生じる。常盤氏によれば、「福田思想……が支那に実現せられたのは、恐らくは仏教流伝の当初からであらうが、確実な文献の見らる、のは、斉梁時代の義井・義橋・施薬・福徳舎・無尽蔵などからである」とされていることに注意すべきであろう。[34]従って、陽明本また、梁元帝孝徳伝の羊公譚は、未だ福田思想の影響を受けていないものと結論付けたい。

すると、西野氏が、陽明本と梁元帝孝徳伝との「相当に異る部分」の第三として上げた、

更にこの孝子伝では、人々が羊公に対して布施の無意味なるを諫め羊公と問答する一齣が附加されている部分、即ち、陽明本のみに見える、

人多諫レ公曰、公年既衰老、家業粗足、何故自苦。一旦損レ命、誰為慰レ情。公曰、欲二善行一損、豈惜二余年一。如レ此累レ載

に関し、氏が、

このように、仏教の影響の濃い説話であると見る時に、先に述べた孝子伝にのみ附加された部分にも仏典の影響が認められる。「公年既衰老、家業粗足、何故自苦、一日損命、誰為慰情」は、慈父長者が家出をした我子のことを懐う「自念老朽多有財物、金銀珍宝倉庫盈溢、無有子息、一旦終没、財物散失、無所委付」（妙法蓮華経信解品第四）あたりに発想を得たかと思われるし、羊公の返答の「豈惜余年」というのは、法華経に見える「不惜身命」即ち法の為に己が身命を惜しまぬという仏典語を意識したものであらう。そして、その上の句「欲善行損」の善は仏典に見える善業に発想を持つものとすれば、それは死後天上に生まれる果を持つものであるから、この

返答の中にも福田の思想を伺い得る

と指摘されたことについても、当部分が陽明本の増補か、梁元帝孝徳伝の省略かは不明乍ら、強いて法華経の影響を見る必要はないであろう。但し、成立の降る船橋本に関しては、㉟氏の、

また羊公の条は、陽明本に於て布施の語があり、仏典の影響の濃厚な説話であることは既に指摘した所であるが、清家本には一層その傾向が顕著となる。陽明本の「公少好学修於善行」とあるのが清家本では「六少郎名羊公、殊有道心」とされるが、道心とは仏道を修行せんとする心の意を持つ仏典語である。その稍下の「公曰、無種子、即与種子」の種子は陽明本では種とあつたもので、色身諸法が転変して無限の自果を生ずる功能を言い、種はその略である。また「羊公有信、不借〔惜〕身力」は陽明本では「公曰、欲善行捐、豈惜余年」とあつたもので、陽明本の句にも不惜身命の意あることは述べておいたが、清家本の不惜身力と命を力に作るのは、上の句の羊公有信の信と対せしめて、仏典語の五力の一の信力を表現したかと思われる。その身命を誤つたものではないことは、曹娥の条で「女人悲父、不惜身命」と正しく表現されていることで傍証される

との指摘に従いたい。もし孝子伝に福田思想が及んでいるとするならば、それはむしろ、隋以降の改変と仏教の影響下にあることが確実な船橋本の方であろうと思われ、改めて船橋本における福田思想の問題を捉え直してみることが必要となろう。㊱さて、以上のことから、西野氏が陽明本孝子伝の羊公譚に関し、

そしてこの孝子伝は六朝末期の北朝成立の孝子伝の形態を承襲していること、この羊公話は北朝名望の始祖伝説として北朝に伝播したこと、福田思想に基く社会事業が北朝の魏に盛に行われたこと……羊公の名が翁伯となるのは北朝に始まること等から、この説話は孝徳伝乃至その基いた伝承を、仏教の福田思想の影響を受け、或は漢書の翁伯のことを導入れて、かく変改したものに断じたい

と結論されたことは、むしろ逆に、梁元帝孝徳伝が陽明本ないし、その源流に拠ったものと見たい。

後漢武氏祠画象石の「義漿羊公」「乞漿者」と榜題する図は孝子伝図であり、「羊公」の表記をもつ孝子伝は陽明本（また、船橋本）のみであることから、武氏祠画象石の羊公図は、陽明本系統の本文に基づくものと思われる。しかし乍ら、陽明本の羊公表記は武氏祠画象石と一致するものの、一方例えば武氏祠画象石において、羊公に冠せられた「義漿」の文字は、陽明本には見当たらない（船橋本また、梁元帝孝徳伝にも不見）。そして、その義漿の語は、二十巻本捜神記に見えている。このことは、どのように捉えたらよいのであろうか。ここで、両孝子伝も含めた逸名孝子伝の問題について、少し触れておく。

羊公のことを記す孝子伝逸文は、上掲の如く、管見に入ったものとして九つ程あるが（逸名孝子伝八と徐広孝子伝）、それらは大別して、

㈠芸文類聚八十二、太平御覧九七六所引以下
㈡太平御覧八六一所引
㈢敦煌本新集文詞九経鈔所引

の三種に纏めることが出来る（徐広孝子伝は、太平御覧九七六所引と殆ど同じ）。今その三種の本文を示せば、次の通りである（㈠は、芸文類聚八十二所引に、太平御覧九七六所引を対校して示す）。

㈠孝子伝曰、洛（北平）陽公輦レ水作レ漿、兼以給二過者一。公補二（履）屩一、不レ取二其直一。天神化為二書生一問、公（云）何不レ種レ菜。曰、無二（菜）種一。即遺二（与）数升一。公種レ之、化為二白璧一、余皆為レ銭。公得二以娶レ婦

（芸文類聚八十二所引（　）太平御覧九七六所引）

㈡孝子伝曰、洛陽陽公輦二義漿一、以給二過客一（太平御覧八六一所引）

㈢孝子伝云……楊雍感通、田収二白壁（璧）一（敦煌本新集文詞九経鈔所引）

主人公を羊公とするもののないことが分かるであろう。重要なのが、㈡太平御覧八六一所引の逸文で、それは、㈠の芸文類聚八十二等所引と殆ど同じもの乍ら、㈠の「輦レ水作レ漿」を、

輦二義漿一

と作っている。即ち、㈡太平御覧八六一所引のそれは、古く逸名孝子伝の内にも、「義漿」の語をもつもののあったことを証しており、延いては、陽明本「提レ水設レ漿」、梁元帝孝徳伝「晨夜輦レ水」等が、義漿の語を含んでいた可能性を示唆する。両書と逸名孝子伝、殊に梁元帝孝徳伝と逸名孝子伝とが深く関わっていたらしいことは、

・兼補二履屩一（梁元帝孝徳伝）

兼……補二（履）屩一（逸名孝子伝㈠）

・乃与レ之数升（梁元帝孝徳伝）

即遺二（与）数升一（逸名孝子伝㈠）

等の例から明らかである（共に陽明本不見）。

さて、陽明本孝子伝の本文の成立は、一体どの辺りまで溯るのであろうか。陽明本自体には上巻末、下巻初に、劉宋の孝子が何人か含まれているので、（21劉敬宣、22謝弘微、23朱百年、25張敷）、陽明本が六朝期の改編を蒙っていることは疑いないが、羊公条について言えば、例えば梁元帝孝徳伝との関係から、陽明本ないし、その源流に当たる本文の成立は、六朝梁以前としなければならないであろう。また、天神の化した書生が登場したり（捜神記は、「有一人」）、菜種を与えたり（捜神記は、石）するのは、孝子伝の特徴と見られるが（稀に、書言故事一所引捜神記など、

「菜子一升」とする)、ここに面白い資料が一点あって、それは敦煌本不知名類書甲所引の神異記である。その本文を示せば、次の通りである。

神異記云、楊雍父母倶喪。葬訖、天神化二書生一、問レ雍曰、孝子何不レ種レ菜。雍答曰、無レ子。天神遂与二種子一。雍乃種レ之、悉生二璧玉一。中最上者曰二璧玉一、夜放二神光一。以二玉不レ同也。

末尾はとにかく、書生の言葉に、「孝子何不レ種レ菜」とあって陽明本、梁元帝孝徳伝に酷似し、これは孝子伝に基づく記述と見られる。神異記の作者は定かでないが、もし右が、王孚神異記の逸文であるとするならば(魯迅『古小説鉤沈』の王孚神異記には不見)、その成立は、劉宋以前に溯ることになるだろう。

陽明本の羊公譚における本文の成立を考える上で、一つ問題となるのは、その結尾文の、

今北(比)平諸羊姓、並承《羊歟》二公後一也

であろう。同様のものが、梁元帝孝徳伝の末尾にも見え、

今右北平諸陽、其後也

と言う。西野氏の指摘されたように、陽氏は北平の有力氏族であり、一見、梁元帝孝徳伝の方が正しいかに見えるが、羊公譚をめぐる問題の単純でないことは、前述の如くである。実は、二十巻本捜神記には見えないが、同様の結びをもつ捜神記があったようだ。今その一、二を示せば、左の如くである。

・北平陽、即其□□(後也)(敦煌本類林所引)
・北平楊氏、即其後也(敦煌本語対P. 2524所引)
・今北平陽氏、是其後也(古注蒙求所引)

西野氏が、

羅氏前掲書の類書二には捜神記の文としてこの説話を引き、その文尾に小字で「北平陽氏即其後也」と割注する

　が、後人の附加であらう

と言われたのは、㊲羅振玉氏『鳴沙石室古籍叢残』に収める敦煌本語対P.2524を指すが（王三慶氏『敦煌本古類書語対研究』に言う原巻。陽は、楊が正しい）、恰も「文尾に小字で」「割注する」ように見えるのは、単に行末が詰まったために過ぎず、例えばS.78には（乙巻。甲巻P.2588は欠損）、

　北平陽氏、即其後也（也也）

と正書するから、それは「後人の附加」などではない。興味深いのは、蒙求注に引かれる捜神記で、「陽公、字雍伯」を主人公とする古注所引の文末は前掲の如くだが、「羊公雍伯」を主人公とする、徐子光注所引の捜神記には、

　今北平王氏、即其後也

としている（箋注本も同じ。準古注所引は、件の一文を欠く）。その「王氏」は、或いは、もと羊氏とあったものかと思われ、陽明本の「今北（比）平諸羊姓、並承二公（羊歟）後一也」と類同のものであった可能性がある。このことは、徐注所引の捜神記を始め、太平御覧八〇五等所引の捜神記が、主人公を羊公とすることと共に、陽明本と捜神記とが、どこかで繋がっていたことを意味する。㊳武氏祠画象石の羊公の右には、両孝子伝8三州義士が描かれている。陽明本8三州義士の末尾には、羊公譚と同様、

　今三州之氏、是也。後以二三州一為レ姓也

なる結びを置く（船橋本「以二三州一為レ姓也」）。同話は、蕭広済孝子伝〈太平御覧六十一所引〉、逸名孝子伝〈太平広記一六一所引〉等に見えるが、このような文言が記されるのは、両孝子伝のみ）。この三州氏は、元和姓纂五「三州」に、「三州孝子之後、亦単姓州」、同「三邱」に、「孝子伝有二三邱氏一」、通志二十七に、「三州氏、孝子伝有二三州昏一」

などと見える、「孝子伝」を出典とするらしい、謎の一族で、その「今」は、羊公譚の「今」共々、何時の時代を指すのか、目下判然としない。唐、荊渓湛然（七一一―七八二）の頃には、よく分からぬものとなっていたらしく（止観輔行伝弘決四之三に、摩訶止観四下「更結㆓三州㆒還敦㆓五郡㆒」の「三州」を注して、「孝〔子〕伝」、「蕭広済孝子伝」を引いている）、なお後考を期したい。ところで、陽明本（逸名孝子伝）が捜神記と深く関わろうことは、前述の通りであるが、翻って捜神記を見渡すに、両書の関係は一人羊公譚に留まらないものであることに気付く。その陽明本（船橋本）孝子伝と二十巻本捜神記との関連を一覧にして示せば、次の如くである。

捜神記	両孝子伝
巻一・28董永	2董永
八・227舜	1舜
十一・266三王墓	44眉間尺
276曾子	36曾参
278王祥	27王祥
283郭巨	5郭巨
285楊伯雍	42羊公
291犍為孝女	29叔先雄
（逸文）丁蘭（太平御覧482所引）	9丁蘭

なお両孝子伝以外、逸名孝子伝に名の見えるものとして、279王延、284劉殷、287羅威、288王裒等を上げることが出来る。また、敦煌本句道興捜神記にも、元覚（元穀とも。「史記曰」とある。両孝子伝6原谷）、郭巨、丁蘭、董永（「劉向孝子図曰」）の話を収めるが、さて、捜神記は一体、何に基づいてそれらの条々を成したのであろうか㊴。各条の検討の必要なことは勿論乍ら、仮説として、その典拠に孝子伝を想定してみたい。

その仮説を支持するのが、抱朴子である。重ねて内篇微旨の本文を示せば、次の通りである。

夫天高而聴レ卑、物無レ不レ鑑。行レ善不レ怠、必得二吉報一。羊公積レ徳布施、詣二乎皓首一、乃受二天墜之金一。蔡順至孝、感神応レ之。郭巨殺二子為レ親、而獲二鉄券之重賜一

ここにも、羊公（両孝子伝42）、蔡順（同11）、郭巨（同5）が連ねられ、それも孝子伝に拠ったものと思われる㊵。すると、抱朴子の「布施」の語は、「行レ善不レ怠、必得二吉報一」の句共々（陽明本「積善余慶」〈易経坤に基づく〉）、陽明本系の孝子伝から出た可能性が高い。羊公が老年に至るまで義漿を続けたことは（外篇広譬にも、「黄髪不レ倦」とある）、陽明本（船橋本）、梁元帝孝徳伝にしか記されず（上述西野氏の問題化された陽明本の、人々が羊公に布施の無意味なことを諫める問答中に、「公年既衰老」とある）、また、天が金を降したことは、陽明本（船橋本）にしか見えない（「金銭一万」。梁元帝孝徳伝等、「銭」とのみ）。これらのことから、羊公譚の場合、陽明本孝子伝の本文ないし、その源流の成立は、西晋以前に溯るものと考えられるのである。

さて、有名な後漢武氏祠画象石は、数多の孝子伝図を収めることで知られるが、今その武梁祠の第一石―三石の2、3層に描かれたそれを、第一石の右から両孝子伝と対照して示せば、次のようになる（帝舜、京師節女は、帝皇図、列女伝図の内。申生は、三石4層）。

武梁祠画象石	両孝子伝
○帝舜（一石2層）帝皇図の内	1舜
（一石3層）	
○曾子	36曾参
○閔子騫	33閔子騫
老萊子	13老萊之
丁蘭	9丁蘭
（三石2層）	
○柏楡	4伯瑜
○邢渠	3刑渠
董永	2董永
章孝母	
○朱明	10朱明
李善	41李善
金日磾	
（二石3層）	
三州孝人	8三州義士
○羊公	42羊公

魏湯	7魏陽
○孝烏	45慈烏
・趙狗	
・孝孫	6原谷
○京師節女（二石2層）	43東帰節女
○中生（三石4層）	38中生

右の、整然と体系的に並べられた武梁祠の孝子伝図を通観すると、個々の話材を各々の典籍から捜し出したものとは思われず、その粉本となった何らかの「孝子伝」が漢代、既に存在していたものと思われる（中で、章孝母は未詳。金日磾譚を記す孝子伝は、管見に入らないが、序に「毎レ読二孝子伝一、未三嘗不二終レ軸輟レ書悲恨一、拊心嗚咽」と言う、梁武帝孝思賦に、「休屠之日磾」が見えるから、やはり金日磾を載せる孝子伝があったのだろう。趙狗は、師覚授孝子伝〈初学記十七、太平御覧四一四所引〉、逸名孝子伝〈錦繡万花谷後集十五所引〉に見える）。そして、例えば右記一覧の対応関係を数えてみると、武梁祠に描かれた孝子伝図二十の内、九割近い十七図まで、両孝子伝と対応していることが知られるのである。かつて中国においては、六朝以前、十種を越える孝子伝が存在していたが㊶、後その全てが散逸し、現在完本として伝わるのは、我が国伝存の陽明、船橋二本のみに過ぎない。故に、もしその二本の両孝子伝を用いないとするならば、間接的にはともかく直接的には、右の武梁祠の孝子伝図を、孝子伝から解明する手立てはないと言えよう。六朝以前に行われた孝子伝を考えようとする際、私達の前には、晋、蕭広済孝子伝以下、百六十種近い逸文が存在している㊷（劉向孝子伝4、蕭広済孝子伝31、王歆孝子伝1、王韶之孝子伝3、周景式孝子伝3、師

覚授孝子伝9、宋躬孝子伝19、虞盤佑孝子伝2、鄭緝之孝子伝5、梁元帝孝徳伝6、逸名孝子伝72）。ところで、後漢武氏祠画象石において、例えば上掲武梁祠の孝子伝図を、孝子伝から解明しようとする時、上記逸文の劉向孝子図を六朝の仮託とするならば㊸、厳密な意味で晋、蕭広済孝子伝以下の、作者名を冠する孝子伝は、全てが後世の産物なのであって、あくまで参考資料に留まることを想起したい。すると、例えば武梁祠の孝子伝図を本格的に解明する鍵は、むしろ蕭広済孝子伝以前、漢代に溯る逸名孝子伝の中にこそ、隠されている可能性が高い。そして、両孝子伝は、正にその逸名孝子伝なのであって、共に六朝期における改編を経ていようことはさり乍ら、特に陽明本の本文の有する意味及び、価値というものを、改めて考えてみる必要があるように思われる。

右記一覧、武氏祠画象石に付した○印は、目下その孝子伝図に対応する逸名孝子伝本文が、陽明本（船橋本）にしか存しないことを示している。その数は驚くべきことに、対応関係にある十七図の内の十図に達している。中で、まず朱明については、孝子伝の逸文はおろか、物語そのものが失われていて、現在の所、陽明本（船橋本）を通じてしか、その図像は解析出来ない㊹。柏瑜、孝烏、京師節女（列女伝図）に関しては、両孝子伝のみが唯一、孝子伝としての本文を伝えている。近時発見、解明された申生についても、類林雑説一を例外として、両孝子伝のみが孝子伝としての本文を伝える㊺。羊公に関しては、伝存する逸名孝子伝本文の甚だ不完全であること、前述の如くである。曾参については、太平御覧三七〇等に数種の逸名孝子伝の本文を伝えるが（また、蕭広済孝子伝、虞盤佑孝子伝にも）、武梁祠に描かれた投杼図に対応する投杼譚は、陽明本に存するのみである㊻（船橋本欠）。閔子騫に関しても、曾参と同様の事情にあるが、武梁祠の閔子騫図（また、前石室七石の同図）における、継子が車を御している構図（開封白沙鎮出土後漢画象石に、「後母子御」の榜題がある）に対応する本文、「〔父〕仍使㆓後母子御㆒㆑車」は、陽明本にしか存しない（船橋本欠）。師覚授孝子伝（太平御覧四一三所引）にも、同じ文言が見えるが（「後母子御」）、武氏祠画象石が、劉宋の師覚授のそれに拠った筈はない。早く南宋にその存在が知られ、以来考証の積み重ねられて来た、武氏祠画象石の孝子伝図に対し、一本で九割近い対応本文を有する両孝子伝、殊に陽明本の価値は、甚だ大きいと言えよう。陽明本が六朝期の改編を経ていることは、疑い様のない事実であるが、その各条が漢代孝子伝の古態を留めていることとは、改編とはまた、別の問題としなければならない。[47]ほぼ同じことは、六朝期に制作された孝子伝図の遺品についても当て嵌められようが、[48]陽明本の公刊されていない現在、例えば武氏祠画象石の孝子伝図に関し、それを用いた本格的な研究というものは、未だ存在しない。[49]この度の両孝子伝の注解公刊が、例えば後漢武氏祠画象石を始めとする孝子伝図の解明の、端緒となることを心から願いつつ、筆を擱く。

注

① 仲文章が、大谷大学蔵三教指帰成安注（寛治二〈一〇八八〉年序、長承二、三〈一一三三、四〉年写）に引用され、また、永延二（九八八）年成立の尾張国解文を引用する所から、十一世紀頃の成立と考えられようことについては、拙著『中世説話の文学史的環境　続』（和泉書院、平成7年）Ⅲ三1、2参照。その仲文章が、童子教の影響下にあることに関しては、山崎誠氏『中世学問史の基底と展開』（和泉書院、平成5年）Ⅰ「「仲文章」瞥見」五、また、後藤昭雄氏「仲文章・注好撰」（説話の講座4、『説話集の世界』Ⅰ、勉誠社、平成4年）に詳しい。なお実語教も図書寮本類聚名義抄に引用され、その成立の十一世紀以前へ溯ろうことが、酒井憲二氏によって指摘されている（同氏「わが国における実語教の盛行と終焉」（『図書館情報大学研究報告』1・1、昭和57年6月）。

② 童子教本文は、酒井憲二氏「実語教童子教の古本について」（山田忠雄氏編『国語史学の為に』第一部往来物〈笠間叢書198、笠間書院、昭和61年〉所収）に拠る。

③ 拙著『孝子伝の研究』（佛教大学鷹陵文化叢書5、思文閣出版、平成13年）Ⅰ四参照。

④　東野治之氏「那須国造碑と律令制―孝子説話の受容に関連して―」（池田温氏編『日本律令制の諸相』〈東方書店、平成14年〉二部所収）参照。
⑤　両孝子伝については、注③前掲拙著Ⅰ一2参照。なお童子教の上掲句と三教指帰との関わりについては、三木雅博氏「『童子教』の成立と『三教指帰』」（『梅花女子大学文学部紀要』31比較文化編1、平成9年12月）参照。
⑥　今野達氏「童子教の成立と注好選集―古教訓から説話集への一パターン―」（『説話文学研究』15、昭和55年6月）。なお仲文章、童子教、実語教、注好選については、後藤氏注①前掲論文、三木雅博氏「教訓書『仲文章』の世界（上、下）―平安朝漢学の底流―」（『国語国文』63・5、6、平成6年5月、6月）に詳しい。
⑦　今野達氏「陽明文庫蔵孝子伝と日本説話文学の交渉　附　今昔物語出典攷」（『国語国文』22・5、昭和28年5月）、「古代・中世文学の形成に参与した古孝子伝二種について―今昔物語集以下諸書所収の中国孝養説話典拠考―」（『国語国文』27・7、昭和33年7月）参照。
⑧　日本霊異記の孝子伝受容を論じようとしたものに、矢作武氏「『日本霊異記』雑考―中国説話と関連して―」（『宇治拾遺物語―説話文学の世界―二集』〈笠間選書120、笠間書院、昭和54年〉所収、「『日本霊異記』と陽明文庫本『孝子伝』―朱明・帝舜・三州義士―」（『相模国文』14、昭和62年3月）、「日本霊異記と漢文学―孝子伝を中心に・再考―」（『記紀と漢文学』〈和漢比較文学叢書10、汲古書院、平成5年〉所収）がある。
⑨　高橋伸幸氏「宗教と説話―安居院流表白に関して―」（『説話・伝承学'92』、平成4年4月）参照。
⑩　笹淵友一氏「仲忠の人物描写にあらはれたる宇津保物語作者の思想」（『国語・国文』6・4、昭和11年4月）、林実氏「宇津保物語の超自然」（『国文学攷』3・1、昭和12年10月）、笹淵友一氏「宇津保物語俊蔭巻と仏教」（『比較文化』4、昭和33年2月）、阿部恵子氏「仲忠孝養譚について―その出典及び俊蔭巻での構想上の位置―」（『実践国文学』3、昭和48年3月）、山本登朗氏「親と子―宇津保物語の方法―」（『森重先生喜寿記念ことばとことのは』〈和泉書院、平成11年〉所収）などに詳しい。
⑪　今野氏注⑦前掲論文

⑫　太田晶二郎氏「「四部ノ読書」考」（『歴史教育』7・7、昭和34年7月）参照。

⑬　永済注については、拙著『中世説話の文学史的環境』（和泉書院、昭和62年）Ⅳ三、また、朗詠注諸本の系統、所在等については、同Ⅳ四を参照されたい。

⑭　参考までに、東洋文庫本朗詠注の同注該当部を示せば、次の通りである。

注云、羊太傅《トハ》云、洛陽安里《ノ》人也。孝行《ノ》人ナリ。才智有レハ、太傅至《ニル》。然《シカルニ》、父母死《ス》。无終山葬《ニサウシテ》後、峴山《ト》云処《ニ》居《セリ》。貧人《キ》宝《ニヲ》施《シ》、後、命惜《ヲモ》父母《ノ》為也。今無《ハ》用也トモ餓死《ス》。是《ヲ》万人哀《テ》、碑《ノ》文顕《ニス》。是《ヲ》見《ル》人、落涙《シ》ケルト云々

なお、この話は、降って惟高妙安（一四八〇―一五六七）の玉塵（玉塵抄）に見える。玉塵は後掲元、陰時夫編、陰中夫注に掛る韻府群玉二十巻の巻六までの注釈書で、所謂抄物として名高い。参考までに、玉塵五、八、十四、五十五に見えるそれを、以下に掲げておく（叡山文庫本に拠り、国会図書館本を参照した）。捜神記（玉塵巻五、十四）、漢書（巻八）等の参看されていることに注意すべきであろう。

・○双、陽雍伯、得《テ》壁五―《ヲ》聘《ヘイス》女《ヲ》、詳壁《ニ》。入声ノ陌匀ノ壁ノ字ノ所ニアリ。雍伯ガ父母トモニ死タソ。无終山ニウヅンタソ。此《ノ》山八十里ノアイタ、水ガナイソ。雍―ガ義漿ヲコシラエテ、坂口ニヲイテ、人ニノマセタソ。漿ハ、コンツトヨムソ。白《ロ》水ノヤウナ者ナリ。米ヲニテ、ソノ汁ヲ水ニマセテ、水ヲチツトニコイタカ、食ノタヨリニセウ為カ。コレヤウナヲ、義漿ト云カ。又、別ニ義漿ト云者アルカ。山ニ入者カ、皆此ヲノウタソ。ヨイコトヲシタソ。コレヤウニスルコト、三年ナリ。一人アリキテ、此ノ坂口ノ漿ヲノウタソ。ノウタ者ガ、石ヲ一升フトコロカラトリタイテ、雍―ニトラセテ云コトハ、此ヲ地ニウエタラハ、ヨイ玉ヲ得ウソ。又、ミメノヨイ女房ヲモ得ウズルゾト云テ、クレニミエナンタソ。ソノ後ニ、徐氏ニヨイ女房アリ。人ガホシガレトモ、ドコエモヤラヌソ。雍ガ此ヲコウタソ。徐氏ノ女ガ、雍カ所エイカウト云タソ。女ノヲヤノ徐氏カ、ジヤレニ、壁ヲ一モチキタラハ、夫婦ノ約束ヲ定《サ》メウト云タソ。石ヲウエタラハ、ヨイ玉ニナラウト、化(他)人云タヲ思イアワセテ、石ウエタ所エイタレハ、玉カアツタソ。五双ノ壁ヲ得タソ。ソノ玉ヲ以テ、徐カ所エイテヤツタソ。徐ガジヤレニ云タレハ、マコトニ以テキタホドニ、ヲドロイタソ。ソコテ夫婦ニナツタソ。此モ、義漿ヲ三年、山ノ坂口ニヲイテ、イキ、ノ人ニノマセタ徳ニヨツテ、カウアルコトソ。ソコノイタ所ヲ、玉田ト云タソ。此《ノ》コ

トハ、捜神記ト云書ニアルトシタソ。此書ハアルソ。二、一冊アルソ。モトミタソ（巻五）

・販レ脂。――レ―辱《ヲ》処《シテ》也、而雍伯千金。殖貨。前漢書殖《ノ》―志ヲミルニ、此ノコトミエヌソ。フシンナソ。此ハ、油ウリシテ、イヤシイワサヲシテイタソ。辱処ハ、身ヲイヤシウモツテ、ハヅカシメテイタ心ソ。雍―ハ、人ノ名デアラウソ。雍―カ、アフラウリシテイタレドモ、千金《ノ》トミヲタクワエテ、タノシカツタト云コトソ（巻八）

・―氏、雍伯種《テ》レ玉《ヲ》、得《リ》二（ソ）徐氏美女《ヲ》一。詳レ壁（壁）二。匂府入声陌匂《ノ》、壁（壁）《ノ》所二アリ。双壁（壁）トダイテ、ソノ下ニネンコロニアリ。雍伯ガ父母死ダヲ、无終山ト云フ山ニカクイタソ。ソノ山、前後八―里ノアヒタ、カツテ水ナイソ。雍ガ義漿《ヲ》コシラエテ、坂ノ入口《ニ》ヲイテ、山人《ヤマウト》キコリニノマセタソ。漿ハ、コンヅトヨムソ。白水（泉）《ノ》ヤウニ、チツトニコラシテ、食物ノ汁ナリ、米ナドカシイタ水ナドヲ云ソ。義漿ノ、義ノ心《ハ》シラヌソ。父母《ヲ》ウツノタ山チヤホトニ、山エ入《ル》者ニ、志ノ心テホトコスホトニ、義理孝行義《ノ》以《ヲテ》、コシラエタカ。〔心〕カ〔ウシ〕〔ン〕タコト、三年ナリ。一日人アリキテ、此コンツヲノウタソ。小イ石一升ホト（二）、雍ニ礼ニタイタソ〔タトエタソ〕。云コトハ、此石《ノ》ヲウエテヲイタラハ、ヨイキズモナイ玉《ニ》ナラウソ。徐氏ノミメノヨイ女ヲ得ウト云タソ。ツイニ同心セヌト云イハテ、、クラリトシテ、ミエザツタソ。ソノ後、徐氏《ニ》夫女ガアツタソ。方々カラ人ガホシカツタソ。雍ガ徐ニコウタレハ、アウコ、ニアルホトニ、ヤラウト同心シタソ。ジヤレテ云コトハ、ヨイキズ無（モ）玉《ヲ》、二以《テ》ワセタラハ、女《ヲ》マラセウト云タソ。吾カ所エ帰テ、前ニ石ヲウエタ所ヲホツタレハ、ミゴト白壁《ノ》玉《ヲ》二、ホリタイタソ。徐カ所エ玉《ヲ》以《テ》イテ、女ニカエタソ。徐ガ大ニヲトロイテ、夫婦《ニ》ナイタソ。ソノ所ヲ、玉田ト云タソ。捜神記《ヲ》引タソ。モト此記ヲミタガ、此コトハヲホエヌソ。捜《ソウ》神記モ、アマタアルケナソ。雍ガ孝行ニシテ、漿ヲ三年施ニ、天カ感シテ、石ヲ玉ニナイテ、女ヲアタエタコトソ（巻十四）

・陽雍伯○藍田ニ種レ璧、詳レ璧。排匂下平、陽匂《ノ》陽《ニ》アリ。漢陽雍伯、義漿ヲコシラエテ、路トヲル者ノ、ノドノカワク者ニノマセタソ。義漿ハ、仁義アイヲ〔ソ〕メグミ、慈悲《ノ》心テ、シロ水ヲコシラエテ、路バタニヲイテ、ユキ、ノ人ニノマセタソ。カウスルコト、三年ノアイダソ。アル時、人アリ、石ヲフトコロニ入テ、陽伯ニトラセテ、此《コレ》ヲウエタラバ、ヨイ玉ト、ミメノヨイ女房トヲ、得ウスト云タソ。後ニ、北平ト云所ニ、徐氏ノ者アリ、ミメノヨイ女子ヲ持タソ。此ヲ女房ニセウト思テ、云タレハ、北平ノ徐カ云タソ。白璧ノ玉二ヲ以《テ》キタラハ、ムスメヲヤラウト云タソ。陽伯カ玉ヲウエタ所ニヲ

イテ、一双ヲ得タソ。ソコテ、婚姻ノ礼ヲナイタソ。ソコヲ名テ、玉田ト云タソ。入声ノ陌匂ノ璧ニアリ。排匂ト同ソ
（巻五十五）

また、一韓智翃の山谷抄一にも、次のような話が見える（山谷内集詩注一「送二劉季展従一軍雁門一」第二首の抄。両足院本に拠り、丁亥版癸卯本〈抄物小系14〉を参照した）。

石―ハ、玉カ有処ソ。捜神記ニ、無終山ト云処ニ、玉カ有ソ。羊雍伯ト云者ハ、洛陽人ソ。孝々〔行〕ナ者ソ。父母ヲ無終山ニ葬テ、塚之傍ニ家ヲ造リテ居ソ。其山八十里、上ニ水ナシ。下ヘヲリテ、水ヲトリテ、タビウトニ飲スルソ。或時、人此水ヲ飲了《ヲワッ》テ、石子一升ヲ出テ、是ヲウヘヨ。好玉ヲ生ト云ソ。数年シテ、玉子生ソ

⑮ 両孝子伝44眉間尺を指す。注⑬前掲拙著Ⅱ二2参照。

⑯ 王明氏『抱朴子内篇校釈』（中華書局、一九八〇年）。因みに、楊明照氏『抱朴子外篇校箋』下（中華書局、一九九七年）三八四頁注〔四〕は、「王明微旨篇釈「羊公」為羊祜、杜撰堙責、無乃自欺欺人乎?」と言う。

⑰ 長廣敏雄氏編『漢代画象の研究』（中央公論美術出版、昭和40年）二部30、吉田光邦氏解説。図版は、容庚氏『漢武梁祠画像録』（考古学専集13、北平燕京大学考古学社、民国25年）に拠る。

⑱ 西野貞治氏「陽明本孝子伝の性格並に清家本との関係について」（『人文研究』7・6、昭和31年7月）

⑲ 口語訳は、野口定男氏訳『史記』下（中国古典文学大系12、平凡社、昭和46年）に拠る。

⑳ 小竹武夫氏訳『漢書』下巻列伝Ⅱ（筑摩書房、昭和54年）に拠る。

㉑ 竹田晃氏訳『捜神記』（東洋文庫10、平凡社、昭和39年）に拠る。

㉒ 西野貞治氏「捜神記攷」（『人文研究』4・8、昭和28年8月）。なお氏には、「敦煌本捜神記の説話について」（『人文研究』8・4、昭和32年4月）、「敦煌本捜神記について」（『神田博士還暦記念書誌学論集』、平凡社、昭和32年）等の論考もある。

㉓ 陽公の名を雍伯とするものがある。東漢文紀三十二に収められる、漢無秋山陽雍伯天祚玉田之碑である。参考までにその本文を示せば、次の通りである。

玉田県西北有二陽公壇社一、即陽公之故居也。陽公名雍伯、雒陽人。是周景王之孫、食二采陽樊一。春秋之末、爰二宅無終一。至

性篤孝。父母終没、葬二之于無終山一。山高八十里、而上無レ水。雍伯置レ飲焉。有人就レ飲、与二石一斗一、令レ種レ之、玉生二其田一。北平徐氏有レ女、雍伯求レ之。要以二白璧一双一、媒氏致レ命。雍伯至二玉田一求二五双一。徐氏妻レ之、遂嫁焉。性不レ好レ宝、玉田自去。今猶謂レ之為二玉田一

右は、水経注に拠ったものと認められる。

㉔　金、元好問撰、元、郝天挺注の唐詩鼓吹六に引く神仙伝にも見える（晋、葛洪の神仙伝には不見）。参考までに、その本文を掲げておく。

神仙伝、羊雍伯、有人与二石子一斗一、使レ種レ之。後種二其石一時、有二徐氏一、北平著姓。有二女子一、求不レ許。雍伯試求レ之。徐曰、得二白璧一双一、当レ聴二之為レ婚。雍伯乃至二種所一、得二白璧五双一。徐氏遂妻レ之

なお注⑰前掲書、吉田光邦氏解説に、「太平御覧八〇五引の神仙伝には同じ説話があり、羊公雍伯に作つている」と言われるのは、太平御覧の出典の「捜神記」を、その前行に記される「神仙伝」と見誤ったもので、右に示した神仙伝のことではない。

㉕　西野氏注⑱前掲論文

㉖　西野氏は、先立って次のように言われている（注⑱前掲論文）。

羊字は古くから陽の外楊ともに通用される用例が多いが、捜神記に於てもその引用書乃至その箇所の異るに従い、羊公雍伯（芸文八三、御覧四七九、八〇五）・陽雍伯（御覧四五）・楊公雍伯（御覧五一九）・楊伯雍（初学記八）と異る。然し、羊・陽・楊の姓の混同すべからざることは既に顧炎武も指摘（日知録二十三姓）する所である。而かも孝子伝も孝徳伝も共に、北平にその後裔が存する事に言及している。そして、この羊陽楊の三姓を史伝で検すると、羊氏は大山、楊氏は弘農に籍を有し北平籍は陽氏のみである。そして水経の鮑丘水注にもこの捜神記の説話を引用するが、それには陽翁伯としているし、また陽氏譜敍なるものを引いて陽公の事に言い及んで陽公を陽氏の始祖としている。この陽氏譜敍という家譜は水経注のこの一条が知られるのみで隋志にも見られぬ所であつてその引用の態度から、恐らくは酈道元が陽氏の一族について見るを得たものと思われる。そして、北平無終の出身で北魏の孝文帝の時に博学を以て知られ、国子祭酒となつた陽尼、またその従孫で大学博士となつた陽承慶、また承慶の従弟で前軍将軍になつた陽固等の一族の家譜であろうと推定

する。陽氏とこの説話の結付を立証するものに今一つ、范陽郡正故陽君墓誌銘（趙万里氏、漢魏南北朝墓誌集釈、図版四〇七）が存する。これは前述の陽氏の一族と見られる陽瑾なる人物に関するものであるが、その家系を述べる所を、やや磨滅のあるのを判読すると「若夫才異挺生、琳瑯間出金、天有命、玉田斯啓」とあるのが注意せられる。これは捜神記のこの説話を述べて玉の出た地を玉田としたとし、水経注にもそのことが述べられているのと符合する。この墓誌銘は隋の仁寿元年十一月二十九日と誌されているから、北朝末期にも陽氏にはこの説話が始祖伝説として信ぜられていたことが判明する

氏が、「而かも孝子伝も孝徳伝も共に、北平にその後裔が存する事に言及している」と指摘されたことについては後述に従う。

㉗ 類林については、注③前掲拙著I二3、注㊾参照。

㉘ なお西野氏は、類林雑説の引く漢書について、次のように言われている（「琱玉集と敦煌石室の類書―スタイン蒐集漢文々書中の琱玉集残巻をめぐって―」、『人文研究』8・7、昭和32年8月）。

「類林雑説」報恩篇には、慈善事業の為に、楊公雍伯なる人物が天から玉田を授けられるという説話を漢書のこととして引いている。そして楊公雍伯の説話が漢書のこととして引かれるのは、所謂のないことではない。漢書の貨殖伝には翁伯という人物が巨富を積むことが見え、それが史記では雍伯として記載されていることである。敦煌石室の俗文学資料には、史記の引用として見えて、司馬遷の史記にないものが往々にしてあるが、この漢書の場合も同じことが言えるのでないかと思う

また、淵鑑類函三五七には、「後漢書曰」とする、次のような羊公譚が見える。

後漢書曰、羊公字雍伯、性孝。本以㆓儈売㆒為㆑業

㉙ 史金波、黄振華、聶鴻音氏『類林研究』（寧夏人民出版社、一九九三年）漢訳文通訳に拠る。

㉚ 常盤大定氏「仏教の福田思想」（同氏『続支那仏教の研究』〈春秋社松柏館、昭和16年〉12所収）

㉛ 仏教語の布施は、梵語ダーナ dāna の訳、「無貪の心を以て仏及び、僧並びに、貧窮の人に衣食等を施与する」（望月仏教大辞典）意。それが元来漢語であることは、岩波仏教辞典「布施」に、「なお、漢語〈布施《ふし》〉も人に物を施し与えることで、

先秦諸子の書に用例は多く見える」と言う通りである。例えば荀子二十哀公篇三十一の、

富有㆓天下㆒而無㆓怨罪㆒、布㆓施天下㆒而不㆑病㆑貧。如㆑此則可㆑謂㆓賢人㆒矣（富は世界に冠たるほどに持ちながらも私財は蓄えず、施しは世間にあまねく行いながら貧乏になることを気にしない。このようであれば賢人と言われるのです）

などが、抱朴子、陽明本等の用法に近い（訳は、全釈漢文大系8『荀子』下〈集英社、昭和49年〉に拠る）。抱朴子に引かれた羊公譚については、例えば本田済氏が、葛洪の「地仙の概念」に関し、

抱朴子に言わせれば、身体髪膚を傷つけぬことが孝の始めなら、不老不死になることは大変な親孝行ではないか。地仙は妻子を持って構わないから、先祖の祭を絶やす惧れもない。不忠というのも当たらぬ非難で、黄帝は仙人であると同時にすぐれた為政者でもあった。老子・琴高は臣として仕えてもいた（対俗・釈滞）

また、仙道について、

ところで……方術だけで仙人になれるかというに、抱朴子は、それだけでは足りないと言う。日常の善行を積まなければいけない。人間の腹中には三尸虫がおり、人間の行動を監視していて、庚申の夜、人が寝ている隙に天に昇り司命神に報告する。竈の神は晦日の夜に報告する。司命神は小悪については三日、大悪については三百日の寿命を縮める。だから善行を積んで逆に寿命を延ばすよう努力せねばならぬ。『玉鈐経』に「徳行なしに方術だけでは不老不死になれない。忠孝・和順・仁信をもととせよ」とあるのもそれだ、と（微旨）

とされる（中国古典文学大系8『抱朴子・列仙伝・神仙伝・山海経』〈平凡社、昭和44年〉解説）、およそ非仏教的な文脈で上げられた説話であることに、注意しなければならない。さて、抱朴子と仏教の関係については、古く妻木直良氏が、

外篇疾謬篇に於て、当時の婦女が仏寺に参拝するに、多くの奢侈を競ふを罵り、『仏祖統記』や『霊隠寺志』に、僧慧理の為に葛洪が其霊隠寺の額を記したことを伝へて居る所を見ると、当時、呉越の地に既に寺院の盛んであつたことが明らかなると同時に、凡夫又は衆生、或は信心不㆑篤施用之亦不㆑行（遐覧）といふ如き語を用て居るのは、幾分か仏教の影響を受たものとも見らるゝのであつて、三教合一の素質が、凥の『抱朴子』中に含まれて居ると云ふても可なりである。殊に六朝頃の古密教が伝へたる天地山川の鬼神と、『抱朴子』に云へる諸神諸鬼とが、其発生地を異にして居るとは云へ、

同一の性質を有して居るのであるから、密教徒と『抱朴子』との思想が甚しく接近して居ると指摘され（「道教之研究（承前）」〈『東洋学報』1・2、明治44年6月〉二章五節）、福井康順氏「葛氏道と仏教」（『印度学仏教学研究』2・2、昭和29年3月）なども、それを確認しているが、例えば抱朴子の寿命論など、「三世輪廻の仏教思想の影響をあまり受けていない道教の初期の寿命論を示す」ものとされている（宮沢正順氏「道教の寿命論―『抱朴子』内篇を中心として―」、『那須政隆博士米寿記念仏教思想論集』、成田山新勝寺、昭和59年）。なお仏教学の方面からは、藤野立然氏「曇鸞大師管見」（『支那仏教史学』1・2、昭和12年7月）以来、曇鸞（四七六―五四二）の浄土論註における、抱朴子摂取の問題が今日まで盛んに取り上げられ、また、廬山の慧遠（三三四―四一六）における礼、戒律に継承された、抱朴子の逸民思想の問題などが早くに指摘されている（板野長八氏「慧遠に於ける礼と戒律」、『支那仏教史学』4・2、昭和15年8月）。ところで、小稿は、後述の如く、抱朴子の羊公譚の原拠を漢代の孝子伝と見、布施の語もそこから来た表現と措定する立場から、その布施の語を暫く漢語と捉えるものである。そして、もしそれが仏教語であったとしても、なおその背景に福田思想を置くことには、相当の無理があるように思われる。

㉜ 常盤氏注㉚前掲論文

㉝ 注㉙前掲書、漢訳文通訳（対訳）に拠る。

㉞ 常盤氏注㉚前掲論文

㉟ 船橋本孝子伝の成立が隋以降であることについては、注③前掲拙著Ⅰ四参照。

㊱ 西野氏注⑱前掲論文。常盤氏が、「初唐までは、義井・義橋の設備は、相当に新味を有つて居た……事実上に於て義井のあつた事を証する資料がある……例せば、『佩文韻府』（巻五十三之二）の中に、張説撰の唐の玉泉大通禅師碑を引いて、負レ土成レ墳、結二廬其域一、置二義井一、取レ施無レ求レ報、鋳二洪鐘一、取レ聞而悟レ道と言つて居る」と指摘された例は（注㉚前掲論文）、孝子伝に福田思想の及んだものとして、非常に興味深い（両孝子伝30顔烏、31許孜、34蔣詡参照）。しかし、常盤氏が唐文粋七十五所収、崔祐甫の「汾河義橋記」について、「汾河義橋記は、某孝子の成せるもので、特に仏教によつたものでは無いけれど」と言われている如く、その見極めが非常に難しい。また、例えば、船橋本に、「羊公……於二其中路一、建二布施舎一」（陽明

本「公乃於㆓道中㆒造㆑舎……布㆓施行士㆒」とある布施舎は、常盤氏もその山崎の架橋に触れられた、我が国における行基の建立した「布施屋九所」（行基年譜、七十四歳条）に酷似する（東野治之氏教示）。なお後考に俟ちたい。

㊲ 西野氏注⑱前掲論文、四十三頁註②

㊳ 冒頭で紹介した和漢朗詠集永済注は、羊公を「洛陽安里ノ人也」とするから、両孝子伝に基づくことは間違いないが（両孝子伝の、「洛陽安里人也」は、他に所見がない）、永済注の、「字、雍伯」、「无終山ト云山ニ葬シテ」などは、両孝子伝に見えない。捜神記（太平御覧八二八所引等）に接した可能性もあるが、また、永済注の拠った孝子伝に、それらが備わっていた可能性もある。例えば、陽明本にそのような部分的欠落が存しようことについては、注③前掲拙著Ⅲ二参照。

㊴ 捜神記における孝子譚を論じたものに、大橋由治氏「『捜神記』と孝子説話について」（『大東文化大学漢学会誌』36、平成9年3月）がある。

㊵ 抱朴子の郭巨譚に記される「鉄券」の語は、両孝子伝に見えない（「々〔釜〕上題云」とのみ）。鉄券は、劉向孝子図（太平御覧四一一等所引）、宋躬孝子伝（初学記二十七等所引）、逸名孝子伝（敦煌本事森等所引）に見え、また、三教指帰成安注上末等所引のそれに、「上有㆓鉄銘㆒云」とある。

㊶ 西野氏注⑱前掲論文及び、注③前掲拙著Ⅰ一1参照。

㊷ 注③前掲拙著Ⅰ一参照。

㊸ 西野貞治氏は、劉向孝子図(伝)について、「漢志にも隋唐志にも著録されず、六朝の仮託かと思われる」とされている（注⑱前掲論文）。

㊹ 西野氏注⑱前掲論文

㊺ 注③前掲拙著Ⅱ一及び、注⑬前掲拙著Ⅱ二1参照。

㊻ 山川誠治「曾参と閔損―村上英二氏蔵漢代孝子伝図画像鏡について―」（『佛教大学大学院紀要』31、平成15年3月）参照。

㊼ 例えば、魏湯図について、後漢楽浪彩篋には、「令君」と榜題する人物が描かれているが、令君即ち、県令の登場するのは、両孝子伝のみである。東野治之氏「律令と孝子伝―漢籍の直接引用と間接引用―」（『万葉集研究』24、平成12年6月）及び、

注③前掲拙著Ⅰ四参照。

㊽　注③前掲拙著Ⅲ二、Ⅱ一、また、拙稿「董黯贅語―孝子伝図と孝子伝―」（『日本文学』51・7、平成14年7月）、「伯奇贅語―孝子伝図と孝子伝―」（『説話論集』12、清文堂出版、平成14年予定）、「鍍金孝子伝石棺続貂―ミネアポリス美術館蔵北魏石棺について―」（『京都語文』9、平成14年10月）参照。

㊾　長廣氏注⑰前掲書二部「武梁石室画象の図象学的解説」は、その先駆的研究として優れたものであるが、その解説は、専ら劉向孝子図、蕭広済孝子伝、師覚授孝子伝また、船橋本以下の諸書に拠られたもので、陽明本を使ったものではない。

あとがき

私たち幼学の会は、これまで『仲文章』『口遊』という二つの書物に取り組み、その成果をそれぞれ『諸本集成 仲文章注解』『口遊注解』（ともに勉誠出版、一九九三年、一九九七年）として世に送り出してきた。山崎誠氏が加わり幼学の会を名乗る以前から、黒田、後藤、東野、三木の四人は、当時朝日新聞社社主であられた上野淳一氏が所蔵されていた『注千字文』を輪読し、一九八九年には『上野本 注千字文注解』（和泉書院）を刊行している。その『注千字文』の輪読が始まったのが一九八五年六月のことであるから、それから実に十七年あまりが経過したことになる。私たちの集まりは、一貫して漢学の入門テキストである幼学書に関心を向け続けているが、それは幼学という分野が、日中双方において、文学のみならず、すべての教養、文化の基底を成す非常に大切な存在であるにもかかわらず、手軽に学ばれ手軽に消費されるというその特質から、文献資料も残存しにくく、研究がほとんど進んでいない現状が存在するからである。

とはいうものの、私たちの会の歩み自体も遅々としたもので、勤務や自分たちの研究の合間を縫って、おもに大阪梅田にある大阪市立大学文化交流センターの談話室を中心に月に一度のペースで集まり、まずコーヒーを手にして四方山の話に花を咲かせているうちに、誰かが「そろそろ始めましょうか」と切り出して、ようやく本題にはいっていくというのが通常のパターンである。今般刊行されるこの『孝子伝注解』が四冊目の刊行物になるが、こんな調子で月一度しか会が持たれず、しかも一つの書物について、一通り輪読が終わっても、二回り三回りと原稿の見直しが行われていくというこれまでの経過を考えると、私などは四冊もの書物が世に出ていること自体が、とても信じられないような気がするのである。その昔、某出版社の受験ラジオ講座で、いつ聴いても「継続は力なり」と一つ覚えのように繰り返していた講師の先生がおられたが、この会の歩みを見ていると、それは真実であったとつくづく実感させられる。しかし、ここ数年来、大学や研究機関のあり方が研究中心ではなくなってくるにつれて、メンバー全員の忙しさの度は確実に増してきており、月にたった一度集まることさえきわめて難しくなりつつあるが、今後も知恵を絞って何とかこの貴重な会を継続して行かねばと考えている。

さて、今回の『孝子伝』の輪読も、例によって黒田彰氏の「おもしろそうだからやってみましょう」という一言で取りかかったのだが、この書物を読むのは、これまで取り組んできた三つの書物とは比べ物にならない大変な仕事であった。今、私なりにその理由を考えてみると、先の三書はいずれも、中国の諸々の故事や事柄（『口遊』の場合はこれに日本の事柄が加わる）の切り出されたものが、再度組み合わされて構成されている「二次的加工品」であったのに対し、『孝子伝』は中国古代のなまの形の伝承が、そのまま文字化されている「原産物」であった――このことは輪読を進めていく過程で黒田氏によって次第に明らかにされてきた――ためではないかと思う。つまり、先の三書の場合、「この句（この注）のもとになる故事や資料はこれ」ということを示すことができれば、注解の主な仕事はほぼ終わっていたのに対し、『孝子伝』の場合は、個々の孝子譚の典拠を指摘するという作業自体が不可能であったり、それほど意味を持たなかったりすることが多い。また、注解にあたっては、表面的に文意を解しただけでは事は終わらず、個々の孝子の伝が他の資料に現れる記述とどのような関係にあるのかを分析し、そこに現れてくる中国古代の社会、政治、祭祀、家族などの制度や状況に関しても配慮する必要が生じてくる。しかも、『孝子伝』には、これに関連する漢魏六朝――場合によっては隋・唐に及ぶ――の数多くの図像資料が存在し、これらの図像との関係にも慎重に目配りして行かねばならないことも次第に明らかになってきた。前者の中国古代の諸制度や社会の状況に関しては、東野氏が各人の多くの疑問に対し、的確に答えや資料を示して下さった。もし氏がこの会におられなければ、本書はおそらく成らなかったであろう。後者の図像資料に関しては、幸いに科学研究費の交付を受けることができ、黒田氏と私が数次にわたり中国と米国に現地調査に赴き、多くの図像資料を実地に確認し、資料によっては、これまで得られなかった鮮明な写真を撮影するなど、きわめて大きな収穫があった。特にミネアポリス美術館の北魏石棺に関する調査では、従来の中国、欧米、日本の研究が、それぞれ自らの手元にある資料だけでこの資料を論じ、相互の情報交換や現物に対する認識が不足していたために、各々が大きな誤りを犯していることが明らかになり、この石棺の由来に関する事実関係を初めて正確につかむことができたのである（黒田彰氏「鍍金孝子伝石棺続貂――ミネアポリス美術館蔵北魏石棺について――」、『京都語文』〈佛教大学国語国文学会〉9、二〇〇二年十月）。現物や現場を自らの目で確かめることの大切さを、あらためて思い知らされた出来事であった。

こうして五年近い年月をかけて、日中を通じて初めての試みである『孝子伝』の注解は一応完成をみた。出版にあたっては、汲古書院にお願いしたところ、快く刊行をお引き受け下さり、編集部の飯塚美和子さんが担当として、面倒な編集作業や影印許可に関する仕事などをすばやく片づけていって下さった。しかし、入稿後も次々と資料が見つかったり、重要な事実が判明してくる中で、一部の孝子の注などは校正段階でまったく新たに書き換えられ、図像の図版もよりよい物に差し替えが行われるなど、なかなか定稿に至らず、黒田氏の解題もこうした最新の結果を反映すべく、ぎりぎりまで入稿が遅れたため、結局最後の最後まで、飯塚さんにご迷惑をおかけしたことを申し訳なく思う。私たち――中でも黒田氏――の無理難題につきあっていただき、すばらしい書物に仕上げて下さった、飯塚さんはじめ汲古書院の関係者の方々に対し、心より御礼申し上げる次第である。

『孝子伝』は、「孝」を縦糸にして、親子、兄弟、夫婦、君臣といった人間関係が織りなす、典型的なドラマの数々を取り揃え、素朴で稚拙な文体ではあるが、それなりに見事に描ききっている。この『孝子伝』や、今は失われてしまった同類の古孝子伝が、中国、朝鮮、日本といった東アジア漢字文化圏社会において広く幼学の教科書《テキスト》に用いられ、人々の間に浸透していくことによって、そこに登場する数々の孝子のドラマは、東アジア社会全体を通じて、人間関係をとらえ、また、描く際の一つの「典型」として、長らく意識されてきたと考えられる。たとえば、日本の近世演劇の特徴的なモチーフとされる「義理と人情の葛藤」なども、『孝子伝』の申明譚などに既に明確な形で現れている。読み手の問題意識とアプローチの仕方次第で、『孝子伝』には計り知れない可能性が秘められているのである。私たちも、現時点で望みうる最善の基礎的資料と信じて本書を世に送り出すが、これからもその可能性を追究していきたい。本書が、私たちの思いもかけないところで、思いもかけない成果を生み出すことを楽しみにして、この拙い文章を閉じることにする。なお、校正も一段落した今、幼学の会は次の輪読に向けて、その書目を考えつつある。覚明の新楽府注や太公家教などがその候補に上がっている。

二〇〇二年十二月一日

三木雅博

本書は、平成十三・十四年度科学研究費補助金交付研究（特定領域研究（A）（2）「古典学の再構築」B02班「日中幼学書の比較文化的研究」）の成果の一部である。本書の刊行にあたり、平成十四年度科学研究費補助金研究成果公開促進費の交付を受けた。

幼学の会

黒《くろ》田《だ》　彰《あきら》（佛教大学教授）

後《ご》藤《とう》　昭《あき》雄《お》（大阪大学名誉教授）

東《とう》野《の》　治《はる》之《ゆき》（奈良大学教授）

三《み》木《き》　雅《まさ》博《ひろ》（梅花女子大学教授）

山《やま》崎《ざき》　誠《まこと》（国文学研究資料館教授）

孝子伝注解

平成十五年二月二十五日　第一刷発行
平成十八年十月　五　日　第二刷発行

編　者　幼学の会
発行者　石坂叡志
整版印刷　富士リプロ

発行所　汲古書院
〒102-0072 東京都千代田区飯田橋二-五-四
電　話　〇三（三二六五）九七六四
FAX　〇三（三二二二）一八四五

ISBN4-7629-3446-1　C3091

索　　　引

凡　　例

1．この索引は固有名詞索引と一般語彙索引とから成り、固有名詞索引は、人名、地名、書名の各索引から成る。
2．語句は原則として漢字音により、現代仮名遣いで五十音順に配列した。但し、「完(しし)」のみは、和語で配列している。
3．語の所在は、孝子の番号により示し、序に存する語には「序」と示した。また語が陽明本、船橋本のいずれか一方に出る場合には、番号のあとに（陽）（船）の略号を付した。例えば、1(陽）とあれば、その語が1舜の陽明本のみに存し、8とだけあれば、その語が8(三州義士）の陽明本、船橋本の両方に存することを示す。

固有名詞索引

（人名索引）

(地名索引)

(書名索引)

一般語彙索引